中华传世藏书 【图文珍藏版】

国学智慧全书

马肇基⊙主编

线装书局

目 录

道学智慧

第一篇 《道德经》智慧通解

国学智慧全书

目录

國學智慧全書

目录

3

禅宗智慧

第一篇 《金刚经》智慧通解

第二篇　《心经》智慧通解

國學智慧全書

目录

道学智慧

国学智慧全书

马肇基 ◎ 主编

导 语

　　道家,是以老子、庄子为代表的学派,老子是第一个将宇宙观与政治观结合起来进行考察的哲学大师,道家智慧最鲜明的体现就在于对人世间一系列利害转化关系的深刻洞察。

　　道家以"道"的观点来看世界,站在人生的边缘,带着超越的眼光审视人生现实的荒谬和矛盾,批判人类自身理智的浅薄与愚蠢,承认万物存在的合理性,防止人类理智的狂妄与僭越。

　　道家的智慧运用到治国安邦,必须文武并举,德刑并用,刚柔相济,从宏观上统治人民,控制全国局势。比如道家所宣扬的刚柔之术,就是封建君主的最高统治艺术,是保障统治的基本方法。在处理人际关系方面,古代政治家多贵宽尚柔,柔能接物,宽能得众,这是封建政治家的处世哲学,刚强待物必败事,狎侮对人必受辱。中国传统处世哲学中以屈求伸,以慈、忍服人,实际即发轫于道家,所谓慈,就是慈爱,这种慈爱如同父母对待儿女一样,是一种无私的给予,比儒家的讲究正义原则的以德为本又高明很多,这是一种发自内心的情志,慈以服人,决不在外在的收服,而是要让被征服者充分领受到慈爱。它能让那些被收服的人永远地心甘情愿地报答和捍卫施予者。与此相关的就是忍,它并不是一般意义上的忍耐,而是洞察了一切世事变化的规律以后发自内心的一种情志。它是一种修养之忍,是一种趋吉避凶的深刻智慧,是圆融无碍的处世智慧。

　　中国人处事的理想境界,是柔能克刚,也是中国人处事的坚定信念。在历史和现实中,由于人性中的贪婪、暴躁、逞一时之快、急功近利、目光短浅等弱点,人们一般难以以柔道为行事准则,而中国历史上的许多以"柔道"处世,以"柔道"治国的成功事例,早已证明"柔道"比"刚道"更加行之有效,而事半功倍、为利久远的特点,更是"刚道"所不及的。

　　道家与儒家一起,既有相互冲突的一方面,又相互兼容,共同陶冶中国人的文化性格,也成为中国传统谋略文化最深沉、最重要的智慧之源,为我们带来了取之不尽、用之不竭的谋略故事,使每一个读到它们的人都获益匪浅。

第一篇 《道德经》智慧通解

导读

　　"生命哲学"本是一门寓含高深至理的学问。人生在世,因有了七情六欲,也就无可避免地伴随着一些爱恨情愁,尔虞我诈的不堪。而中华民族的圣贤——老子,是具有非常才智的聪明人,他凭一双犀利之眼看穿了人世间的是是非非,向往安宁与恬适的生命方式,或者说,避开现实烦恼,追求心灵自由。这种超然的生活态度给后人指出了一条心路,令人心驰神往。这是老子的智慧所在,也是超脱式做人的一种选择。

　　老子做人的态度,总与一个字相关,这就是"道"!"道"是什么?他说:"道生一,一生二,二生三",意思是,道可以派生出万事万物。但是"道"又是不可见的,它依照自己的方式而存在着。由此引申开来,做人做事之道,也是看不见的,但却直接决定一个人的品格,决定一个人做什么样的事。因此,无论你成为一个什么样的人,做什么样的事,一定要认真思考老子所谓"道",并与自己的人生发展结合起来。

第一章　无为而治——领导者的管理智慧

★无为而无不为：最好的管理就是减少管理

道常无为而无不为。侯王若能守之，万物将自化。

——《道德经》

现代企业大多建立了严密的组织机构和管理制度，从财务部、营销部到公关部、业务部，令人眼花缭乱的组织架构成为管理者有力的助手。

但是，在实际运作中，许多领导者陷入了日常事务管理的泥潭不能自拔，管理绩效也不能达到理想的预期目标。为什么兢兢业业，努力"作为"却没有成效呢？

事实上，每一位领导者都追求卓越的管理，今天面对网络信息化与全球化的变革，最高明的策略不是跟随表面的变化采取行动，而是把握管理的一般原则，实现"无为而治"，也就是老子提出的"无为而无不为"。历史上许多深谙此道的人都建立了非凡的功业。

秦朝政权瓦解后，长期的楚汉之争给社会经济造成了严重破坏。西汉初期，整个国家陷入了百业凋零的状态，同时北方匈奴的威胁依然存在，发展经济、安定四方成为汉代统治者的首要任务。

文帝与景帝都认识到了"顺民之情，与之休息"的重要性，纷纷制定了休养生息的治国方针，奖励农耕、提倡节俭、不征收苛捐杂税。经过几十年的发展，终于使社会经济得到恢复和发展，国家实力逐步壮大。

休养生息作为一种治国之道，其思想基础就是无为而治。老子在《道德经》中这样描述："道常无为而无不为。侯王若能守之，万物将自化。"

在现代公司管理中，奇美实业领导者秉承老

汉文帝

4

子无为而治的思想，采取"不管理"策略，颠覆原有管理理论与组织设计，创造了出色的经营业绩。在奇美集团内部，命令传达均以口头方式进行，没有设立专门的组织管理部门；最高决策者每周只来公司两次，在自由交谈中实现有效沟通。

这些显然不符合管理学关于组织架构的描述，但是它非常有效地提升了组织的获利能力。用奇美领导者的话来总结就是："不管理是一种改造过的、合乎人性的管理理念，它尊重团队每一位成员，通过员工自我管理，充分发挥个人潜能，进而提高工作效率，降低组织运作成本。"

由此可见，无论是国家治理，还是商业管理，领导者以包容的精神适当给下属自由，就会调动他们的积极性；下属没有感觉到被领导、被驱使，就会主动完成任务。正如日本一位企业经营大师所说的那样：称职的管理者应该只做自己该做的事，不做下属该做的事。用现代管理术语来解释就是，领导者要懂得合理授权。

海尔集团总裁张瑞敏十分清楚自己的角色，善于根据市场环境变化制定组织发展战略。面对家电行业日趋激烈的竞争，以及迅速蔓延的全球化浪潮，他从1998年开始果断推行"流程再造"，使每个人都直接面对市场的销售利润，从而打通员工与市场的壁垒。依靠这种企业内部的"压力传导机制"，员工开始进行岗位"自我管理"，人才的潜能和优势被充分释放出来。

张瑞敏的"流程再造"，说到底是让员工树立"人人都是管理者，都是重大决策参与者"的工作理念。通过这种合理地授权，企业的人才优势转化为市场竞争力，从而使企业在国际竞争中立于不败之地。

领导者都知道人力资源是企业最宝贵的财富，关键是如何发挥团队成员的创造性。老子说："化而欲作，吾将镇之以无名之朴。"意思是，事物发展都有自身的规律，我们要尊重它的内在规律，合理引导。

著名心理学家马斯洛提出了著名的层次需要理论，其中"自我实现需要"是个体最高层级的目标。因此，领导者通过合理授权，把日常事务的管理下放，就能充分调动员工的积极性，实现人力资源的最大价值；而领导者就能致力于组织战略方针的制定，达到无为而治的境界。

★治大国若烹小鲜：抓大放小，有所为有所不为

治大国若烹小鲜。

——《道德经》

老子认为，领导者应在掌握控制权的前提下把权利授予下属，不随意干预，给他们以充分的自由。

我们知道，军队里的元帅和将领，是不会亲自冲锋陷阵的，他们的才能在于调兵遣将，运筹帷幄。而现代企业的领导，也没有必要事必躬亲，但必须具备使用人才、调遣人才的能力，让你的下属在工作中充分施展自己的才能，这样，你的企业才能永远充满活力，你的创业才能成功。

的确，如今社会分工越来越细，做老板的或其他管理人员，也需要"抓大放小"，给下属以充分发展的空间。这是衡量一个老板、一个领导者能力大小的一把尺子。

一看到"事必躬亲"这个成语，有许多人想到的是《三国演义》中那个"鞠躬尽瘁，死而后已"的军师诸葛亮。诸葛亮在刘备死后，为了使摇摇欲坠的蜀政权不至于加速灭亡，可以说做到了"事必躬亲"。可惜的是，诸葛亮的本事再大，也没能力挽狂澜，恢复汉室，最后抱病死在了五丈原。不过，诸葛亮与其说是病死的，倒不如说是累死的，他就是让"事必躬亲"活活累死的。

诸葛亮的悲剧就在于太相信自己，而不相信别人，不相信自己的手下，自然也就没有将别人可以做的事情交给别人去做，没有充分"放权"。即便诸葛亮的能力再强，也不可能将所有的事情都做了。

人身上潜藏着巨大的潜能，人生有着无限的可能性，但是，人毕竟是人，而不是万能的上帝。所以，你不可能懂得天下所有的知识，你也不可能熟练地掌握天下所有的技艺，你更不可能做完天下所有的事情。了解了这一点，你也就了解社会为什么会有各行各业的分工，你也就了解一个成功创业人士要走向成功绝不是靠他一个人单枪匹马地冲锋陷阵。

现代社会生产的一个突出特点，就是它不同于古代作坊式生产，是以流水线式的生产为基本模式，即集体的力量越来越重要，甚至任何一个产品，单是依靠一个人的力量都是无法生产的。比如电视机生产，除了电视机研制

诸葛亮

者，还有设计师以及每个零件的生产者、安装师等，如果一个人想造出一台电视机，而且每个部件都是自己设计、生产的话，天知道什么时候才能生产出来。

管理是一门艺术。在实际的工作中，当你的下属无法解决某个问题而感到苦恼的时候，你作为一个领导或者老板，肯定要为他出主意、想办法，提供一些你自己的工作经验或者是处理类似问题的经验给他，但很多的时候你会发现，你会弄巧成拙。尽管你已经用了你认为最温和的语气对你的下属讲话，但你从他的脸上分明看出了一种屈就的神态，他在表面上可能接受你的建议或者意见，内心里却未必服气。这并不是你的意见不

正确,或者建议解决不了问题,而是因为你是上司,你的语气中含有不相信他的成分,起码在他看来是如此。

如果你真遇到了这种情况,不妨对你的下属说:"如果是我,我会对目前出现的这个问题采用什么样的方法,那么你呢?"以类似的方法指导下属,不但可以始终保持着你的立场,非常自然地将你的意见和想法传达给了你的下属,而且他会从中听出你在与他商量,他会认为你是站在他的立场上帮他解决问题的。这样,你的目的就达到了。

一个好的领导者会懂得"更精明而不是更辛苦地工作"。这并不是在推卸责任,而是将责任交给你信任的下属,你和你的下属各负其责,各得其所。

充分授权给你的下属,在"抓大放小"的前提下,把本来属于下属的工作或者适合下属的工作,以及完成这项工作所需要的权威交给下属。这样可以将你从繁忙的事务中解脱出来,同时对你的下属也是一个很好的锻炼机会。

西方管理学者卡尼奇说:"当一个人体会到请别人帮他一起做一件工作其效果要比他单独去干好得多时,他便在生活中迈进了一大步。"

卡耐基说:"我知道得不多,但我手下有很多人都知道怎么去把事情做好。"假如有人可以比你做得更快、更好,不妨请他们来做。

科学家研究发现,许多经理人与专业人士在工作上都将大量时间浪费在杂事中。经理人与专业人士的工作时间中,只有一小部分是用在他们的本职工作上。几乎在每一个办公室里,完成一份工作所使用的经理人和专业人士都比所需要的多得多,后勤人员则太少。科学家的建议是:雇用后勤人员去做事务性的工作,如果一个机构的高薪专业人员花了很多时间在做复印、装信封的琐事,这绝不是在省钱。

领导者千万不要企图自己单独完成某一项工作。你必须与你领导的团队里的每一个聪明的家伙打交道,与他们建立良好的合作关系,充分激励他们。

合理授权要讲究方法,你需要用心想一想:我授权的时机对吗? 我是否授权过度了? 我真的授权了吗?

正确授权的关键一点是必须善于使用德才兼备的干部,把人才放在重要位置上,必须坚持不干预下级工作的原则,做到用人不疑,疑人不用,不用害怕使用能力比自己强的人。

学会授权首先要找对恰当的授权时机。当下属中有人比你还了解这件事情时,当下属中有人处理这件事情比你还老到时,当下属中有人比你更适合处理这件事情时,当下属中有人处理这件事情比你有经验时,当下属去做这件事情比你亲自去做成本更低时,都该授权。最不恰当的授权时机是:在公司刚开始进行大裁员,发生恐慌时,或发生大变革还未稳定下来时。因为那时你的员工情绪很不稳定。

其次授权要负责任,不负责任地下放职权,不仅不会激发下属的积极性和创造性,反而会适得其反,引起他们的不满。有的领导者每次向下属交代任务时都说:"这项工作就拜托你了,开始都由你做主,不必向我请示,只要在月底前告诉我一声就行了。"这种授权法会让下属们感到"无论我怎么处理,老板都无所谓,可见对这项工作并不重视。就算最后做好了，也没什么意思。老板把这样的工作交给我，是在小看我"。高明的授权法是既要下放一定的权力给下属，又不能给他们以不受重视的感觉；既要检查督促他们的工作，又不能使下属感觉到有名无权。若想成为一名优秀的领导者，就必须深谙其道。

再次你要确定你真的授权了。你也许一天到晚想的是授权，甚至一周开两次会议来讨论授权问题；你也许还上过关于授权的培训课。但是，当你一直在谈论授权时，你是否真的实行了？真正有授权的组织不会谈论这个问题，而那些大谈特谈的往往缺乏授权。事实上，真正的授权最自然不过，人们都知道自己必须做什么并且认真去做，就像蜂巢里的工蜂。

当然，这里还有另外一个忠告：把你或任何人都不愿做的事情交给下属做并不是授权。适当地这么做一两次可能是必要的，但是这无助于增长他们的荣誉，也并非在鼓励他们，而是增加他们的负担。"己所不欲，勿施于人。"

所以，为了能把你真正地解放出来，你要学会把具有挑战性的工作，甚至是决策性的工作，授权给下属，让他们去做。这首先建立在你充分信任你的某些下属的基础上，"用人不疑，疑人不用"，这其中的道理，你可能比谁都清楚。因此，在授权的时候，你别忘了把整件事都托付给对方，同时交付足够的权力好让他做必要的决定。

这和说"只要照着我的话去做"完全是两回事。

香港金融界巨人、新鸿基银行有限公司主席冯景禧先生，就是一个善于授权并因此取得巨大成功的典范。在20世纪五六十年代，他与友人一起开办了新鸿基地产公司。由于他善于经营，该公司很快就成了香港一家规模较大的房地产公司。1969年，冯景禧创办了新鸿基证券公司，并在新成立的远东股票交易所得到了一个席位，使新鸿基的股票能够上市交易。从此之后，新鸿基证券公司逐渐成为香港最大的股票经纪行和经营多种业务的独立机构。在不到十年的时间里，冯景禧使这家原来只有八位职员的经纪行一跃成为拥有上千名职工的大公司。同时，新鸿基还与美国、法国等财务机构建立了合作关系。除此之外，新鸿基还在伦敦、马尼拉、新加坡、纽约、北京等地开设了办事处。到了20世纪90年代，新鸿基银行资产已达42.6亿元港币。

冯景禧取得如此大的成就，除了在经营上与欧、美公司联营，在经营策略上多为零散的小户服务，更重要的是冯景禧成功地网罗人才和使用人才。

冯景禧认为，财物欲尽其利，管理欲尽其力，这都少不了人才的力量。但人多为患，关键在于合理地组织和使用。在管理方面，冯景禧实行"精兵简政"的策略。这不仅省掉了许多不必要的开支，减少了领导层次，更重要的是避免了扯皮推诿，有利于锻炼人才。

冯景禧常说："服务行业的财富靠管理，而管理又是靠人去实行的。"冯景禧能以宽宏的气度和细密的观察，做到知人善用。他用人的艺术熔东西方优点于一炉，既有西方人科学的求实精神，又有东方人和谐的情绪气氛。在日常的管理中，冯景禧采取分权放权的方法，让自己的下属多抓具体的事情，一般的日常事务，他更是极少过问。他的主要精力是集中于处理公司内外政策方面的事情和发展新的业务，公司里的日常事务由各部门经理处理，他一般都不干预。冯景禧有五个孩子，但只有一个在新鸿基任职，而且，他的

孩子像公司里的其他行政人员一样,并无特权。冯景禧的这种管理方法,是典型的现代化管理方法,他的成功,也说明了这种管理方法的科学性。

切记,把权力交给你的下属,充分放权给他们,这样,不仅解脱了你,也会使你的事业有一个大的发展。

★要"引导"而非"领导"

大上,下知有之。

——《道德经》

从古到今,研究君学的人无不认为,"无为而治"是君学的最高标准,能够达到无为而治的人,是天下第一流的领导。从《易经》到老子、孔子、庄子,以及后来各代的权威学者,无不一致认为这一标准是天经地义的正确道理。君主是古代国家中的最高领导者,所以君学就是指领导学而言。

《易经》中说:"易,没有思虑。寂然不动,就有感觉通融天下。不是天下最高神人,谁能做到呢!"又说:"天下同归而殊途,一致而百虑,天下何思何虑?"无思无虑,就是顺应之功,自然之至,无为之极。无为,就可以静然而应、感通于神,自然有所成就。

老子说:"道常没有作为而又无所不为,君王诸侯能遵守它,万物都会自然化育。""圣人不行而知,不见而名,不为而成。""我无为而民自化,我善静而民自正,我无事而民自富,我没有欲望而民自然淳朴。""因为圣人无为,所以没有失败;没有固执,所以没有损失。""因为无为而治,所以,就无所不治。""为无为,事无事。"又说:"要想取得天下而去强求它,我看他不能得到。天下的神器,是不可强求,也不可执著。强求的人失败,执著的人也会失败。"

当然,无为的领导者不是一事不做,而在于善于守着自己的职责尽量对工作进行引导而不是僵硬的"领导"。所以,我们必须注重"为无为"和"无为而无不为"这两句话的深刻意义。要知道老子所说的并不是平常人所说的清静无为的消极思想与消极的政治。

只有懂得"无为而治"的领导者,才有大智慧、大眼界、大气度、大胆略。有大智慧就能看得透彻,有大眼界就能看得长远,有大气度就能容纳万物,有大胆略就能提得起、放得下。明道明理,要靠大智慧;知人善用,要靠大眼界;容人信人,要靠大气度;提得起、放得下,要靠大胆略。知人困难,善于任用人更困难;容人困难,信得过人更困难;提得起难,放得下是难上之难。

长期以来,领导者都是以命令的方式要求员工做这做那,结果并不理想,这极大地妨碍了员工的积极性。

某服装厂绩效很差,按件计酬,产量仍然无法提高,经理尝试用威胁、强迫的方式要

求员工提高工作效率,仍然无效。后来请了一位专家来解决这个问题。专家将员工分成两组,告诉第一组员工,如果他们的产量达不到要求会被开除;告诉第二组员工,他们的工作有问题,要求每个人帮忙找出问题。结果第一组的产量不断降低,有的员工甚至辞职不干了;第二组员工的士气却很快提高,他们依照自己的方式工作,负起增加产量的全部责任,由于齐心协力,第一个月的产量就提高了20%。这种效果完全是引导造成的,强迫不能使员工提高业绩,引导却能有效地激励员工,提高工作业绩。

领导与引导是不同的,领导含有命令的成分多一些,而引导包含的命令成分要少得多,将领导变为引导是企业领导者灵活运用激励原则的高超表现,在工作中能够取得意想不到的效果。领导转化为引导,对领导者有着较高的要求,首先领导者要有非凡的智慧,能洞察企业运行的实质不是靠产品而是靠员工。其次,领导者要做出表率,领导者对于自己制定的规范、政策,要以身作则,身体力行;对自己的诺言,要言必行,行必果。只有领导者以身作则,言行一致,员工才会心悦诚服地接受领导,跟着积极行动起来。最后,领导者不能单凭自己的职务、权威和形式上的地位尊严去建立领导,而是要靠对员工的信任和引导去建立领导,要相信自己的下属是有工作积极性,有提高自己的能力、承担更大责任的愿望。

★顺其自然,按规律办事

以道莅天下,其鬼不神;非其鬼不神,其神不伤人;非其神不伤人,圣人亦不伤人。

——《道德经》

按规律办事,是管理的基本原则之一,也就是说领导者不能凭借自己的好恶处理日常事务。比如,为了化解下属之间的矛盾,许多领导者急于求成,往往用自己的权威硬性约束下属,希望实现彼此的团结。但是这样做的效果并不理想,甚至适得其反。在此,我们要学习武则天顺其自然、按规律办事的做法。

狄仁杰和娄师德曾经同朝为官,共同辅佐武则天治理天下。但是两个人之间有矛盾,武则天看在眼里,急在心上。为了有效化解两位重臣的不和,武则天进行了深入观察和研究,最后发现狄仁杰负有主要责任,因为他恃才傲物,轻视娄师德。

找到了问题的症结所在,武则天开始采取行动了。一天,她把狄仁杰留下来,问他为什么会得到重用。狄仁杰不以为然地说:"我得到陛下的恩典是凭借自己的才干和

狄仁杰

国学智慧全书——道学智慧

学识。"武则天思索片刻说："但是起初我并不了解你的为人和才干，是娄师德向我大力举荐你的！"说完，拿出以前的奏折给狄仁杰看。

狄仁杰将信将疑地拿过奏折，看完后恍然大悟，不禁为自己此前的做法懊悔，又担心武则天怪罪自己。但是，武则天并没有责难狄仁杰，而是鼓励他再接再厉，继续为朝廷效力。走出大殿后，狄仁杰十分感激武则天对自己的宽厚，也消除了对娄师德的偏见。

老子说"治大国若烹小鲜"，意思是治理一个国家好像煎小鱼一样，要掌握火候，不可乱翻动，烹制时间不能过长或过短。企业管理也是如此，只有按照事物本身的规律采取措施，才能收到良好的效果。武则天之所以化解了下属的矛盾，是因为她找准了方向，对症下药。

管理活动是复杂的，其中不仅有多层人际关系存在，也受到内外各种因素的影响，这时领导者单凭自己加以判断会显得力不从心，所以本着"烹小鲜"的精神按规律办事，而不是轻举妄动，成为领导者行动的关键。

20 世纪 80 年代，日本本田公司投入巨资增加设备，但是产品却面临滞销的尴尬局面。为此，公司决策层宣布参加国际摩托车赛，并打算制造第一流的摩托车获得世界冠军。这一决定激发了下属的斗志，大家摩拳擦掌，跃跃欲试。

为了研究开发技术、改良摩托车性能，公司管理层亲自到基层指导员工，鼓励大家超越欧洲厂家。在那段时间里，大家不分昼夜地努力工作，甚至取消了节假日，终于如期制造出第一流的摩托车参赛，取得了骄人的战绩。而在市场上，本田一鸣惊人后，其产品也开始大卖。

通过整合内部力量，增强公司研发实力和团队精神；通过公司产品参赛提升知名度和美誉度，这就是本田在劣势的背景下能够迎难而上的制胜之道。仔细研究可以发现，本田自始至终贯彻着严密的科学经营计划，而非在遭遇危机时胡乱作为。

商业经营管理是一个充满变数的领域，基于各种不确定因素，管理目标与相应举措常常表现出很大的弹性。有时为了打破常规而冒险也是很自然的事情，但是"冒险"不等于盲动，没有"零风险"不等于没有"低风险"，在"冒险"的时候领导者更要慎之又慎。

朱可夫在《回忆与思考》一书中指出："战争经验表明，冒险是需要的，但不能随意妄为。"也就是说，"冒险"只是机会与方向的选择，在行动的过程中仍要遵循做事的一般规律。

木头放在平坦的地方就稳定，放在陡斜的地方就容易滚动。领导与管理过程中因势利导，就像滚动木头一样，通过制造有利的态势可以把巨石从几千米的高山上飞滚下来，这就是所谓的"势"，即老子提出的做事规律。

在人力资源管理与企业领导中，领导者必须懂得"治大国若烹小鲜"的道理，按事物内在规律行动，才能妥善解决各种棘手的问题。

★重视如此三宝

我有三宝,持而保之:一曰慈,二曰俭,三曰不敢为天下先。

——《道德经》

老子说:"我有三件法宝,持守不渝。一是慈爱,二是俭朴,三是不敢争强好胜,处在别人之前。"

老子说"三宝"必须珍重地持有它、保存它。"三宝"是:慈爱能勇敢;俭朴能宽裕;不与人争胜,能统领万物。这三宝既符合现代领导学基本思想,又是现代老板领导的法宝。

第一宝"慈",对员工要慈爱。老子特别看重这一宝,这在现代管理学中也是备受重视的原则。有一句很有名的管理格言:"爱你的员工吧,他会百倍地爱你的企业。""慈"的力量广大,懂得关心与热爱属下必能使下属提高工作效率。

第二宝"俭",俭啬,老板自己要少私寡欲,不妄为、不奢靡。有日本"经营之神"美誉的企业家土光敏夫曾说:"对管理者最大的要求,是管理好自己,而不是管理别人。"具有这种朴素心地、淡泊性情的老板,属下耳濡目染、受其熏陶,整个工作气氛便会渐趋翔实安乐,从而上下一心,创造佳绩。

第三宝"不敢为天下先",老板以"下"的态度、"仆"的态度去对待员工,把员工视为"上","处下"地做好领导工作,因此,老板虽居领导地,但下面的人不会感到有负担或害怕。

老子的这三宝,在当今的企业管理中,仍然可以发挥巨大的作用。

社会化大生产、科技高度发达、世界范围内事物间联系的密切,使任何组织都必须按照三宝办事。

有这样一个故事,一个人养了一群猴子,每天早上给每只猴子喂三个桃子,晚上给猴子喂四个桃子。猴子们意见很大,纷纷抗议,又是哭闹又是搞破坏。于是养猴人改变策略,改为早上喂四个桃子,晚上喂三个桃子,结果猴子们皆大欢喜,再也不哭闹了。这就是庄子给我们讲述的"朝三暮四"的寓言故事。庄子认为,养猴人是"识道"之人,也就是掌握了管理规律的人,他的方法是非常机智、可取的。从财富分配的角度看,养猴人并没有增加桃子,只是改变了分配的方案,由"朝三暮四"改为"朝四暮三",却取得了理想的管理效果。这个寓言所提示的管理智慧对当今的领导者来说,是值得借鉴的,因为它实际上告诉我们如何进行工资、奖金分配。

领导者一定会遇到发放工资、奖金的问题。员工是冲着你手中的工资来的,就像猴子要吃桃子一样。这样一来,你的处境就如同养猴人一样了。给多少工资、奖金?如何发放工资、奖金?这样的问题摆在你的面前。

国学智慧全书——道学智慧

固然,对于员工来说,工资是多多益善。但是,不管是大企业还是小企业,能用于发放工资、奖金的总是有限的。这就出现了发放工资、奖金的技术问题。

　　可以想象,如果你采取大锅饭、平均主义的分配方案,那么你就必然养一群懒汉,工作效率肯定很低,企业也就缺乏活力和动力。

　　你也可以采取"朝三暮四"的办法,如把工资、奖金合计为700元,其中300元作为基本工资,其余400元作为奖金,而奖金则根据员工的工作业绩来定,实行优劳优酬,奖勤罚懒。这种办法比平均分配效果好得多,很能激发员工的工作积极性。

　　在实际生活中,还要考虑员工生活的实际困难,如果员工感到基本工资300元,太微薄了,日常生活难以保障,而奖金400元又是一个变数,对保证衣食住行很不便。因此,员工提出把"朝三(300元基本工资)暮四(400元奖金)"改为"朝四(400元基本工资)暮三(300元奖金)"是完全合乎情理的需求,是员工理当获得的权益,作为领导者应当设身处地为员工谋福利。正如孟子所说:"有恒产,则有恒心。"只有当有"恒产"——稳定的财富收入时,员工才会为公司的长久发展尽心尽职,奉献自己的心智和汗水。

　　"朝三暮四"的工资、奖金分配方案,只是一个分配模式而已,并不是一个放之四海而皆准的方案,领导者应当根据企业的实际收入和员工的构成情况,做适当的调整,灵活运用这个工资、奖金发放技巧。其宗旨是利用同样的资金投放换来更好的管理效果,万变不离其宗,大胆应用这个技巧,必然能够达到管理目的。其奥妙在于,顺应员工的物质需要,并让他们在竞争中获得他们想得到的东西,激发他们的积极性和能动性,乐此不疲地为企业和企业老板效劳。

道德经

第二章　上善若水——领导者不争而胜的智慧

★上善若水：于"不争之争"中获胜

> 上善若水。水善利万物而不争，处众人之所恶，故几于道。居善地，心善渊，与善仁，言善信，正善治，事善能，动善时。夫唯不争，故无尤。
>
> ——《道德经》

最好像水一样，有利于万物却不与万物争高。

老子认为，水处在众人厌恶的低下之地，已经接近道了。

老子对"上善若水"的进一步解释是："居善地，心善渊，与善仁，言善信，正善治，事善能，动善时。夫唯不争，故无尤。"意思是说：安于应处的地位，心像深渊一样清静，以友善之心与人交往，说话言而有信，按自然法则处理事务，做力所能及的事情，善于把握行动的时机。正因为不强求结果，才不会招致怨恨。

我们处在一个竞争社会，"人之熙熙，皆为利来；人之攘攘，皆为利往"，不争就无法成名，不争就无法致富，不争就无法享有权力。那么，老子强调"不争"，强调"居众人之所恶"，难道是自甘平庸、自甘堕落？非也！老子所说的"不争"，并不是放弃竞争，而是"不争之争"，这是一种追求卓越的高效竞争手段。

为什么呢？人并不是一种纯理性动物，多数情况下，"跟着感觉走"，而不是按智慧办事。常人的习惯是，依附权势人物，抱名人的大腿，看见利益就蜂拥而上，你争我夺。假如你像常人一样做事，结果也会像常人一样，互相打得头破血流，所得却十分有限。

最聪明的办法有两种，第一种办法是帮助他人获得利益而不是夺取他们的利益，这样，他们就会忠诚追随你。"得人之力者无敌天下也；得人之智者无畏圣人也"，只要

《上善若水》书法

得到他人助力,你的成就将远在众人之上;第二种办法是安静地待在一边,捡拾他人抛弃的或看不见的利益。这也是"不争之争"的策略,你的收获将远在常人之上。

如何在"不争之争"中获胜?老子提出了七种手段:居善地,心善渊,与善仁,言善信,正善治,事善能,动善时。下面分别加以介绍。

1.待在自己应该待的地方

什么是"居善地"?也就是安居自己应处的地位。说通俗一点,就是"待在自己应该待的地方"。哪里是自己应该待的地方呢?这很难一概而论,关键看自己的才能是否与这个位置相称,自己的价值观、个性能否与这个团队相容。如果站错了位置,肯定地位不牢,甚至会有危险。

站位是否恰当,不完全取决于才能。姜子牙的才能足以胜任宰相,在商纣王手下却连一个小官也当不好,只好溜之大吉,而有些人才能平平、贪赃枉法,却能在很高的位置上如鱼得水。这是价值观是否相容的问题。个人价值观与团队价值观的相容性,是我们在选择人生站位时需要重点考虑的问题。

应该注意:如果一个才能平平的人能够如鱼得水的话,这个团队的远景不容乐观。姜子牙逃离商朝,陶渊明隐居田园,因为他们知道那不是自己应该待的地方。这都是"居善地"的典型例证,值得我们借鉴。假设我们服务的公司以损害消费者利益的非法手段敛财,无疑是一家"短命"的公司,你就应该考虑一下这是不是你应该待的地方了。

还应注意:安居自己应处的地位,绝不是故步自封。人应该努力学习,提升自己的才能,以便胜任更重要的工作。一个人满足于已知的知识,让大好年华在乎庸中度过,那并不是真正安居自己应处的地位。

古时有一位官员,早年为国王立过功,但此后十多年未获升迁。一些原来职位比他低的人,渐渐地成了他的上级。这位官员对自己的境遇很不满意,一天,他向国王抱怨说:"您用人好比堆柴草,总是把后来的放在上面,把压在下面的人全忘了。"

国王说:"并不是我把你给忘了,我是不敢荒废公事啊!天下日新月异,每天都会产生新事物,发生新问题,需要新的知识来履行职责。所以,我只能录用具备这些新知识的人才。你呢,每天按部就班地工作,优哉游哉地过日子,何曾在学习上用过一点心?人不能没有学问,也不能不长学问啊!听了你刚才讲的话,我觉得你近来更没有学问了!"这位官员惭容满面,不禁低下了头。

这位官员不愿被压在别人下面,却不努力让自己的才能处在别人上面,正是"居善地"的反面典型。

2.像深秋的水一样清澈平静

什么是"心善渊"?也就是说,心要像深潭一样清澈平静,不受外界环境所扰。在红尘之中,如何能避免受到污染和惊扰呢?这需要将一颗心修炼得像磐石一样稳固。

古时有一位名叫牛弘的高官,每天坐牛车去上班。他的弟弟比较顽劣,不读书,好习武。有一天,牛弘出门办事,弟弟喝得酩酊大醉,乘着酒性在院子里练箭法,不想一箭将牛射死了。他知道闯了祸,吓得赶紧躲起来。

牛弘办完事回来,妻子忙向他告状:"叔叔耍酒疯,把牛射死了。"

牛弘若无其事地说:"牛射死了,就做红烧牛肉吃。"

妻子顿感无趣,低着头,一言不发地走到厨房,做红烧牛肉去了。过了一会儿,她又走到丈夫跟前,抱怨说:"牛肉太多了,红烧不完。"

牛弘正在看书,头也不抬地说:"红烧不完,就炖汤喝。"

妻子越发无趣,只好去炖汤。过了一会儿,她觉得这事还得说说,又向丈夫发牢骚:"一整头牛呢,炖汤也太多了!"

牛弘淡淡地说:"炖汤太多,就做干牛肉吃。"

妻子觉得丈夫的涵养功夫真高,相比之下,自己就差得太远了,很是惭愧。自此,她再也不提射牛的事。他的弟弟呢?觉得哥哥真有涵养,这都是读书有学问的缘故啊!自此,他收起顽心,发奋读书,终于成了一个有出息的人。

牛弘处理问题的方法未必最佳,但他这种不受外界情况所扰的涵养功夫,真可以算得上"心善渊"了。

3.对强者要尊重,对弱者要嘉许

什么是"与善仁"?也就是说,与人交往,要心存友善。对强者要尊重,对弱者要理解和嘉许。许多人对强者能保持足够尊敬,对弱者却心存轻视;或者对弱者表示亲近,对强者却心存排斥。这不是真正的"与善仁"。有一句话说得好,"你以怎样的态度对待别人,别人也会以怎样的态度对待你"。如果你对强者、弱者都能待之以仁,就可得众之力,无所不成。

春秋时,田忌离开齐国逃亡到楚国,楚王亲自到郊外迎接他,并询问齐国的军事情况。田忌说:"如果齐国派申孺为主将,楚国只需出兵5万便可凯旋而归;如果齐国派田居为主将,楚国就要出兵20万,方可不分胜负;如果齐国派昐子为主将,楚国就要出动全国军队,就算这样,也仅仅能够免于亡国。"

楚王问为什么?田忌说:"申孺这个人,狂傲自负,既慢待能人,又轻视庸人。能人和庸人都不愿为他效力,所以我料定他逢战必败;田居这个人,为人正直,礼遇能人,但轻视庸人。能人愿意为他效力,庸人却离心离德,所以我料定他胜负各半;至于昐子这个人,既尊敬能人,又爱惜庸人。所以上下左右都愿意为他出死力。所以我料定您与他交锋,仅仅能够幸免于难罢了!"

后来,齐国派申孺为将攻楚,楚王听从田忌的建议,仅派5万人迎敌,大获全胜。后来齐国派昐子为将攻楚,楚王亲自挂帅,出动全国军队迎敌,仍然失败,仅免于亡国而已,就像田忌事先预言的一样。

昐子这个人,尊敬能人,爱惜庸人,真算得上"与善仁"

田忌

了。

4.言必行,行必果

什么是"言善信"? 就是说话要讲信用。人世间的道理,就像那条物理学上的定理:作用力等于反作用力。你向他人施予什么,也会得到什么。一个人不受信任,是因为他不讲信用;反之,一个人受人信任,是因为他说话算数。这个道理将在后面加以论证,在此不必赘述。

5.用业绩说话

什么是"正善治"? 就是忠于职守,用业绩说话。古今中外,无论什么事物都可能过时,无论什么理念都可能更新,就是"用业绩说话"这一条永远不会过时。如果用业绩说话不灵了,说明这家公司、这个团队该倒闭了。所以在这件事上,我们不必存任何侥幸心理。

6.做力所能及的事

什么是"事善能"? 也就是做力所能及的事。将它理解为有办事才能也未尝不可。但才能大小,是相对事情难易程度而言的。如苏东坡所言:"挟泰山以超北海,是不能也,非不为也;为老人折枝,是不为,非不能也。"有些事不是我们想不想做的问题,确实力有不逮,也没办法。但有些事我们能做,而且做了有益,也可能不去做。勉强去做力所不及的事,或者放弃做力所能及的事,都不符合"事善能"的自然法则。

7.抱着与人为善的想法做事

什么是"动善时"? 也就是合理把握办事时机。这是一个说起来容易做起来难的问题。什么时机才合适? 这完全取决于各人的眼光和阅历。有的人能在恰当的时间做恰当的事,有的人却让事情发生在错误的时间和地点。

如果我们的眼光与阅历不够,如何做到"动善时"呢? 向有经验的人请教是一法。除此之外,抱着与人为善的想法去做,一般错不了。如果你做的事对他人有利,它总是合宜的。美国企管专家史蒂芬·柯维说:"为自己着想也不忘他人的利益……世界之大,人人都有足够的生存空间,他人之得不必视为自己之失。"一个聪明人,不会嫉妒别人的收获,他们总是考虑如何帮助他人获益而不是夺取别人的利益。这正好符合老子"水善利万物而不争"的原理。

★切忌踮起脚尖与人争高

跂者不立,跨者不行;自见者不明,自是者不彰;自伐者无功,自矜者不长。其于道也,曰余食赘行。物或恶之,故有道者不处。

——《道德经》

踮起脚尖争高,也高不了多久;甩开大步比快,也快不了多远。这就是说,不要为了虚荣心,试图表现得比实际拥有的更高明。

对这个道理,老子进一步解释说:自我表现的人,其实一知半解;自以为是的人,只会被人嫌恶;自吹自擂的人,反而徒劳无功;自鸣得意的人,不会被人尊重。这样的行为,就像吃饱了还拼命吃一样,就像画好了蛇还要添上足一样,只会让人觉得好笑罢了。

老子所说的踮起脚尖争高、甩开大步比快的行为有四种:自我表现、自以为是、自吹自擂、自鸣得意。这些行为有违自然之道,对自己没有任何好处,只会惹下意想不到的麻烦。

1.我们都是瞎子

老子说:"自我表现的人,其实一知半解。"为什么呢?大千世界无穷,人的智力有限。在无穷无尽的世界面前,我们其实非常缺乏常识。就像《盲人摸象》中那些瞎子,摸到一只耳朵,就说大象像一把扇子;摸到一条大腿,就说大象像一根柱子,然后坚持认为自己是对的。

一位大师说:"我们不是看到事实,我们只是对看到的东西加以解释并称之为事实。"真正对某件事、某种现象、某门学问有过深入研究的人,他就会发现,他知道得越多,他眼前的未知空间越大,从而必生敬畏。反而是那些一知半解的人,他浅尝辄止,摸到"大象"的一只"耳朵",就以为知道了"大象"的全部,敢于向人表现自己的聪明和博学。这就是说,"无知者无畏"。因为无知,所以不怕贻笑大方。

2.越是拔高自己,越会被人贬低

老子说:"自吹自擂的人,反而徒劳无功。"为什么呢?"人往高处走",这是一般人的特性。没有人愿意看见别人站得比自己高。如果你本来就比对方高,对方也不得不接受事实。如果你踮起脚尖,自我拔高,这正好为对方提供了攻击你的把柄,你将会被贬得比你的实际高度更低。社会上不少知名人士,论才华、论品行,都在大多数人之上,可是最后却被媒体贬得既无能又品格低下,大概是因为他们过于张扬吧!

3.让别人觉得有面子,他才会尊重你

老子说:"自鸣得意的人,不会被人尊重。"为什么呢?没有人愿意看见对方表现得比自己优越。俗话说:"一家饱暖千家怨。"你比别人有权有钱有才华,虽然并不碍他人什么事,毕竟会给他人带来心理刺激。比如邻居的女人就会拿你贬低自己的丈夫:"你瞧人家多有能耐,就你没出息!"那个倒霉的丈夫因为你的存在受到奚落,心里能没有一点嫉妒吗?他不记恨你就已经算修养比较好了,尊重二字是谈不上了。

所以,最好把优越感收起来,不要有一点长处就拿出来表现,这样对别人的刺激比较小一点。如果你表现得谦虚谨慎,让别人觉得有面子,这样,他才可能尊重你。

4.杨修的故事:踮起脚尖争高的典型教材

三国杨修的故事,是大家都熟悉的,一般认为,他是因为才高遭忌而送掉性命,事实上,"踮起脚尖争高",才是杨修惨遭横死的真正原因。

据《三国演义》记载,有一次,曹操命人建了一所花园。建成后,曹操去观看,在门上写了一个"活"字。杨修对负责工程的人说:"门内添活,是阔字。丞相嫌园门太阔了。"园

门翻修后，曹操再次去观看，果然很合意。但得知是经杨修指点后，心里就有点不痛快了。杨修这一做法，有"自我表现"之嫌。门上写一个活字，可以有多种解释，下属办事，一定要准确把握上司的意图，为求稳妥，最好去问一下，顺便满足一下上司的表现欲，这不是很好吗？假如杨修是负责这项工程的人，他按猜测做事，倒也没什么；他去指点别人按自己的猜测做事，有越位越权之嫌。他凭自己的名望，居然能指挥其他部门的人，很容易扰乱管理体系。曹操真正不高兴的地方就在这里。

杨修

又有一日，塞北送来酥饼一盒，曹操在食盒上写了"一合酥"三个字，放在台上，然后出去了。杨修看见这三个字，就招呼同僚一起将酥饼分吃了。曹操进来后，询问是怎么回事，杨修说："你明明写的是'一人一口酥'嘛，我们岂敢违背你的命令？"曹操虽然笑了，内心却十分厌恶。为什么呢？杨修的做法，有"自以为是"之嫌。即使主人亲口请你吃酥饼，也要等他在场时吃，最好还要推辞一番，以示谦让。如今你趁主人不在，将酥饼吃了，虽是小事，于礼不合。再说"一人一口酥"，也没叫你吃光，你多少应该给主人留一点。杨修只顾显示自己的聪明，竟没把曹操放在心上，难怪曹操心生厌恶。

曹操怕人暗杀他，常吩咐手下说，他会做梦杀人，他睡着时千万不要靠近他。一日他睡午觉，把被子蹬落地上。一名侍卫上前帮他盖被，谁知曹操突然跃起来。一剑杀死了这名侍卫。对此，杨修议论说，不是丞相在梦中，是那位侍卫在梦中。曹操得知这种议论后，终于心生嫉恨。杨修的做法，就是老子所说的"自吹自擂"。哼！你瞒得过别人，瞒不过我！但是，他忘了做下属的本分是要维护领导者的威信。一个领导者失去威信，他怎么领导这个团队呢？不论杨修对这件事的判断是否正确，他对曹操的威信造成的负面影响是确定无疑的。

后来，曹操率40万大军在汉水一带与刘备的军队对峙。因屯兵日久，进退两难。适逢厨师端来鸡汤，看见碗底有鸡肋，他不免有感于怀。正沉吟间，值日将领入账禀请夜间号令。曹操随口说："鸡肋！鸡肋！"时任行军主簿的杨修得知曹操以"鸡肋"为号，马上下令随行军士收拾行装，准备归程。众将大惊，向杨修请教。杨修解释说："鸡肋者，食之无肉，弃之有味。如今我军进攻不能获胜，撤退又怕遭人耻笑，在此无益，魏王不日一定会下令班师。"诸将都相信杨修的智商，纷纷回营打点行李。曹操知道后，怒斥杨修造谣惑众，扰乱军心，下令把杨修斩首示众。

杨修死得冤吗？一点不冤！因为他这一次玩得太过火了。试想，两军交战，进退行止都是军事机密，岂能轻易泄露？万一被敌人的细作获知撤军信息，预先设下埋伏，三军将士还有活路吗？杨修为了显示自己的聪明，置三军将士的安危而不顾，妄泄军机，岂不

道德经

是自寻死路？曹操是一个特别重视法纪的人。年轻时就勇敢执法，痛打违反宵禁的贵族子弟；后来行军时坐骑误踏庄稼，他"割发代首"以自责。泄露军机的罪过比误踏庄稼严重何止百倍，就算是亲信的头，他也要砍下来，何况是杨修这颗他并不喜欢的脑袋？

后来的人怜杨修之才，认为他死得冤，有诗为证："身死因才误，非关欲退兵。"其实，杨修不是死于才，而是死于没有将才华用在恰当的地方。一个人有才华是好事，但是，你应该努力用自己的才华为他人、为社会创造价值，这是应有的理性。有才能而无理性，自逞其能而不顾后果，就像疯子拿着宝刀站在闹市一样，怎么会有好结果呢？

杨修的故事告诉我们领导者，在修炼自身才能的同时，还要修炼做人做事的理性。我们要努力成长，但千万不要踮起脚尖争高。谦让一点，务实一点，稍稍克制一下虚荣心，对他人的心情多考虑一下，对他人的利益多照顾一点，这样，你就能在人性丛林中愉快地行走。

★让对方显得比你高明

是以圣人抱一为天下式。不自见，故明；不自是，故彰；不自伐，故有功；不自矜，故长。

——《道德经》

不自作聪明，才明白事理。不自以为是，才有好名声。

老子认为，事物总是向相反的方向运动，你刻意表现自己的聪明，反而是在做蠢事；你越是认为自己正确，反而容易做错事。你冷静地隐匿自己的聪明，让别人表现才智，你理智地怀疑自己的想法，虚心倾听他人意见，这才是智者的作风。

刻意表现自己，只是小聪明。小聪明难成大器，还可能祸及自身。

孟子曾断言盆成括的死期到了。那时盆成括做了官，正当壮年，且春风得意，处处显示出飞黄腾达的气象，谁也看不出他会有危险。学生们问孟子如何知道盆成括必死无疑，孟子说："盆成括这个人有点小聪明，但却不懂得君子的大道。这样，小聪明只足以伤害他自身。"后来，盆成括果然被杀了。

明代大政治家吕坤在《申吟语》中说："精明也要十分，只需藏在浑厚里作用。古今得祸，精明者十居其九，未有浑厚而得祸者。今之人唯恐精明不至，乃所以为愚

孟子

也。"

不轻示聪明,还不是最高境界。有大智慧的人,经常让别人显得比自己高明,在满足别人表现欲的同时,获取自己所需的东西。唐太宗让房玄龄表现智慧,让尉迟敬德表现勇敢,让魏征表现忠诚,他自己却享有全功,成为一代明君。

如何满足别人的表现欲呢?或者说,如何让别人表现得比自己高明呢?方法如下:

1.多听听别人的高见

与人交谈,要尽量让对方畅所欲言。有一句名言说得好:"善言,能赢得听众;善听,才会赢得朋友。"倾听就是最好的恭维,这表示你对他的观点感兴趣,欣赏他说话的方式,甚至欣赏他整个人。反之,你对一个人的谈话不感兴趣,很容易让他误以为你不喜欢他本人,从而对你产生反感。

如果你希望别人喜欢你,尊重你,在背后称道你,有一个简单方法:耐心倾听对方讲话,不管他说什么都兴味盎然,哪怕知道他将说什么也绝不打岔。你将发现,即使一个最不讲道理、最顽固的人,也会在一个有耐心、具有同情心的听者面前软化下来,变得像小猫一样乖顺。

反之,如果你希望别人逃避你,轻视你,在背后嘲笑你,也有一个方法:绝不要听人家讲三句话以上,不断地谈论你自己。如果你知道他说的是什么,不要等他说完就打断他。如果你这样做,你将发现,即使一个脾气最温和的人,也会在你面前变得轻率不恭、不近人情。

请记住,跟你谈话的人,对他自己、他的需求和他的问题,比对任何人任何事更感兴趣百倍。他对自己的牙痛,比对非洲的40次地震更感兴趣。

因此,交际学上一条最重要的规则是:"做一个好的听者,鼓励他人谈论他们自己。"

2.别把你的意见强加于人

每个人都喜欢按自己的想法做事,没有人喜欢被迫接受命令。假如你是上司,要求下属做某件必须做的事,也尽量不要使用命令语气,因为命令只适用于军队。在其他任何地方,商量语气总是比命令更有效。比如,你可以这样说:"你看这样做好不好呢?"你虽然站在发号施令者的地位,却可以让对方感觉到主意是他自己拿定的。

让对方自己拿主意的方法,在人际交往中,经常可收到奇效。

有一位推销员,专门替一家画室推销服装设计草图。他每个礼拜都去拜访一位买主。但这位买主每次看过草图后总是说:"不行。"经过多次失败后,推销员决定改变方法。一次,他拿着6张未完成的草图,来到这位买主的办公室,说:"这是一些尚未完成的草图,请您指点一下,我们应该如何做才能使你满意?"

买主默默地看了那些草图一会儿,然后说:"把这些图留在我这儿几天,过几天再来取。"

三天后,推销员得到了买主的一些建议,取回草图,按照买主的意思把它们修饰完成。结果,6张图全被接受了。

每个人都觉得自己的主意才是好的。既然你的主意不被接受,何不请他自己拿主意？只要对你有利，其实没有必要非按自己的主意办不可。

3.偶尔请别人帮你一个小忙

人性中最深切的欲望是"做个重要人物"。你主动请对方帮一个小忙,等于是在暗示他:我承认你是一个重要人物。这样能满足他的自尊心,使他对你产生好感。

富兰克林年轻时,把所有积蓄都投资在一家小印刷厂,他又想办法使自己获选为费城州议会的文书办事员。这样一来,他就可以获得为议会印刷文件的工作。可是,议会中最有钱又最能干的那位议员对富兰克林缺乏好感,想方设法要把他赶走。怎么办呢?富兰克林想到了一个主意:他听说议员的藏书室里有一本非常稀奇而特殊的书,他就给议员写了一封便笺,表明极欲一睹为快的愿望,请求把那本书借阅几天。没想到,议员马上派人把那本书送来了。过了大约一星期,富兰克林将书还给他,还附上一封信,表示了诚挚的谢意。第二天,当他们在议会相遇时,议员居然主动跟富兰克林打招呼,并且极有礼貌。自此,他俩变成很好的朋友,维持了几十年的友谊。

别小看这种请人帮个小忙的方法,它能使一个关系疏远的人变得亲密起来,它甚至能使一个固执无礼的人变成一位和蔼可亲的朋友。需要注意的事,你的请求要让对方容易办到。如果事情很难办,或者有危害,对方就不一定会同意帮忙,这只会使你们的关系更加疏远。

4.切勿处处争胜

争强好胜,人之天性。但好胜心不必太强,处处不肯让人,将给自己带来很多不必要的麻烦。

从前有某显贵,爱好下围棋。某甲在他门下当清客,也爱下围棋。一日,二人下棋,某甲故意卖弄,留下一个破绽。显贵以为发现胜机,心中大喜。谁知几着过后,某甲突出妙手,盘上风云突变,局面顿时逆转。某甲得意非凡,说:"你还想不死吗?"显贵遭此打击,心中很不高兴,立起身就走。这位显贵原本是一个宽宏大量的人,却受不了这个刺激。后来,显贵门下的清客都得到任用,独有某甲郁郁不得志,终生未获官职。

自作聪明的人不知道什么地方应该争胜,什么地方不需争胜。其实,一个人只要在人生事业最重要的地方争胜就可以了,至于其他方面,完全可以不把输赢放在心上。为一点点面子而争,不是很不值得吗?

5.你比他人聪明,就不要告诉他你比他更聪明

英国19世纪的政治家查士德斐尔爵士曾告诫他的儿子:"如果你比他人聪明,就不要告诉他你比他聪明。"批评对方的缺点,等于暗示对方:我比你聪明。这会伤到对方的自尊心,非智者所为。

唐顺宗在做太子时,慨然以天下为己任。他曾对东宫僚属说,我要竭尽全力,向父皇进言革除弊政的计划。他的幕僚王叔文劝他说:"作为太子,首先应该做的事便是尽孝道,应多向父皇请安,问起居冷暖之事,不应多谈国家大事。况且改革又是敏感的问题,你过分热心,别人就会把你看成邀名逐利之徒,目的是招揽人心。如果陛下因此对你产生疑心,你如何解释呢?"

太子听后立刻省悟，打消了向父皇进言的念头。平时他默默观察朝廷弊政，却从不发言。后来，他顺利继位为皇帝，就开始兴利除弊，这才有了唐朝后期十分有名的"顺宗改革"。

★"不争"是更高的智慧

夫唯不争，故天下莫能与之争。

——《道德经》

老子说："正是因为不与人争，所以没有人能与他相争。"

人本来和其他生物一样，"争"是与生俱来的。但是在人进化了，升华了以后，懂得了还有比原始本能更高明，更有效的方法，运用得好，就能达到完善和理想的境界，这种方法就是反其道而行之的"不争"。只有保持这种不争之德，才能得到天下人的拥戴而不相害，故而天下才没有人能够与之相争。这种不争保一的做法是我们做人的正德和正智。在这方面，清代的红顶商人胡雪岩做得最有学问了。你看他生意做得很大，但他从不抢同行们的饭碗，不与同行们争利，所以同行们也不与他争斗，最终他反而得到的更多。

胡雪岩做生意，向来把人缘放在第一位。所谓"人缘"，对内是指员工对企业忠心耿耿，一心不二；对外则指同行的相互扶持、相互体贴。因此，胡雪岩常对帮他做事的人说："天下的饭，一个人是吃不完的，只有联络同行，要他们跟着自己走，才能行得通。所以，捡现成要看看，于人无损的现成好捡，不然就是抢人家的好处。要将心比心，自己设身处地，为别人想一想。"胡雪岩是这么说的，更是这么做的，他的商德之所以为人称道，很重要的一条，就是把同行的情看得高于眼前利益，在面对你死我活的激烈竞争时，做到了一般商人难以做到的：不抢同行的饭碗。

胡雪岩准备开办阜康钱庄，当他告诉信和钱庄的张胖子"自己弄个号子"的时候，张胖子虽然嘴里说着"好啊"，但声音中明显带有做作出来的高兴。为什么呢？因为在胡雪岩帮王有龄办漕米这件事上，信和钱庄之所以全力垫款帮忙，就是想拉上海运局这个大客户，现在胡雪岩要开钱庄，张胖子自然会担心丢掉海运局的生意。

为了消除张胖子的疑虑，胡雪岩明确表态："你放心！兔子不吃窝边草，要有这个心思，我也不会第一个就来告诉你。海运局的往来，照常归信和，我另打路子。"

"噢！"张胖子不太放心地问道："你怎么打法？"

胡雪岩

"这要慢慢来。总而言之一句话，信和的路子，我一定让开。"

既然胡雪岩的钱庄不和自己的信和抢生意，信和钱庄不是多了一个对手，而是多了一个伙伴，自然疑虑顿消，转而真心实意支持阜康钱庄。张胖子便很坦率地对胡雪岩说："你为人我信得过。你肯让一步，我欠你的情，有什么忙要帮。只要我办得到，一定尽心尽力！"在胡雪岩以后的经商生涯中，信和钱庄给了他很大的帮助。这都要归功于他当初没有抢了信和生意的那份情谊。

甚至对于利润极丰的军火生意，胡雪岩也都是抱着"宁可抛却银子，决不得罪同行"的准则。军火生意利润大、风险也大，要想吃这碗"军火"饭并不是一件容易的事。胡雪岩凭借他已有的官场势力和商业基础，并且依靠他在漕帮的势力，很快便在军火生意上打开了门路，走上了正道，着实做了几笔大生意。这样，胡雪岩在军火界也成了一个有头面的人物了。

一次，胡雪岩打听到一个消息，说是外商又运进了一批性能先进、精良的军火。消息马上得到进一步的确定，胡雪岩知道这又是一笔好生意，做成一定大有赚头。他马上找到外商联系。凭借他老道的经验、高明的手腕，以及他在军火界的良好信誉和声望，胡雪岩很快就把这批军火生意搞定。

然而，正当胡雪岩春风得意之时，他听商界的朋友说，有人在指责他做生意"不地道"。原来外商此前已把这批军火以低于胡雪岩出的价格，拟定卖给军火界的另一位同行，只是在那位同行还没有付款取货时，就又被胡雪岩以较高的价格买走，使那位同行丧失了几乎稳拿的赚钱机会。

胡雪岩听说这事后，对自己的贸然行事感到惭愧。他随即找来那位同行，商量如何处理这件事。那位同行知道胡雪岩在军火界的影响，怕胡雪岩在以后的生意中与自己为难。所以就不好开列什么条件，只是推说这笔生意既然让胡老板做成了就算了，只希望以后留碗饭给他们吃。

事情似乎到这一步就可以这么轻易地解决了，但胡雪岩却不然，他主动要求那位同行，把这批军火以与外商谈好的价格"卖"给他，这样那位同行就吃个差价，而不需出钱，更不用担任何风险。事情一谈妥，胡雪岩马上把差价补贴给了那位同行，胡雪岩的这一做法不仅令那位同行甚为佩服，就连其他同行也都非常钦佩。

如此协商一举三得，胡雪岩照样做成了这笔好买卖，没有得罪那位同行，博得了那位同行衷心的好感，在同业中声誉更高。这种通达变通的手腕日益巩固着胡雪岩在商界中的地位，成了他在商界纵横驰骋的法宝。

不抢人之美，是胡雪岩做人处事方式的基本准则。他一直恪守这一准则。不仅在商场，就是周旋官场也是如此。

胡雪岩在外经商多年，尽管自己不愿意做官，但和场面上人物来往，身上没有功名，显得身份低微，才花钱买了个顶戴，后来王有龄身兼三大职务，顾不了杭州城里的海运局，正好胡雪岩捐官成功，王有龄就说要委任胡雪岩为海运局委员，等于王有龄在海运局的代理人。

对此，胡雪岩以为不可。他的道理也很简单，但一般人就是办不到，其中关键在于胡

雪岩会退一步为别人着想。胡雪岩告诉王有龄,海运局里原来有个周委员,资格老、辈分高,按常理王有龄卸任,应由周委员替代才是。如果贸然让胡雪岩坐上这个位子,等于抢了周委员应得的好处。反正周委员已经被他收服,如果由周委员代理当家,凡事肯定会与胡雪岩商量,等于还是胡雪岩幕后代理。既然如此,就应该把代理的职位赏给周委员。

这样一来,胡雪岩既避免了将周委员的好处抢去,也避免了为自己树敌。所以说,他的"舍"实在是极有眼光、有远见的高明之举。

俗话说"同行是冤家",但从胡雪岩的做法当中可以看出,你若不抢同行的饭碗,同行就会把你当亲家。怎样做到同行不相争呢?胡雪岩的一种做法是他人卖红苹果时,我就卖青苹果;另一种做法是他人卖苹果时,我就卖橘子。这里既有避让,又有谦让,既有智慧,又有道德,运用之妙,令人叹服。我们还要看清胡雪岩不抢同行饭碗的这一非凡做法,并非是纯粹回避竞争与冲突,而是舍去近利,保留交情,从而带来更长远、更巨大的商业利益。

中国历史上不但实业界有人奉行不争之理,文化界也不乏其人,中国现代历史学家、哲学家、"五四"文学革命的倡导者胡适先生就是其中的一位。胡适早年就已经深受老子"不争"哲学的影响。他一生主张不争,认为弱能胜强,柔能克刚。这些思想对胡适影响很深。1907年他曾作过一首小诗,题为《秋柳》,诗的内容是这样的:"已见萧飕万木摧,尚余垂柳拂人来。凭君漫说柔条柳,也向西方舞一回。"这便正是老子"弱能胜强,柔能克刚"的写照。到了美国以后,胡适仍念念不忘老子的教训,常常引述老子的一些名言,来宣传他的主张,例如:"天下莫柔弱于水,而攻坚强者莫之能胜,其无以易之。弱之胜强,柔之胜刚,天下莫不知,莫能行。""夫惟不争,故天下莫能与之争。"(这正是本文所解析的老子之言)。后来读了《圣经》,胡适觉得耶稣宣传的教义,如对邪恶魔鬼不抵抗;人家打你的右脸,你再把左脸转过去让人家打,等等,与我国老子"不争"的理论极为相似,因而使他对不争的信仰更加深入,更加坚定了。

老子在《道德经》中却恳恳切切地教人"不争",这是他的习惯,略过了"争",而只说"不争"。其实没有"争",怎么会有"不争"?这是很明显的,说明他也是很注意"争"的,而且是教导人超过一时一地、暂时的成功胜利,要永远立于不败之地。这个"不争原理"在他的哲学里占非常重要的地位,仅次于"无为原理"。他在《道德经》五千言的篇幅中提到"无为"有十次,而提到"不争"有九次之多。其比重仅次于"无为",可见老子对"不争"的重视与强调。因为小到个人成败,大至国家兴亡,莫不与之有直接关系。有不少人认为,老子所说的不争是从道德和精神方面着眼的,教人"不要强出头""退一步海阔天空""舍己从人""人家打你的左脸,你连右脸也给他打"。这种不争,也可以说是一种"迂回战术""不做正面冲突""伪装示弱""以退为进""舍近利求远益"的策略。

第三章 以柔克刚——领导者巧妙竞争的智慧

★强必处下弱必上

> 人之生也柔弱,其死也坚强;
> 草木之生也柔脆,其死也枯槁。
> 故坚强者死之徒,柔弱者生之徒。
> 是以兵强则灭,木强则折。
> 强大处下,柔弱处上。
>
> ——《道德经》

人活着的时候,身体是柔软的,死后身体就要变得僵硬了;草木生存时是柔软脆弱的,死了以后就要变得枯萎干硬了。所以坚硬僵直的东西属于死亡一类,柔弱的东西属于生存一类。因此,兵力强大就会失败,树木僵直坚硬就会被砍折。坚强的处下位,柔弱的处上位。

李丹就是一个悟出这个道理的人,他在一家规模庞大的连锁百货公司处理顾客申诉案件。人们常常闯进他的办公室,满腹牢骚地抱怨道:这个洗衣机、空调、冰箱或其他任何产品,我买来的时候就已经坏了!而且所有到零售商店申诉的顾客都异口同声地附和道:"它原本就是坏的!"这话正如丘吉尔所言:这是个"不精确的术语"。不可能是所有东西本来就有故障—不会有人买到一部不能用的洗衣机、电话或音响,直到两年之后才找上门来!而每个人的最后一句话都是:"你说,该怎么处理?"

李丹真想说:"我已经听你讲了半小时,觉得你真讨厌,真的!我现在最想做的就是叫你马上滚开!"当然,这些话只能在心里讲给自己听,非但嘴上不能说,连表情也不能流露出半点厌恶来。

李丹经历了无数苦难与磨炼之后,终于得出这样一个结论:如果一开始就问他们希望他做什么,情况便好多了。每当顾客冲进李丹的办公室时,通常情绪激动,急切希望有所行动。他首先请他们冷静,然后说:"请你相信,我跟你站在同一边,真心希望帮你解决问题。现在,可不可以请你告诉我,你希望我做什么?"

一般那些顾客会停一下,然后重新开口:"但是,我要你先知道自从我在你们的店里

买了这东西后,受过多少折腾。"

"我了解,"李丹总是回答说,"而且,我真想帮忙。但是,首先你得先告诉我,你要我做什么。可能的话,我就照你的意思做,问题不就处理了吗?您说呢?"

于是,李丹能马上了解他的期望,如果他有疑问,便针对疑点发问,如果双方的意见始终不一致,最后便开始根据什么要做,什么不做来互相协商。

如果双方谈不拢,就要加强收集信息,以增己之长,攻彼之短,就会便于重新谈判;倘若最终还是不能达成协议,便开始寻求妥协之道。通过这个流程,这些事情的处理可以变得按部就班,就简单、轻松多了。

我们不是也经常说"百炼钢成绕指柔"吗?坚硬的钢铁尚且希望有柔软的一面,来求得生存的条件,又何况是我们活生生的人呢?我们是不是更需要以百柔的观念和态度来面对人生,来为人处世呢?我们经常说某某人性格好,人们特别愿意与他打交道,愿意和他共事,并且大家都很尊敬他。我们仔细想一想,这样的人是不是一个很柔和、很细腻的人?所以,真正有智慧的人,正是以这种善于以柔弱来体现自身,来博得大家认同的人。他们的行为风格也正是与生之道相吻合的。因此我们在为人处世时切不能太过强硬,这样对自己和别人都没有什么好处,应该柔弱一点,凡事给自己和他人留有余地,这样就不会硬极而折了。

对于每个人来说都是这样,对于一个领导者更是如此。领导者在行使权力下达命令时,原则上要坚决,但情感语气要温和,这样才不会给下属以盛气凌人的感觉,下属也会真正服从指令,按规章做事、把任务完成。如果只是一味地强硬到底,那就必然会引起下属的反感和不满,不仅不利于管理,还会降低自己的威信。

★避免伤害的最好方法是让别人不想伤害你

善闭无关楗而不可开,善结无绳约而不可解。

——《道德经》

善于关闭的人,不用门闩也没有人能打得开。

在这里,老子是用"关闭"比喻保全自己,用"关楗"比喻防卫工具。不少研究《道德经》的人仅从字义出发,将此句理解为:能工巧匠善于关闭,不用门闩也无人能打开。事实上,"世界上没有攻不破的堡垒",无论什么样的能工巧匠,也制造不出别人打不开的东西。那么,老子这句话是什么意思呢?有道之人,依道行事,用不着使用任何防卫工具,也能保全自己。这是"不关之关",所以没人能打得开。

有人把老子的哲学形容为"保命哲学"。确实,老子在《道德经》中多处提到保全自己的方法。但是,这有什么奇怪呢?按马斯洛的需求理论,安全需要是人的五大需求之一,本来就值得大谈特谈。

况且,《道德经》主要是讲为政治国之道,所谓保全自己,是探讨圣人如何保全自身以及保全事业的方法,不完全是"保命"。圣人的事业绝不是一个人的事,它关系到一个政府乃至普天下人,难道不是值得大谈特谈的大事吗?那么,如何用"不关之关"的方法保全自己呢?

1.用道理折服别人

如果你是一个讲道理的人,而且确实讲在理上,相信一个最不讲道理的人也会收起攻击你的矛。

从前,齐国无故出兵攻打鲁国,鲁君很担心,他听从相国建议,派贤士柳下惠出使齐国。柳下惠出于爱国心,马上动身去东方拜见齐侯。

齐侯骄横地问:"鲁君害怕了吗?"

柳下惠淡淡地一笑,说:"我们的君王不害怕。"

齐侯怒气冲冲地说:"你们的都城里面就像快要亡国一样慌乱,百姓拆掉房子、砍伐树木抢修城郭。我看你们的鲁君已经快要成为我国的子弟,你还说他不害怕,为什么?"

柳下惠说:"我们的君王之所以不害怕,是因为祖先是从周朝出来,封在鲁国;您的祖先也是从周朝出来,封在齐国。他们一起走出周国的南门,杀了一只羊,盟誓说:'日后我俩的子孙如果互相攻打,他们的罪过如同这只羊。'我们的君王就是因为那只羊而不害怕。"

柳下惠

齐侯感到很惭愧,马上下令解除围兵,后退三百里。

柳下惠不过是一个平民中的读书人,手中也没有致命的武器。就连鲁国坚固的城墙也挡不住的齐国大军,却被他一番道理挡住了,由此可见"不关之关"的效用。

2.用道行感化他人

所谓用道行感化人,就是说,做有益于人的事,争取"民心"。俗话说得好:"不惜钱者有人爱,不惜力者有人敬。"你帮人出钱出力做了好事,人家自然感激你,并成为你的助力,得到众人相助,比任何一座坚固的城堡更能保护自己。

有一次,齐景公去晋国访问,在宴会上,他向晋国名臣师旷请教为政之道。师旷默想片刻,答道:"您只要对老百姓多施恩惠就行了。"

齐景公意犹未尽。过了一会儿,他又问:"大师,您看我管理国家应该注意什么?"

师旷又说:"您只要对老百姓多施恩惠就行了。"

酒宴之后,师旷送齐景公前往宾馆。景公再一次向师旷请教,师旷还是那句话:"您只要对百姓多施恩惠就行了。"

晚上,齐景公思索师旷的话,忽然想到了自己的两位弟弟,公子尾和公子夏。他们两家都很富裕,又乐于施恩,老百姓很爱戴他们。齐景公马上明白了师旷的意思,如果不赶紧争取民心,自己的权位将受到威胁啊!

回国后,齐景公下令打开粮仓赈济广大穷苦百姓,打开金库把多余的银钱赏给孤寡

之人。此外,他还命令把后宫那些没有被纳为妻妾的宫女都嫁出去。

这些惠民措施使齐景公的声望日增。过了两年,他的两位弟弟失了势,跑到外国去了。

用有道的行为得到"民心",是保卫事业、保护生命的最好方法。舍此方法,采用强硬的手段,都是下策。

3.用道德保护自己

没有人愿意伤害一个对自己有益无害的人;相反,没有人不想伤害一个对自己有害无益的人。福祸通常是自己招来的。有道德的人,对别人有益无害,谁会伤害他呢?

楚王曾问庄辛:"君子的修养是怎样的?"

庄辛回答:"住在家里,房屋不用筑围墙,也没有人损害他;走在路上,身边不用带侍卫,也没有人伤害他。这就是君子的修养。"

楚王又问:"君子的富有是怎样的?"

庄辛回答:"君子的富有是,借东西给别人,不要人家感恩,也不向人家索取;送东西给别人吃,不使唤人家,不差遣人家。亲戚爱戴他,众人喜欢他,不贤能的人追随他,都希望他长寿快乐,无病无灾,这就是君子的富有。"

楚王连连点头说:"说得好呀!"

一个真正有道德的人,朋友、敌人都尊重他,甚至可以说,他只有朋友,根本没有敌人,怎么会受到别人的伤害呢?

4.用道义抵御对手

所谓道义,就是大家认为正义的事。如果你做事讲道义,伤害你的人就会得到不道义的名声,还可能遭到众人群起而攻之。所以,一般人不会冒险伤害一个讲道义的人。

魏文侯乘车从段干木居住的巷子前经过时,站起来,双手扶着车前的横木行礼。随从奇怪地问:"您无缘无故行什么礼?"

魏文侯

魏文侯说:"我是在向段干木致敬啊!我听说,段干木把操守看得比什么都重要,即使拿我的君位交换他的操守,他也绝不会同意,我又怎敢对他傲慢无礼呢?段干木在德行上显赫,我只是在地位上显赫;段干木在道义上富有,我只是在物质上富有啊!"

随从问:"既然如此,您为什么不聘请他做相国呢?"

魏文侯认为这个意见很好,就去请段干木做相国。但段干木坚决拒绝了。

魏文侯没有勉强,就送给他丰厚的俸禄,还经常登门拜访。

魏国人听说魏文侯礼遇段干木,都十分高兴,还写诗颂扬这件事。

后来,秦王想出兵攻打魏国,司马唐劝谏道:"段干木是有名的贤人,而魏文侯礼敬

他,天下没有人不知道。我们攻打魏国,会遭到唾骂啊!"

秦王就取消了进攻魏国的计划。

无论一个人、一个团队还是一个国家,都不会无缘无故攻击某个对象,攻击的目的一定是为了获取某种利益。假如攻击的结果明显得不偿失,攻击就不会发生。能够让对方的攻击得不偿失的,只有道。所以说,用道的"不关之关"法保护自己,才是最安全的。

★由着性子来,害人又害己

不知自然之道,轻举妄动,必有凶险。

老子认为,有道之人,"致虚极,守静笃",能将贪欲空到一无所有,让心灵宁静到纹丝不动。

老子是通过观察自然之道领悟人世之道。他发现,天下万物,都要回归到它的本源,方能生生不息。好比草木回归到种子状态,安安静静地躺在泥土里,反而孕育着无穷的生机。人呢?要让心灵回归到未出母胎时的本源状态,无欲无求,安安静静,他在追寻事物之理时,丝毫不受情绪影响,这样,他的智慧就绵绵无穷。如果依从情绪作用,率性而为,偏离事物之理,结果一定不妙。

一切坏事都是从率性而为开始的。人生一世,好像开车进行一次漫长的旅行。无论你心里多么急于到达目的地,红灯亮了你得停,绿灯亮了你才能开,该限速时要减速,上了高速公路才能风驰电掣开快车。如果由着性子来,如入无人之境,迟早会害了别人也害了自己。

有一男子跟邻居争论场地里一棵小树的归属问题而杀人而遭杀身之祸。其实,这绝不是一棵树的问题,而是率性而为的习惯在支配他的命运。有了这种习惯,一句话就能将自己引向毁灭,何况是一棵树呢?

所以,克服率性而为的习惯,对人生成长非常重要。

1.别让坏事开头

有一句俗话说得好:"看得破,忍不过。"很多事情并非不知道后果,养成了习惯,就很难控制自己不去做。

坏习惯并不是一个早上养成的,往往是从一件件小事开始,日积月累,慢慢就形成了根深蒂固的恶习。

　　商纣王就是一个很好的例子。他天资聪慧，能言会道，平时与臣子们辩论，没有人能辩得过他；他力能搏虎，两臂一开，有千斤力气；他刚即位时，政治还算清明。

　　有一天，下面的人献给他一双精美的象牙筷子。纣王心里喜欢，就用上了，还向大臣们炫耀。有了如此精美的象牙筷子，跟木碗陶罐就不协调了。纣王又让人找来了一套玉碗、玉碟、玉杯。有了精美的玉器餐具，吃粗茶淡饭肯定不协调，纣王从此吃上了山珍海味。吃着山珍海味，跟粗布衣裳又不协调，一定要高楼大厦才相配；有了高楼大厦，还要有美女相伴才有情调。就这样由着性子，奢侈日甚一日，下面的不满也日甚一日。他不愿放弃享受，只好用残暴手段镇压人们的言论。到了这种地步，他的末日也就到了！

　　一双筷子为什么能改变一个人和一个国家的命运呢？这其实是率性而为的习惯在起作用。所以，古人说："莫因恶小而为之。"要想不受坏习惯的伤害，关键是不要让坏事开头。一旦无意中沾染了坏习惯，也要及时警醒，在它造成危害之前抛弃它。

　　2.培养自我控制能力

　　著名心理学家瓦尔特·米歇尔曾对斯坦福大学附属幼儿园的一群儿童进行了一个有趣的试验：他告诉那些孩子，一个大哥要外出办事，如果你耐心等待他回来，就可以得到两块糖果；如果你不愿意等，马上就能拿到一块糖果。这项试验足以检验一个孩子的自制能力。

　　有些孩子一直耐心等待大哥办事归来，在等待的十几分钟里，这些孩子想方设法保持自己的耐心，或闭上眼睛不去看诱人的糖果，或将头埋入手臂中，或自言自语，或跳舞唱歌，或玩弄自己的手脚，甚至努力让自己睡着。最后这些自制力很强的孩子终于得到了两块糖果。相反，有些小孩则比较冲动，大哥刚走开，便马上拿走糖果。

　　十几年后，当这些孩子成为青少年时，四岁时就能抵抗诱惑的孩子明显社会适应能力较佳，较具自信，人际关系较好，也较能面对挫折。沉不住气的孩子则表现出自卑或惊慌失措、羡慕别人、冲动易怒、常与人争斗等特点。

　　戴尔·卡耐基也曾对美国各监狱的16万成年犯人做过一项调查，发现了一个惊人的事实：这些不幸的男女犯人之所以沦落到监狱中，有90%的人是因为他们缺乏必要的自制力，因此，未能把他们的精力用在积极有益的方面。

　　这两位大师的实验证明了一件事：自我控制能力对人生成功的影响是多么重要！作为一名领导者如果你能控制自己，你就能控制自己的命运。

★牙齿虽硬，须由柔舌为之送行

天下之至柔，驰骋天下之至坚。

——《道德经》

　　老子说："天下最柔弱的东西，能驾驭天下最坚硬的东西。"

老子提出的"柔弱胜刚强"是一伟大的哲学命题。它反映在自然、社会、政治、生活的各个方面。从人类哲学发展思想史的贡献来看，它完全可以与"神与人""精神与物质"等等这些哲学命题相媲美。当一般人都以刚强为美德的时候，老子却发现了柔弱的价值。《道德经》称："弱者道之用"，把柔弱视为"道"的性质和作用。老子认为，"道"正因为其柔弱而能永恒长存。与刚强相比，柔弱乃是生命的象征。比如人活着的时候柔弱，死的时候便僵硬；草木生的时候柔软，死的时候则枯槁。又比如，舌头由于是柔的，故能长存；牙齿坚硬，则容易折断。同时，老子还通过水的例子证明柔弱胜过刚强。他说："天下莫柔弱于水，而攻坚强者莫之能先，以其无以易之也。"这也就是我们通常说的水滴石穿的道理。

由贵柔的主张，老子引出居后不争的政治与生活态度。《道德经》中有"三宝"的提法，指的是"慈""俭"和"不敢为天下先"。不过，这"三宝"只是手段而不是目的。老子说："慈，故能勇；俭，故能广；不敢为天下先，故能成器长。"勇、广、成器长才是要达到的目的。老子的贵柔、不争并不意味着懦弱或者消极，他是以退为进，以柔为刚，以弱为强，表现出很深刻的智慧和积极进取的精神。《道德经》说："圣人后其身而身先，外其身而身存。非以其无私耶，故能成其私。"这是说，圣人以居后的态度处世，反而可以处在前列；不大考虑自己的利益，反而可以获得利益。正是因为他的无私，才能够成就圣人的私。

这是一种辩证的智慧，这种智慧是通过无而实现有，通过表面的否定达到事实上的肯定。老子准确地把握了世界上对立事物的普遍存在，以及它们之间既对立又转化的关系，并且把这种知识化为生活的智慧。这种智慧看起来与常识是相反的，如常识都认为有为、刚强是好的，老子却发现了它们的诸多弊端，转而强调无为、柔弱的价值。在他看来，无为、柔弱可以达到有为、刚强不能达到的结果。《道德经》把这概括为"柔弱胜刚强"。

我们来看看运用贵柔意识的一些具体的历史事例。

战国时期，掌握了晋国大权的四家大夫——智伯瑶、赵襄子、魏桓子和韩康子之间发生了矛盾。起先，智家自恃势力强大，胁迫其他三家各交出方圆一百里的土地及其户口。虽非心甘情愿，魏、韩两家不得不勉强按要求交出了土地及其户口，惟赵家以维护先人的祖业为由，拒绝交出属于自己的这一部分势力范围。

智家就胁迫魏、韩两家，一起发兵攻打赵家。赵襄子率领兵马坚守在晋阳城内，因城内粮草武器充足，又获得老百姓的支持，三家兵马将晋阳围困了两年多，也没有能把晋阳攻下来。后来，智伯瑶想了个主意，让士兵将晋水改道，直冲晋阳城，将大半个晋阳城池淹没了，但晋阳城内的军民，依然不肯投降。

看见城破在即，得意忘形的智伯瑶，无意中说出了在日后必要时，同样要用水来攻打魏、韩两家。此语令魏桓子和韩康子如坐针毡，不寒而栗，唇亡齿寒的现实，终于促使魏、韩两家反戈一击，联合被围困在晋阳城内的赵家兵马，将晋水引入智家的营寨，向智家的兵马发起了猛烈的反攻，杀了智伯瑶，将智家的全部财产、土地和户口，按三家各一等份平分了。

日后,这三家的后代废了形同虚设的晋国国君,形成了韩、赵、魏三国,这也就是历史上的"三家分晋"。

这个故事,至少从两个方面说明了柔弱胜刚强的道理。

一方面,智伯瑶的失败,不仅是军事与政治上的失败,更是处世方面的失败,他以恃强欺弱始,以自取灭亡终。另一方面,是智伯瑶最先想到了用无坚不摧的水来围攻顽强抵抗的赵家军兵,殊不知,这个方法被后来联合起来的赵、韩、魏三家借了过去,柔弱的水,也就成为三家最后战胜智伯瑶的不可或缺的法宝。

理解了贵柔的人生意识,据此再去反观日常生活中的那些受意志驱使的雌雄之争,不难发现,许多事原是不值作雌雄之争的。人生十分短暂,似燧石相碰而撞击出的火花;人生的舞台十分狭窄,似局限在蜗牛角上……此生此地,老做那些无谓的雌雄之争,只会浪费了生命的光阴,忘记了人生的使命。

至于身负重任者,就更不应为一己之私而做拟分出雌雄的意气之争。在这方面,战国时代赵国蔺相如的作为,最为人称道。他因成功出使秦国,不辱使命,被赵王拜为相国后,大将廉颇不服,认为他仅靠耍嘴皮子,不应位居在自己之上,并扬言碰见他时,定要羞辱他一番。

蔺相如

蔺相如知道廉颇这番心思后,总是避开与廉颇见面。手下人不解其故,他就解释自己如此做的目的,不是怕廉颇,而是防止出现两虎争斗、秦国得利的状况,一切以维护赵国的安全为上。

后来,蔺相如的这番苦衷被廉颇知道,廉颇深受触动,他就背负荆条,登门向蔺相如赔罪,两人终于重归于好,将相和,刚柔并济,齐心协力地保卫赵国。

可见,蔺相如深明不做雌雄之争的必要性及其策略。因此,他选择了示弱,以避廉颇的锋芒,养精蓄锐,蓄势待发,其理与古人的韬光养晦、潜龙勿用的道理,是一致的,也正是老子所说的,"知其雄、守其雌,为天下谿",即知道了雄壮刚强的欠缺,那就应守在雌伏柔弱之处,这样,才可成为汇集天下之水的溪谷。可见,柔弱、守雌的人生智慧,具有更广的包容性和更多的灵活伸缩性。

观之古今,在大自然中,蜥蜴曾是恐龙的同类,恐龙早就灭亡了,蜥蜴却存活下来。其中一个重要原因,是恐龙体积过于庞大,不便保护自己,而又所食甚多;蜥蜴则小巧灵活,虽然纤弱,却便于隐藏自己,从而得以生存至今。

观之古今,在人类社会中,不少强悍的人,动辄立下雄心壮志,热血沸腾,非要干出一番大事业不可,可惜,不是热情难以持久,就是稍遇挫折便一蹶不振。相反,那些处于弱势的人,凡事不逞能,凡事忍让,没有豪言壮语,心境平和宽容,能屏除私心杂念,不受外人干扰,做事能够持之以恒,即使受到打击,也不会万念俱灰。因为心境平和,所以不论

是身处顺境或逆境,都能处之泰然,一时虽然跑不快,但能坚持到终点,笑到最后。

把贵柔的意识渗透进我们的人生观,并不会使我们变得软弱。怀有守雌不雄的意识和愿望,决不会使我们变得无能。因为贵守柔雌的思想观念,是将韧性、耐性和智性融会贯通后而形成的一种既超脱而又适用的生存原则和处世哲学,它是一种变相的和辩证的进取和强大,而且这种进取和强大是时间意义上的最终胜利者。

★将欲取之,必先与之

将欲取之,必先与之。

——《道德经》

老子认为,要想获取,必须先给予,这是一种高明的策略。在商战中,不能死抱住一些蝇头小利,应该为了长远目标而放弃眼前利益,尤其是在情形不利时,更应该让出自己的一部分利益,这样才能赚到大钱。

美国富豪洛克菲勒年轻的时候为了营造自己的垄断帝国费尽心机、不择手段,被人称为"蟒蛇",是魔鬼的化身。到了晚年面对数不清的财富时,他才醒悟,明白钱财是身外物,生不带来死不带去,自己不过是"为上帝看管财富的奴仆"而已。当时洛克菲勒是个垂暮老人,儿子还没有继承财产,世人都盯着这笔财富的去向。

1905年《世界主义者》杂志发表了一组题为《他将怎么安排它》的文章。开场白这样写道:"人们对于世界上最大的一笔财产,即约翰·D·洛克菲勒先生的财产今后安排感到很大兴趣。这笔财产在几年之中将由他的儿子约翰·戴·洛克菲勒来继承,不言而喻,这笔钱影响所及的范围是如此之广泛,以致继承这样一笔财产的人完全能够施展自己的财力去彻底改革这个世界……要不,就用它去干坏事,使文明推迟四分之一个世纪。"

显然,世人已关注这笔世上最大财产的用途。在这种情况下,老洛克菲勒看到:"花钱是最好的投资。"在他最信任的朋友牧师盖茨先生的勤奋工作和真心建设下,他先后用上亿巨款,分别投给学校、医院、研究所等,并建立了庞大的慈善机构,进行大量的投资。在十二年时间里,老洛克菲勒投资了4.46亿美元给他的四个大的慈善机构,并把这些机构交给儿子管理。以后通过这些机构,小洛克菲勒对教育、医学、环境保护以及文学艺术等公益事业进行大量投资,先后共用了8.22亿美元资财。效果也是显著的,洛克菲勒基金会先后培育出十二位诺贝尔医学奖获得者,三位美国国务卿,更有无数的科学家、作家、艺术家,中国的贾平凹也从它那里获得了奖励。贾平凹因其著作《浮躁》而荣获1991年度"美孚飞马奖"。

这样做,不仅为老洛克菲勒洗刷了敛财的恶名,还为其家族赢得了世人的尊敬,在美

國學智慧全書
道學智慧

国公众面前树立了洛克菲勒家族的崭新形象,为其家族的事业营造了更好的人际环境。至今,洛氏家族在美国的影响力还是举足轻重,美孚的石油产品还在源源不断地流向世界各个角落,钱财还从四面八方飞来。

英国联合利华公司总经理柯尔在企业经营中,有一个基本信条,即不拘泥于体面,而以相互利益为前提。依照这个信条,他在企业经营、生意谈判交涉中经常采用让利策略。在一定情况下,甘愿妥协退步,以赢得发展时机,结果获得了更大的利益。

联合利华公司在非洲东海岸设有大规模的友那蒂特非洲公司,从业人员达到14万,这里有丰富的肥皂原料,并适合栽培食用油原料花生,是联合利华公司的一块宝地,也是公司财富的主要来源。

第二次世界大战结束后,非洲各地的独立运动如火如荼,联合利华这些肥沃的花生栽培地,一块块被非洲国家没收,公司的财富来源被切断,这使联合利华面临极大的危机。

这时,经验丰富的总经理柯尔亲自来到非洲,找那些老朋友办理交涉。

针对当时非洲民族解放运动日益高涨的实际情况,柯尔对友那蒂特非洲公司发出了六条指令:

1.非洲各地所有友那蒂特非洲子公司系统的首席经理人员,迅速起用非洲人。

2.原来非洲人与白人在薪水上的差异,立即取消,采取同工同酬的办法。

3.为了培养非洲人的干部,在尼日利亚设立经营干部培训所。

4.采取利益共享的政策。

5.以寻找生存之道为主要目的。

6.不可拘泥于体面问题,以创造最大利益为要务。

上述六条,似乎是妥协退让,但后来的事实证明,柯尔不仅没有受到任何损失,反而获得了极大的利益。

柯尔在与加纳政府交涉中,为了表示尊重对方的利益,主动把自己的栽培地提供给加纳政府。柯尔的主动退让,获得了加纳政府对他的好感。后来,加纳政府为了报答他,指定联合利华公司为加纳政府食用油原料的买卖代理人,这就使柯尔在加纳独占了食用油原料的买卖权利。在与几内亚政府的交涉中,柯尔表示自愿撤出公司,这种坦诚的态度使几内亚政府大受感动,因而愿意挽留柯尔的公司,希望它继续存在。除此之外,柯尔在非洲各地都采用了退让策略,并获得了不同程度的利益。这样一来,在非洲独立运动的高潮中,其他一些欧洲公司都受到不同影响,只有联合利华公司不仅平安地渡过了这一难关,还获得了一定的利益。

第四章 身正则范——领导者树立威信的智慧

★ 摆正自己的位置，别高看自己

自知者明。

——《道德经》

老子说："能自知者可谓高明。"

老子认为，能觉悟到自己的优点和缺点、能知道自己的长处和短处者可谓高明。老子之所以这样说，是因为人要做到自知是很不容易的，古往今来的人们都承认这一点，而且在说到自知的不易时常以"目不见睫"这个成语做比喻。是啊，每个人都有一双眼睛，这双眼睛能观天文、识地理、看社会，唯独对眼皮上的睫毛视而不见，所以唐代诗人杜牧也发出了"睫在眼前长不见"的感叹。由此可以悟到，一般情况下，我们发现别人的短处和劣势较容易，而发现自己的短处和劣势就如"目不见睫"一样困难了。所以，人们要用一个"贵"字来形容自知之明的难能可贵和崇高的价值。

楚汉相争，刘邦打败项羽，有人为他歌功颂德，他却说："运筹帷幄之中，决胜于千里之外，吾不如子房；镇国家，抚百姓，给馈饷，不绝粮道，吾不如萧何；统百万之军，战必胜，攻必取，吾不如韩信。此三者，皆人杰也，吾能用之，此吾所以取天下也。"

明末清初博学多才的顾炎武，在《广师》一文中说："坚苦力学，五师而成，吾不如李学中；险阻备尝，与时屈伸，吾不如路安卿；好学不倦，笃于朋友，吾不如王山石。"

刘邦、顾炎武都讲了三个"吾不如"。刘邦是封建皇帝，顾炎武是饱学之士。尽管他们所处的历史时代和阶级地位不同，所说的"吾不如"的内容也有区别，但其精

顾炎武

神实质是差不多的。共同之点是人贵有自知之明，勇于自以为非。有位伟人曾说：自知之明是一个人能够有所进步、有所成就的内在精神力量。如果缺乏对自己的正确估量，目空一切，自以为是，那小则影响个人进步，大则影响事业的兴衰。但是要真正做到"自知"非常不易，我们来看一个这方面的故事。

齐王的相国邹忌长得相貌堂堂，身高八尺，体格魁梧。与邹忌同住一城的徐公也长得一表人才，是齐国有名的美男子。

邹忌

一天早晨，邹忌起床后，穿戴整齐，信步走到镜子面前仔细端详自己一番并随口问妻子说："你看，我跟城北的徐公比起来，谁漂亮？"他的妻子走上前去，一边帮他整理衣襟，一边回答说："那徐先生怎么能跟您比呢？"邹忌心里不大相信，因为住在城北的徐公是大家公认的美男子，自己恐怕还比不上他，所以他又问他的妾，说："我和城北徐公相比，谁漂亮些呢？"他的妾连忙说："大人您比徐先生漂亮多了，他哪能和大人比呢？"

第二天，有位客人来访，邹忌陪他坐着聊天，想起昨天的事，就顺便又问客人说："您看我和城北徐公相比，谁漂亮？"客人毫不犹豫地说："当然是您比他漂亮多了。"邹忌前后问了三次，大家一致都认为他比徐公漂亮。可是邹忌毕竟是个冷静的人，并没有因此而沾沾自喜，认为自己真的比徐公漂亮。恰巧有一天，城北徐公到邹忌家登门拜访。邹忌第一眼就被徐公的气宇轩昂、光彩照人怔住了。两人交谈时，邹忌不住地打量着徐公。再从镜子里面看看自己，觉得自己长得比徐公差。

邹忌反复地思考着这件事。既然自己长得不如徐公，为什么妻、妾和那个客人却都说自己比徐公漂亮呢？想到最后，他总算找到了问题的结论。"原来这些人都是在恭维我啊！妻子说我美，是因为偏爱我；妾说我美，是因为害怕我；客人说我美，是因为有求于我。看起来，我是受了身边人的恭维赞扬而认不清真正的自我了。"

从这个故事可以看出，一个人要做到具有自知之明真是很难，需要有一个冷静而智慧的头脑，即使在一片赞扬声里也要保持清醒而不沾沾自喜，这样才不会迷失自我，误判自我。

君不见从古至今，有些人就把"吾不如"颠倒过来，变成了"不如吾"。历史上最典型的恐怕要算三国时期的那位祢衡，他初见曹操，就把曹营文武将官尽数贬得一文不值，说"荀彧可使吊丧问疾，荀攸可使看坟守墓，程昱可使关门闭户，郭嘉可使白词念赋，张辽可使击鼓鸣金，许褚可使牧牛放马，乐进可使取状读招，李典可使传书送檄，吕虔磨刀铸剑，满宠可使饮酒食糟，于禁可使负版筑墙，徐晃可使屠猪杀狗；夏侯惇称为'完体将军'，曹

道德经

37

子孝呼为'要钱太守'。其余皆是衣架、饭囊、酒桶、肉袋耳！"

这位老兄把别人看成豆腐渣，却把自己比为一朵花，大言不惭地声称自己："天文地理，无一不通，三教九流，无所不晓；上可以致君为尧、舜，下可以配德于孔、颜，岂与俗子共论乎！"曹操自然没收留这个眼空四海的狂徒。他又去见刘表、黄祖，还是走一处骂一处，最后终于被黄祖砍了脑袋，为后人留下了笑柄。

当然，像祢衡这等典型的狂徒，在历史上可能不会很多，但与这种潜意识相关联的人不乏其例。比如，有些人当他们看到别人被社会所承认，取得了成绩，就不服气地说："他只是走了狗屎运而已，其实在这些地方他还不如我呢！"看到其他人职位得到提升，也总喜欢拿自己的长处同别人的短处比，认为在品德上，张三不如我；在能力上李四不如我；在勤政上王五不如我；在实绩上赵六不如我，等等。

世界上不可能有十全十美的人，我们每个人都应该正确认识自己，认识自己的优势和劣势，所长和所短。对自己认识清楚了，就能扬长补短，充分发挥自己的才智，使自己不断进步；就能眼界开阔，知己短，知人长，学人之长补己之短，使自己看到天外有天，不至于盲目、狂妄而有所作为。

人站在太阳底下，影子会因角度不同而缩小或扩大，时刻用身体而不是影子来衡量自己，才是明智之举。一个人究竟怎样，应当多让别人去评判，而且对别人的过奖之处还要明察。当自己评价自己时，若把自己看得过重，评价过高，其结果往往适得其反。当然也不能把自己看得一无是处。"吾不如"、讲谦虚，绝非一味贬低自己，而是要求人们以实事求是的态度对待自己，既不自高自大，也不自暴自弃。关于这一点，谢觉哉说得非常好："一味看不起人不对；一味看得起人也不甚好。应该是看得起人又看不起人。任何人都有胜过我处，任何人也必有不足我处。"

总之，我们归结全文可以做这样的表述：不要因为自己高于他人便目空一切，要知道"高处不胜寒"，你随时都有被打入"冷宫"的危险；不要因为自己低于他人而闷闷不乐，在充分认识自己的前提下，你终将改变你目前的状况。闭起你的眼睛，让你的心完全平静下来，仔细地回想一下你所经历过的一切，给自己一个公正的评价，然后摆正自己的位置。

★领导者善于以"智"取胜

不贵其师，不爱其资。虽智大迷，是谓要妙。

——《道德经》

司马迁说过，"富者必用奇胜"。企业领导者的根本使命是创造财富，在商业竞争与内部管理中，决策者必须具备谋略思想和商业经营头脑，做个聪明人。

索尼公司创立之初，松下等同行企业已经占领了绝大部分市场。为此，索尼公司提出了著名的"间隙理论"，即在产品营销策略上，坚持沿着"缝隙"发展的原则，开发别人忽

视的商品。结果,一段时间以后,索尼公司的集成电路收音机、卧室厨房小电视机等商品迅速赢得了市场。

为了实现经营目标,采取迂回策略获取利润,是商业世界中的生存之道。在政治活动、个人发展过程中,善于辨明情况,做出正确抉择,是每个聪明人的行动准则。

秦朝末年,张良隐居在下邳,谋求个人发展机会。有一天,他在村子旁边的石桥上遇到一位手持拐杖的老人。当张良发现老人的鞋掉到了桥下后,立即跑过去帮他捡起来。但是,老人不但没有表达感谢,还命令张良,替他把鞋穿上。

张良显然被激怒了,他本来要还击对方,但是想到鞋子都捡回来了,干脆帮他穿上吧。关键时刻,张良没有感情用事,把事情搞砸,这是一种聪明的做事方法。因为,这位老人是懂得韬略的隐士,他被张良的赤诚之心打动,把自己的《太公兵法》传授给了张良。

日后,张良辅佐刘邦建功立业,成为智谋超群的汉代开国名臣,与获得《太公兵法》有直接关系。我们看到,在自我成长的过程中不断礼让,乃至帮助老人拾鞋、穿鞋,是对自身品格的完善,对个人意志的磨砺,是一种"明智"的方法。

《道德经》指出:"不贵其师、不爱其资,虽智大迷,是谓要妙。"意思是,不尊重老师的智慧,不爱惜自己的才智,聪明人也会变得糊涂,这是深远微妙的道理。具体到企业管理活动,就是说领导者在经营方略上要善于借他人的才智为己用,要善于隐藏自己的锋芒,在恰当的时候展现自己的才智,高明、成熟的管理者必然掌握一种外圆内方、绵里藏针的管理与处世技巧。

美国有一段禁酒法令实施的历史,当时的阿曼德·哈曼没有被表面的法令局限自己的思维,而是多方观察、积极思考,从而获得了丰厚的商业利润。

阿曼德·哈曼看到,在禁酒法令颁布后,尽管大部分酒水遭到封杀,但是姜汁啤酒幸存了下来,并受到大众的欢迎。眼光独到的哈曼立刻赶往印度、尼日利亚等生姜大国,大量收购生姜,从而垄断市场。结果,哈曼赚到了一大桶金。

后来,罗斯福总统在竞选中表现出获胜的希望,而这位候选人主张解除禁酒令。哈曼意识到,禁令一旦被解除,公众将会产生强大的用酒需求,而当时的美国已经没有酿酒厂了,于是哈曼投入巨资垄断了制造酒桶用的木板,并建立大规模的现代化酒桶工厂。果然,禁酒令被解除了,美国人对酒的需求量呈现雪崩式的增长。善于钻营、足智多谋的哈曼又获得了巨大的财富。

老子提出"不贵其师、不爱其资,虽智大迷"的思想,告诫领导者如果不吸取他人的智慧,又不爱惜自己的才智,就会迷失在奇智淫巧之中,提醒企业领导者要做个大智慧者,明确自己的角色,以智慧经营成就、发展的辉煌。"智"在企业经营中是对领导者的一项根本要求,决策者必须大智大勇。对此,我国商祖白圭也有深刻的论述,他提出商人必须具备四种素质:"智、勇、仁、强。""智"就是"智慧",做个"聪明人"。

在商业竞争中,逆向操作、不与人趋等营销策略都是智慧的反映、谋划的结果。日本西铁城以飞机空投手表来做广告,美国商人雷诺兹把圆珠笔改名"原子笔"以迎合原子弹热潮……都是决策者以"智"取胜的典范。

★ 清静寡欲，拒绝诱惑

五色令人目盲；五音令人耳聋；五味令人口爽；驰骋畋猎令人心发狂；难得之货令人行妨。是以圣人为腹不为目，故去彼取此。

——《道德经》

老子指出，人不能纵情声色，糜烂生活令人目盲、令人耳聋、令人心发狂，物欲横流让人精神腐蚀。

我们之所以丧失自我，甘愿把自己作为商品推销出去，有智力的出卖自己的智力，没有智力的出卖肉体，其根源是我们想以此交换金钱物质，以满足自己贪婪的欲望。老子早就指出，追逐外物必然丧失自己的本性，我们今天的生活，只知拼命攒积金钱财富，只看重动物性的满足发泄，全部身心沉浸在财富的追逐中，浸泡在放纵感官肉体的快乐里。这样，我们追逐到的财富越多，心灵就越空虚，本性的丧失就越厉害，精神就越贫乏，生命表现也就越少。

人们莫不由于对外物的贪欲而丧失本性，小人牺牲自己去求财宝，读书人牺牲自己去求功名，当官的牺牲自己为了升迁，国王牺牲自己去求天下。这几种人事业不同、名声各异，他们牺牲自己丧失本性却一样。隐士伯夷为了名声好听饿死在首阳山下，盗跖为了金银财宝被人打死在金陵山上，这两人死的原因虽然是一个求名一个为利，却同样残害了生命，丧失了本性。

今天最容易使人失去自我的东西是财、官、色、味。为了口腹之乐不惜盗用公款，为了声色之娱可以丧心病狂，为了金钱可以出卖肉体，为了当官更可以出卖良心。这些人得到了官、财、味、色，还以为自己有所得，脸上浮现着得意的神情。其实，这与被卖掉装在笼子里的猴子没有什么两样，笼子里的猴子有吃有穿，我们仍然可怜它被出卖，如今我们出卖了自己换来金钱地位，不仅不知道可怜自己，反而还飘飘然得意起来。

我们认为老子的观点并不是要把精神文明与物质文明对立起来，并不是否定发展文化，不像有些学者所言，认为老子的这些观点是他对人类社会现实和历史发展所持的狭隘庸俗的反历史观点。他希望人们能够丰衣足食，建立内在宁静恬淡的生活方式，而不是外在贪欲的生活。一个人越是投入外在的漩涡里，越会产生自我疏离感，心灵则会日益空虚。所以，老子才提醒人们要摒弃外界物欲的诱惑，保持内心的安定清静，确保固有的天性。

现代文明高度发达，许多人只求声色物欲的满足，价值观、道德观严重扭曲，在许多场合可以普遍看到人心发狂的事例，令人感慨不已。

人是不能太贪的。思想家荀子认为，"人生而有欲"，如"饥而欲食，寒而欲暖"等，就

是人基于生理需要而产生的生存欲望,是生来就有的;人还有乞求物质与精神享受的欲望,"余财潜积之富",即聚财致富的欲望等。对于人的自然的、合理的欲望,荀子主张"制礼义"加以调节,并通过自己的辛勤劳作,以使欲望得到一定程度的满足。荀子同时指出,人往往由于"好利"而使欲望"穷年累世不知足",因此他强调:"欲虽不可去",但"求可节也",意思是:对于欲望,既不能禁止,也不能放纵;对于过度的乃至贪得无厌的奢求,还必须加以节制。

"世人都说神仙好,唯有功名忘不了。"人人都想活得潇洒一点、轻松一点、快乐一点,但终其一生也潇洒不了、轻松不了、快乐不了。他们被什么东西拖住了、缠住了、压住了,这东西就是功名利禄。功名利禄成了人生的境界,似乎功名愈厚,人生也愈美妙滋润。其实功名利禄是一副用花环编织的罗网,只要你进去了,你就无法自在与逍遥。没有功名利禄,于是想得到功名利禄。得到了小的功名利禄想得到更大的功名利禄,得到功名利禄,又害怕失去功名利禄。人生就在这患得患失中度过,哪里品尝得到人生的甘美清纯滋味呢?世人只知道功名利禄会给人带来幸福,殊不知功名利禄也会给人带来痛苦。为了功名利禄,我们劳心、劳神、劳力;为了功名利禄,我们计划、忙碌、奔波;为了功名利禄,我们怀疑、欺诈、争斗;为了功名利禄,我们玩阴谋、耍诡计、溜须拍马;为了功名利禄,我们如履薄冰、患得患失。

老子说,万事万物没有贪欲之心了,天下便自然而然达到稳定、安宁。所以,戒贪戒诈,保持内心世界的宁静,是一种很高的精神境界和人生修养。历史上许多仁人志士都深谙"静以修身""俭以养德""淡泊明志""宁静致远"的道理,并且身体力行。面对"灯红酒绿"、物欲横流,如果能够保持平静的心态,甘于淡泊,出淤泥而不染;面对一部分人先富起来,如果能够保持平衡的心态,神闲气安,坚持默默无闻的奉献;面对人生的各种逆境,如果能够保持平常人的心态,做到宠辱不惊、去留无意,那样,才是真正的幸福、持久的幸福、纯粹的幸福。

《聊斋志异》中聂小倩是一个被妖物胁迫的女鬼,以财色惑人害人,她勾引一个叫宁采臣的读书人,先用美色引诱,宁采臣不为所动,于是她又捧来一锭黄金。不料宁采臣一把抓起,把它扔出了屋外,昂然说:"这是不义之财,拿了玷污我的钱袋!"女鬼随即说这不是真金乃是罗刹鬼骨,如果拿了它,能吞食人的心肝。世上不义之财,不仁之贵的持有者,哪一个不怀"罗刹鬼骨"的恐怖?哪一个不是战战兢兢,如履薄冰?所以古人说:"心里没有亏心事,夜半敲门心不惊。"

佛祖告诫世人说:"财色之取,譬如小儿贪刀刃之饴,甜不足一食之羹,然有截舌之患也。"任何一种宗教,都有戒律,每一种戒律都有关于财色之戒。这种不谋而合难道是偶然的吗?

春秋时宋国有个贤人叫子罕,官至辅政。国中有人拿了一块硕大的美玉献给他,可是子罕不接受。献玉者问他:"你为什么不要这块玉呢?这是件玉匠鉴定过的宝物,价值连城啊!"子罕回答:"我就以不贪为宝,而你以玉为宝,我们俩应该各守其宝。请你把玉拿走吧。"

元代名士许衡，夏季一天与众人赶路，口干舌燥时，正巧发现路边有一片梨林，大家一哄而上，摘梨解渴，只有许衡默默不动。别人问他为什么不吃，这梨树没有主人啊！许衡回答说："不是自己的东西，就不该乱拿，现在世道混乱，梨树无主，难道我的心也无主吗？"子罕和许衡这两位贤人都拒绝诱惑，以不贪为立身持命的"宝"和"主"。内心有主，就是坚持自己的信念不因外部环境的改变而改变。这种人生将是自信、自立、自尊、自爱的，是不会为诱惑所累的。

许衡

对手握大权的人，诱惑实在太多了，欲望也实在太多了。如何抵御种种诱惑？老子说得好，"见欲而止为德"，"邪生于无禁，欲生于无度"。当官掌权若忘记了世界观的改造，忘记了清正廉洁；忘记了立党为公的道理，难免产生邪心恶念。而"疾小不加理，浸淫将毁身"，到头来就可能出大事，栽大跟头。当权力变成一个工具、一个为满足自己欲望的工具、一个为所欲为的工具的时候，带来的并不是幸福。这种把持权力的人，或许能够得到一时的满足感、获得一时的快乐、获得物质上的富有，但是他们的心理也因此深感不安，诚惶诚恐。

人生在世，难免要与功名利禄、荣辱得失打交道。许多人是以荣宠和功利名禄为人生最高理想，目的就是为享荣华富贵。总之，人活着就是为了寿、名、位、货等身外之物。对于功名利禄，可说是人人都需要。但是，把它摆在什么位置上，人与人的态度就不同了。如果你把它摆在比生命还要宝贵的位置之上，那就大错特错了。老子说："吾所以有大患者，为吾有身，及吾无身，吾有何患。"老子从"贵身"的角度出发，认为生命远贵于名利荣宠，要清静寡欲，一切声色货利之事，皆无所动于衷，然后可以受天下之重寄，而为万民所托命。

德国生命哲学的先驱者叔本华说："凡是为野心所驱使，不顾自身的兴趣与快乐而拼命苦干的人，多半不会留下不朽的遗物。反而是那些追求真理与美善，避开邪想，公然向'公'意挑战并且蔑视它的错误之人，往往得以不朽。"

★拥有承担责任的魄力

受邦之不祥，是谓天下之王。

——《道德经》

老子认为，人应有勇于承担责任的魄力，这样的人才能有所作为。

在遇到困难的时候，一个主动承担责任的人会让大家十分尊敬，甚至就是局外人也

会为对方这种正直和勇气而钦佩不已。也许逃避一次责任会让你窃喜,以为聪明本来就是属于你的而别人是傻瓜。可是,只有当发现此后责任再也不会在你面前出现的时候你才会明白,那些承担过责任的人有了更丰富的经验,有了更好的职务。一个人承担的责任越多越大,证明他的价值就越大。在公司里,只有勇于承担责任的领导者才会得到下属的信任。

一个人应该为自己所承担的责任感到骄傲,因为你已经向别人证明,你比别人更突出,你比他们更强。责任心是一个人一生能否有所成就的重要砝码。如果你能够完全负起责任,你就是可托大事的人;反之,如果你习惯于敷衍塞责,应付了事,你可能永远不能做出成就来。负责是一种正视自己的理性,也是敢于担当的勇气。

一家集团公司招收一名部门经理,经过一番紧张的笔试和面试后,最后留下的有 3 个人。面试地点在总经理办公室。总经理并没有问他们一些关于业务方面的问题,只是饶有兴趣地带领他们参观他的办公室。最后,总经理指着一只茶几上的花盆对他们说,这是他刚从一个拍卖会上买来的,花费了好几万元。就在这时,秘书走进来告诉总经理,说外面有点事情请他去一下。总经理笑着对三人说:"麻烦你们帮我把这张茶几挪到那边的角落里,我出去一下马上回来。"说完,就随着秘书走了出去。

既然总经理有吩咐,这也是表现自己的好机会,三人便连忙行动起来,茶几很沉,必须三人合力才能移得动。当三人把茶几小心翼翼地抬到总经理指定的位置放下时,意想不到的事发生了:那个茶几不知怎么折断了一只脚,茶几一倾斜,上面放着的花盆便滑落了下来,在地上裂成了几大块。

三人都惊呆了,他们不知道总经理回来后会如何看待他们的办事能力,而且这花瓶值好几万,弄坏了又怎么向总经理交代呢?

就在他们目瞪口呆的时候,总经理回来了。看到发生的一切,总经理显得非常愤怒,脸气得有点扭曲,咆哮着对他们吼道:"你们知道你们干了什么事,这花盆你们赔得起吗?"

第一个应聘者似乎不为总经理的强硬态度所压倒,直着嗓子说:"这又不关我们的事,况且我们又不是你们公司的员工,是你自己叫我们搬茶几的。"他用不屑一顾的眼神看着总经理,一副死猪不怕开水烫的样子。

第二个应聘者却讨好似的对总经理说:"我看这事应该找那茶几生产商去,生产出质量这么差的茶几,这花盆坏了应该叫他赔。"他也说得理直气壮,似乎肯定总经理会采纳他的意见。

总经理把目光移到了第三个应聘者的身上。不过,第三个应聘者并没有立即为自己辩解,而是俯身携带起那些碎了的瓷片,把它放在一旁后,然后对总经理说:"这的确是我们搬茶几时不小心弄坏的。如果我们移动茶几时小心一点,那花盆应该是没事的。"

还没等他把话说完,总经理的脸却由阴转晴,脸上露出一丝笑容,握住他的手说:"一个能为自己过失负责的人,肯定是一个有出息的人,我们公司欢迎你这样的员工。"

这时,另外两人才明白过来,这其实是总经理的一个责任测试,而在这小小的测试面前,他们都败下阵来了。

由于能力的欠缺,生活和工作中我们不可避免会有一些失误。但产生失误并不可怕,关键是我们面对失误的态度。只有学会承担责任,才能得到他人的谅解和尊重,才能获得他人的信任和宽恕。因为一个人懂得承担责任,这比千万次竭尽所能推辞责任更具有震撼力。也只有这样的人,才是一个能成就大事业的人。

★ 经历磨难,方成大器

大的洁白,是知白守黑,和光同尘,故而若似垢污;大的方正,是方而不割,廉而不刿,故谓没有棱角;博大之器,是经久历远,厚积薄发,故而积久乃成;浩大之声,过于听之量,故而不易听闻;庞大之象,超乎视之域,故而具体无形。

——《道德经》

一个希望终成大器的人,重要的是要经历长期的磨炼。"长历磨难方成大器。"这实在是一句至理名言。尤其是我们的领导者,应将此句作为座右铭。只有耐得住寂寞,抱定长期吃苦耐劳的决心,而不是急功近利,才可以磨炼自己的品格和见识,才能锻炼自己的人格和见识,才能锻炼和培养自己具有正确判断现实、富有远见的眼力。所谓"大器晚成"并非只是事业有成,而是生命各个层面的成熟和满足,最主要的是思想性格和精神实质的成熟与满足,衡量一个人是不是成大器的指标是由精神和现实两方面构成的。

一个人在精神上成了大器,支配现实的能力是超人的,他在现实中当然会成大器;而一个在事业上成了大器的人,在精神上未必能成大器——这就是说,有些人年纪轻轻就靠机遇和专长成就了一番大业,但这并不代表他们在精神实质上已成大器。苹果在中秋时节就有非常红艳的,但要想吃到内外尽熟的苹果,就必须等到深秋。一个圣人要想"内外尽熟",都要靠长期磨炼才能达成,我们平常人能打破这一个规律吗?孔子在晚年是这样自我总结的:"吾十有五而志于学,三十而立,四十而不惑,五十而知天命,六十而耳顺,七十而从心所欲,不逾矩。"意思就是:"我15岁立志于学习;30岁才能够自立;40岁才能不被外界事物所迷惑;50岁才懂得了天命;60岁才能正确对待各种言论,不觉得不顺;70岁方能随心所欲而不越出规矩。"这是孔子在自述他学习和修养的过程。这一过程,是一个随着年龄的增长,思想境界逐步提高的过程。就思想境界来讲,整个过程分为三个阶段:15~40岁是学习领会的阶段;50~60岁是安心立命的阶段,也就是不受环境左右的阶段;70岁是主观意识和做人的规则融合为一的阶段。在这个阶段中,思想和道德修养才达到了最高的境界。孔子用自己的道德、才能和精神修养过程告诉人们两个要点:第一,人的修养不是一朝一夕的事,不能一下子完成,不能搞突击,要经过长时间的学习和锻炼,要有一个循序渐进的过程。第二,人生道德和智慧的最高境界是思想和言行的融合,

自觉地遵守道德规范和思想原则，而不是勉强去做。这两点对任何人，都是适用的。

我们再来看一下姜太公的经历。商朝末年，周文王决心治理好自己的国家，推翻商朝。他看到自己手下虽然有不少文臣武将，可是还缺少一个运筹帷幄、掌控全局的人，协助他实现灭商大计。因此，他求贤若渴，处处留意贤者。

有一次，周文王外出打猎。在渭水的支流硒溪边上遇见了一位钓鱼的老人。老人须发斑白，看上去七八十岁了。只见他一边钓鱼，一边嘴里不断地叨念："快上钩呀，快上钩！愿意上钩的快来上钩。"再一看，怪了！老人钓鱼的鱼钩离水面有三尺高，上面也没有钓饵，而他的钓钩是直的，并不像一般的鱼钩。文王看了很奇怪，就过去和老人攀谈起来。

这老人姓姜名尚，又名子牙，是远古时代炎帝的后代。他是一个饱学之长者，并且在底层社会打磨了大半生——曾在商朝的首都朝歌宰过牛，在黄河边上的孟津卖过酒，还做过生意。现在他到渭水边上来钓鱼，其实是在等待贤明的君主来寻访他。

周文王和姜尚的谈话中，发现姜尚是一个志存高远、学问渊博的人。他上通天文，下知地理，对政治、军事各方面都很有研究，特别是对于当时的政治形势，有着深刻的见解。他认为商朝的君主昏庸，臣子中真正为国的没有几个。而且纣王荒淫无道，只顾自己享乐，不管国人死活，更用酷刑杀害忠良，其统治不会长久；只要有一位英明的君主，振臂高呼，天下一定云集响应，推翻商纣不会费什么事，商朝的天下不会很长久，应当有一个贤明的领袖出来推翻它，建立一个新的朝廷，让老百姓能过上舒服的日子。由此可见，姜尚经过大半生的修炼，此时在精神和才学方面已经成大器了。

姜尚

文王觉得姜尚的话，句句都说到了自己心坎里。他本来就是为了推翻商朝，到处去寻找得力的助手，这眼前的姜尚，不就是要寻访的人吗？文王恳切地对姜尚说："我们盼望您很久了。现在天下大乱君主昏庸，民不聊生，请您来帮助我安定天下吧！"说完，文王邀请姜尚一同上车，把姜尚接回了都城。

文王很快重用姜尚，先被立为国师，也就是最大的武官；后来又任国相，总管全国政治和军事。

姜太公果然不负文王的期望，他做了周文王的国相，辅佐周文王整顿政治和军事，在国内发展生产，使人民安居乐业；对外征服各部族，开拓疆土，并联合友邦，削弱商朝的力量。周文王在姜尚的辅佐下，先后打败了犬戎、密须等部族，征服了小国家，并吞并了与商朝结盟的崇国，在崇国的地域上营建了一个丰城。把都城从岐山南边的周原迁到了丰

城,迁都以后向东发展。到周文王晚年的时候,周的国力已十分强盛,疆土大大扩充,西边收复了周族的老家(今陕西、甘肃一带),东北拓展到现在山西的黎城附近。东边到达今河南沁阳一带,逼近了殷纣王的都城朝歌,南边把势力扩张到了长江、汉水、汝水流域。据说,当时天下的三分之二已经控制在周文王的手里,为灭商奠定了可靠的基础。

周文王死后,武王姬发继位,拜姜尚为国师,尊称师尚父;姜尚继续辅佐周国朝政。一次,周武王问道:"我欲轻罚而重威,少行赏而劝善多,简其令而能教化民众,何道可行?"姜尚答曰:"杀一人而千人惧,杀二人而万人惧,杀三人而三军振者,杀之。赏一人而千人喜,赏二人而万人喜,赏三人而三军喜者,赏之。令一人而千人行者,令之;禁二人而万人止者,禁之;教三人而三军正者,教之。杀一以惩万,赏一而劝众,此明君之威福。"武王言听计从,时时慎于行赏,力求令行禁止,使周朝政治愈益清明。而此时的殷商王朝政局更加昏暗,叛殷附周者日多。周朝逐渐羽翼丰满,国势日隆。

最后终于酝酿成了历史上非常著名的以周代商的牧野之战。结果,商纣王的十几万大军,当天就土崩瓦解。牧野之战所以能大获全胜,多赖姜尚英明的组织指挥。在作战时机的把握上,选择在纣王麻痹松懈、众叛亲离之时;在力量的组织上,以"吊民伐罪"为号召,联合诸侯共同伐商;在作战指挥上,首先以兵车、猛士从正面展开突击,然后以甲士展开猛烈冲杀,一举打乱了商军的阵势,夺取了战争的胜利。

周朝建国之后,姜尚因灭商有功,被封于齐。齐国在姜尚的治理下成为大国,疆域日益广阔,使之成为后来的春秋"五霸"和战国"七雄"之一。

从孔子和姜尚这两个历史巨人的人生经历中可以看出,他们都是先在精神上成了大器,才在事业上成大器的人。而只有精神和事业都成大器的人,才是完善的大器和真正的大器,才是老子所说的"大器晚成"的本意。老子这一论断是非常符合人生和人才成长和发展规律的,那些举一些"少年有为"的例子来反驳老子这一观点的人,是有失偏颇的。

★善于克制的领导才真正善战

善战者不怒。

——《道德经》

中国哲学中,关于刚强与柔弱的辩证关系是讨论颇多的。所谓以柔克刚,以弱胜强,实是深知事物转换之理的极高智慧。

老子曾说:"知其雄,守其雌,为天下谿。"意思是,知道什么是刚强,却安于柔弱的地位,如此,才能常立于不败之地。应该说,老子的这种哲学对中国人影响匪浅。

在中国人看来,忍让绝非怯懦,能忍人所不能忍,才是最刚强的。天下之人莫不争强,而纯刚纯强往往会招致损伤。

清人傅山说过：愤怒正到沸腾时，就很难克制住，除非"天下大勇者"便不能做到。如果你想发怒，你就应想想这种爆发会发生什么后果。既然发怒必定会损害你的身心健康和利益，那么你就应该约束自己、克服自己，不让自己轻易动怒。

　　汉初名臣张良外出求学时曾遇到一件事。一天，张良走到下邳桥上遇到一个老人，穿着粗布衣服，在那里坐着，见张良过来，故意将鞋子掉到桥下，冲着张良说："小子，下去给我把鞋捡上来！"张良听了一愣，本想发怒，因为看他是个老年人，就强忍着到桥下把鞋子捡了上来。老人说："给我把鞋穿上。"张良想，既然已经捡了鞋，好事做到底吧，就跪下来给老人穿鞋。老人穿上后笑着离去了。一会儿又返回来，对张良说："你这个小伙子可以教导。"于是约张良再见面。这个老人后来给张良传授了《太公兵法》，使张良最终成为一代良臣。

　　老人考察张良，就是看他有没有自我克制的修养，有了这种修养，"孺子可教也"，今后才能担当大任，处理多种复杂的人际关系和艰巨的事情，才能遇事冷静，不意气用事。

　　唐代宰相娄师德的弟弟要去代州都督府上任，临行前，娄师德对弟弟说："我没多少才能，现位居宰相，如今你又得州官，得的多了，会引起别人的嫉恨。该如何对待？"他弟弟回答说："今后如果有人往我脸上啐唾沫，我也不说什么，自己擦了就是。"娄师德说："这正是我担心你的。那人啐你，是因为愤怒，你把它擦掉了，这就是抵挡那人怒气的发泄。唾沫不擦自己也会干的，倒不如笑而接受呢。"

张良

　　娄师德兄弟的这番谈论，有开玩笑的成分，其中意思就是要退让，不要去和对方"针尖对麦芒"，不然，就会更加激怒对方，使矛盾尖锐化，带来更严重的后果。

　　林肯说得好："与其为争路而让狗咬，不如给狗让路。即使将狗杀死，也不能治好伤口。"唐代僧人寒山曾写诗道："有人来骂我，分明了知（心里明明白白）。虽然不应对，却是得便宜。"这话很值得玩味。

　　美国石油大亨洛克菲勒有一次因牵连某案而上了法庭。当对方的律师以粗暴的口气向他连连质问时，他本来快被激怒了。但他很聪明，不会那么鲁莽。他态度平和，不动声色地答复律师的挑衅，结果律师反而被气得快发狂，语无伦次，而洛克菲勒最终赢得了这场官司。

　　明人吕坤早在四百多年前就说过："忍、激二字是福祸关。"所谓忍是忍耐，指控制住自己的情绪，激是激动。能忍住就是福，忍不住就是祸，所以要认真把好这一关。

　　中国古代作战时，一方守城，一方攻城。守城的将护城河的吊桥高高吊起，紧闭城门，那攻城的便无可奈何。实在不行，攻城的便在城下百般秽骂，非要惹得那守城的怒火

道德经

中烧,杀出城来——攻城的就可以趁机获胜了。兵法上叫"激将法"。但如果守城的能克制忍耐,对方也就无计可施了。

日常生活中有人控制不住自己的情绪,结果酿成了惨剧。在法国发生了这样一件事:

马尔蒂是法国西南小城塔布的一名警察,这天晚上他身着便装来到市中心的一烟草店门前,他准备到店里买包香烟。这时店门外一个流浪汉向他讨烟抽。

当马尔蒂出来时,喝了不少酒的流浪汉缠着他要烟。马尔蒂不给,于是两人发生了口角。随着互相谩骂和嘲讽的升级,两人情绪逐渐激动。马尔蒂掏出了警官证和手铐,说:"如果你不放老实点,我就给你一些颜色看。"流浪汉反唇相讥:"你这个混蛋警察,看你能把我怎么样?"在言语的刺激下,二人扭打成一团。旁边的人赶紧将两人分开,劝他们不要为一支香烟而发那么大火。

被劝开后的流浪汉骂骂咧咧地向附近一条小路走去,他边走边喊:"臭警察,有本事你来抓我呀!"失去理智、愤怒不已的马尔蒂拔出枪,冲过去,朝流浪汉连开四枪,流浪汉倒在了血泊中……

法庭以"故意杀人罪"对马尔蒂做出判决,他将服刑 30 年。一个人死了,一个人坐了牢,起因是一支香烟,罪魁祸首是失控的激动情绪。

生活中我们常见到当事人因未能克制自己,而引发争吵、骂吵、打架,甚至流血冲突事件。有时仅仅是因为踩了一下脚,或一句话说得不当。在地铁时争抢座位,在公交车上挨了一下挤,都可能成为引爆一场口舌大战或拳脚演练的导火索。在社会治安案件中,相当多的案件都是由于当事人不能冷静地处理事情——许多本就是小事一桩——而发生的。

人皆有七情六欲,遇到外界的不良刺激时,难免情绪激动、发火、愤怒,这是人的一种保护本能的生理和心理反应。但这种激动的情绪不可放纵,因为它可能使我们丧失冷静和理智,使我们不计后果地行事。因此,领导者在遇到事情时,一定要学会克制,而不要像炮捻子,一点就着。

第五章 知人善用——领导者善于用人的智慧

★ 不拘一格用人才

道可道,非常道;名可名,非常名。

——《道德经》

现代市场经济与企业管理讲究法律和制度的规范,但是领导者的思想不能被这些条条框框所束缚,特别是在使用人才方面,更要避免这一成不变的法则和规律,历史经验表明,只有不拘一格使用人才,才能有力地推动预期目标的实现。

元世祖忽必烈一生南征北战,开疆扩土,并非单纯依靠一己之力。草原帝国的建立,与这位英雄打破常规,任人唯贤的策略密不可分。

最初忽必烈争夺皇位时,曾经抓了对手的许多党羽,年仅16的童安建议他收服人心,使大家归顺,这样才能赢得天下,忽必烈见童安小小年纪有这样的见识,内心十分欣慰,开始大力培养这位才俊。

两年以后,童安在忽必烈手下已经成为胆略过人的人才,出于统治需要,忽必烈决定任命童安担任宰相,但是被童安拒绝了。的确,18岁就担任宰相,在任何人看来都是难以想象的。但是,忽必烈认为童安有此才能,当然可以打破常规出任这个重要职位。从此,童安开始辅佐忽必烈治理天下,在长达30多年的时间里建立了非凡的功业。

老子在《道德经》中指出:"道可道,非常道;名可名,非常名。"意思是,事物发展的本原和规律可以表达出来,它们都不是

元世祖忽必烈

永恒不变的。

今天所有的管理知识与总结，都是人们对一般规律或个案经验的解释和阐发，我们不能忽视它的价值，而且必须采取虚心学习的态度。但是学习并不是全盘照搬，而是要结合实际灵活变通。在企业人力资源管理中，一些规则并非不可动摇，相反我们要在实践中大胆突破，才能有收获。忽必烈突破年龄的限制，大胆启用童安就是最好的例证。

德国西门子公司在用人方面有一个"人才素质模式"，在界定人才是从三个角度来考察，即专业知识、工作经验与个人潜能。特别是最后一点，公司尤其看重。西门子公司的一个用人原则就是"one level higher（更高一级）"，希望所招聘的员工能力能够超越预先设定的标准，从而在日后发展中根据实际情况破格使用。

比如，西门子招聘一名"销售代表"，就要以"销售经理"的潜质来衡量对方。因为市场发展是迅速的，所以公司以发展的眼光看待人才的质量，希望个体成长与公司发展同步。

在用人标准上要与时俱进，在人才管理方面更要如此。"千军易寻，一将难求"，领导者如果发现千里马，就要打破常规的限制收到麾下。管人要有新思维，必须根据企业遇到的新情况，采取卓有成效的管理举措解决难题。

有一次，秦王苻坚的得力大臣王猛率领大军讨伐敌国。他派大将徐成去探查敌人的虚实，并且命令他中午回来报告。但是徐成直到黄昏才返回，王猛勃然大怒，下令将他斩首。

这时，邓羌为徐成求情："敌众我寡，大战在即，正是用人的时候，最好是宽恕了徐成。"王猛满脸怒气："治军一定要按照规定办事，如果不斩徐成，怎么约束其他人呢？"邓羌坚持请求赦免徐成，并且说自己的部将犯了错，自己情愿拼死作战来赎罪。但是王猛始终不答应。

后来，邓羌恼羞成怒，他返回大营，集合自己的军队，准备攻打王猛。王猛看到情况不妙，急忙派人告诉邓羌，自己马上赦免徐成。等到邓羌亲自前来道谢，王猛拉着对方的手笑着说："刚才我只不过想试探一下将军，现在看到你对部将爱护有加，一定对国家忠心耿耿。"

苻坚

军营中违犯了法令就要被斩首，邓羌为部下求情是在讲私情，集合部队反抗上级则是造反。但是，王猛不但赦免了徐成，还夸奖邓羌是爱护下属和国家的忠臣良将，并不觉得自己有损威信，这就是在管理中善于变通的做法。事实证明，邓羌的确是一位忠贞、爱护下属的将军，他和徐成一起大败敌军，回报了王猛的宽恕。对奋勇杀敌的将军不以严酷的刑法来约束，就是管人的变通之道。

著名的法国将领拿破仑有一句名言："替人才开路。"企业领导者要想把各种人才网罗到自己麾下，并发挥他们的潜能，就要以灵活的思维使用人才，而不必拘泥某一方面的规则，也就是不要让法则束缚了自己的思维。

因此，企图一劳永逸地找到一成不变的人力资源管理方法规则，最终只能"东施效颦"，最佳的管理之道是遵循人力资源开发与管理的客观规律，因时、因地、因人、因境而定"道"，这样才能使企业人力资源管理达到一个新的水平。

★用人要懂得扬长避短

圣人恒善救人，而无弃人。

——《道德经》

老子认为每个人都有长处，所以每个人都是人才，管理者需要做的工作是用其长避其短。这才是高明的用人之道。

韩非子在《主道篇》中写道："明君的方法是：让有智慧的人尽他的思虑，君王以此来断事，所以君王有用不完的智慧；贤能的人发挥他的才干，君王以此委任他，所以君王有用不完的才能。有功名则表示君王有他的贤明，有过失则表明臣属有他的责任，所以君王的名声是无限的。不贤的人成为贤人的老师，不聪明的人使聪明的人正确。臣有他的功劳，君有他的成就，这就叫作贤明君主的经典。"

用人应该以其才能为标准，不论党派，不论地区，不论亲仇，不论好恶，只论自己的需要、他人的特长。驾驭人的最终目的，就是使他能为我所用。不管所需要的人是在我之上，还是在我之下，或是与我并驾齐驱，都必须以自己的事业前途，作为中轴，而系住自己的一切行动。

汉高祖为了政治上的需要，利用萧何与张良；为了军事上的需要，利用韩信与彭越。刘备为了帝业，依赖于诸葛亮、关羽、张飞、赵云等众人的才力。而成吉思汗的丰功伟业，大半都要归功于耶律楚材的才能。他用人与拿破仑相似，不关心其他方面，只注重于实际的需要。

张飞

从严格意义上说，人才没有好坏之分，而是以利用是否恰当来区分好坏。利用得当，

51

即使是贩夫走卒、歌人妓女也是人才;怨仇宿敌只要有利用价值,就可以为我所用。运用不当,就是英雄豪杰、圣贤仁人、左右的亲近都会适得其反。

一个领导者,必须具备高明的综合组织能力。成吉思汗的后裔亚格柏,之所以能征服印度,就在于他有全方位的领导能力。他的主要特点就是:开诚布公,礼贤下士。亚格柏用人,不论他是哪种人,哪种宗教,只求他是当时的贤能豪杰,确实是所需要的难得人才。所以亚格柏能得到部属的爱戴与拥护。当时的文人学士,都愿意与亚格柏结成挚友。

秦穆公求士,得百里奚于宛,迎接蹇叔于宋,求丕豹公孙支于晋,以这四人而称霸于西戎。商鞅是卫国的庶公子,秦孝公重用他,就使国富兵强,诸侯臣服。张仪是魏国人,惠王用他就使苏秦苦心经营的六国结盟全部散败。范雎也是魏国人,秦昭王用他,就能废太后、逐穰侯、放华阳、强公室,从而奠定了秦国称霸的基础。所以说,用人不能分贵贱、地域、亲疏、党派、门派。

人才是公司发展的雄厚资本,一个成功的领导者要懂得挖掘人才。大量的人力资源来源于领导者有效发现下属的才智,使其各尽所能。但是由于有些领导者经常用自己信得过的下属,而疏远那些尚待发现的人才,致使一些工作难以展开。发掘人才,既需要眼光,也需要耐心,二者缺一不可。

一个不善于发掘人才的领导者,只能埋没人才,给公司带来损失。因此,发掘人才是体现领导者眼力和能力的标准之一,不应漠视。领导者不应该以"鸡蛋里挑骨头"的方法识别人才,而应该以"矮子中拔将军"的眼光发现人才,因为金无足赤,人无完人。人各有所长,各有所短,只要能扬长避短,天下到处是人才,所以用人必须用人长而避其短。

有一个木匠,连自己的床坏了都不能修,可见他的技能是很差的。可他自称能造房,许多人对此将信将疑,后来在一个造屋工地上这位木匠的能力被证明了。只见他发号施令,指挥若定,众多工匠在他的口令下各自奋力做事,有条不紊,秩序井然,让人大为惊叹。对这种人应当怎么看呢? 如果因他不是一位好的工匠就弃之不用,那无疑是埋没了一位出色的工程组织者。从这个故事可以悟出一个道理:若看一个人的长处,就能使其充分施展才能,实现他的价值;若看一个人的短处,长处和优势就容易被掩盖和忽视。因此,看人应看他能胜任什么工作,而不应千方百计挑其毛病。即使是对毛病很多的人,也要看到他的长处,这样才能充分利用他的才干。

在识人所长的同时,要能容其所短。短处包括两个方面,一是本身素质中的不擅长之处;二是所犯的某些过失。一方面,越是有才能的人,其缺陷也往往暴露得越明显。例如,有才干者往往恃才自傲;有魄力的人容易不拘常规;谦和的人多胆小怕事等。错误和过失是在所难免的。如果对所犯的小错也不能宽恕,就会埋没人才。其实,识别人才重要的一点就是以长补短。倘若识人只注意某一个侧面,而这一侧面恰好是人才的缺点或短处,于是就武断地下结论,那么这种方式是非常危险的,大批人才将被抛弃和扼杀。孔雀开屏是非常漂亮的,倘若一个人不看孔雀那美丽的羽毛,只看孔雀开屏时露出的屁股,就会武断地认为孔雀是丑陋的。领导者只有通过扬长避短,才能得到自己所需的人才,

否则就会怎么看怎么不顺眼,结果没有一个中意的,这样就会必败无疑。

★领导者要学会"不言身教"

多言数穷,不如守中。

——《道德经》

作为一个领导者,如何给自己定位,如何发挥自己的作用,是至关重要的。

在优秀的企业里,你看不到领导者到处发号施令,大家紧张忙碌而又有条不紊地工作。这就是老子倡导的"不言身教"的管理之道和领导艺术。"知(智)者弗言,言者弗知(智)",意思是,聪明的人不随意发表意见,而是用行动引导别人。对领导者来说,这是一个如何"行使权力"的问题。

西汉时期,公孙弘受到汉武帝的器重,出任丞相之职。尽管地位尊贵,但是公孙弘始终过着俭朴的生活,衣食只达到普通百姓的生活标准。

一天,大臣汲黯向汉武帝汇报,批评公孙弘位列三公,俸禄丰厚,却只盖普通棉被,实质上是在使诈,目的不过是沽名钓誉罢了。汉武帝询问其中的缘由,大臣纷纷猜测对方一定会竭力为自己辩驳。但是,公孙弘却承认了自己的"过失",并且夸奖汲黯忠心进谏。听到这里,汉武帝反而觉得对方为人谦让,对他更加尊重了。

作为当朝一品丞相,公孙弘自然成为文武百官关注的中心,因此他保持节俭的作风无可厚非(即使"沽名钓誉")。但是,这位权倾一时的丞相面对他人的指责,没有反击,而是以理性的精神承认了自己的"过失"。这种"宰相肚里能撑船"的风范不但平息了大臣的议论,而且得到了汉武帝的青睐。

汉武帝

不仅看到自己手中的权力,更认识到自己身上的责任,遇到问题不过多辩解、不进行激烈的争论,而是以实际行动引导他人,这就是"不言身教"策略的运用。

组织行为研究表明,人的行为是受外界环境刺激产生的,而这与人的学习和模仿能力有很大关系。从幼年开始,我们就学习语言、模仿长者的行为;而长大进入一个组织后,则以领导者为榜样。这时,领导者成为团队成员模仿的对象、注目的焦点。

组织领导者如果一味地摆架子、利令智昏,就会引起大家的冲突,使组织涣散。正确

道德经

53

的做法是,在权力和命令之外身体力行,潜移默化地提升大家的工作热情。

德鲁克在《管理圣经》中指出:"领导力就是以身作则,让别人愿意为大家共同的愿望努力奋斗的艺术。"现在资讯发达,每个人都很聪明,领导者一味发表长篇大论、沉醉于表演秀,很难帮助大家勾勒可见的目标,跨出坚实的第一步。

为了加强组织的凝聚力和向心力,日本高科技企业集团创造了著名的"金鱼缸"管理方法。在这一制度下,各级领导者的经济收入和费用报销都被如实地向员工公开,接受大家的质问、批评和建议,并据此做出必要的奖惩。

这种极富透明度的民主管理方式赢得了员工的赞誉,因为它没有流于表面的口号,而是以实际行动证明领导者是否办事公道、廉洁奉公,从而有效增强了员工对企业的信任感。

老子说:"多言数(速)穷,不如守中。"过多地指手画脚,只会加速失败。领导者应该专注于实际行动,以美好的行为,赢得大家的认同,影响大家的作为。我们看到,优秀企业文化、出色管理秩序的建立,都是依靠领导者点滴的积累建立起来的。

★平等管理:与下属打成一片

圣人无恒心,以百姓之心为心。

——《道德经》

老子认为,领导者应平等对待下属,并且要爱护关心下属。现代企业管理者要想真正留住人才,和员工们在一起时,绝不可以只是上下级关系和工作关系。管理人员要明白只有把员工当作家庭成员对待,与其亲切友善地打成一片才能实现成功的管理。与员工亲切友善打成一片的最简单方法,就是实现平等管理。

员工跳槽不仅减少了公司的人才,还会带走公司的专有技术,甚至转而为原来的竞争对手工作,这时的损失是不可估量的。不过,有一点应十分清楚,无论在哪里工作,即使是那些最爱跳槽的人,也不愿意平白无故地舍弃干得很顺心的工作。既然想留住人才,为何不满足他们的志趣追求呢?

因个人自尊心而产生的要求平等的精神、平等的意识在企业人才管理中是不可忽视的。优秀的领导者和管理人员都十分重视这种平等精神,准确地把握并合理地安排员工,使企业上下齐心,使老板与员工们和谐相处。

不要有偏见,不要另眼相待。这两点其实是连在一起的,凡是对一些人有偏见的领导者,对另一些人则会另眼相待。

"有偏见当然不好,我们对工作努力的同志另眼相待难道也不对?"有的领导不明白了。我们的回答是:另眼相待同样有害无益。

对于干得出色的下属当然是应该表扬的，但是，该表扬的时候表扬，该评功的评功，平时还是应该与其他员工一视同仁。这就是说，他靠工作出色赢得了他应该得到的东西，其他方面还是同别人一样。别人若像他那样工作，也能赢得应该得到的东西。这里强调的是工作，突出的是公平。如果你把一切特权都授予他，甚至对他做错事也睁一只眼、闭一只眼，那么，你让别人怎么向他学习？

另眼相待所造成的特殊化，使他和其他人有了差距和隔膜，别人反而无法也不想向他学习了。人们会因为妒忌、仇恨而消极怠工："他既然这么得宠，为什么不把所有的工作都给他做呢？我们忙个什么劲儿！"

所以一定要给下属一种公平合理的印象，让他们觉得人人都是平等的，机会也是均等的。这样，他们才会奋发，才会努力。这样做，对做出成绩的人也有好处，有助于他戒骄戒躁，不断上进。

对女性员工和体弱的员工也不能另眼相待。确实是不适合女性工作的岗位，干脆就不要安排女性。既然安排了女性，就要同工同酬。体弱的员工也是一样，要么明确规定半休，在规定的时间内也要和其他员工一样工作。企业是一个集体场合，要有一种工作气氛，弄几个闲散的人在里面会影响士气。

我们不要以为好心一定能干好事，另眼看待这种"好事"，不论是对本人，还是对别人都是有害无益的。

在管理中，所谓的平等，不仅是指老板和管理人员对所有员工一视同仁，使员工们在同等的情况下感受的待遇相同，而且还指老板、管理人员与员工之间"平等"。

目前，美国的一些大公司已经取消了经理董事和其他管理人员的专用车辆、专用洗手间、专用餐厅，他们在工厂与工人们交谈、争论，有时也跪在地上和工人们一道摆弄有故障的机器。日本的企业更甚，公司经理、董事长在工作时间同工人穿一样的工作服、一起干活。下班后一起到酒吧喝酒聊天，到舞厅娱乐……总之，他们都取消了自己的特权，以平等的身份走向员工，与员工们亲密相处，从而激发了员工们的工作热情，打消他们想跳槽的想法，使他们有了归属感、安全感、认同感，让他们以轻松的心情投入工作，发挥出最大的积极性和创造力。

在目前的一些企业中，平等意识还不够浓厚，老板和管理人员以"统治者的面孔出现"，"脸难看，话难听"，往往伤害了员工的自尊心，打消了他们工作的积极性，造成上下不和谐，影响了企业的发展。像某些企业的干部配有专车、专用餐厅，发福利时领东西都比员工多，甚至连劳保用品和工会发的电影票也有区别，还有些管理人员挖苦讽刺员工像训斥小孩子一样。

企业管理是对人的管理，管理者也应是"人"，不能把自己当成"神"，人与人之间虽然职务不同，但在人格上都是平等的，都应该受到尊重。讲究人本思想，像欧美企业的老板那样，以"人"的形象站在员工面前，以平等的身份与他们共处，员工们必然会喜欢你，从而不愿离开公司。

其次，平等管理是要管理者对部下和员工亲切友善，具有关怀同情之心。管理人员

对部下和员工若能亲切随和、笑容可掬、不摆架子,就会使员工感到老板很有"人情味",员工也会更加努力地为公司、为企业效力。这样企业就能上下沟通协调,工作气氛轻松活泼。

有些管理人员,看到员工犯了错,或自己在别处受了气,就对员工发脾气,拍桌子、瞪眼睛、大吼大叫,员工们见了他仿佛老鼠见了猫。其实这样的管理人员的水平是很低下的,不能自尊自爱,用不了多久便会威信扫地。这种管理人员的所作所为不但伤害了员工的自尊心,侮辱了员工的人格,而且破坏了企业的凝聚力与和谐气氛,是很不明智的。

管理人员应该像对待家中亲人一般对待每一个员工,不要只做一些表面文章。当员工生病住院时,送上一束鲜花;当员工生日时,给他以热烈的祝贺。如果老板工作过忙,让秘书代劳也是可以的。这样做的目的就是为了让员工感受到领导者对他个人的关心,使他感到自己是公司大家庭中的一员。这样他不但把公司的事情看成是自己的事,自觉担起责任,肩负起一种使命感,而且会敬重领导,从而使上下关系打成一片。

★永远不要怠慢那些下位者

上德不德,是以有德;下德不失德,是以无德。

——《道德经》

老子认为,事物矛盾着的两个方面,各以和它对立的方面为自己存在的前提,一存俱存,一亡俱亡。以人世间的社会阶层来解析老子这个思想最为恰当了。在人类社会中,人与人之间社会地位不平等,有的人官做得大,有的人官做得小;有的人有钱,有的人没钱……这一切也决定了彼此地位和面子上的差别。一般情况下,处于劣势的人面子都小,与"大人物"交往心有顾忌,生怕被人瞧不起。这时,身居高位的人在自己的言行中应小心谨慎,你的一句话、一个眼神儿、一个动作,都可能会触及底层人敏感的神经。没有占社会绝大多数的底层人的拥护和支持,那些少数的人上人是根本高贵不起来的。许多成功的领导者深明此理,往往对处于下位的人格外关照,因此也就格外赢得人心。

战国初期,魏国是最强大的国家。这同国君魏文侯的贤明是分不开的。他最大的长处是"礼贤下士""知人善任",器重和尊敬天下那些品德高尚而又具有才干的人。

魏国有一个叫段干木的人,德才兼备,名望很高,隐居在一条僻静的小巷里,不肯出来做官。魏文侯想同他见面,向他请教治理国家的方法。有一天,他坐着车子亲自到段干木家拜访。段干木听到文侯车马响动,赶忙翻墙跑了。魏文侯吃了闭门羹,只得快快而回。以后接连几次去拜访,段干木都不肯相见。但是,段干木越是这样,魏文侯越是仰慕,每次乘车路过他家门口,都要从座位上站起来,扶着马车的栏杆,伫立仰望,表示敬意。

左右的人对此都有意见,说:"段干木也太不识抬举了,你几次访问他,他都避而不见,你为什么还理他呢?"魏文侯摇摇头说:"段干木先生可是个了不起的人啊!不趋炎附势,不贪图富贵,品德高尚,学识渊博。这样的人,我怎么能不尊敬呢?"后来,魏文侯干脆放下国君的架子,不乘车马,不带随从,徒步跑到段干木家里。这回好歹见了面。魏文侯恭恭敬敬地向段干木请教,段干木被他的诚意所感动,替他出了不少好主意。魏文侯请段干木做相国,段干木怎么也不肯。魏文侯就拜他为师,经常去拜望他,听取他对一些重大问题的意见。

魏文侯

这件事很快就传开了。人们都知道魏文侯"礼贤下士"、器重人才。于是,一些博学多才的人,如政治家翟璜、李悝,军事家吴起、乐羊等先后来投奔魏文侯,帮助他治理国家。特别是李悝,在魏国实行变法,废除奴隶制的政治、经济体制,使新兴的地主阶级起来参与国家政权,使魏国经济迅速地发展起来,终于成为最强大的诸侯国。

再看一个反面的例子,例中的主角就是东汉时期的公孙述。马援是东汉初年的一员大将,辅助光武帝南征北战,战功赫赫,号称"伏波将军"。他在投奔光武帝之前,曾是甘肃西州上将军隗嚣手下的将领。那时,光武帝刚刚建立起东汉政权,全国仍有很多割据政权没有统一,其中公孙述在成都自称皇帝。隗嚣为了找条出路,便派马援赴蜀。马援心想,公孙述是自己的老朋友,又是同乡人,这次相见必然会受到热情接待。没料到,到了成都后,公孙述却摆出皇帝的姿态,威风凛凛地高居殿上,台阶下站着许多卫士,然后要马援上殿以礼相见。马援对此很不满意,虽然公孙述和他手下许多人都想让马援留在成都,并封为大将军。但马援认为,公孙述并不是一个能任用有才之士且与之共同建功立业的人,很快就告辞而回。

马援回来后,在向隗嚣报告情况时,感慨地说:"子阳(公孙述号)井底蛙耳,而妄自尊大,不如专意东方。"意思是说:公孙述知识浅薄,像井底之蛙,自以为了不起,一定成不了什么大事,我们不如拿定主意到东方去找光武帝刘秀吧!于是,隗嚣和马援投奔了光武帝,受到光武帝的礼遇。

再看一个现代例子,说的是周恩来总理不慢待任何小人物的故事。周恩来有一个本领,他在很多年后还能叫出别人的姓名,并回忆起这个人在什么时候为国家做出了什么贡献。这往往让被叫出姓名者非常感动,他们通常这样想:总理日理万机,还能记住自己的名字,今后更要努力工作。周恩来在待人接物方面是一直很重视小人物的,在重庆谈判期间,,由于国民党特务对中共代表团驻地监视很严,很多党外朋友无法到周恩来住

处。郭沫若居住的天宫府,不但交通方便,而且可不为国民党特务所注意,郭沫若向周恩来提出可以用他的寓所会见友人。

有一天,周恩来在郭沫若寓所会见党外朋友,并亲自拟定了客人名单,让助手发请柬。由于助手的疏忽,忘了给一位朋友发请柬。时间到了,只有这位朋友没来,这才发现助手工作的粗疏。于是,周恩来批评那位助手说:"一人向隅,举座为之不欢。这看似小事,实为大事。对自己讲是无意的疏忽,客人可能认为是有意的怠慢,要设身处地地为他人着想。这在同国民党进行复杂微妙斗争的形势下,尤其不能有丝毫的大意。"说罢,就马上派车把那位客接来,周恩来还迎上去连连道歉,使那人很受感动。

宋代学者范应元说:"夫一,视之不足见,听之不足闻,贱且下也;然天、地、神、谷、万物、侯王皆得之以为本,实至贵至高也。故贵当以贱为本,高必以下为基。"万丈高楼平地起,没有下面深厚的土石基础,高楼大厦也是立不住的,其高也就不复存在。贵为万人之上的首领也要有深厚的群众基础,否则就真成孤家寡人了,其贵也就不复存在。作为一名领导者,请永远不要怠慢那些地位比你低的人,否则,你成了一个站在楼顶,却用棍撬掉脚下楼板的人。

★ 智者才能知人

能知人者可谓智慧。

——《道德经》

老子说:"能知人者可谓智慧。"

我们与别人相处,最重要的是了解别人。对别人的品性、性格、习惯和需要我们都有基本了解,才能知道如何与别人相处。在理想情形下,我们可以通过了解别人与之友好相处,相互体谅和帮助;同时我们也可以通过了解别人,避免一些交际风险,免受不必要的损失。

有个寓言故事很有意思:一把坚实的大锁挂在大门上,一根铁杆费了九牛二虎之力,还是无法将它撬开。钥匙来了,它瘦小的身子钻进锁孔,只轻轻一转,大锁就被打开了。铁杆奇怪地问:"为什么我费了那么大力气也打不开,你却轻而易举把它打开了呢?"

钥匙说:"因为我最了解它的心。"

是的,每个人的心都像上了锁的大门,任你再粗的铁棒也撬不开。唯有了解别人,才能把自己变成一把细腻的钥匙,进入别人的心中。

了解别人很重要很可贵,但了解别人是非常不易的,我们来看几个故事。

孔子走到陈国和蔡国之间的时候,穷困不堪,连野菜汤也喝不上,七天没有吃到一粒粮食,只好白天睡大觉。

他的弟子颜回找到一点米，把它煮起来，快熟了，孔子看到颜回抓锅里的饭吃。过了一会，饭熟了，颜回请孔子吃饭。孔子装着没有看见颜回刚才抓饭吃。

孔子说："刚才我梦见祖先，要我把最干净的饭食送给他们。"

颜回回答道："不行，刚才有灰尘掉进锅里，把饭弄脏了一些，丢掉不好，我用手把它抓出来吃了。"

孔子听了叹息道："我相信自己的眼睛，但眼睛看到的还是不可相信；我所依靠的是脑子，但脑子有时也靠不住。你们要知道，了解一个人确实不容易啊！"

孔子的话饱含着丰富的哲理。世间万物，千变万化，现象与本质并非那么一致，要想认识清楚谈何容易？

如果有人故意以假示真，就会为我们识人增加更大的难度。古往今来，在这方面遭受欺骗、蒙受重大损失的教训是很多的，甚至名人、伟人都难避免。如，隋朝的开国皇帝杨坚，有杨勇、杨广两个儿子。次子杨广是个极善捣鬼的家伙。他在居室内摆上断了弦、积满灰尘的乐器，给人留下了"不喜声妓"的印象；故意把一些府库封起来，不去取物，给人留下了"节俭"的印象；极力讨好父母，给其使之留下了"比杨勇更孝顺"的印象。杨广最终取代了杨勇。等他当上皇帝后，便露出了其骄奢淫逸的真面目，断送了隋朝江山。

另外，在识人时流于主观也会导致失误。如，聪明过人、谋略出众的诸葛亮就犯过这个毛病。他曾错用马谡，招致失街亭之败；而在该大胆使用魏延这类创新人才时，反而猜疑、排斥，最终导致"蜀中无大将，廖化为先锋"的可悲后果。在三国中，蜀国最早灭亡，恐怕并非偶然。

看来知人着实不易，正如陶潜所说："知人不易，相知实难。"曹雪芹甚至认为："万两黄金容易得，知心一个也难求。"白居易也在诗中说："试玉要烧三日满，辨人须待七年期。"辨物与辨人在时间上相差至此，其难度可见一斑。

人们常说知人不易，但并不等于人不可知，历史上也有很善于知人者，我们不妨看一个实例。公元前271年，秦昭王派遣王稽使魏，范雎的密友郑平安趁机向他推荐了范雎。经过一夜的长谈，王稽认定范雎是个不可多得的人才，便将他带回秦国。在返秦的途中，有一段化险为夷的插曲，充分体现了范雎的识人能力。当车马行至秦国湖这个地方时，迎面碰上了秦相穰侯魏冉的车骑。魏冉是昭王之舅，依仗姐姐的地位把持朝政长达几十年，此人厌恶招纳诸侯宾客，唯恐威胁他的权势。范雎虽身为布衣，但对各国的形势非常关心，对穰侯也有所了解，因而远远看见魏冉车骑时，就藏于箱中避祸。不一会儿，穰侯车马来到，一阵寒暄客套后，穰侯目视车中，又察看了一下随行人员，王稽说："你此次出使魏国，没有带诸侯的宾客来吧？这些人依靠口舌扰乱视听，只是为了自己的富贵，全是些没用的废物！"王稽忙附和说："丞相所言极是。"穰侯没有发现什么可疑之处，于是走了。

一场虚惊过后，王稽正要上路，范雎从车厢中出来说："穰侯这个人性疑而见事迟，刚才分明已经起疑。虽未立即搜索，不久必悔，悔必复来，我还是再避一下。"说着下车从小路前行。果然如范雎所料，不久二十余骑飞驰而来，声称奉丞相之命搜查，遍索车中，见

道德经

59

并无外国之人，才转头扬长而去。自此，王稽对范雎佩服得五体投地，仰天长叹："先生真智士，吾不及也！"

知人之所以不易，是因为人是很复杂的动物。人既有其闪光点，也有其阴暗面，二者处在一个矛盾统一体中，这就让人们很难准确地认识和把握人的真相和本质。人们在识人时出现失误和偏差，有时是由于认识能力的局限，有时是由于各自的价值选择在起干扰作用。人的认识常常被需要什么、喜欢什么所支配。这对人的认识既有促进作用，也有误导作用。如果认识到这一点，还可调整自己的判断。如果认识者没有这种自觉，而且固执己见，认为自己喜欢的就是好的，自己不喜欢的就是不好的，那就麻烦了。如果认识者按自己的好恶去判断人，他的好恶不是从客观标准出发，那就会产生许多问题。

因此要求我们领导者识人要立体地看、长远地看，既不能由于一时之成见，也不能拘于一己这得失。唯此，才能尽可能全面地、客观地去了解、认识人。这正合了古人那句"必见真阳，又见其阴，乃知其心，必见其外，又见其内，用知其意；必见其疏，又见其亲，用知其情"的识人训诫！另外，领导者对人的认识还要讲究辩证法。发光的不一定是金子，冷硬的不一定是石头；当面说好话的，不一定是真心；背后提意见的，不一定是恶意；所说的不一定是所想的，所做的不定是所愿的。对人的观察，要由表及里，由此及彼，透过现象看本质，透过细节观真心，切忌先入为主，片面主观，不被表面现象所迷惑，就可"知人"而不至于"误知"，也就可以达到大哲大慧的高境界。

第六章 掌控有道——领导者驾驭属下的智慧

★用道约束人,胜于制裁手段

> 善结无绳约而不可解。是以圣人常善救人,故无弃人;常善救物,故无弃物。
> ——《道德经》

善于打结的人,用不着绳索也没有人解得开。

老子此处是用打结比喻对下属的管理。意思是说,用"道"约束人,不用严格的管理制度和严厉的制裁手段,也没有人会违背。

《封神演义》中记录了一个"画地为牢"的传说故事:周文王以仁道治天下,百姓都知耻守责。只需在地上画一个圈,让犯法的人在圈子里坐牢,虽然没有墙壁和守卫,也无人逃跑;即使逃跑,周文王善于占卜,也很快就能把罪犯抓回来。这种让百姓自尊自爱、自觉守法的管理方法,正是老子弘扬的"道"。

真正的管理,要依赖被管理者的自动自发,如果需要频繁动用严厉的制裁手段,往往是失败的开始。秦始皇制订了严刑苛法,杀人如麻,天下却乱套了。汉高祖、唐太宗法律简明,却天下太平,百姓安乐。据史料记载,唐朝贞观年间,全国犯重罪被处死的,最少的一年只有9个人,可见犯罪率多么低。所以说,老子认为用道约束人,胜于制裁手段,确实有道理。

如何用道约束人呢? 一般而言,有以下几种方法:

1.使下属对未来生活充满信心

如果人们感到前途渺茫,自律心不强者就会自暴自弃,自我放纵,甚至故意摧残自己和他人的生命。再严酷的法律对这些人也难以起到约束作用。正如老子所说:"民不畏死,奈何以死惧之?"人家连死都不怕了,用死吓唬他们有什么用呢?

所以,作为领导人,一定要为大家描绘一个充满希望的远景,使人们觉得能够凭自身努力赢得精彩的未来。这样,无须用制裁手段驱赶他们,他们也会努力工作,并自觉约束自己的行为。

皇冠瓶盖公司曾是世界最大的瓶盖公司之一,因经营不善,陷入连年亏损的状态。在这种情况下,经营奇才柯纳利被聘为公司总裁。他走马上任的第一天,看到了让他感到震惊的一幕:一群保卫人员,正在保卫室里兴高采烈地玩扑克牌。他去车间巡视,更是失望地发现,整个公司都弥漫着一种懒散不负责任的气氛。

一家纪律废弛、员工士气低落的公司,怎么可能走出低谷呢?但柯纳利没有绝望,也没有惩罚任何人。他知道,在这种情况下,靠惩罚某个人或某些人根本不能解决问题。必须让员工们看到公司的发展远景,重建信心。

他花了一段时间跟管理人员及普通员工沟通,了解公司状况,然后制订了公司重建计划,还制订了相应的奖罚制度,并召集员工会议,反复宣传这些计划和制度。这一来,员工们都清楚地看见了公司未来的光明前景,也看到了自身行为可能带来的好处与坏处。结果,柯纳利没有惩罚任何人。公司的风气就发生了可喜的变化,再也看不到上班时间聊天、打扑克的现象了,反而是自愿加班的人多起来了。自此,皇冠瓶盖公司步入了正轨,很快扭亏为盈,恢复了昔日的市场地位。

希望是一盏明灯,能引导人的向善之心。惩罚只能约束某些行为,并不能给人们带来希望。所以,英明的管理者,首先把希望植进人们的心灵,然后用合理的制度规范人们的行为,这才是治本之道。

2.公平施行赏罚,让下属看到自身行为的利与弊

趋利避害,是人们的正常心理。赏罚能让人们直接得到利或害,对人的行为能产生很强的引导作用。

《说苑》说:治国有两个关键,一是刑罚,一是仁德。王者崇尚仁德,少用刑罚;霸者刑罚和仁德并重;强者先用刑罚再讲仁德。刑罚和仁德,都是为了教化人民的需要而产生的。赏善是为了鼓励后进者,罚恶是为了禁绝后来者。施行仁德最有效的办法是奖赏,施行刑罚最严重的是处死。处死和奖赏是用来区别好人和坏人,有功劳的人和没有功劳的人,所以惩罚和奖赏不能有偏差,否则好人和坏人就分不清了。有功劳的人不奖赏,好人就不会自勉;有过错的人不惩罚,坏人就不会害怕。好人不自勉,坏人不害怕,就无法让善行风行天下了。所以,《尚书》说:"尽全力搞好赏罚。"

应该注意,赏罚必须建立在"道"的基础上,才能对人们产生积极的引导作用,让人们自动自发服从管理。什么是"有道"的赏罚呢?一个关键因素是,赏罚必须合乎天理人情,使人们普遍认同和乐从。有一句话说得好:"法律不外乎人情。"法律是最高的赏罚,都必须顺应民情民意,何况其他?

归结起来,"有道"的赏罚包括四个方面:一是合理,二是公平,三是及时,四是有度。舍此四条,则是滥施赏罚,"不道"! 不合乎"道"的赏罚,也能对人产生较强的约束作用,但这是让人们屈从而不是乐从,效果肯定会大打折扣,甚至适得其反。按老子的说法,强调约束作用的人,不是"善结"的人。

3.重视"教化"工作

每个人都有自己的价值观,一件事,有的人认为这样好,有的人认为那样好;有的人

想这样做,有的人想那样做。必须用团队价值观将大家的价值观统一起来,才能心往一处想,劲往一处使,这样才可能实现事业目标。

领导者为大家描绘了未来蓝图和制订了公平合理的赏罚制度后,团队的核心价值观已经粗具雏形。接下来,就需要通过宣传教育工作,使团队价值观深入人心。凡优秀领导者,都重视宣传教育工作。

卫灵公曾问一位大臣:"治理国家,应该先把哪一项工作做好?"

大臣回答:"应该先把司法工作做好。如果断案不正确,被处死的人不能复生,受刑的人不能恢复形貌,所以要把司法工作放在首位。"

过了一会儿,子路来见卫灵公。卫灵公把大臣的话告诉子路。子路说:"应该先把军事工作做好。两国发生战争,两军摆开阵势,一次战斗失利,会有数万人死亡。认为断错案杀人不对,在战场上杀错的人就太多了。所以说应该把军事工作放在首位。"

过了一会儿,子贡来见卫灵公。卫灵公把前面两个人说的话告诉他。子贡说:"他们都没有见识呀!从前夏禹和有扈氏作战,打了好几仗,有扈氏都不归顺。夏禹放弃武力,施行教化。只用

卫灵公

一年时间,有扈氏就主动请求归顺。古人说:'止息百姓纷争,哪有官司要打?消除战争隐患,哪有战鼓要敲?'所以说,应该把教化工作放在首位。"

很多人怀疑宣传教育工作的效用,认为不过是空洞的说教。这是宣传不到位和宣传者言行不一致的缘故,不能说明这项工作不重要。最低限度,你制订了游戏规则,就要让人们了解游戏规则,然后才利于执行规则。

另外,不否定有这样的人存在:你越是宣传,他越是不听。这没有关系,只要大多数人了解制度并遵照执行,就形成了一股强大的趋势。少部分人的逆反做法哪能挡住大势?

4.保持几分神秘感

如果下属对领导者一目了然,既少了敬畏心,也可能发生阳奉阴违的事情。所以,领导者在下属面前保持几分神秘感,对形成领导威信大有好处。

周公治理天下时,在12个边远地区,每处派遣3个人,暗中调查当地人民的生活情况,凡是看见遭受饥寒无衣无食的,或打官司失业的,或有贤才却不能被任用的,都要回来报告。当这些地区的长官们来朝见时,周公就温和地告诉他们说:"难道是我的政策教

令有不对的地方吗？为什么我管理的人民，有的人挨饥受冻，有的人因打官司失业，有的人德才兼备却没有被任用呢？"

地方长官回去后，就召集手下官员，把周公这番话告诉他们，并敦促他们勤政爱民。百姓听到了，都高兴地说："真是天子呀！他住在那么远的地方，对我们的事情却看得这么清楚，难道他是可以欺骗的吗？"

周公派人暗中调查下面的情况，就是一种增强神秘感的做法。地方官员知道他对下面的情况了如指掌，却不知道他是如何掌握这些情况的，自然会感到神奇，不敢掉以轻心、敷衍塞责。

凡优秀领导者，对下属了如指掌，自己却保持几分神秘感。这是一种聪明的策略，也是一条看不见的绳子，对下属能起到有效的约束作用。

周公

★ 没有规矩，不成方圆

民不畏死，奈何以死惧之？

若使民常畏死，而为奇者，吾得执而杀之，孰敢？

常有司杀者杀。

夫代司杀者杀，是谓代大匠斫。

夫代大匠斫者，希有不伤其手矣。

——《道德经》

人民不怕死，怎么能用死来恐吓他们呢？假若人民怕死，对于为非作歹的人，我们就可以把他抓来杀掉，谁还敢为非作歹呢？一般有司杀者执行杀人的任务。代替司杀者去杀死人，就如同代替高明的木匠去砍木头一样，那代替高明的木匠砍木头的人，很少有不砍伤自己的手的。

我们常说：杀鸡儆猴！那么杀个把人来震慑一下大众也不是不能。古往今来这样的例子有很多，其中最有名的就是孙武练兵了。战国时，有一个叫孙武的人，用兵如神。后来被一个国家邀请去，为了向国王证明自己的能力，就请国王配给自己一支军队来操练。国王为了考验孙武是不是真有真才实学，就将自己后宫的妃子和宫女组织起来，让孙武去操练。孙武来到校场的点将台上，向下面这些戎装的女子下达了整队集合的命令。可是这些女子一是从未穿过军装觉得好玩，二是又仰仗着自己是国王后宫的人，根本就没把孙武放在眼里，所以只是互相说笑，对孙武下达的命令根本不予理睬。孙武也不气恼，

又态度平和地第二次命令她们整队集合，但是依然无人响应，而且其中的两个队长自恃是国王最宠爱的妃子，还在嘲笑孙武。孙武第三次下达了整队集合的命令，仍然无人理睬，那些女子只顾说笑。

孙武命人击鼓，三通鼓响以后，这些女子才勉强站开，可是非常地懒散，尤其是那两个队长。于是孙武说："我一而再、再而三的命令，你们却无人肯听，是不是没有听到我的命令呢？"女子们有气无力地回答说"不是"。孙武又说："既然不是，那么就是无视军法和将令，虽说法不责众，然而队长带头不予执行，只能说队长是无用的，既然无用也就可以不用了。"于是，叫来军士

孙武

把两名队长就地砍头，以警视听。众女子看到国王的两个爱妃都被斩首了，大家立刻都老实了。孙武又说："现在我重新任命两个队长，按我的命令操练，能不能做到？"众女子们齐声高喊"可以"。于是一支整齐划一、训练有素的女子"兵团"呈现在国王面前。

俗话说：蝼蚁尚且偷生，何况人乎？由此看来生与死对人来讲乃是一件大事，是不敢当儿戏的，所以没有人是不畏惧死亡的。那么有没有人就是不怕死呢？当然有！当人生不如死的时候，当人对生存的恐惧大于死亡的时候，人就不再惧怕什么死亡了，死亡反倒成了一种解脱，似乎是很平常的事。假如是一个人这样，有可能是因为某种自身的原因造成的，但是如果整个军队的人都是这样的话，那只能说明一点，那就是领导这支军队的人太昏庸、太残暴了。

如果一旦人民都不再惧怕死亡了，那军队的制度、刑罚也就形同虚设，或者说根本就起不到任何惩处震慑的作用。使人民畏惧死亡的同时又可以明了法规制度的限制，在万不得已的时候才动用死刑，这样使人民明白刑罚的威严，同时也知道生命的宝贵，那就不会有人再敢以身试法，而人民也自然不会冒死犯险了。只有这时才能真正起到惩戒的效果，也才能真正做到杀一儆百。

真正能收到杀一儆百的效果，实则是一种智慧的象征。不然总是"杀百儆一"，那就会得不偿失了，既起不到警醒的作用，也达不到惩处的效果，搞不好最后连自己都搭进去。在日常生活和工作中适当利用这种杀一儆百的方法，有时还真能收到非常好的效果，所以说这种方法也是一种极高明的管理手段。

孙武的这个"杀一儆百"，就使用得极为得当，不仅树立了自己的威信，还严明了军纪。

★制度之内勿掺杂个人好恶

是以圣人执左契，而不责于人。

——《道德经》

领导工作的复杂性不仅在于管理事务本身的艰巨，还在于当事人要承受自身情感、好恶、价值标准等内在因素的影响和制约。壁立千仞、无欲则刚，说的就是人们如果能克制自身的欲望就可以变得刚强无比。

管理工作涉及全局，在决策上不能有丝毫的差错。因此，领导者要在理性思维指导下、在制度范围内做出判断，而不能只凭个人好恶。

春秋时期，楚国举兵讨伐吴国，但是以失败告终。吴国收回了国土，不想继续与楚国交恶，于是吴王派自己的亲弟弟蹶由到楚国表明修好的意愿。楚王吃了败仗，正憋着一肚子火气，不知道如何发泄，看到吴王的弟弟更觉得颜面无存，他甚至认为这是吴王对自己的羞辱。于是下令囚禁了蹶由，准备处以死刑。

行刑的时候，楚王问蹶由："你来的时候难道没有占卜一卦吗？"蹶由坦然地说："当然占卜了。而且我知道，如果大王让我平安回国，两国修好，吴王一定停止战争；如果大王杀了我，吴国一定会乘取胜的士气攻打楚国。"

楚王听了，冒了一身冷汗，这才意识到自己此前的做法不妥。于是他下令放了蹶由，并且微笑着说自己是在考验对方的诚意。不久，两国重新修好，保持了长久的和平。

"两国交兵，不斩来使"，这是国际交往的一般原则。领导者只有遵循它，才能维护自己的信誉；反之，像楚王开始那样迁怒蹶由，是一种拙劣的做法，会引起更大的麻烦。

老子说："是以圣人执左契，而不责于人。"意思是，圣人拿着契约，但不向人责取什么，不给人增加沉重的压力。也就是说，在规则之内行动，避免冲动和鲁莽的行为，是正确做事的关键。运用到现代企业管理中，就是领导者要坚持按制度规定办事，坚持理性思考。

有一次，三菱电机创始人岩崎太郎把一位高级干部叫到私人住所，然后交给对方一张公司的便条纸，并且生气地说："你到底在干什么？"这位干部看过字条后低下了头，原来那是他前几天写的一张请假单，是用公司的便条纸写的。

岩崎太郎严厉地说："身为公司高级干部，无法做到公私分明，浪费公司便条纸写私人的请假理由，毫无道理。"误用一张公司的便条纸，在常人看来是一件微不足道的事情，但是岩崎太郎能够从细微的事情上使员工改善自己的行为，这种细心和严谨是建立三菱帝国的重要因素之一。

市场竞争是残酷和无情的，在人员管理上领导者也要严格按照规矩办事，容不得丝

毫的马虎和懈怠,更不能掺杂个人情感。

事实上,许多人都知道工作中公私分明、照章办事的重要性,但是真正做起来并不容易。因为生活难免会对工作产生影响,比如遇到了情感问题,人们会不自然地与熟识、知心的同行甚至下属交谈。

对此,我们一定要清楚地认识到这样做并不妥当,对方不一定会同情你,他们可能会认为你连个人问题都摆不平,公司的事怎么能处理好呢?如果上司知道这件事,可能会认为你能力欠佳,透露个人私事是不能保守公司秘密的表现等。

因此,坚持在制度之内从事管理工作,而不掺杂个人情感与好恶就显得异常重要了。老子说:"天地不仁,以万物为刍狗;圣人不仁,以百姓为刍狗。"意思是,天地产生万物,任万物自然生长,不存偏爱之心;圣人对百姓无偏无爱,任其自然发展。

具体到管理工作中就是秉公办事,持有自然、客观的态度,不与某些人亲密,与另一些人疏远。比如,在领导工作中不干涉下属私人问题,在办公室不谈论私事,为下属的薪水保密等。只有在制度之内做事,才能建立个人领导威信,提升与下属的人际关系质量。

★ 多鼓励,少责难

太上,下知有之,其次亲而誉之,其次畏之,其次侮之。

——《道德经》

"得人心者得天下。"在组织内部,领导者只有保持气定神闲的姿态,广结善缘,才能赢得大家的拥护。如果随意发号施令,责难下属,就会给人"处处与人交恶"的印象,从而使管理工作无法正常进行。

春秋时期,田单辅佐齐襄王治理国家。一次,两人经过淄水,看到一位老人光着脚蹚水过河。上岸以后,老人经受不住严寒,昏倒在路边。田单急忙脱下皮衣,给老人穿上。

齐襄王看到这种情形,不满地对身边人说:"田单对老百姓施恩惠,不就是打算借此逐步夺取我的国家吗?应该时刻提防他。"

田单

这时,另一位大臣贯殊说:"大王不如顺势表扬田单,就说:'寡人忧虑百姓饥饿无食,田单收容他们,并且供养他们;寡人忧虑百姓寒冷无衣,田单脱下皮衣,给他们穿;寡人忧心百姓劳苦,而田单也忧念百姓,合于寡人的心意。'我们嘉勉田单的善举,就是在表现大王对百姓的善行。"

齐襄王接受了这个建议,立即赏赐田单,并且夸奖他。周围的人看到这种情形,纷纷议论:"田单爱护老百姓,原来是大王教的啊!"

齐襄王利用田单的善举,赢得大家的赞誉和拥护,这是巩固自己领导地位的有效方法。在这里,他接受大臣的建议,没有斥责田单抢自己的风头,反而通过巧妙地领导艺术提升自己的形象,值得企业领导者学习和借鉴。

老子说:"太上,下知有之,其次亲而誉之,其次畏之,其次侮之。"意思是说,最好的领导者,下属与他没有私交,人们仅仅知道他的存在;次一等的领导者,下属亲近他,并且赞美他;再次一等的,则是让部属畏惧;而最差劲的领导者,被下属看不起。

老子认为,领导者必须从战略的高度审视自己在下属心目中的地位,这并非为了一时的荣耀,而是为了服务于整体管理的大局,顺利实现管理目标。试想一下,一个被下属轻视的领导者,能够整合团队的力量、带领大家积极奋进吗?

所以,领导者必须塑造亲和形象与领导权威,从而使得天下归心。为此,领导者要多鼓励下属、少责难,不轻易发号施令。

人们常常用"扮红脸""扮黑脸"来比喻不同的领导方式。具体来说,领导者鼓励、夸奖下属,站在对方立场上发表意见,就是"扮红脸";而责难、批评对方,就是"扮黑脸"。

尽管两种方式都能达到管理目标,但效果是不同的。前者容易让人接受,并有助于塑造自己的亲和形象,而后者让人心存畏惧,甚至厌恶。用老子的观点评价就是,扮红脸让下属亲近、赞美他,是高明的领导手段;扮黑脸则让下属畏惧,是次一等的领导方式。

因此,领导者要善于扮红脸,通过鼓励和表扬下属使对方心甘情愿服从,从而提高管理效率。

索尼董事长盛田昭夫一直保持着与员工亲近和自由沟通。一天晚上,他按照惯例走进员工餐厅与大家一起就餐、聊天。这时,他发现一位年轻员工只是闷头吃饭,表现出闷闷不乐、满腹心事的样子。

于是盛田昭夫主动坐到这位员工对面,和他攀谈起来。恳切地慰问后,员工终于开口了。原来,他毕业于东京大学,曾经有一份待遇优厚的工作。但是,他非常向往索尼公司,于是经过层层闯关实现了目标。

但是进来后才发现,自己不是在为索尼工作,而是为科长干活。坦率地说,这位科长是个"无能之辈",他不支持下属的发明与技术改进,令人十分泄气。

盛田昭夫听完后十分震惊,他立即进行了公司人事制度理制度的改革,要求大家大胆提意见,加强对上司的监督。很快,索尼技术便突飞猛进并成为行业技术领袖。

盛田昭夫鼓励员工,扮红脸,赢得了员工的拥护,促进了公司技术进步。这就是领导者应有的管理之道。"悠兮,其贵言,功成事遂,百姓皆谓'我自然'。"老子说,最好的领导者的态度是悠闲自然的,他不轻易发号施令。对下属多鼓励、少责难,就容易功成业就,领导与管理工作本来就是这样的。

因此,领导者要慎用批评、多用表扬,让中层管理者扮黑脸,自己扮红脸,这样就可以增强自己的领导力,赢得人心。

★加大福利激励，解除员工后顾之忧

圣人不积，既以为人，己愈有；既以与人，己愈多。

——《道德经》

工作对许多人来说，是一种谋生手段。相对领导者来说，大多数人是以员工身份在组织中依靠劳动技能安身立命的。因此，领导者如果想让员工为企业做贡献，就必须提供较好的福利，解除大家的后顾之忧。

公元前 203 年，刘邦被项羽围困在荥阳，而此时韩信已经降服了齐国，手下军队数十万。这时韩信派使前来，要求刘邦封他为"假王"。

刘邦不禁大怒："我被敌军围困，就等你前来救助，紧要关头却想讨取封号！"但是张良走上前，对他说："大王目前处于不利的境地，满足韩信的要求可以使他忠心为您效劳，何必吝惜一个封号呢？"

刘邦恍然大悟，立刻大声说："韩信平定了齐国，大长军威，应该封为'齐王'。"就这样，刘邦立韩信为王，安抚了韩信。接着征调他的军队进攻项羽，很快转危为安，扭转了不利的局面。

通过封号，刘邦满足了韩信的心理诉求，从而顺利调动他攻打项羽，这是一种"欲取先予"的策略。老子说："圣人不积，既以为人，己愈有；既以与人，己愈多。"意思是说，圣人不累积财富，给予别人越多，自己得到和拥有的就越多。

领导者要开阔自己的视野，善于运用这种得失辩证哲学，加强领导与管理工作。具体来说，要满足员工生活与工作条件所需，提供良好的福利，从而使大家安心工作，尽可能留在企业做贡献。

韩信

面对越来越激烈的人才竞争，企业要提供富有吸引力的薪酬与福利，才能得到发展所需的人力。古代统治者治理国家讲求"安居乐业"，企业管理也是如此，员工基本生活不能保障、工作条件恶劣，怎么能安心把事情做好呢？所以，只有解决了大家的后顾之忧，才能实现使各个部门协调一致、增强员工忠诚度和凝聚力。

芯片巨头英特尔到爱尔兰投资建厂后，把硅谷的企业福利文化也带到了那里。不为主管设立专用的停车场、个人办公室和小餐厅，而让所有员工都有自己的储物柜。良好的工作条件与平等文化充分体现了企业的人性化关怀，增强了员工的归属感。员工感到

69

企业的贴心关怀和帮助,心情舒畅,工作效率就会非常高。企业的福利换回的是员工的工作回报。

此外,企业为员工提供较好生活及工作条件,解除了大家的后顾之忧,还能避免员工身在曹营心在汉。跨国公司是许多人就业的首选,这在很大程度上与那里良好、完备的福利制度和薪酬体系有关。而且,这些大公司的员工流失率近乎为零,在很大程度上保证了组织发展壮大所需的人才。

孙子说:"上下同欲者胜。"一个不能给下属带来发展空间和实际利益的企业,怎么能在市场竞争中要求大家贡献自己的才智呢? 领导者只有提供较好的生活与工作条件,才能提高员工的积极性。

比如,西门子创始人维尔纳·冯·西门子就指出:"雇员的积极性是公司成功的基础。"为此,西门子特别注重激励机制,其中包括理想的发展前途、可观的工资待遇、定期的培训与学习机会,以及工作轮换制度。这些保证了员工在一个非常好的环境下工作,充分调动了员工的工作情绪。

我们看到,西门子收获的是长久以来的健康发展,它身上的高科技气质使其成为德国企业的代表。企业长大并非一件容易的事情,领导者首先要有员工与企业一起成长、共同发展的管理意识,并在领导实践中使员工放心、安心。

★ "惩罚"与"奖赏"的合二为一

兵者不祥之器也。非君子之器,不得已而用之,恬淡为上,胜而不美,而美之者,是乐杀人。夫乐杀人者,则不可得志于天下矣。

——《道德经》

中国古代管理思想中有一个重要的原则,即"赏罚并用"。不但重视奖赏与激励的价值,还注意发挥惩罚的作用。重视奖赏而忽视刑罚,会使纪律松弛;重视刑罚忽视奖赏,会使大家缺乏进取心。所以,有效的管理方式是"赏罚并用"。

商鞅变法前,秦国纪律废弛,国力空虚,很难与其他诸侯国竞争。商鞅变法后,秦国开始发展壮大,赏罚有度的策略以及成功的兼并战争使它统一了中国。但是,由于对武力过分迷信,滥用刑法而不注意奖赏,强大的秦国在农民起义的浪潮中土崩瓦解了。

历史的教训值得今天的企业领导者借鉴。老子说:"兵者不祥之器也。非君子之器,不得已而用之,恬淡为上,胜而不美,而美之者,是乐杀人。夫乐杀人者,则不可得志于天下矣。"意思是说,处罚不是治理国家最好的办法,它只在不得已的时候使用。而且使用时要审慎,即使行之有效,也不要洋洋自得,否则陷入以刑罚治理国家的境地,很难取得很大的成就。

国学智慧全书

道学智慧

具体到现代企业管理,领导者既要重视奖赏等有效的激励手段,也要建立严格的奖惩制度,从而做到恩威并重,实现有效领导。

明成祖朱棣在我国历史上占有一席之地,这与他赏罚分明、量才适用的用人策略密切相关。

监察御史王愈和刑部审判犯人时误杀了四个无辜者,明成祖知道后立即下令把王愈等人逮捕,当天这些责任人就被斩首了。明成祖一再告诫三法司要"洁己爱民",执法公平,不得收受贿赂。因失职而造成恶果,就要降级、免职或处死。

但是另一方面,明成祖对大臣又很有人情味,他对有功之人是不吝升赏的。比如,靖难之役中立功的人即使已经死去,也都被按功追封了。在东昌战役中牺牲的张玉,被明成祖追封为"荣国公"。

明成祖能够对大臣恩威并济,使政权牢固地掌握在自己的手中,大家都兢兢业业,从而维护了统治秩序。

今天的企业管理需要大家积极奋进,领导者也应该秉承"赏罚并用""恩威并济"的领导哲学,建成一支优秀团队。

20世纪80年代,日本企业开始迅速崛起,这与他们出色的管理有很大关系。借助美国质量管理大师戴明和约瑟夫·朱兰的质量管理经验,日本企业产品质量迅速提高,获得了世人极高的评价。其中,丰田最为有名。有这样一种观点:20世纪80年代,全世界的管理看日本,日本的管理看丰田。

丰田质量管理的胜利得益于它务实的目标管理、指标管理。具体来说,公司设计了一套对工作人员的评价体系:只要出现事故,就一定要追究原因,直到找到事故的根源,避免出现第二次事故。对找出问题的人给予奖赏,如果第二次、第三次出现同样的事故,责任人就要接受严惩。

"赏罚并用"的管理细节塑造了举世闻名的"丰田质量管理",而这种管理原则与现代西方管理心理学的"公平理论"是一致的。美国心理学家亚当斯通过研究,对人的积极性与分配方法做出了如下结论:工资、报酬的合理性和公平性对人们工作的积极性有较大的影响。

"赏罚并用""赏罚分明",本身就是一种合理有效的管理手段,它符合人性的价值认同,因此具有强大的威力。但是在使用的过程中,要运用得巧妙。

老子说:"善有果而已,不敢以逞强;果而勿矜,果而勿伐,果而勿骄,果而不得已,果而勿强。"意思是说,善于使用处罚的管理者,只求达到目的就行了,而不敢逞强;达到了目的,切不可以此矜持和夸耀。因此,"惩罚"是"不得已而用之"的,而且"恬淡为上"。

更重要的是,把"惩罚"与"奖赏"结合使用,才能达到出色管理、有效统御下属的目的。也就是说,作为一个企业管理者,不能以罚代教,在合理必要的"惩罚"外,要注意运用激励措施,改变下属对工作的态度,激发下属的工作热情。

"赏罚并用"作为一种有效的统御之道,说到底是惩罚与奖励的艺术。领导者需要结合具体的情境、事件、对象,综合考虑,组织实施,才能既拉近与下属的距离,又保持自己威信,恩威并济、推诚致用。

第七章　育人有术——领导者培养人才的智慧

★积善则积财:要加强员工的商业伦理教育

绝圣弃智,民利百倍;绝仁弃义,民复孝德。

——《道德经》

市场竞争是以利益为根本目标的,但是商业行为是整个社会经济的一部分,必然受到历史文化、社会价值等因素的影响。所以,企业要想获得更大发展,必须注重加强自身的商业伦理。

我国传统社会是典型的农业经济,但是商业传统也有很大发展。比如,明清年间延续500年的晋商就形成了自身崇礼、重教、讲义、守信、勤劳、节俭等文化特质,以及经营活动中的刚毅自强、吃苦耐劳、沉稳笃实、敢闯敢创的品格。当这种价值观念融入商业行为中时,就会提升组织自我发展空间。

19世纪末,晚清政府日益腐朽,面对西方的商业竞争,乔家大德通票号的总经理高钰仍然坚持"读中庸大学""正心修身"的理念,在国难危急的时期提倡"黜华崇实"作风,要求员工不追求奢华的流俗,抵御社会不良风气。由于大德通票号上下同心协力,组织内部执法严明果断,这家早期银行安然度过了内忧外患的社会危机,一直发展到20世纪50年代。

晋商的商业伦理观念教育融入"家学""家规"和"商号号规"中,从明清乃至近代一以贯之,成为一种朴素的员工商业伦理教育。

由于没有一个人敢于背道而行,身为地域性商帮的晋商走遍了全国各地,从北到南、从东到西,他们开拓出茶叶丝绸之路、粮米药材之路、皮毛骡马之路、食盐布帛百货之路,创造了古代商业辉煌。

《道德经》指出:"绝圣弃智,民利百倍;绝仁弃义,民复孝德。"按照通行的解释是,消灭高度智慧,抛弃一切聪明,民众就会幸福百倍;消灭仁,抛弃义,民众才会回复到子孝亲慈。事实上,老子并非反对儒家的礼制,他认为"仁义"的提出恰恰是因为社会失去了"仁义"的伦理。所以,老子主张领导者放弃世俗倡导的仁义,回复到人的本性。具体到现代

企业管理中,就是要加强员工的商业伦理教育。

2005年4月26日凌晨,广州白云机场候机区的一位女乘客向工作人员跪下来,请求给些热水。原来,厦门航空公司MF8322航班延误了7个小时,近百名乘客不得不等候。期间,乘客只能吃到饼干、八宝粥等食品,没有热水提供。

这位女乘客是一位年轻的母亲,她的孩子只有7个月大,根本不能喝凉水、吃饼干。尽管她跪了下来,但是候机区的几名工作人员无动于衷。

人们或许不能找到"航班延误,必须提供热水"的论据,但是从航空公司经营管理的角度来看,缺乏人性化的管理和危机处理,已经给组织发展带来了严重的危害。而这与公司及员工商业伦理缺乏密不可分。

原波音首席技术官艾尔伯特曾经说过:"商业伦理应习惯从小开始,否则在公司遇到大困难的时候,你会很难做出决定,而那种时候往往决定你的生死存亡。"艾尔伯特在多年的实践中,始终把商业伦理视为企业生死存亡的关键,使波音公司赢得了美誉。

反观"一杯热水"这件事,航空公司商业伦理的缺失已经成为一起严重的商业丑闻。在整个事件中,航空公司没有为乘客提供举手之劳的便利服务。员工商业伦理的缺失危及组织形象和企业发展。

美国管理大师彼得·德鲁克说过:"管理是以文化为转移的,并且受其社会的价值、传统与习俗的支配。因而管理越是能够利用当地社会的传统、价值与信念,则越是获得更大的成就。"

很显然,这种文化自然包括与社会价值观有亲密关系的商业伦理教育。一个国家的商业传统、商人伦理道德,是商人精神的灵魂。我们常说"积善则积财",因为好的商业伦理可以转化为财富、成为企业永续发展的动力。在企业内部加强员工的商业伦理教育,不但可以创造一种互动环境、促进各项事务的运作,而且能增强员工对团体的参与感、认同感及使命感。

在我国历史上,明清之际产生了资本主义萌芽、繁荣的商业经济,而晋商、徽商也是在此间发展起来的,这不得不令我们领导者引以为鉴。在我国商业传统重建、经济迅速发展的今天,领导者只有加强员工商业伦理教育,提升组织发展空间,才能获得成功、出色的经营。

★帮助下属走向成功

生而弗有之,为而弗恃之,长而弗宰之,此之谓玄德。

——《道德经》

领导者的地位、权力很容易使个人产生优越感和满足感,而不能自然地与下属"较量"。比如,在一次工作失误中争执谁对谁错、为了顾及自己的权威而损害下属的利益……要知道,这是一种错误和危险的领导意识。

TCL集团常务副总裁袁信成曾经谈到职业经理人获得成功的自我修炼艺术,包括不与员工争利、不与下属争权、不与同级争功、不与上司争名、忠于团队组织、帮助他人成长等理念。这与老子倡导的领导者之"德"是一致的。

老子说:"生而弗有之,为而弗恃之,长而弗宰之,此之谓玄德。"意思是,创造但不占有,提高但不认为是自己功劳,培训但不去主宰,这便是领导者最高的"德",是领导者必须遵循的大道。

汉武帝韬光养晦多年后,终于登上帝位。在一系列重大治国举措中,他有章有法,丝毫不见人才使用方面捉襟见肘的窘态。原来,汉武帝蛰伏期间,一直在选拔和培养人才,董仲舒、东方朔都纳入他的门下。特别是卫青,可以说是汉武帝精心培养起来的。

卫青原来是平阳公主家的骑奴,善剑术而通兵法,汉武帝没有因为他出生卑微而弃之不用,而是让其在羽林接受严格而系统的军事培训后委以重任,直至做到大将军。

在地位稳固之后,汉武帝并没有放松开发人才,他把卫青的外甥霍去病作为重点培养对象。在熟悉卫青作战方式的赵信返回匈奴后,他派霍去病攻打右贤王的军队,使匈奴摸不透汉军的战术。

创造但不占有,提高但不认为是自己功劳,培训但不去主宰,汉武帝无疑是这方面的领导专家。他培养卫青等人的作战意识和战术手段,却不在具体问题上发布命令,而是让大家发挥自己的聪明才智获得成功。

卫青

汉武帝使卫青、霍去病等人成为一代名将,实际上是在成就自己的不朽功业。试想一下,如果没有可供使用的将帅,不能指导下属获得成功,汉武帝一个人怎么能指挥千军万马,一展大汉雄风呢!

英国卡德伯里爵士认为:"真正的领导者鼓励下属发挥他们的才能,并且不断进步。失败的领导者不给下属以自己决策的权利,奴役别人,不让别人有出头的机会。这个差别很简单:好的领导者让人成长,坏的领导者阻碍他们的成长;好的领导者服务他们的下属,坏的领导者奴役他们的下属。"

由此可见,在一个团队里,只有每个员工把自己的工作做好、不出差错,领导者才能获得最后的成功。因此,领导者最有效的管理方式是根据员工的才能、潜力委派任务,再适时加以指导和引导,帮助对方获得成功。

瑞典爱立信公司是电信新世界的领导者,公司拥有近10万员工,业务遍布全球140

國學智慧全書

道学智慧

多个国家和地区。多年来，它在电信及相关设备供应方面均处于世界领先地位，那么这艘巨船是如何经受风浪考验，始终屹立不倒的呢？

爱立信公司的领导者非常清楚，企业想要在风浪滔天的海洋中安全行驶，必须靠船长、水手等全体成员同舟共济。为此，它建立了一套高效的人力资源管理和开发模式，确立了有效的"合格管理者方程式"。

爱立信认为：领导者＝业务经营者＋运营管理者＋能力开发者。也就是说，领导者首先要关注并倾力于业务工作，同时，大力塑造和培育良好的团队气氛。更为重要的是，领导者必须提升自己对员工能力的开发与管理水平。具体来说，要求领导者在员工个人素质与工作经验的基础上，领导和激励团队实现目标、有效地赋予员工责任和权力，并帮助他们组织实施。

这种员工互助精神使爱立信的商业计划和管理目标最终得以实现，逐步占据了行业先锋地位。

松下幸之助很重视企业人才的培养，他常对工作成就感比较强的年轻人说："我对这事没有自信，但我相信你一定能胜任，所以就交给你办吧。"员工听到这种鼓励和肯定，一定会尽全力完成任务，即使遇到困难也会想方设法找到解决问题的途径。

中国文化传统历来抱持"士为知己者死"的立身信念，这些传统道德观念已经深入国人的灵魂。所以，现代企业领导者一定要避免单纯发号施令、监督控制，甚至与下属争功。有效的管理策略是激发大家的工作热情，帮助对方获得成功。

著名的爱德曼公关公司认为，留住员工不是把他们的腿绑在椅子上，而是要为他们插上腾飞的翅膀。从1988年开始，爱德曼公司把员工全球培训计划作为自己的战略计划加以实施，兴办了爱德曼大学，借以为企业高管、业务总监、后勤保障人员制订不同的课程。最终使组织与团队成员在相互成功中实现了共赢的局面。

你的组织团队是否绩效不佳、人心涣散，那么从现在开始为给员工搭建一个自我展示的舞台吧！通过给普通员工成长的机会、帮助对方成功，使组织进入良性发展的局面。

★给下属以最大的发展空间

凿户牖以为室，当其无，有室之用。故有之以为利，无之以为用。

——《道德经》

在2002年CCTV《对话》节目中，诺基亚CEO奥利拉被问及如何使企业连续10年高速增长时，他非常自信地提出了自己取得成功的三个原则，其中一个就是给员工以最大的发展空间。

但是在实际工作中，员工想要施展自己的才华、创造出色的工作业绩，并非一件容易的事情。因为人们常常受到组织环境、内部制度、外在压力等因素的影响，失去了施展的空间，优良业绩也有无从谈起了。

所以，领导者想要充分利用人才的价值、创造团队业绩，必须注意为下属提供自由施展的空间。汉元帝在位期间，支持刚直不阿的何并秉公执法，至今令人称道。

起初，何并只是一个县令，但是他不畏权势、整顿吏治的做法得到了汉元帝的赏识。被委以重任后，何并在自己的岗位上更加兢兢业业。他勤于政事、为民除害，赢得了百姓的爱戴，也树立了威信，促进了社会稳定和国家的长治久安。

汉元帝为何并提供自由施展的空间，换回了国泰民安的丰厚回报，这就是让下属放手去做的价值所在。

老子说："凿户牖以为室，当其无，有室之用。故有之以为利，无之以为用。"意思是，开凿门窗来做房间，在那空虚处产生房间的作用。实体之所以有效，是因为空虚处发挥着作用。

同样的道理，领导者想要利用人才的价值，必须为对方提供必要的施展空间，让他能够独立负责完成工作任务。特别是在今天，商业和人力资源环境剧烈变革，为下属提供一个自我展示的舞台尤其重要。

短短几年间，Google 完成了微软二十几年走过的路程，发出强烈的攻势。面对信息经济、电子商务等时代特色，许多企业迷失了方向，Google 之所以成为一枝独秀，在很大程度上缘于它"让员工放手去做"的企业文化。

作为信息经济和网络产业的代表，Google 超乎想象的自由工作环境引人注目。公司内部的餐厅、咖啡厅、游戏机房等各种娱乐休闲场所应有尽有。而在公司管理上，每个人的个性都得到了充分的尊重。公司的员工可以带狗上班，老板鼓励员工多参与娱乐活动，鼓励员工将 20% 的时间投入到自己喜欢做的事情上。

更重要的是，Google 的技术也不是从上到下的控制。Google 的几千名员工，谁有新的主意都可以放在互联网上，支持的话大家一起做；做出来后，给用户试用，如果人们喜欢这个软件，就寻找项目经理进一步推广。

在这种工作环境中，员工的潜能充分发挥出来，价值得以实现。尽管这是一个很特殊的模式，不是每个公司都适用但是 Google 的治理策略提醒领导者一定要为下属提供自由施展的空间。

美国通用前 CEO 杰克·韦尔奇在谈到他的领导方法时说："我的工作是为最优秀的职员提供最广阔的机会，同时将资金作最合理的分配，投入到最合适的地方去。这就是全部——传达思想，分配资源，然后让开道路。"

在今天的知识经济与信息化时代，企业效益的来源、发生和出现，都已经发生了质的改变，商业环境呈现出新的特色。这是一个比以往任何时候都讲求人尽其才、物尽其用的时代，于是我们看到：自由职业者、SOHO 一族、小型家庭办公者出现了，他们开创了全新的工作方式和管理理念。

这些自由自在的工作人员，都与特定组织保持着密切的业务关系，而他们为这些企

业创造的经济效益,往往比组织内部成员更多,效率也更高。

　　远离企业组织反而能创造更大、更多的价值,领导者需要反思自己是否压抑了员工的个性和工作潜能,是否给员工提供了自由施展的空间。

　　张瑞敏从 1998 年开始在海尔推行"内部模拟市场",让工序之间进行商业结算,目的是把员工建设成独立的"小老板"。从中我们可以发现,这是一个"个体空间决定组织成就"的革命性领导方略。它让员工真正走向市场、面对激烈的竞争,通过给对方自由发挥的空间,提升个人成就,进而提高企业的经济效益。

第八章　居安思危——领导者的应变智慧

★居安思危,防患于未然

物壮则老,是谓不道,不道早已。

——《道德经》

唐太宗李世民曾经教导大臣:"水能载舟,亦能覆舟。"仔细研究当时的历史背景发现,刚刚经历了隋朝的快速灭亡,唐朝则处于无比强大的时期。作为领导者,唐太宗能够在国力鼎盛的时候居安思危,防止国家盛极而衰,这种精神是难能可贵的。

在此,我们要学习李世民的领导思维,更有必要重温老子的深刻教诲。老子说:"物壮则老,是谓不道,不道早已。"意思是,事物壮大了很容易走向衰老,这是说不合乎生存之道,就会很快衰败。

在经营管理过程中,企业面临重重困难时,领导者的危机意识会很强;而企业发展良好时,人们往往没有危机感,甚至会丧失明确的目标。这是一种危险的倾向。

20世纪80年代,王安电脑公司经历了由鼎盛发展到迅速衰落的过程,其中的商业教训引人深思。

1964年,王安推出全新的晶体管桌上电脑,开始了公司成功发展的历程。在20多年的时间里,王安电脑公司不断创新,逐步在文字处理机和大体形微机方面确立了自己的稳固地位。1986年前后,公司年收入达30亿美元,全球雇员有3.15万人,成为名副其实的跨国公司。

然而,晚年的王安失去了进取精神,经营上故步自封,出现了一系列误判。当时,电脑行业开始向个人与商用领域转向,廉价和多功能是其发展方向。令人惋惜的是,王安判断力趋向迟钝,使公司失去了原有的优势。当IBM等公司大力发展个人电脑时,王安不听下属建议,仍然坚持老的专有生产线,逐渐脱离历史发展的舞台,最后公司宣布破产。

王安公司神奇崛起,又以惊人的速度衰败。老子说:"果而勿矜,果而勿伐,果而勿

骄。"意思是,成功了不要自高自大,成功了不要夸耀,成功了不要骄傲。王安公司通过不断积累走向辉煌,但是作为决策者王安拒绝革新,盛极而衰也就不奇怪了。

唐太宗看到隋朝快速灭亡,深知政治清明、发展经济的重要意义。所以他兢兢业业地治理国家,不遗余力地为大臣阐释"舟"与"水"的关系,实现了贞观之治。同是唐朝国君的李隆基早年也开创了"开元盛世",但是后期的放纵造成了宠信奸佞、荒废朝政的局面,特别是对地方军事集团的放任,直接导致了"安史之乱",一个强大昌盛的李唐帝国从此陷入兵戈之中。

唐太宗

历史上的帝国衰落、市场中的企业衰败,有一个共同的特点,即领导者并非缺乏安邦治国或治理企业的才能,而是缺乏必要的危机意识。因此,企业处于良好发展时期,领导者要对潜在的危机和风险多体察,真正做到居安思危。

老子说:"善,有果而已,不敢取其强。"意思是,善于用兵的人,达到成功就算了,而不敢用来要强横。领导者骄横就容易出现"乐极生悲"的状况,所以我们领导者要加强自控力,学会自我约束。

通常,企业急剧扩张的时候,由于自身管理不到位,很容易出现急刹车的情况,最后熄火,使此前的种种努力化为乌有。比如,20世纪90年代我国红极一时的爱多公司,就是在"迅速扩张规模"这一表面的盛事下走向衰败的。

在两三年的时间里,爱多公司的员工由200多人猛增到6000多人,由于缺乏有效的组织设计和管理人才,组织内部管理一度失控。而VCD市场的萎缩,无异于雪上加霜,爱多最终败走麦城。

在快速成长过程中,由于缺乏经验,领导者面对突如其来的新问题往往手足无措,最后来不及化解危机就迅速衰落了。这种教训是惨烈的,甚至有点残酷。我们常说,"小心驶得万年船",在企业发展良好时,领导者更要慎之又慎,警惕"物壮则老"的悲剧上演。

在这方面,我们要学习新希望总裁刘永好的做法。目前,新希望公司是多元化经营的实践者,其业务范围遍及房地产、医药、国际贸易等领域。这种成功经营,得益于领导者刘永好谨慎立项、反复论证的投资策略。通常每次投资前,他都派专门人员深入考察,然后请专家小组反复批驳论证,只有经受住推敲的项目才上马。居安思危的理性经营,使新希望的事业蒸蒸日上。

★防微杜渐，将危机消灭于萌芽状态

为之乎其未有，治之乎其未乱。

——《道德经》

老子认为，防微杜渐，将危机消灭于萌芽状态，才不会酿成大祸。管理界流传着一个关于荷叶的故事，正好说明了这个道理。

在很远的地方，有一个村子，村子里有一个清澈的池塘，这个池塘是村民们唯一的饮水源，绝对不能被污染。

有一天，一个人不小心让一小截藕掉进去了，藕在池塘里生根，然后发芽，并长出了几片荷叶。

荷叶每天都在成倍增长，2片、4片、8片、16片、32片……按这样的速度，30天就可以覆盖整个池塘。

可是，在此之前的28天里，没有人理会池塘里的变化。

直到第29天，村民们注意到了，他们认为是"突然间"长满了覆盖大半个池塘的荷叶。

就在他们讨论如何处置时，荷叶布满了整个池塘。先前生长的部分荷叶已经腐烂，并且别的水生植物也趁势猛长，水质被严重破坏。

任何一个危机事件，都要经历一个从无到有、从小到大、从轻微到严重的累积发展过程。很多危机之所以达到难以控制的程度，是因为在萌芽状态时没有引起人们足够的重视。

很多人也许还没有忘记可口可乐的那一场危机。那一阵子，全世界有很多可口可乐爱好者对这一世界级饮料敬而远之。

1999年6月，可口可乐公司尽管有充足的时间、技术资源和公共关系，有能力在早期控制危机的扩散，但由于未能引起足够重视而使其声誉和形象严重受损。

事情最先起于比利时，有消费者称可口可乐引发了重大疾病，要求可口可乐公司支付住院治疗费用，但可口可乐公司坚称产品是安全的。

事实却是，可口可乐公司在比利时的加工厂没有按照惯例实施产品检测，结果使一些有害的成分进入饮料之中，引发了事故，导致200多个孩子和成人患病。其实，在此之前四个星期，危机已经有了征兆：当时，一位酒吧主对可口可乐公司一位经理说，有客人抱怨说闻到可口可乐的味道很不舒服，但没有人对此给予重视。

当可口可乐公司否认其产品对消费者有不良作用时，其造成的影响已十分严重，受害者家属向比利时政府施加压力，要求可口可乐公司回收产品。在法国以及其他一些国

國學智慧全書

道学智慧

家,也先后出现类似情形。

两个星期后,芬兰发现了更多被污染的瓶装饮料,事态进一步恶化。

最后,可口可乐公司收回了1400万瓶产品。在这一场危机中,可口可乐的老对头百事可乐抓住时机,占领了许多市场。全世界的报纸都在指责可口可乐,几乎每一张报纸上都可以看到类似于"可口可乐由于健康恐慌而收回产品"的报道。

事后,可口可乐公司总裁道格拉斯·艾华士承认,他未能及早地了解问题的严重性,在事故处理过程中过于依赖下属单位,未能尽快抓住机会,亲自向相关国家政府的外长解释清楚。

可口可乐公司的危机就像许多意外事故一样,由于忽视了早期信号,一厢情愿地以为事故会自生自灭,结果导致持续混乱局面的出现,并为此付出了巨大的代价。

大部分商业危机并不是由于单一事件引起的,而是由许多微小的、容易被公司高层领导忽视的事件综合引发的,有时这被称为危机潜伏。

大部分危机是可以避免的,警惕性是首要的,许多危机管理专家提议公司建立危机预防计划以避免危机的爆发,同时建立危机管理计划以便在危机无法控制时解决问题。

预防危机的第一步就是建立定期的公司脆弱度分析检查机制。比如,越来越多的顾客抱怨可能就是危机的前兆;繁琐的环境申报程序可能意味着产品本身会危害环境或健康;设备维护不力可能意味着未来的灾难等。经常进行这样的脆弱度检查并了解最新情况,以便在问题发展成为危机之前发现和解决。脆弱度分析审查不仅有助于防止危机,避免对公司利益的不良影响,还会使公司在未来变得更为强大。

脆弱度检查小组由来自公司各部门的经理组成:生产制造、维修、人力资源、销售营销、政府事务与政策、财务会计等。他们能够清楚地了解各自领域内存在的最大危险,并能用新的眼光看待其他部门。

检查中的一个重要部分就是,从那些最了解公司经营状况的人——你的顾客和员工——那里搜集信息。鼓励员工之间、员工和管理层之间、中层和高层之间信息共享。询问销售人员以了解顾客说什么,不仅需要了解产品现状,还要了解顾客对产品的希望(没人需要的产品或者服务,当然是严重的危机)。

一旦知道了问题存在,就可以开始分析问题并分配资源来解决问题了。然后,再总结问题可能的发展方向,以便给高层管理更广阔的视角看待可能出现的问题及后果。

那些在事前对危机有充分思考和准备的企业,才有可能渡过危机。

然后,你需要考虑采取行动或者不采取行动对公司关联群体的影响。关联群体是那些对公司产品感兴趣并且以这样或者那样的方式影响他们生活的人的集合。他们对问题的看法和可能的反应必须考虑进来。心怀不满的消费者看起来是一个小的麻烦,但如果他们组织起来并且进行投诉,就有可能引起不必要的政府干预和媒体注意。一个对你的服务或者技术部门的答复不满意或者感到、受到冷落的顾客,可能在互联网上发布他的不满,瞬间就有可能传播开来,就像几年前,英特尔新开发的电脑芯片的漏洞一样,在互联网上遭到广泛的声讨。

由以上可看出,企业在危机发生前应该有一套预防危机的机制,毕竟诺亚在下雨之前就已经开始造他的方舟了。

★学会适应,善于改变

天之道,其犹张弓与?高者抑下,下者举之,有余者损之,不足者补之。

——《道德经》

我们先来说点"玄"的,解析一下老子在这段话中所寄寓的哲学思想、矛盾是事物客观存在的普遍现象,矛盾的双方各以和它对立的方面为自己存在的前提,双方共处于统一体中。矛盾的双方依据一定的条件向其相反的方面转化,否定的否定乃是事物发展的内在规律性。所以,全则缺,盈则亏,极则反。自然法则就像张弓开弦一样,弦位高了就压低些,低了就抬高些,弦位过满就减损些,不足就补充些。

然后我们再说点"实"的,也就是说我们可以怎样实际运用老子的这种哲学思想。老子所说"高了就抑下一点,低了就抬高一点;弦拉过头了就放松一点,拉少了就加多一点"的理念,给我们最大的启发就是:人们要善于对自我以及所掌控的事物之状态进行及时调整,以适应发展变化的需要。人生历程充满了变数,我们切不可抱残守缺,僵化呆板,一成不变,而要随机应变,根据环境和形势的变化做出恰如其分的变化、调整和完善,使自己处于有利位置和较好状态,以立于不败之地。

我们来看曹操谋杀董卓不成,遂以"献刀"之借口险中脱生的故事。

话说自从董卓收服猛将吕布后,威势更盛。并于当年(公元189年)九月废汉少帝刘辩为弘农王,而改立陈留王刘协为帝,是为汉献帝。然后,董卓自任相国,赞拜不名,入朝不趋,剑履上殿,飞扬跋扈,不可一世。第二年,董卓又派部下鸩杀少帝(弘农王),绞死唐妃,甚至夜宿御床,篡位之心毕露无遗,他的行为激起了朝臣的普遍愤恨。渤海太守袁绍与司徒王允秘密联络,要他设法除掉董卓。但文弱书生出身的王允面对骄横的董卓无计可施。思来想去,实在想不出什么办法,他便以庆祝生日为名,邀请群臣到自己家中赴宴,商讨计策。

席间,酒行数巡,王允突然掩面大哭,以便引起大家的注意,果不出所料,众官听到他哭赶忙惊问:"司徒贵诞,为何悲伤?"王允说:"今日其实并非我的生日,因想与诸位一聚,恐怕董卓起疑心,所以托言生日。董卓欺君专权,国将不国。想当初高皇帝刘邦诛秦灭楚,统一天下,谁想传到今日,大汉江山即将亡于董卓之手!"

王允边说边哭,感染了大家,众官也皆相对而泣。唯骁骑校尉曹操于座中一边抚掌大笑,一边高声说:"满朝公卿,夜哭到明,明哭到夜,还能哭死董卓吗?"王允闻言大怒,对曹说:"你怎么不思报国,反而如此大笑呢?"曹操回答说:"我不笑别的,只笑满朝公卿

无一计杀董卓！我虽不才，愿即断董卓之头悬于国门，以谢天下。"王允肃然起敬说："愿闻孟德高见！"曹操说："我近来一直在奉承、交好董卓，就是为了找机会除掉他。听说司徒您有七宝刀一口，愿借给我前去相府刺杀董卓，虽死无憾！"王允闻言即亲自斟酒敬曹操，并将宝刀交付曹操。曹操洒酒宣誓，然后辞别众官而去。

次日，曹操佩着宝刀来到相府，见董卓在小阁坐于床上，吕布侍立于侧。董卓一见曹操，便问他为何来得晚。曹操回答说："乘马羸弱，行动迟缓。"于是，董卓即让吕布从新到的西凉好马中选一匹送给曹操。吕布领命而出。

曹操觉得机会来了，即想动手，但又怕董卓力大，难以制服。正犹豫间，董卓因身体庞大，不耐久坐而倒身卧于床上并转面向内。曹操见状急忙抽出宝刀，想要抓住机会行刺。不料董卓从衣镜中看到曹操在背后拔刀，急回身问道："曹操干什么？"此时吕布已牵马来到阁外。曹操心中不免暗暗发慌，但他毕竟是干大事的人，灵机一动，便表情镇静的双手举刀跪下说："今有宝刀一口，献给恩相。"董卓接过一看，果然是一把宝刀：七宝嵌饰，锋利无比。董卓便将宝刀递给吕布收起，曹操也将刀鞘解下交给吕布。然后，董卓带曹操出阁看马，时机又来了，曹操马上要试骑一下。董卓不假思索便命人备好鞍辔，把马交给曹操。曹操牵马出相府，加鞭往东南而去。如果是你在这种情况下，你还会回来吗？

吕布见曹操乘马远去，便对董卓说："刚才曹操似乎有行刺的迹象，及被发现，便伪装献刀。"在吕布的提醒下，董卓也觉得曹操刚才的举动值得怀疑。正说间，董卓的女婿李儒来到，李儒是董卓的谋士，是个很有心计的人。他一听董卓描述曹操刚才的所作所为，便说："曹操妻小不在京城，只身独居寓所。今差人请他来，他若无疑而来，便是献刀；若推托不来，必是行刺，便可逮捕审问。"董卓即依照李儒的主意，派遣四个狱卒前去传唤曹操。良久，狱卒回报说："曹操根本不曾回寓所。他对门吏声称丞想差他有紧急公事，已纵马飞奔出东门去了。"李儒说：

吕布雕像

"曹操心虚逃窜，行刺无疑。"董卓大怒，便下令遍行文告，画影绘形，悬赏通缉曹操。但这时曹操已是神龙入海，由不得董卓了。

在这个故事中，曹操目虽没达到，但他能随机应变，没有僵死地固守既定的东西，得以全身而退，免除了杀身之祸，只有这样才能最终实现自己的雄心壮志。由此可见，善于随机调整自我状态，以适应形势和事态之变化，是成功的领导者必须具备的素质。我们走出家门闯荡天下，处境比较困难，什么样的情况都可能遇到，这就要求我们有一个机智灵活的头脑，根据具体情况做出不同的反应，或是化险为夷，或是抓住发展机遇，以达

道德经

到趋利避害的生存目的。

★对企业定位是领导者必须要做的事

居善地,心善渊,与善仁,言善信,正善治,事善能,动善时。

——《道德经》

"定位"一词,是美国广告学者特劳特 1969 年提出来的,意思是"确立商品在市场之中的特定位置"。透过功能定位,突出宣传自己产品的独特功能,形成有竞争力的、鲜明的个性特征,扩大影响力。

企业有合理定位,老板有合理定位。中国有"枪打出头鸟""人怕出名猪怕壮""木秀于林,风必摧之"等一系列说法。按现代意识分析这些古谚,它们虽不全对,但也有可取之处。正确的态度应当是思想要创新,言语不张狂。河南人的仟村百货在北京和广州都遭到了当地商界的攻击。这两处的仟村百货都已倒闭了,谁是谁非很难三言两语道清。但是,仟村百货确实得罪了京城、羊城的商界,他们嫌仟村百货的经商作风和广告口号太张扬。仟村百货把郑州亚细亚的广告改变了几个字,搬到了外地大城市。"双休日到哪里去? 仟村百货赶集去。"这个广告语能不刺激京城、羊城的大商场吗? 不管谁是谁非,企业的经营作风一旦被认为张扬,其生存环境必然恶化。

商品的定位战略可以大致分为两种:一种如百事可乐对可口可乐的跟踪战略;另一种是日本的摩斯汉堡快餐对麦当劳"反其道而行之"战略。这里以日本摩斯汉堡快餐的营销战略为例,说明老子"居善地"定位战略思想的指导意义。

摩斯汉堡为日本第一的汉堡店,拥有超过 1000 家连锁店,创业以来以世界上最大的快餐企业麦当劳为竞争目标,而其战略与麦当劳刚好相反。

麦当劳是以广大顾客为消费对象,所以要选择好的地点,而且以服务迅速为卖点。但是,摩斯汉堡以固定的顾客层为消费对象,展开街头巷尾作战,利用地点不佳的店铺。而且,由于是亲手制作食物,所以需要顾客等待一段时间,这与麦当劳相比,极为不利。要抵消这些不利的因素,显示摩斯汉堡的优点,就要开发适合日本人味觉的食品,而且从开始经营时,就贯彻本店的企业文化——"殷勤精神",让顾客享受到无微不至的殷勤照料。

摩斯汉堡是差别化行销的范例,走的是与麦当劳不同的营销道路,获得了巨大的成功。它以其特色食品与特定的顾客层,赢得了经营战略的胜利。这是老子"居善地"——管理定位思想的价值所在。领导者一开始就应当为自己的商品定好位,这是你经营的首要问题。没有定位意识,你失去的不只是金钱,还会在竞争中迷失自我。

美国鸽牌美容皂做广告时,定位为"滋润皮肤的美容香皂",结果销售量大大高于市

國學智慧全書

道学智慧

场上那些"清洗皮肤用的香皂"。而美国七喜柠檬汽水面对可口可乐和百事可乐的强大攻势,每况愈下,处境维艰。后来,"七喜"在广告中定位为"非可乐型",第一年销售量就提高了10%。

摩斯汉堡、鸽牌美容香皂、七喜汽水这几种商品就是靠适当定位,也就是"居善地"的策略取胜的。

老子曰:自知而不自见,自爱而不自贵。要自知其能,但不要自我炫耀;要自爱其身,但不要自视高贵。

定位是你对预期客户要做的事。换句话说,你要在预期客户的头脑里给产品定位。所以说,把定位这个概念称作"产品定位"是不恰当的,好像改变了产品本身。产品本身并不是不变,不过,那只是名称上的变化,其价格和包装都丝毫未变。变化基本上是表面的,旨在确保产品在预期客户头脑里占据一个真正有价值的地位。如果能用一个词描述过去十年里广告发展过程的特点,就是"定位"。"七喜:非可乐"可称得上是定位理论运用得最经典的一个案例。谁都可以运用定位战略在人生游戏中领先一步。要知道,如果你不理解和运用这些原理,你的竞争对手肯定会去理解和运用的。

我们可以把完整的企业定位总结成定位3+2理论。所谓的3是指3个层次,企业定位过程包括市场定位、产品定位、品牌定位三个层次;所谓+2是指企业三个层次的定位必须以企业文化和企业发展战略为基础。

定位对于企业的发展至关重要,很多企业从定位中获得了无尽的市场。奥美可以说是世界广告公司的大哥大,从其手下策划出的企业成功案例不计其数。

从1962年开始,奥美帮助运通公司逐步成为一个旅游金融服务方面的巨人。奥美所策划的促销运动包括"出门远行篇"和"你可认识我篇"等。这些广告帮助运通公司将运通品牌传遍世界。

百事可乐、可口可乐的争战,奥美帮助百事可乐在整个亚洲地区积极扩展其品牌的影响。到2000年,这一地区的人口将占全球的58%。

奥美有关品牌的理念亦受到日益增多的客户的认同。一个最为突出的例子是1994年5月24日,IBM公司决定将其全球广告业务全部交予奥美。这是广告业史上规模最大的一次业务转移。除了需要广告公司具备全球范围的业务网络和经验以外,IBM特别要求新的代理能够使IBM品牌在全球范围内具有完整一致的特性和源源不断的活力。它需要的是奥美在建立和发展品牌方面的承诺,这需要"品牌管家"。

老子曰:不失其所者久,死而不亡者寿。

领导者能合理定位,就有自知之明,自爱不骄、留有余地,就能时刻保持清醒的头脑;领导者能自爱,就会收敛自己的锋芒,谦逊地待人、做事,容易有好的人际关系。

定位要从一个产品开始。那产品可能是一种商品、一项服务、一个机构甚至是一个人,也许就是领导者自己。

★ 从无序的市场中，寻求有序的运作方式

大直若屈，大巧若拙，大辩若讷。大成若缺，其用不弊。大盈若冲，其用不穷。

——《道德经》

世界看上去复杂无序，但实际上世间万物都有自己的秩序，它们都按照自己的规律发展。

市场也是如此。可能在很多人眼里，市场是个无序的集合体，在市场中充满了不可预料的事情，很多人感到茫然。

当然，我们不能否认有些市场的无序性，那是因为它们还不成熟。我们首先来看一看有序市场的相关概念。一个市场如果能够被称为有序市场，那它应具备如下特征：在一定的地域范围内，当涉及某一消费领域时，在绝大部分消费者头脑中有几乎相同的品牌排序。在市场占有率上，第一被想到的品牌占40%左右，在其他名次上，有近似成倍递减的特点，即第二位和第三位的分别占20%和10%左右，这也就是我们所说的"421"法则。

有序市场的一个重要特点是：一旦形成就具有相对的稳定性。它建立了很高的进入门槛，市场机会相对小，当市场条件不具备时，这个市场几乎不可能再创"名牌"，而且这个市场很少打价格战。

和有序市场相对的是无序市场，那么无序市场有什么特点呢？

目前我国的行业里面，还没有很成熟的有序市场，很多市场基本上是位于有序和无序之间，处在过渡阶段，比如手机市场、电信市场等。还有很多市场是完全的无序市场，比如水市场。

其实，一个市场要是能步入有序状态是一个多方获益的好事，看上去可能是厂商较少，但是各方的投入产出处于优化状态，大家都获益了。

这里的"421"也不是完全绝对的，实际上它是告诉我们，市场如果按照相应的比例出现了阵营的分化，处于合理竞争状态，那么它就是有序市场。

早在20世纪80年代，国内就陆续出现过一些果汁饮料品牌，但由于市场培育及自身经营等方面的不足，这些品牌或是昙花一现，或是局限在某个区域市场内，基本没有力量发动全国的市场攻势。

到了2001年，国内的果汁市场中，"统一"逐渐强大起来。

在"统一"之前，并没有一个全国性的大品牌注意这个市场，但这个市场是存在的，所以，统一鲜橙多一经推出，就取得了巨大的成功。

2002年以后，国内的果汁市场基本是多家品牌围攻统一。统一鲜橙多的成功，不仅

大大提高了统一的业绩,也刺激了竞争对手,从 2002 年开始,可口可乐、康师傅、汇源等国际、国内品牌纷纷跟进,市场呈现出大小品牌在各条战线围攻统一的态势。

现在国内的果汁饮料市场存在三股竞争力量,一支是中国台湾背景的企业统一和康师傅,其主要特点为产品线比较长,以包装的创新和口味取胜;一支是包括汇源、娃哈哈、养生堂等的国内知名企业;还有一支是大的跨国公司如可口可乐、百事可乐等。

果汁饮料品牌、种类非常多,新厂家不断涌现,很多老牌食品和饮料厂商因看好这个市场而纷纷生产果汁饮料。虽然品牌和品种众多,各品牌的广告力度也都很大,看似竞争非常激烈,但因果汁饮料是在近几年才大规模进入市场的,所以市场仍有很大的发展空间,从市场份额来看,还没有一个品牌占有绝对优势,成为主导品牌。

不管是处于有序市场还是无序市场,或者处于两者之间的过渡状态,企业都必须根据自己的实际情况采取适当的战略,这样才能在竞争中获胜,才能更好地促使市场向有序的方向发展。一般来说,可供选择的战略有进攻战略、防御战略、侧翼进攻战略、游击战略。进攻战略主要指的是那些处于上升阶段的企业,它们的实力已经很强大了,所以向市场的在位者发动挑战;防御战略顾名思义就是说市场的在位者为了巩固自己的地位而采取的措施;侧翼进攻战略是指那些想进入但是现在实力还比较弱的企业;游击战略则是那些实力更弱的企业采取的措施。

道德经

第九章 适可而止——领导者全身避祸的智慧

★人生如戏，"我方唱罢我退场"

> 功成身退，天之道也。
>
> ——《道德经》

老子说："功业已经成了，就引身后退，这是一种自然的规律。"

春生、夏长、秋收、冬藏，各领一时风景，接着自动退出舞台。《内经》中提到五运六气的循环往复，如果某一运气已过司天之期而不退政，就反而成为邪气了。天道都是如此，更何况是人呢？做人做到功成名就，就该考虑退身之计了，不然可能会有所妨碍。

西汉张良，字子孺，号子房，小时候在下邳游历，在破桥上遇到黄石公，替他穿鞋，因而从黄石公那儿得到一本书，是《太公兵法》。后来追随汉高祖，平定天下后，汉高祖封他为留侯，张良说道："凭一张利嘴成为皇帝的军师，并且被封了万户子民，位居列侯之中，这是平民百姓最大的荣耀，在我张良看来是很满足了。愿意放弃人世间的纠纷，跟随赤松子去云游。"司马迁评价他说："张良这个人通达事理，把功名视作身外之物，不看重荣华富贵。"

张良

张良的祖先是韩国人，伯父和父亲曾是韩国宰相，韩国被秦灭后，张良力图复国，曾说服项梁立韩王成。后来韩王成被项羽所杀，张良复国无望，投归刘邦。楚汉战争中，张良多次计出良谋，使刘邦险中转胜。鸿门宴中，张良以过人的智慧，保护了刘邦安全脱离险境。刘邦采纳张良不分封割地的主张，阻止了天下再次分裂。与项羽和约划分楚河汉

界后,刘邦意欲进入关中休整军队,张良劝阻,认为应不失时机地对项羽发动攻击。最后与韩信等在垓下全歼项羽楚军,打下汉室江山。

公元前201年,刘邦江山坐定,册封功臣。萧何安邦定国,功高盖世,列侯中所享封邑最多。其次是张良,封给张良齐地3万户。张良不受,推辞说:"当初我在下邳起兵,同皇上在留县会合,这是上天有意把我交给您使用。皇上对我的计策能够采纳,我感到十分荣幸,我希望封留县就够了,不敢接受齐地3万户。"张良选择的留县,最多不过万户,而且还没有齐地富饶。张良回到封地留县后,潜心读书,搜集整理了大量的军事著作,为当时的军事发展,做出了重要的贡献。

汉王朝的江山虽然已经巩固,但统治集内部的明争暗斗仍然十分激烈复杂,稍有不慎,就会卷进残酷的政治斗争中,轻则落得身败名裂,重则便是身首异处。张良不但在处理各种复杂问题上,表现出过人的智慧,在功成名就时也不贪功,不争利,以忍让保全身名的高尚品质,更是难能可贵,是功成身退的一个范例。

而历史上那些过于贪恋权柄,集大权于一身不肯轻易松手的人,实际上是很愚蠢的人。他们不知道贪权恋权的害处,或是已经知道其害处,仍执迷不悟地疯狂占有权势,败亡之祸就临头了,南宋时的韩侂胄就是这样的人。

韩侂胄在南海县任县尉时,曾聘用了一个贤明的书生,韩侂胄对他十分信任,韩侂胄升迁后,两人就断了联系,宁宗时,韩侂胄以外戚的身份,任平章,秉国政。当他遇到棘手的事情时,常常想起那位书生。

一天,那位书生忽然来到韩府,求见韩侂胄。原来,他早已中了进士,为官一任后,便赋闲在家。韩侂胄见到他时,十分喜欢,要他留下做幕僚,给他丰厚的待遇。这位书生本不想再入宦海,无奈韩侂胄执意不放他走,他只好答应留下一段时日。

韩侂胄视这位书生为心腹,与他几乎无话不谈。不久,书生就提出要走,韩侂胄见他去意甚坚,便答应了,并设宴为他饯行。两人一边喝酒,一边回忆在南海共事的情景,相谈甚欢。到了半夜,韩侂胄屏退左右,把座位移到这位书生的面前,问他:"我现在掌握国政,谋求国家中兴,外面的舆论怎么说?"

这位书生立即皱起了眉头,端起一杯酒,一饮而尽,叹息着说:"平章的家族,面临着覆亡的危险,还有什么好说的呢?"韩侂胄知道他从不说假话,因而不由的心情沉重起来。他苦着脸问:"真有这么严重吗,这是什么缘故呢?"

这位书生用疑惑的眼光看了韩侂胄一下,摇了摇头,似乎为韩侂胄至今毫无察觉感到奇怪,说:"危险昭然若揭,平章为何视而不见?册立皇后,您没有出力,皇后肯定在怨恨您;确立皇太子,也不是出于您的努力,皇太子怎能不仇恨您;朱熹、彭龟年、赵汝愚等一批理学家被时人称作贤人君子,而您欲把他们撤职流放,士大夫们肯定对您不满;您积极主张北伐,倒没有不妥之处,但战争中,我军伤亡颇重,三军将士的白骨遗弃在各个战场上,全国到处都能听到阵亡将士亲人的哀哭声,军中将士难免要记恨您,北伐的准备使内地老百姓承受的沉重的军费负担,贫苦人几乎无法生存,所以普天下的老百姓也会归罪于您。平章,您以一己之身怎能担当起这么多的怨气仇恨呢?"

韩侂胄听了大惊失色,汗如雨下,一阵沉默后,又猛灌了几杯酒,才问:"你我名为上下级,实际上我待你亲如手足,你能见死不救吗?您一定要教我一个自救的办法!"

这位书生再三推辞,韩侂胄使着几分酒意,固执地追问不已。这位书生最后才说:"有一个办法,但我恐怕说了也是白说。"

书生诚恳地说:"我亦衷心希望平章您这次能采纳我的建议!当今的皇上倒还洒脱,并不十分贪恋君位,如果您迅速为皇太子设立东宫建制,然后,以昔日尧、舜、禹禅让的故事,劝说皇上及早把大位传给皇太子,那么,皇太子就会由仇视您转变为感激您了。太子一旦即位,皇后就被尊为皇太后,那时,即使她还怨恨您,也无力再报复您了。然后,您趁着辅佐新君的机会,刷新国政。您要追封在流放中死去的贤人君子,抚恤他们的家属,并把活着的人召回朝中,加以重用,这样,您和士大夫们就重归于好了。您还要安定边疆,不要轻举妄动,并重重犒赏全军将士,厚恤死者,您就能消除与军队间的隔阂。您还要削减政府开支,减轻赋税,尤其要罢黜以军费为名加在百姓头上的各种苛捐杂税,使老百姓尝到起死回生的快乐。这样,老百姓就会称颂您。最后,你再选择一位当代的大儒,把平章的职位交给他,自己告老还家。您若做到这些,或许可以转危为安,变祸为福了。"

韩侂胄一来贪恋权位,不肯让贤退位;二来他北伐中原,统一天下的雄心尚未消失,所以,他明知自己处境危险,仍不肯急流勇退,他只是把这个书生强行留在自己身边,以便及时应变。这位书生见韩侂胄不可救药,岂肯受池鱼之殃,没过多久就离去了。

后来,韩侂胄发动"开禧北伐"遭到惨败。南宋被迫向北方的金国求和,金国则把追究首谋北伐的"罪责"作为议和的条件之一。开禧三年,在朝野中极为孤立的韩侂胄被南宋政府处决,他的首级被装在匣子里,送给了金国。那位书生的话应验了。

权势到手,确实令人振奋,也实在可以令人风光一回,似乎更可以光宗耀祖。但是稍一不慎,大难临头,权力旁落,后果也,就自然连普通百姓都不如。他们由于权力达到了极点,而给自己和家人带来了极大的灾祸。最明智的做法是忍耐住自己对权利的渴望,在事业成功时全身而退。

要善于功成身退,该谢幕时就谢幕。

★ "啬"乃长生久视之道

治人事天,莫若啬。

——《道德经》

"啬",有两方面的含义:一方面是从修身意义上来讲,指的是领导者要爱惜身体、节约精力、培蓄能量、厚藏根基、充实自身的生命力。另一方面是从政治意义上,指的是领导者要勤俭治国。老子认为,领导者以"啬"的原则来治理国家,是"深根固柢,长生久视

之道"。

首先，从修身意义上来讲，领导者要做到爱惜身体、节约精力、培蓄能量。俗话说："身体是革命的本钱。"没有好的身体，就没有了革命的本钱，就没有了领导和管理的资本。作为一名领导者必须明白这个道理。所以，懂得养生之道对于领导者来说就显得非常重要。道家向来重视养生。在道家看来领导者只要珍爱自己的身体，不断地提高自己的身体素质，才会有更加充沛的精力和旺盛的斗志去处理政务、管理国家。

其次，从政治意义上来讲，领导者要实行俭朴、俭约的原则来治理国家、管理人民。老子说："治人事天，莫若啬。"就是说，治理国家、管理百姓，没有比勤俭和俭朴更重要的了。老子认为，"俭"是他的三个宝贝之一，所以他在《道德经》第六十七章说："我有三件宝贝，持守而保全着。第一种叫作慈爱，第二种叫作俭啬，第三种叫作不敢居于天下人的前面。慈爱，所以能够勇武；俭啬，所以能够厚广；不敢居于天下人的前面，所以能够成为万物的首长。"

勤俭治国有多种功能：一、勤俭治国可以励志。俗话说："非淡泊无以明智，非宁静无以致远。"领导者能够去掉奢侈的欲望，保持俭朴的操守，就可以砥砺自己的意志。领导者如果能够洁身自好、清正廉洁，生活朴素，就会激励自己不断地前进。二、勤俭治国可以齐家。老子说："金玉满堂，莫之能守。"（《道德经》第九章）中国还有另一句谚语，叫作"富不过三代"。领导者如果能够保持勤俭朴素的作风，家里的妻子儿女自然不会奢侈浪费。这样，也可以形成简朴的家风。相反，领导者如果贪财贪货，妻子儿女也自然变得骄纵。这样，即使有万贯的家财，也经不起一家人的铺张浪费。三、勤俭治国可以治国平天下。领导者如果做到富贵不骄、见财不贪，下属自然勤俭朴素，百姓自然会勤俭持家。人们常说："上梁不正下梁歪。"如果作为"上梁"的领导者行为正直，百姓自然会仿效和学习，变得正直。同理，如果领导者勤俭治国，百姓自然形成艰苦朴素的俭朴作风。由此可知，勤俭对于领导者来说是非常重要的，难怪老子要把它作为自己的三件宝贝之一了。

我国古代的许多帝王都非常重视节俭美德，并且以身作则，昭示天下。唐太宗李世民开创了"贞观之治"的太平盛世，使中国成为当时世界上最富强昌盛的国家。唐太宗也是我国历史上少有的既能打天下又能治天下的有道明君。唐太宗非常注重节俭，深知物力维艰。作为一个新王朝的君主，一般来说都会大兴土木，以显示自己的威严。但唐太宗认为这样会劳民伤财，所以一改以往新君登基大兴土木的风习，仍然住在隋朝时期的旧宫殿里面。在他的带领下，朝廷上下逐渐形成了崇尚节俭的风气，并出现了一大批以节俭闻名的大臣。唐太宗常常对臣下说："人君依靠国家，国家依靠百姓。剥削百姓来奉养人君，就像割自己身上的肉来食用，肚子虽然饱了，但身子也就毁了，人君虽然富了，但国家也就亡了。所以人君的灾祸，不是来自外面，而是由自己造成的。朕常想这个道理，所以不敢奢侈纵欲。"

明太祖朱元璋也是如此。作为一位出身布衣的皇帝，朱元璋在年轻的时候曾沿街乞讨，在当上明朝的开国皇帝后，仍然保持节俭的品德，对贪污腐败严惩不贷。明太祖还带头禁酒，并多次颁布限制酿酒的命令。在他的影响下，后宫的后妃们也都十分注意节俭，

从不盛装打扮，宫内节俭成为风气，并影响到了全国，对明朝的国力强盛产生了非常积极的影响。

唐代大诗人李商隐说："历览前贤国与家，成由勤俭败由奢。"历史上有多少的领导者能够勤俭治国，从而取得国泰民安的领导效果。而历史上又有多少的领导者由于奢侈骄纵，铺张浪费，而毁掉了自己的大好前程的。因此，老子才极力地提倡领导者应该用"啬"的原则来"治人事天"，应该勤俭治国、节约持家。

"竹头木屑"这句成语出自东晋时的陶侃。

陶侃为庐江浔阳（今湖北黄梅西南）人，父亲早年亡故，自幼由母亲抚养成人。陶母教子恩威并重。陶侃在县内当小吏，有一次，将公家分的鱼托人带回家孝敬慈母，陶母丝纹未动，将原物封好退回，并写信责备陶侃，要他当官必须洁身自好，不允许公私不分。陶母还告诫陶侃说："你想这样用公物来取悦于我，反而增加了我的忧虑。"这番教导，对陶侃后来勤劳节俭、为官清廉有很大的影响。

陶侃为官名声甚好，仕途发展较快，历任武冈县令、武昌太守、荆州刺史、广州刺史、侍中、太尉等官职，政绩卓著。特别是他曾作为主帅，指挥平定了苏峻、祖约之乱，有再造晋室之功。陶侃身为大将军时却极惜物力，被誉为管理有方，勤俭节约的帅才。

陶侃

一次，陶侃的军队里面造船，他命令将造船时剩余的那些锯末、木片、竹头等都收捡好。当时人们皆不解其意，暗中笑其吝啬。后来，有一年大年初一，那天正好雪后初晴，地面很滑，可官员们又要去衙门聚会，并接受属吏的致贺，这么滑的路面，大家心里都有些发怵。这时，陶侃就让人把锯末撒在大厅之前，人们行走起来非常安全方便。众人这才恍然大悟。

还有一次，新任荆州刺史桓温率军入蜀，造船缺钉，无计可施。当众人想到陶侃生前收集的堆积如山的竹头时，便以竹头削钉造船，解决了军中一大难题，众人更加明白陶侃当初所为出于何故了。

可见，即使小如竹头木屑这样的器物，只要安排得当，也可以发挥大用处，关键在于人们平时要养成节俭的意识和习惯，凡事要从长远来考虑。

國學智慧全書

道學智慧

★富贵而骄，惹火烧身

持而盈之，不如其已。
揣而锐之，不可长保。
金玉满堂，莫之能守。
富贵而骄，自遗其咎。

——《道德经》

古往今来，没有人能永久地保存自己的名位或财富，即使是财富和权力倾天下的贵族，也无法保留自己的地位和财富，他们让人将珠宝和自己的尸体埋葬在一起，并安装上了各种机关，以求保全自己生前拥有的财富，可就在他们安葬后，盗贼潜入他们的墓地，将陪葬的金银财宝洗劫。物极必反、太满则溢，这就启示我们要适可而止，进退有度，不如到一定时候退而归隐，免得禁不住财富的诱惑而犯错误，害了自己的性命。所以老子说"持而盈之，不如其已。"执持盈满，不如适可而止，没有人能长久保持这种状态的！"富贵而骄，自遗其咎。"因为富贵而骄奢，欲望越来越大，是自己给自己带来的祸害，怨不了别人。

曾国藩说："有福不可享尽，有势不可作尽，总须设法将权位二字推让少许，减去几成，则晚节渐渐可以收场耳。""当于极盛之时，预作衰时设想。当盛时百事平顺之际，预为衰时百事拂逆地步"。

的确如此。这个训诫给那些掌握了大量经济资源的人敲响了警钟——无论修身、治世，都不能盲从于自我主观欲念，要克制自我，去其贪安，用心良善，自觉遵循客观规律。

《易谦彖》说："天道亏盈而益谦，地道变盈而流谦，鬼神害盈而福谦，人道恶盈而好谦。"意思是说天道、人道、鬼神之道皆厌恶满盈骄横，人富且骄，岂不是自取其害。

明朝的宦官以专权而著名，最贪婪专权的是号称"立皇帝"的刘瑾，他当权共五年，可谓富贵齐天，却为富不仁，为贵不义，骄奢淫逸，排斥异己，陷害忠良，最终落得个凌迟处死、千刀万剐的下场，从一个极端走到了另一个极端。

刘瑾原来姓谈，后来他靠一个姓刘的宦官引见得以入宫，此后便用刘姓了。刘瑾在明孝宗在位时侍奉太子朱厚照，他对这个难得的机会很珍惜，因为他知道太子将来登基即位后他这个日夜服侍的太监就是功臣了，权势与富贵唾手可得。于是，刘瑾便千方百计地讨好、侍奉当时只有10多岁的太子。

弘治十八年，明孝宗因病去世，太子顺利即位，这就是明武宗：刘瑾和马永咸、高凤等八名太监得到新皇帝的宠爱，被称为"八虎"，刘瑾则是"八虎"之王。在刘瑾的领导下，这些宦官想方设法地鼓动武宗游玩享乐，他们则专权跋扈，隐瞒着皇帝为非作歹。刘瑾最受武宗的信任,在内宫监任职,而且掌管着京城的精锐,守卫部队。

第二年,为国忧虑的大臣们见武宗被宦官们搞得不理朝政,便纷纷劝谏。开始武宗听不进去,直到被告知天象有变,是上天在警示他,武宗这才有所表示,武宗打算将刘瑾先贬到南京,但大臣们则坚决要求杀掉这个祸根。为了让皇帝下决心除掉刘瑾,大臣们联合了当时的京城主要官员,准备第二天一起劝谏武宗杀掉刘瑾。但吏部尚书焦芳却在当天晚上向刘瑾透漏消息,刘瑾一听,大惊失色,赶忙召集其他七人连夜到武宗面前哭诉求情。武宗念及刘瑾以前的忠心照顾,竟赦免了他们,而且在他们的怂恿下,将司礼监、东厂、西厂让他们分别掌管。同时,将另一个忠直的太监送南京充军,后又在半途追杀。武宗的意气用事、不辨是非给明朝带来了大灾难。

司礼监在当时是很重要的内宫官署,有掌印太监一名,秉笔太监八九名。在明朝,百官向皇帝上书,要先送内阁,由内阁辅臣做出初步的处理意见,叫作"票拟",再交给皇帝批阅。皇帝用朱笔(即红笔)在奏章上批示,叫作"批红"。有的皇帝如果不勤于政事,便让司礼监宠信的太监代笔,这就给太监的胡作非为提供了可能性。另外,司礼监的太监还有一个其他部门无法比拟的特权:传达皇帝旨意。有时由秉笔太监记录下皇帝的话,然后让内阁起草,或者由太监口头传达给有关大臣:这种制度直接给宦官造成了篡改圣旨的机会。刘瑾就是司礼监的主管,这是他专横跋扈的重要资本。对于曾经使他身陷绝境的大臣们,刘瑾恨之入骨,在自己掌握大权之后,便向这些不听话、与自己作对的大臣们开刀了。他用的方法很多,一是处罚,即罚米供应边境。因为罚的数目很大,有的竟达到几千石之多,致使很多大臣被罚得破产;其次是身体处罚。最狠毒的是去衣廷杖,在明朝,原来的廷杖仅仅是对大臣的一种人格侮辱,并不是身体处罚,所以允许大臣把毡、毯以及棉衣垫在身上。但刘瑾却要大臣脱衣受刑;行刑期间又授意执行的锦衣卫加力责打,结果大臣们常被当场打死。还有,刘瑾造了一种大枷,有 150 斤重,被他迫害的大臣戴上这种枷后,没几天便被拖累致死。刘瑾的阴险毒辣由此可见一斑。

刘瑾知道负责劝谏的言官们对他的威胁很大,在掌权后,对言官也不放过:除了借故进行罢免、廷杖以及诬陷定罪外,在平时还制裁威胁这些言官:命令他们在早晨寅时入朝,一直到下午的酉时才让走。一天上班时间竟达 14 个小时左右,刘瑾的目的就是让他们不得休息,让他们没精力弹劾自己。

刘瑾打击异己时随心所欲,对于在平时只对他作揖而没有磕头行大礼的翰林院的官员,他也不放过。找了个借口一次就把 20 人赶到南京去任职,有的削职为民。在将异己的大臣都清除后,刘瑾便随心所欲地专权了,他很会控制皇帝为他所用。先用打球跑马、带鹰抓兔等缠住爱玩的武宗,然后,专门在武宗玩得高兴的时候向他请示政事,武宗总是心烦地说:"怎么什么事都来找我,你们都是吃闲饭的吗?"刘瑾装得灰溜溜的样子退下,心中美滋滋地专权误国去了。通过这一手,刘瑾很容易地将内阁的大权也握在手中了。

为了彻底掌握内阁,他还将原来向自己告密立功的焦芳安排在内阁任职,焦芳则事事仰刘瑾的鼻息行事,这就开了内阁辅臣听从太监指挥的恶例。

除了内阁,政权机关就是六部了,刘瑾又将自己的手下同党安排到了六部,刘瑾专横

的程度让人无法想象,有时,他仅在纸上写谁做什么官,六部便要照他的意思安排。那些地位很好的公侯们见了刘瑾也是跪拜,不敢直视。

刘瑾的水平有限,为了批阅奏章,他就将大臣的奏章拿回家里,让在礼部做官的妹夫替他写,再拿到内阁让焦芳修改,所以,当时的人们都在暗地里叫他"立皇帝"。

为了增强自己的权势,刘瑾还建立了另外的特务组织"内行厂",权利在锦衣卫和东西厂之上,通过特务来监督官吏和百姓,制造恐怖气氛,维持自己的专权。

有了权势之后,刘瑾和很多贪官一样也开始敛财,他的手法也没有什么创新,索贿、受贿、贪污,都是一般的手法。只不过他的胆子比一般的贪官大很多,因为他的上边只是一个皇帝。作为一个太监,刘瑾的性格和一般的贪官还不一样,如果他向你伸手要钱,你就必须给他,否则太监那种狭窄的心胸,报复起来比一般的贪官更心狠手毒。有一个人刚升迁,刘瑾便向他要"贺印钱",其实就是索要贿赂,言外之意是没有我同意,你根本就做不上这个官。那个人不肯给,刘瑾马上就下令让他退休回老家。

刘瑾受起贿来也是来者不拒,有的为了得到高官向他行贿,例如刘宇,刚上任巡抚时,用万金向刘瑾行贿,使刘瑾喜不自胜。后来刘宇又先后给了刘瑾几万两银子,结果一直升迁到兵部尚书的位子。其他的官员多数是害怕刘瑾对自己打击报复,于是各地官员进京朝拜述职时总是要向刘瑾行贿,叫作"拜见礼",少的要上千两,多的则五千两,有一年,考察地方官时,竟有贿赂两万两银子的。如果升了官要立即使用重金感谢刘瑾,叫作"谢礼":送少了还不行,否则要马上撤职,但如果你赶紧追加银子,官职又能马上恢复。官位基本成了刘瑾手中卖钱的商品。

接受别人贿赂之后,刘瑾还枉法行事,直至制造冤狱。御史葛浩原来因为触犯了刘瑾,被杖责后贬为平民,刘瑾却收下了葛浩仇人的贿赂,找借口又将葛浩押进京城,处杖三十。有一段时间,刘瑾这个贪官竟然拒贿了,而且还把行贿的人治罪。他这是听从了亲信的话,才这么做的。亲信的话很有道理,大意是说那些给他行贿的人的钱不是盗取的官银,便是剥削百姓所得,假借刘瑾的名义损公肥私,但给刘瑾的钱仅是十分之一,而今后百姓的怨气却都要集中到刘瑾身上。刘瑾听了觉得很有道理,于是开始拒绝贿赂,像个清官一样惩罚行贿者,但他不可能从根本上改掉贪婪的性格,后来一有机会还是照贪不误。

刘瑾的专权使朝政混乱,他的索贿受贿也直接导致了地方矛盾的激化,官员们向他行贿后,必然要加重剥削百姓,逼得百姓走投无路,只好反抗。在刘瑾被处死后仅仅几个月,京城地区便发生了刘六、刘七起义。

刘瑾

刘瑾在权势的路上越走越远,最后竟动了篡位之心,他私自刻了印玺,暗造弓箭,企图寻机夺位。但是,螳螂捕蝉,黄雀在后,刘瑾只顾自己作威作福,没想到其他的七虎正注视着他的一言一行。因为他们向刘瑾要权办事时,刘瑾总是不肯照顾,时间一长,矛盾逐渐激化。

后来武宗派都御史杨一清和七虎之一太监张永去平定安化王的叛乱。叛乱平定之后,在向武宗报告战况时,揭发了刘瑾的十七条大罪,武宗不禁大吃一惊,命令将刘瑾抓捕审问。第二天,武宗亲自出马,去抄刘瑾的家。结果发现了印玺、玉带等禁止百姓和官员私自拥有的禁物。在刘瑾经常拿着的扇子中也发现了两把匕首,武宗见了大怒,终于相信了刘瑾谋反的事实。

当年的八月,刘瑾被处以凌迟刑,即千刀万剐,共行刑三天。在封建社会,除非谋反、杀父母亲等属于"十恶"的大罪,一般的死刑犯要等到秋天的霜降以后,在冬至以前才能处死。这是顺应天时季节变化,而春天万物生长的时候禁止行刑,也禁止捕杀幼小的鸟禽和走兽。但刘瑾属于谋反的第一重罪,所以不等到秋天的霜降到来就行刑了。原来受过其害的人家纷纷用一文钱买下刘瑾已被割成细条块的肉吃下,以解心头之恨。

一个人如果位高权重还仗势凌人的话,必将会自取祸端。这种人通常是一朝得势便得意忘形,仁义尽丧,专权纳贿,肆意骄横,忌刻跋扈,一时间炙手可热,最后是天怨人怒,身败名裂,这正应了那句话"多行不义必自毙"。而聪明的做法当知道晦迹保全之术,越是富贵越要保持低调,与人为善,让整个社会都接纳和欢迎你,这样你才能够保全富贵荣名和身家性命;如果再提高一个思想层次和精神境界,就要像孟子所说的那样做了,孟子说:"士穷不失义,达不离道。不以贫贱而移,不以富贵而淫。得志,泽加于民。不得志,修身见于世。穷则独善其身,达则兼济天下。"如果这样,你就不但是个物质世界的富贵者,还是个精神和道德世界的富贵者了。

★"富足"莫大于"知足"

天下有道,却走马以粪;天下无道,戎马生于郊。咎莫大于欲得,祸莫大于不知足。故知足之足,常足矣。

——《道德经》

老子指出,领导者如果贪婪和不满足,就会为了自己的私欲而去争夺财货,就会为了逞强和争霸而去发动战争。这种不正义的战争,不仅会给被侵略的国家带来巨大的祸害,而且会给自己国家人民的生产、生活带来灾难。所以,老子说:"咎莫大于欲得,祸莫大于不知足。"

世间一切的纷争和灾难,都源自人们的"不知足"。对于普通人来说,"不知足"会刺

激和引发更大的欲望，会让自己陷于对功名、财货的追逐中而不能自拔。对于统治者来说，"不知足"会引发他们的贪欲，会激起他们侵略和掠夺的勃勃野心，会使他们因为贪图别国的非分之利而轻启战端。结果，他们穷兵黩武，侵入他国，伤人性命，带来无穷的灾难。老子在本章指出了领导者多欲生事的害处，警告为政者应当清静无为，收敛侵占的意欲。

老子首先对"天下有道"和"天下无道"的结果进行了对比。他说："天下有道，却走马以粪。"这是什么意思呢？

历史上第一个注解《道德经》的人韩非子在《解老》中说："有道之君，外无怨仇于邻敌，而内有德泽于人民。夫外无怨仇于邻敌者，其遇诸侯也外有礼义。内有德泽于人民者，其治人事也务本。遇诸侯有礼义，则役希起；治民事务本，则淫奢止。凡马之所以大用者，外供甲兵而内给淫奢也。今有道之君，外希用甲兵而内禁淫奢。上不事马于战斗逐北，而民不以马远淫通物，所积力唯田畴。积力于田畴，必且粪灌。故曰：'天下有道，却走马以粪也。'"在《喻老》中，韩

韩非子

非子继续解释说："天下有道，无急患，则曰静，遽传不用。故曰：'却走马以粪。'"韩非子的解释，可以简单归纳为一句话，即国家的政治上轨道，把运载的战马还给农夫用来耕种。

老子又说："天下无道，戎马生于郊。"这句话反映出当时社会戎马倥偬、战争激烈的社会现实。韩非子接着解释说："人君无道，则内暴虐其民，而外侵欺其邻国。内暴虐，则民产绝，外侵欺，则兵数起。民产绝，则畜生少；兵数起，则士卒尽。畜生少，则戎马乏，士卒尽，则军危殆。戎马乏，则将马出，军危殆，则近臣役。马者，军之大用，效者，言其近也。今所以给军之具于将马近臣。故曰：'天下无道，戎马生于郊矣。'"（《解老》）"天下无道，攻击不休，相守数年不已，甲胄生虮虱，燕雀处帷幄，而兵不归。故曰：'戎马生于郊。'"（《喻老》）用一句话来归纳韩非子对这句话的注释，就是说国家的政治不上轨道，便大兴戎马于郊野而发动征战，战马只能在战场的恶劣环境中生产。

通过对"天下有道"和"天下无道"的结果的对比，老子提出了他的反战思想。他不仅沉痛地抨击当时的武力侵略给百姓带来的灾难，而且分析了战争产生的原因——"咎莫大于欲得，祸莫大于不知足。"这就是说，祸患没有过于不知足的了，罪过没有大于贪得无厌的了。正是由于统治者的"欲得"和"不知足"，才引起了无数的战争，给人民带来无穷无尽的灾难。

老子之所以会提出"咎莫大于欲得，祸莫大于不知足"的思想，以及"知足之足，常足矣"的主张，主要是针对春秋时期各诸侯国的统治者而发的。正是由于他们的贪婪和不知足，才引发了各国之间为争夺土地和人民的战争。频繁的战乱，造成了农田荒芜、百姓

流离、民不聊生的悲惨后果，甚至是从事于农耕的牝马也不得不在战场上生产。老子批评的就是这种为了称霸和掠夺而开展的"不义之战"。从老子的言论中，我们也发现其反对战争、崇尚和平的思想，以及他爱惜民力、息战兴农的思想。

在古代社会，农业是国民经济的基础，农村稳定是整个社会稳定的基础。农业兴，基础牢；农村稳，天下安。老子在两千多年前早已看出了农业对于一个国家的重要性，所以，老子提倡统治者要尽量争取和平的条件，为广大人民从事农业生产提供一个良好的环境，而不是穷兵黩武、违背农时。

★功成而不居功自傲

是以圣人为而不恃，功成而不处，其不欲见贤。

——《道德经》

"是以圣人为而不恃，功成而不处，其不欲见贤。"老子用圣人的所作所为来向世人做示范，圣人决不会将自己推到溢满的地位，他们会将自己多余的部分分给不足的人，而决不炫耀，而是适当地贬损自己，始终保持谦和、恭敬、卑下的德行。圣人有所作为而不据为己有，有功而不居功自傲，不喜欢显山露水、被人夸耀。

公元前206年，汉高祖刘邦做了皇帝，谋臣萧何也当了相国。五年之后，刘邦迁都咸阳（今西安），萧何因营池造殿有功，又被封邑晋爵。

萧何接到晋爵诏书后，喜跃纤舞，在相府大摆酒宴，以示庆贺。鼓乐喧天，车水马龙，来贺喜者络绎不绝，好不热闹。

就在这时，来了一位汉子，身着缟素，脚穿白鞋，哭天嚎地，进来吊丧，萧何大怒，正要喝令推出去打板五十，一看这汉子不是别人，正是秦朝遗老东陵侯召平。他在秦朝被义军推翻后，就隐姓埋名，在城外的田园里种瓜，因瓜个大味美，甘甜无比，人们还给召平一个绰号——东陵瓜。萧何随高祖入关中后，听到不少有关他的逸闻，觉得他是个贤能之人，便招至幕下，让他参于前，谋于后，大事小情，都出了不少好点子，今天为什么要来大煞风景呢？召平见萧何先怒目圆睁，后紧锁眉头，欲思欲语，正在踌躇之中，便进一步暗示说："喜尽则忧至，福过则患来，丞相大喜过后，不要忘记后面隐藏着的灾难啊！"萧何见人多嘴杂，说话多有不便，先请召平入席。待酒席散后，把召平请入账内，百思不得其解地问："我向来得到高祖的恩宠，位及丞相，已在一人之下、万人之上。我主皇恩浩荡，为了谢主隆恩，我工作尽心竭力，处处小心谨慎，从不敢有半点疏忽，又何患之有呢？"

召平见萧何仍执迷不悟，直截了当地说："我主御驾亲征，南伐北讨，亲冒矢石，历尽千辛万险。而您安居都中，不去打仗，反倒高官厚禄，得到加封，我猜想主上对公有疑虑。如果您像今天这样，没有远虑，必有近忧，难道公忘了淮阴侯韩信大将军的下场了吗？"

听了召平这番话，萧何如梦初醒，不觉吓出了一身冷汗，随后陷入深深的回忆之中。那还是汉六年，高祖刘邦消灭异姓王之后。为了使汉朝江山千秋永固，开始搜寻对自己构成潜在威胁的人。第一个显眼的目标，自然是韩信了。韩信知广谋深，攻必克，守必固，在军中享有很高的威望，而且兵权在握，倘若韩信图谋不轨，易如反掌。为了清除这一隐患，汉高祖采取了一系列的措施。先以各种名义，削去韩信的兵权，继而封他为淮阴侯。韩信万万没有想到，为刘家江山舍生忘死，每次率兵打仗都浴血奋战，到头来却落了个这样的下场。终日借酒浇愁，有时喝得醉醺醺的，便愤懑地说："狡兔死，走狗烹；飞鸟尽，良弓藏；敌国破，谋臣亡。"

后来这话传到刘邦和吕后的耳里，知道韩信已识破他们的计谋，定有防范措施，便暗示萧何，要想方设法除掉韩信。公元前197年（汉十年）9月，驻守在赵、代地区的阳夏侯陈豨自立为代王，举兵谋反。刘邦请韩信复出，率兵去平叛。韩信托病不出。汉帝只好亲率大军，去邯郸征讨。临出征前，暗示丞相和吕后，要提防韩信。

吕后平素与韩信积怨颇深，早想借皇帝之手，杀了这个仇人，一直找不到下手的借口。对此事，韩信的一个门客，看得十分清楚，加上韩信最鄙视这样的势利小人，他在韩信手下一直不得志，于是暗中向吕后告发，说韩信与陈豨是再好不过的朋友。两人对高祖都怀有不满，已串通好了，这次陈豨谋反，韩信答应做内应，并做好了准备，预谋在某个夜里，假传圣

萧何

旨，先释放奴隶和犯人以扩充军队，得手后就来袭击吕后和太子刘盈。吕后也不想对此事查个水落石出，不管他是真是假，反正抓住了韩信的把柄，便秘密召见丞相萧何，把韩信想谋反一事，活灵活现地说了一遍，加上高祖出征前，已有暗示，萧何不敢不信以为真。于是两人谋定，将刀斧手埋伏在宫中，然后将韩信骗来生擒。

萧何回到家中，先派人去请韩信入相府私宴。韩信称病谢绝。萧何只好亲自去请，并对韩信说："近日皇上亲驾出征，捷报频传，陈豨已经逃往匈奴，现在，朝野上下无不欢欣鼓舞，新老大臣皆继踵进宫，向吕后道贺。你称病不朝，必将引起吕后的怀疑，不如同我一起进宫，以贺释疑。"韩信一向把萧何视为知己，言听计从，这次也只好随他入宫。俩人刚来到长乐殿谒贺吕后，吕后一声令下，四面埋伏的刀斧手蜂拥而上，把韩信紧紧捆住。此时，韩信才明白，对自己来说，成也萧何，败也萧何。

想到这儿，韩信父、母、妻三族被杀的惨景，又浮现在眼前，萧何预感到大难即将临头。第二天早朝时，面奏圣上，诚惶诚恐地说："恩皇御驾亲征，屡冒矢石，拓疆拔城，功耀

日月,且不愿安居新宫,实为万民之楷模。臣下无功受邑,上愧皇恩下愧百姓,绝不敢受。"并拿出许多家财,拨入国库,移做军需。汉帝见丞相无功受禄,尚未感到心安理得,遂释去一些疑心。

萧何为了消除汉帝对自己的疑虑,忧君之所忧,急君之所急,务君之所需,赢得了满朝文武百官的一片赞誉声。汉帝见此,又有些闷闷不乐。召平又及时提醒丞相说:"公不久将要满门抄斩了!"

萧何问他其中的缘故,召平说:"昔日汉帝征讨英布时,您每次把粮饷及时输送到军中,刘邦都暗中查问,萧何近来都做了一些什么事情。当有人说,萧丞相爱民如子,除督办军需外,还为圣上抚恤百姓,使万民称颂时,刘邦总是眉头紧皱,似有所思,证明对您早有提防。如今您誉满朝野,位列一人之下,万人之上,还有什么官爵可封给您呢?如今主上见您久居关中,深得民心,怕您闭关称尊,使主上进不能战,退不得归,这块心病汉帝早晚要除掉的!"

萧何听后连连点头。从此,他入朝唯皇命是遵,不敢出半点差错,并日显老态龙钟,越来越糊涂,以此来消除汉帝的疑虑与戒心;同时,为了毁誉以自保,萧何违心地干了些侵夺民间财物的事,使自己的威信日益下降。有一次,汉帝大驾亲征在回京途中,百姓跪在地上上书,控告萧何强买民田。汉帝见丞相名声每况愈下,暗中高兴,仅令萧何向百姓认个错,归还田地或补偿田价就是了,没有深究。萧何以侵夺民间财物,赢来了个坏名声,释了君疑,保住了全家人的性命。

★不要卖弄自己那点小聪明

古之善为道者,非以明民,将以愚之。民之难治,以其多智。

——《道德经》

只有一切遵循大道,做到敦厚朴实,才可拥有真实的人生。老子说如果使民众拥有心智,人心就多伪诈,国家就难以治理,我们可以推延到个人,如果我们心机太多,不但自己会感到劳累、困顿,而且还会破坏和周围人的良好关系,试想在一个人人都狡诈、善变、满怀心机的群体里,每个人都想着如何满足自己卑俗的欲望,那么这个社会就会变得虚伪、狡诈、面目可憎,我们生活在这样的一个群体中还有什么乐趣可言呢?

没有人喜欢生活在伪诈的环境里,没有人喜欢和虚伪的人打交道,我们要想摆脱这种讨厌的人和环境,就必须从自身做起,无论环境如何每况愈下,我们都要保持清醒的头脑,将自己恢复到自然的纯真状态,待人接物都应秉承自然淳朴的特性。现代社会,很多人主张返璞归真,这在一定意义上起到了作用,但必须清楚地认识到,返璞归真绝非仅为一种形式,不仅是回归山林,到大自然中去呼吸新鲜的空气,甚或游山玩水,而是达到心灵的回归,心灵的回归就是灵魂彻底抛弃世间的浮华,达到和自然的和谐统一,只有这样

我们才算摆正了自己的位置，才能悠然自得，人生才能其乐无穷。

唐玄宗天宝年间，在长安的崇玄馆里，正在进行一场激烈的辩论。一方是以期升为首的大批太学生，另一方只有陈少游一人。以前，期升在全馆是论辩高手，谁都服他。可是这一次，陈少游却不慌不忙与他展开辩论。陈少游声音朗朗、引经据典，而且他的阐释不止于文句，寓意甚深。他还特别表现出对庄子、老子、列子等经典的精深研究。结果，全馆的同学谁也辩不过他。

陈少游的表现，得到大学士陈希烈的赏识。从此他对陈少游总是另眼相看。不久，陈少游就被任命为渝州南平（在今重庆市东）令。以后又不断升迁。随着官位的升迁，他的贪欲也不断增长。

他还擅长随机应变，擅长言辞。他聚敛财富，同时又舍得以钱财笼络权佞，这是他不断升官发财的诀窍。他笼络住了泽潞节度使李抱玉，李抱玉上表代宗皇帝，要求任命陈少游为自己的副使。永泰二年（公元766年），李抱玉再次上表提拔他为陇右行军司马。几经升迁调转，陈少游做了桂州刺史。

但是陈少游很不满足。桂州在今天的广西壮族自治区，地处偏远，他希望能求得一个离京师比较近的州郡为官。他寻机回到长安，几经打听，知道现在受皇帝宠幸、掌握朝中大权的是宦官董秀，他把董秀的有关情况打听清楚后，便在董秀家附近找一家旅馆住下，单等董秀回家。见到董秀后，陈少游发挥了他伶牙俐齿的特长，几句话就使谈话融洽起来。"兄弟家中几口？每月得多少花销？"陈少游关切地问董秀。"在下担任现职已经几年，家庭负担很重。现在物价上涨很快，哪个月都得一千多贯。"董秀诉苦似的说道。

"这样重的负担，一个人的俸禄怎能够用呢！兄弟肯定需要经常向人借钱。如果有人愿意大量地给您提供钱财，只求您关心爱护，那您的日子可就宽裕多了。我虽然没有什么能力，但我愿意保障兄弟的用度。每年我愿献给您五万贯。现在我的手头就有一多半，先交给您。剩下的一半，我回去以后，派人给您送来，免得您为了生活而奔波劳碌。您看如何？"

董秀没想到还有这样的好事，便欣然同意了。这时，陈少游落下泪来，说道："只怕我今后再也见不到兄弟了。"董秀急忙称呼着陈少游的官职说："中丞有这样强的才能，不应该总是在外任。您给我几天时间，我一定办好这件事。"

从董秀这儿出来，陈少游又找到元载的儿子元伸武，给他也送了重礼。这样，董秀和元载在朝廷内外一起给他制造舆论，几天的工夫，陈少游便被拜为宣州（在今安徽省）刺史，果然比桂州近了许多。大历五年（公元770年），又改任越州刺史兼御史大夫浙东观察史。大历八年改任扬州大都督府长史淮南节度观察使。官一步比一步大，地方一次比一次近，而且所在地一个比一个富庶。

陈少游为官的经验是：多施小惠，让手下人得到好处感到安心，对上还要讨好朝廷。当时安史之乱结束不久，吐蕃、回纥等族不断犯边。如遇水旱灾害，国家的财政就非常困难。这时，陈少游主动提出，把扬州的税率提高百分之二十，盐税也每斗加一百文。他后调换的这三处，都是天下富庶之地，很有油水可捞。他安抚了上上下下，便大肆搜刮起

道德经

来。那些以供给朝廷为名多征的赋税,实际上有很大一部分进了他自己的腰包。他几乎每天都要求各地给他送礼。他还经营商业。几年的时间,他的财富就达到上亿钱之多。

有了钱,他就拿出一部分贿赂有权势的达官显要。他每年送给元载的金帛,价值就达十万贯。他还贿赂宦官骆奉先、刘清潭、吴承倩等人,让这些人不断地在皇帝面前说他的好话,陈少游觉察到德宗对元载的信任在下降,便开始疏远他。不久,元载的儿子元伯和被贬到扬州,陈少游表面上和他交朋友,暗中却派人监视他,并把元伯和的不法行为报告给德宗。德宗觉得他很忠诚,对他很信任,不断给他提官。有一次让他去镇压叛军,他打了败仗,反而给他加了官,还给他封了地。陈少游有时干脆就明抢。德宗建中四年(公元783年),叛贼李希烈兵逼长安,德宗逃到奉天(在今陕西省乾县)。当时度支汴东两税使包佶在江淮地区征来的租税价值八百多万贯存在扬州。

陈少游闻讯后心想,皇帝已经逃离西京,以后怎样还很难说,不如把这一大笔财富拿过来。他派一个手下的判官找到包佶,说:"现在局势不安定,请您拿出二百万贯给我们作军费。"软硬兼施之下,八百万贯国家财赋全被陈少游抢了去。包佶无奈,写了一份奏表,封在一个弹弓的弹丸里,派人送给德宗,禀报了赋税被陈少游强抢的情况。

正好这时陈少游派来的人也在朝中。德宗问那人:"有人察报,陈少游抢了包佶的财富,有这回事吗?"那人不知德宗的态度,只好吞吞吐吐地说:"我那时已经离开扬州,不知此事。"德宗说:"少游是守护国家的大臣,现在转运不便,为了防止他人抢劫,他取用一些也未尝不可?"众臣听了德宗的话,大吃一惊。这话传到陈少游耳朵里,他那悬着的心才放下来了。这时陈少游听说已经称帝的李希烈攻陷了汴州,马上要进攻江淮,便急忙派人给李希烈送去大量礼物。李希烈还向陈少游这里派来了刺史。包佶这时也赶到了奉天,向德宗亲自报告了陈少游抢夺财赋的事。陈少游很害怕,便上表说那是为了防卫急用,并且准备归还。为了还上这笔债,陈少游便在自己的管辖区内大肆加税搜刮。但因为受到战争破坏,一时征集不到这么多钱财。这时,李希烈被打败,并从他那里缴获了他的《起居注》,上面明明白白地记载着某年某月某日"陈少游上表归顺"的事。陈少游知道后,又惊恐又羞愧,发病而死。

第二篇 《庄子》智慧通解

导读

五千年的华夏文明是中国人的骄傲。但要真正参悟和理解其精髓,并不是件容易事。

在中国文化历史上,如果说老子像一则神话,高居于孔子都顶礼膜拜的云端,而最终骑青牛出关,实在是神龙见首不见尾;那么庄子就像一则童话,是那样充满想象力,清新原始,美轮美奂,又日月经天、江河行地。甚至可以说,庄子就是用想象的翅膀飞上历史天空的。褪去《庄子》那神秘的外衣,破译其奇幻的想象与古语的艰奥,还原于人生世事的观照与思考,其意义大抵在四个方面:自然一体的认识;辩证等齐的思维方式;贵真全性的人格追求;在做人风格上标举逍遥人生,使人尽量从劳心劳力的重负中解脱出来。

本篇以《庄子》中的核心智慧文字为引导,运用庄子的智慧以全新的视角解读人们痛苦的根源所在,并带领读者开阔视野认识宇宙人生的真实面貌,从而发现世界运行的真理找到解决痛苦的方法,发现人内在的宝藏,探索挖掘宝藏的方法,乃至见到宝藏后的境界。

第一章　逍遥人生：做个自信而快乐的领导

★成功与否，取决于领导的心态

大浸稽天而不溺，大旱金石流土山焦而不热。

——《庄子·逍遥游》

庄子也曾迷茫过：人为什么一旦禀承天地之气而形成形体，就不能忘掉自身而只得等待最后的消亡？人们跟外界环境或相互对立、或相互顺应，行动全都像快马奔驰，没有什么力量能使之止步，这不是很可悲吗？人们终身承受役使却看不到自己的成功，一辈子困顿疲劳却不知道自己的归宿，这能不悲哀吗？人生在世，本来就像这样迷昧无知吗？难道只有我才这么迷昧无知，而世上有没有不迷昧无知的人呢？

庄子进行观察、追问，感悟到人一旦和万物融为一体，就没有什么东西可以伤害，洪水滔天也淹不着；大旱把金石溶化了，把土地烧焦了，也不觉得热。这是庄子的一种信念，有信念的人会更好地驾驭自己的心态；人最好的活法，莫过于做自己心灵的主人。

回到现实，有些人比别人更易成功，赚更多的钱，拥有良好的人际关系，健康的身体，整天快快乐乐，似乎他们的生活就是比别人过得好。人与人之间虽没有多大的区别，但为什么有人能够获得成功，能够克服万难去建功立业，有人却不行？这其中的秘密就是人的心态不同。庄子说："中无主而不止。"也就是说，要么你去驾驭生命，要么是生命驾驭你。你的心态决定了谁是主宰者，谁是被主宰者。

这是一个真实的故事：以前，在南非某一贫穷的乡村里，住着兄弟俩。穷困的环境使

庄子

他们受不了了,他们便决定离开家乡,去他国做工。大哥被奴隶主卖到了富庶的美国旧金山,弟弟被卖到很穷困的菲律宾。40年后,兄弟俩幸运地欢聚在一起。这时做哥哥的,当了旧金山的黑人侨领,拥有两处餐馆,两间洗衣店和一个杂货铺,而且子孙满堂,他们有的做生意,有的成为杰出的工程师或电脑工程师等科技专业人才。弟弟更是了得,居然成了一位享誉世界的银行家,拥有东南亚相当数量的山林、橡胶园和银行。经过几十年的努力,他们都成功了。但为什么兄弟两人在事业上的成就,却有不小的差别呢?

哥哥告诉弟弟,我们黑人进入白人社会,既然没有什么特别的才干,唯有用一双手给白人煮饭,为他们洗衣服。总之,白人不肯做的工作,我们黑人都得干,生活是没有问题的,但事业却不敢奢望了。例如,我的子孙,书虽然读得不少,也不敢妄想,只有安分守己地去做一些技术性的工作来谋生,至于要进入上层的白人社会,却是很难办到。

当哥哥对弟弟无限羡慕时,弟弟却说:"哥,幸运是没有的,我初到菲律宾,跟你一样只能做些低贱的工作,后来,我发现当地不少人比较懒惰,于是我便接下他们放弃的事业,不断收购店铺,扩张市场,生意便逐渐做大了……"

正如庄子所言,人是自己的主人,一个人能否成功,就看他的态度如何。如何看待人生、把握人生,是由我们自己的心态决定的。成功人士与失败者之间的差别是:成功人士始终用最积极的思考、最乐观的精神和最辉煌的经验支配和控制自己的人生。失败者则相反,他们的人生是受过去的种种失败与疑虑所引导和支配的。

★建立自信,不要在乎别人的眼色

知忘是非,心之适也;不内变,不外从,事会之适也。

——《庄子·达生》

本性常适,而从未有过不适,也就是忘掉了安适的安适。庄子这种处世的心态,比孔子的"既来之,则安之"更高了一些境界。佛教传入中国找到扎根的土壤,与中国本土道家智慧结合有关,六祖惠能说:"若识自性,一悟即至佛地。"把自己的心性弄好了,在哪里都可以安适。

庄子写微阴罔两与影子的对话,很有意思,能给我们以启发:

影子之外的微阴问影子:"先前你行走,现在又停下;以往你坐着,如今又站了起来。你怎么没有自己独立的操守呢?"影子回答说:"我是有所依凭才这样的吗?我所依凭的东西又有所依凭才这样的吗?我所依凭的东西难道像蛇的蚹鳞和鸣蝉的翅膀吗?我怎么知道因为什么缘故会是这样?我又怎么知道因为什么缘故而不会是这样?"

有自信的人,只把心思和精力用于自己该做的正确的事上,用在自己所追求的目标和向往的乐趣中,他就能与人为善,与人和睦融洽相处,也就不怕出现矛盾,坦然面对非

庄子

议了。这样的人，永远是快乐者，成功者。

刘开渠大师年轻的时候，生活在上海，生活非常困窘，常常为一顿饭发愁。他的鞋前面裂开了一个口子像鲇鱼的嘴，他既没钱买新鞋，也没钱缝补。一日，刘开渠画了一只老虎，拿到街上卖。一个外国人看中了这幅画，想买，就问："多少钱？"大师说："500 美元。"

外国人觉得 500 美元太贵，便说："能不能少点儿？"大师说："不能少！"一边说，一边将画撕碎了。外国人吃了一惊："年轻人，你怎么撕了它呢？多可惜呀！500 美元不卖，少卖点儿也行啊！你是生气了吧？"

刘开渠平静地说道："先生，我没有生气，这画我要价 500 美元，说明我认为它值 500 美元，你跟我讲价，不愿出 500 美元，说明在你眼里它不值这个数，也认为它不好。所以，我要继续努力，下次画好一些。这次画得肯定不行，所以我撕了它，重画，直到顾客认可为止。"

可那时刘开渠还不是大师，只是个普通的、默默无闻的青年。他那时候太穷了，太需要钱了，可他没有降低自己追求的标准，没有让物质的诱惑干扰他的最高追求。他追求的不是钱，他追求的是艺术境界。

就是这个心态，使刘开渠日后成为一代雕塑大师，当上了中国美术馆馆长，主持雕塑人民英雄纪念碑上的浮雕，留下了许多传世经典雕塑作品。

所以说，一个人的目光往往决定了他的行为，有些人处世失败，是败在自己的错觉上。那么，怎样改变自己的错觉而做到恰到好处呢？首先是要了解目光陷入的误区，针对不同的误区，找到精神的出口。

第一个误区是"内变"：喜欢用自己的弱点同别人的优点比，用自己的失败跟别人的成功比，由此认为自己一无是处，永远不如别人，心甘情愿为他人作嫁衣，同成功、幸福永远拜拜。

过分夸大自己的弱点，选择自己的弱项，你就会给自己贴满无能的标签。如果一个天才认为自己是一个侏儒，那么他就会真的成为一个精神上的侏儒。

一个人目前的整体能力是不是很强，这一点倒不大重要，因为自我评价将决定自己的努力结果，将决定他是否成为大能者。一个自信心很强但能力平平者所取得的成就，往往比一个具有卓越才能却自暴自弃者所取得的成就要大很多。

第二个误区是"外从"：按别人的评价决定对自己的评价。

别人的评价经常是情绪化的而不是理智的，因而这种评价也是盲目的。如果我们按别人的评价来认识自我，将会陷入迷局。生活就是这样，你企求尽善尽美、人人满意，一旦不能实现，你就会心理失去平衡。

每个人的眼光各不相同，理解事物的角度也不尽一致。所以，我们不要寄希望于别人的眼光，应该冷静、理智地认识自己，在任何情况下都要坚持给自己以积极的评价，只有这样才不会迷失自己，才能操纵自己的命运。

"不内变，不外从"，是因为一个人不可能事事精通，样样出众，但在某一方面非常突出，技艺超群就是人才，就可能在这个强点上获得成功。对自己不具有的才能，不必忧心

国学智慧全书

道学智慧

忡忡，只要挖掘自己所具有的潜能就行。

我遇到一位女同学，她有满心的恐惧、满腹的委屈，不敢哭只好让眼泪流在心里……她完全成了自卑自怜的人，她害怕别人的脸色，她唯唯诺诺、畏畏缩缩、胆小怕事，在生活中丧失了自己的独立意志。上班时想小便，却不敢去卫生间，好像别人会说闲话，一直憋到下班。她总感到自己好像做了什么错事，得到上司表扬反而很害羞。有时感到事情真的做错了，却又不敢面对，偷偷地隐瞒住；当同事们在开玩笑时，她怀疑大家是对她含沙射影，不怀好意。她的自我价值体系已经紊乱，心理失去平衡，因为她总觉得自己不好！

"别人的脸色"这玩意儿，其实是无所谓"有"，也无所谓"无"的。你若有心注意它，就有，你若无心注意它，就无。不在意别人的脸色，需要建立起一种内在的自信。建立起自信，才是不在乎别人脸色最可靠的保证。

★ 相信自己能战胜一切困难

内省而不穷于道，临难而不失其德，天寒既至，霜雪既降，吾是以知松柏之茂也。

——《庄子·让王》

子舆得了重病，子祀去探望，子舆见到朋友，笑了笑，幽默地说："伟大呵！造物者，把我的身躯变成如此拳曲的样子！驼背而脊骨外露，五脏腧穴朝上，面颊隐藏在肚脐之下，双肩高出头顶，颈椎指向天空。"子舆生了这样的怪病，但他的心胸却十分开阔而若无其事，一瘸一拐地走到井边用井水当镜子照见自己，说："哎呀！造物者把我的身躯变成如此拳曲不伸的样子！"坦然一笑。

子祀说："你厌恶这种样子吗？"子舆说："不！我怎么会厌恶呢？假若造物者把我的左臂变成鸡，我就用它来打鸣报晓；假若造物主把我的右臂变成弹丸，我就用它打小鸟烤着吃；假若造物者把我的尾骨变成车轮，我就以自己的精神为马，坐上它！"

这让我想起台湾作家林清玄的一句话："我把慢性病当作自己终生相伴的朋友。"是无奈？不，是顺应自然的一种内在信念，与其妥协，不如顺其自然而驾驭它。

我有一位朋友，他应聘到一家公司不久，老板就给了他一个项目，要他独立完成。他不敢说自己不行，可是接下任务后，他心里慌乱不已。据说以前别人在试用期三个月之后才有可能独立做项目。很显然，他得到了老板的器重。可是他心里没有一点底。他甚至产生了逃避的念头。他知道这个项目对于一个新人是很难做好的。做不好怎么办？会不会让老板后悔选择了他？项目还没有进行，他就得了焦虑症，睡不好觉，吃不下饭，人一下子就瘦了许多。有一天，他竟然没去上班了。我打电话给他，他支支吾吾说自己病了，不想上班了。我说，为什么不相信自己可以战胜困难？

生活中遇到困难，是最正常不过的事情了。我们每个人在生活中都会遇到大大小小的困难，这些困难也向我们提出了不同的挑战。对于一个懂得心理平衡的人，就会依靠自身的优势与强项去战胜困难。正如梁启超所说："患难困苦,是磨炼人格之最高学校。"

人生如战场,试想一下,如果你亲临战场,当你遇到困难和敌人时就赶紧后退,其后果如何? 把事情做好,把困难解决掉,这不也是一种"作战"吗? 因此,当你在自己的生活和事业中碰到困难时,要"临难而不失其德",让别人知道你并不是一个懦弱的人,一个胆小鬼。即使你做事失败了,你不怕困难的精神和勇气也会得到他人的赞赏;如果你顺利地克服困难,这就更加向他人证实了你的能力! 如果有人出于对你的不服、怀疑、中伤、嫉妒而故意给你出些难题,当你"内省而不穷于道",并一一解决时,你不仅解除了他人的不良心理,而且还提高了自己的地位。

一个人一生中不可能一帆风顺,事事顺心如意。碰到点困难,其实并不可怕,应把困难当成是对自己的一种考验与磨炼。也许你不一定能解决所有的困难,但在克服困难的过程中,你的智慧、经验、心志、胸怀等各方面都经受了考验,得到了经验,而这些经验对你日后面对更大的困难会有很大的帮助,因为你至少学会了如何应付,你已经做了一次给自己看了。如果你顺利地克服了困难,那么在这一过程中你所累积的经验和信心将是你一生当中最可贵的财富。

1900 年 7 月,一位叫林德曼的精神病学专家独自一人驾着一叶小舟驶进了波涛汹涌的大西洋,他在进行一项历史上从未有过的心理学试验,预备付出的代价是自己的生命。

林德曼博士认为,一个人只要对自己抱有信心,就能保持精神和机体的健康。当时,德国举国上下都在注视着林德曼独舟横渡大西洋的悲壮的冒险。已经先后有 100 多位勇士相继驾舟横渡大西洋,结果均遭失败,无人生还。林德曼博士认为,这些死难者首先不是从肉体上败下阵来的,主要是死于精神上的崩溃,死于恐怖和绝望。为了验证自己的观点,他不顾亲友们的反对,亲自进行了试验。

在航行中,林德曼博士遇到了难以想象的困难,多次濒临死亡,他的眼前甚至出现了幻觉,运动感也处于麻木状态,有时真有绝望之感。但只要这个念头一升起,他马上就大声自责:"懦夫,你想重蹈覆辙、葬身此地吗? 不,我一定能够成功!"生的希望支持着林德曼,最后他终于成功了。他在回顾成功的体会时说:"我从内心深处相信一定会成功,这个信念在艰难中与我自身融为一体,它充满了我的每一个细胞。"

庄子的思想告诉我们,人只要不对自己失望,充满信心,精神就不会崩溃,就会找到应对困难的方法。保持平衡的心态,生命的时间长度会在精神世界中增加。与困难相伴而不退缩,其过程就是一种成功。

★不后悔自己所做的事

天无私覆,地无私载,天地岂私贫我哉?

——《庄子·大宗师》

道家与儒家既有智慧的交锋,也有思想的结合。交锋,让我感到中华文明的鲜活;结合,让我感到传统文化的博大包容。儒家要求人们"自强不息",君子的"德",像大地一样,承载着万物。庄子认为天地是"无情"的,万物是并生的,每个人都是宇宙间独立的个体,天地是不会偏爱哪个,抛弃哪个的,但前提是人要顺应自然的规律,不能打破身心的平衡。

庄子一生追求自然的和谐,身心的平衡,他把这种信念安置在自己平静的心里。各种事物都不能动摇和扰乱他的内心,因而心神才虚空宁寂。庄子以自然为喻:水在静止时便能清晰地照见人的须眉,水的平面合乎水平测定的标准,高明的工匠也会取之作为水准。水平静下来尚且清澄明澈,又何况是人的精神!庄子认为,人的心境虚空宁静,可以作为天地的明镜,可以作为万物的明镜。虚静、恬淡、寂寞、无为,是天地的基准,是道德修养的最高境界。具有这一境界,便心境空明虚淡,空明虚淡就会显得充实,心境充实就能合于自然之理了。心境虚空才会平静宁寂,平静宁寂才能自我运动,没有干扰地自我运动也就能够无不有所得。

反过来,心不宁静,就不知道自己真正需要什么,即使知道了,也不能得到它。有位女士,花了好几个星期的时间,还是不能决定该把她先生的遗照摆在何处。起初她是想将它放在阁楼上,后来移到卧室的桌上,接着又把它拿回阁楼去,就这样翻来覆去的还是没做出最后的决定来。她6岁的儿子对他的姐姐说:"妈妈不知道该怎样处置爸爸了。"他说得真对!因为近两年来他妈妈一直与当地的一位商人在约会,并且他已向她求婚,但是,女士就是不能决定把前任丈夫的遗照放在何处——换句话说,她不晓得该不该与另一个男人建立新的生活。其实,遗照摆在哪里都无关紧要,最重要的是,她应全心全意地去做真正的抉择——到底要不要结婚?

对一件事情没法做决定时,常常暗示着与其他的事情有冲突。我曾陪一个朋友上街买衣服,太累了。他不晓得要买花格衬衫好呢,还是素色的好?花格的显得太轻浮,素色的又太保守,于是,他每次到店里决定要买其中一种时,禁不住又怀疑另一种也是蛮不错的。原来,当时他正努力使自己变得较有自信。他小时候大半时间是跟一位相当严厉的舅舅生活在一起,他舅舅老是告诉他年轻人就得学习凡事中规中矩,并只替他买一些老式、穿起来又不舒服的衣服,还得随时保持干净。他在这种管教下成长,当然是凡事循规蹈矩,以致变得非常内向,不敢有什么新的思想。他在单位几次失去升迁的机会,与他缺现实生活中,人们做决定还是做事,常常担心别人的讥笑,而在一件再简单不过的小事情上花很多时间去考虑其利弊。有一种人总是害怕自己会被他人视为某种类型的人,这种心理症状几乎可说是极度地缺乏自信。真该读读《庄子》,让心静下来,以达到身心的平衡。"绝迹易,无行地难。"人活在世上,行动决定结果,如果你认为选择做某件事,则表示你做不来其他的事,此生你就被认定是怎么样的人了。我的一位同事,他的女儿不能决定到底该学医呢,还是去学声乐,于是花了五年的时间去打工,一边打工一边做决定,最后终于上了医学院,但她却已浪费了五年的时间。

许多人费了不少时间和精力在决定要做什么,犹豫中浪费光阴。庄子不看好这种没有个人主见的人,这种人的心态不稳,行为与"天道"不符,到后来损害的是自己。你如果要避免自己"内心无主",可以预定在五分钟内决定好要看哪一部电影,一小时内决定好文章的写法,二至三小时内就选好该买哪一件外套等,然后要求自己在限定时间内做好决定,而且要贯彻到底。别把文章写好了又撕掉,或者隔天又把买好的外套拿去换。刚开始,你一定会觉得自己作了一些不负责或会招来不幸的抉择,但是过不了几天,你对自己的做法就会比你想象的要满意得多了。

如把庄子的思想,转化到"技术"层面,那么下面五种练习,可以帮助你消除不自信的心理。

1.不必为每个过错道歉

你既已尽力而为,却又自责,好像一切努力都没有什么价值可言了,这便是没有决断力的表现。况且你每次没来由的向人道歉,更会使你认为自己是个惹人讨厌的人。因此,以后不必再做无谓的认错了,或许刚开始时会让你不安,但久而久之你就会觉得有些错误是难免的。

2.容忍别人犯错

不要因为自己性情放不开反而指责别人太随便或不应干这干那。

小林初到一个陌生的城市感到非常寂寞,但是有人去参加单身俱乐部时,她又大骂他们是些流浪汉,毫无希望可言。有一天,她办公室里有位同事邀她一起去一家新的俱乐部,她真是十分为难。因为她实在想去,但是她既已那么瞧不起去那种地方的人,现在又怎么好意思说出口呢?她已想象出别人一定会反用她说过的话来取笑她。我对她说:如果你对这个处处宽容人的世界付出的愈多,你就愈会相信这世界的确是很宽待你的。

3.不要太赞美过去而贬低现在

那些毫无决断力的人通常都认为自己过去相当完美,为了力求符合这个标准,就唯恐自己以后会不够完美。如果你曾崇拜过某人,就要想对方之所以受到你的尊敬,并非他很完美,而是他处事果断,因此没有人会在意他的过错。

4.不要再请求别人给你提意见

如果你是个优柔寡断的人,你身旁一定有一堆朋友随时等着你向他们请教。要买东西时,尤其像买衣服或家具,别再去请教你的妈妈、姊妹或朋友等,你应该认为自己在这

国学智慧全书

道学智慧

方面是很讲究的人,宁可出错,也要自己做决定。

5.不要总是模仿别人

《庄子·天运》说:"故西施病心而颦其里,其里之丑人见之而美之,归亦捧心而颦其里。其里之富人见之,坚闭门而不出,贫人见之,挈其妻子而去走。彼知颦美而不知颦之所以美。惜乎,而夫子其穷哉!"如果你以前度假的地方都跟你朋友去的地方相同的话,这次自己找个新场所去吧;如果你的邻居眼光不错,买了一部新车子,你就别和他买相同的车子,或许你还会发现自己的构想比他更好呢!

如果你表现出相信自己会有很好的创意,能够自作主张,那么你对自己就更有信心了。

★ 自己是最"独特"的存在

无所逃于天地之间。

——《庄子·人间世》

万物具有不同的特性,人类是独特的,每个人也是独特的。庄子提出修心炼性,就是告诉人们要在认识上首先接受自己。出生虽是偶然,但生命完全可以把握,自我肯定的信心须臾不可离,否则会迷失自己。《庄子·秋水》上河水之神伯与北海之神若之间有段对话,说明了人的自信的价值。

河水之神伯问事物的外表和事物的内在,从什么地方来区分它们的贵贱,又怎么来区别它们的大小?

北海之神若的回答,阐明了认识的不同层次,即不同的认识决定不同的心态,不同的心态决定不同的行为:

1.用自然的常理来看

万物本没有贵贱的区别:从万物自身来看,各自为贵而又以他物为贱;拿世俗的观点来看,贵贱不在于事物自身。

2.按照物与物之间的差别来看

顺着各种物体大的一面去观察便会认为物体是大的,那么万物就没有什么不是大的;顺着各种物体小的一面去观察便会认为物体是小的,那么万物没有什么不是小的;知晓天地虽大比起更大的东西来也如小小的米粒,知晓毫毛之末虽小比起更小的东西来也如高大的山丘,而万物的差别和数量也就看得很清楚了。

3.依照事物的功用来看

顺着物体所具有的一面去观察便会认为具有了这样的功能,那么万物就没有什么不具有这样的功能;顺着物体所不具有的一面去观察,便会认为不具有这样的功能,那么万物就没有什么具有了这样的功能;可知东与西的方向对立相反却又不可以相互缺少,而事物的功用与本分便得以确定。

4.从人们对事物的趋向来看

顺着各种事物肯定的一面去观察,便会认为是对的,那么万物没有什么不是对的;顺着各种事物否定的一面去观察,便会认为都是不对的,那么万物没有什么不是不对的。

一个人的一生不可能一帆风顺,各种压力和障碍不可避免。成功与失败也可能交替来到你的身边,但是你千万不要悲观,不要抱怨自己的做法是一种垃圾,你要相信:选择幸福与选择不幸,并非它们是否真的全降临到自己的头上,而是在于你的内心是否具有乐观的因素,只要你一直乐观地相信自己,你就能为自己的独特性而感到快乐。

汤姆·邓普希生下来的时候只有半只脚和一只畸形的右手,父母从不让他因为自己的残疾而感到不安。而他自己也认为自己并不是一个废人,他认为,坚强可以战胜一切。结果,他能做到任何健全男孩能做到的一切事情:如童子军团行军 10 里,汤姆也同样可以走完 10 里。

后来,他学踢橄榄球,他发现,只要经过坚持不懈的努力,自己能把球踢得比与他一起玩的其他男孩子都远。再后来,他申请加入新奥尔良圣徒球队,并且请求教练给他一次机会。教练多次拒绝了他,但汤姆仍不灰心,继续申请。教练发现这个孩子具备一种其他大多数孩子所没有的性格,那就是不管遇到什么样的打击,他都不服输,而且相信自己可以做到。于是,教练便对汤姆有了好感,决定收留他。

这使他获得了为圣徒队踢球的机会,而且在那个赛季中他为他的球队挣得了 99 分!

有人感叹"真令人难以相信",但汤姆只是微微一笑。汤姆之所以创造出了不起的记录,正如他自己所说:"无论上天给了你怎样的缺陷,但是在你的体内一定存在他人所没有的东西,你只要努力去做,你就能够和其他人一样获得成功。

汤姆强调的"他人所没有的东西",就是庄子所说的每个人自身的独特性,也叫特长。任何人都是有价值的,只是有的人不够自信,以致不能自我发现。外力赋予人的东西,我们或许不能拒绝与改变,但人内在的东西我们可以掌握。例如,想改变自己的命运,就要以乐观的心态对待人生中的坎坷。造就了足以应对人生挑战的心态,就开辟了一个属于自己的世界。

★随意简单是幸福

巧者劳而知者忧,无能者无所求,饱食而敖游,泛若不系之舟,虚而敖游者也。

——《庄子·列御寇》

古人讲生命,一般都有两重含义:生指的是本性,命指的是命运。本性与命运合在了一起便叫作生命,但任何生命必须落实到一定的形体上,所以生、命、形三者相合才构成了一个真正的生命。庄子认为,通达本性的人,不会去追求那些与本性无关的名誉地位;

明白命运的人，不会去做那些无可奈何的事情；而保养形体的人，不会去亏待自己的性命去追求那些所谓的享受。的确，现实生活中，往往有很多有趣的现象，越想着长生不老而保养生命锦衣玉食的人，越是不能长生不老，甚或是病患煎熬；越不想着长生不老而不去保养生命的人反而越是长寿，身体越是硬朗。

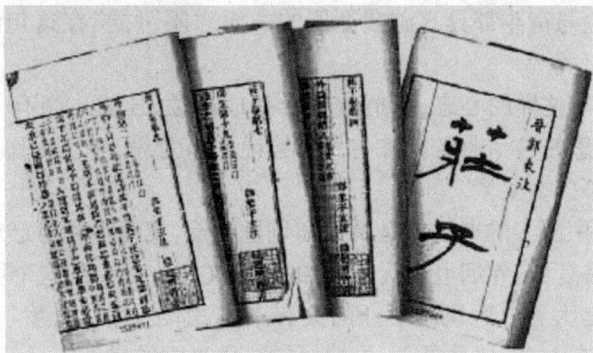

《庄子》书影

幸福没有标准，快乐自己掌握。庄子和惠子一道在濠水的桥上游玩。庄子突然说："鯈鱼游得多么悠闲自在，这就是鱼儿的快乐。"惠子问："你不是鱼，怎么知道鱼的快乐?"庄子笑道："你不是我，怎么知道我不知道鱼儿的快乐?"惠子反驳道："我不是你，固然不知道你；你也不是鱼，你不知道鱼的快乐，也是完全可以肯定的。"庄子说："还是让我们顺着先前的话来说。你刚才所说的'你怎么知道鱼的快乐'的话，就是已经知道了我知道鱼儿的快乐而问我，而我则是在濠水的桥上知道鱼儿快乐的。"

这段经典对话，很有意思，一旦有知，便有不知；一旦有我，便会有你；一旦有认识的过程，便会有认识的对象。最潇洒的境界，应该是无人无我，无认识的主体，也没有认识的对象，管他鱼儿乐与不乐，但自己一定要快乐，要单纯一些，懂得风趣，善于玩。

诺贝尔物理学奖获得者费曼教授是一个相当有趣的人，被誉为"科学顽童"。有一年他去巴西讲学，住在一家高级宾馆，结识了当地一支桑巴乐队。没事的时候，费曼便偷偷找他们学习打鼓。

乐队的人只知道费曼来自美国，而且以前有过业余打鼓的经验，便接纳了他。费曼练习得相当卖力，但是经过一段时间，他还是没有打出巴西嘉年华的味道。有人认为他的技术不过关，因为他没有按部就班地重现某种传统，有的时候喜欢按照自己的创意去发挥。他觉得应该活得轻松，更加随意一些。到了准备参加狂欢游行演出的前几天，乐队叫他去接受"检验"，费曼打鼓的"创新"味道居然受到欣赏，于是他被准许参加演出。

宾馆里的服务员对费曼是熟悉的，但嘉年华举行的那天，他们看见费曼穿着乐队的衣服经过宾馆门前，还是大吃一惊："那是教授!"为此，费曼得意了许久。

中年的费曼又对绘画产生了浓厚兴趣，熟人们都不赞成他不务正业，认为搞理论物理的人不可能在绘画艺术上有什么收获。但是费曼兴之所至，跑到美术馆培训班与年轻人一起画模特儿，当时他是成绩最差的一个。断断续续地学了几年，费曼大有进步，但他

庄子

113

并没有对此抱很大期望,只是觉得快乐罢了。一次有人在学院里面办画展,费曼也送上两幅自己的作品,不料被一位女士看中,买回去给丈夫做了生日礼物。费曼知道后,比获得诺贝尔奖还兴奋。

费曼曾经说过:在别人认为不可能做好的事情上获得成功,真是快事!这句话令人鼓舞,它指出了人生与奋斗都具有游戏性质的一面,"不可能"在这句话里面似乎蕴含着浓厚的趣味。

快事,乐事,怀着这样的心态,事情就不会变成枷锁、压力。当有人告诉陈省身:"天上有一颗小行星用您的名字命名。"陈省身回答说:"有意思,好玩。"而且紧跟着又解释了一句:"好玩就是,不怎么要紧。"

鲁迅先生说:"中国人的老法子是骄傲和玩世不恭,我觉得我自己就有这毛病。"鲁迅不避讳玩,他的购书是玩,弄烟也是玩,鲁迅的许多文章中都讲到这个玩字。

玩是初界,也是大界。因玩废了业的大有人在,那是荒时、荒岁、荒业、荒人的结果;因玩成了业的也大有人在,那是尽心、尽情、尽趣、尽兴之结果。

美国著名哲学家梭罗曾说:"我来到森林,因为我想悠闲地生活,只面对现实生活的本质,并发掘生活意义之所在。我不想当死亡降临的时候,才发现我从未享受过生活的乐趣。我要充分享受人生,吸吮生活的全部滋养……"

庄子说"泛若不系之舟",多么的自由!可现实中人们由于太多的追求而使自己失去了心灵的自由,以至没有时间问自己这一切是为了什么,真的需要这些吗,还是孩子气的逞强好胜?简单生活就是静静聆听自己心灵的声音,弄清什么才是自己真正渴望的,不再按照别人需要而活着,真正过自己的生活。

★树立对健康的信心

无始而非卒也,人与天一也。

——《庄子·山木》

人的生死是自然现象,有生就有死。庄子明白人既然"生之来不能却,其去不能止",就得顺其自然,这样反而能"晏然体逝而终"。

老子去世后,他的朋友秦佚去吊丧,大哭几声便离开了。老子的弟子问道:"你不是我们老师的朋友吗,怎么这样?"秦佚回答:"是的。"弟子们接着问:"那么吊唁朋友像这样,行吗?"秦佚说:"我看行。原来我认为你们跟随老师多年都是超脱物外的人了,现在看来并不是这样的。刚才我进入灵房去吊唁,有老年人在哭他,像做父母的哭自己的孩子;有年轻人在哭他,像做孩子的哭自己的父母。他们之所以会聚在这里,一定有人本不想说什么却情不自禁地诉说了什么,本不想哭泣却情不自禁地痛哭起来。如此喜生恶死

是违反常理、背弃真情的,他们都忘掉了人是秉承于自然、受命于天的道理,古时候人们称这种做法就叫作背离自然的过失。偶然来到世上,你们的老师他应时而生;偶然离开人世,你们的老师他顺依而死。安于天理和常分,顺从自然和变化,哀伤和欢乐便都不能进入心怀,古时候人们称这样做就叫作自然的解脱,好像解除倒悬之苦似的的。"

人人都会死亡,但庄子认为人是可以超脱死亡的,首先要珍爱生命,掌握生理与心理的平衡,不要让身外之物把自己束缚住。人活一天就得把这一天活好,内心坦然了,死也就不可怕了。

著名学者文怀沙在给林北丽女士的悼词中写道:"生,来自偶然;死,却是必然。偶然是有限,必然是无限。一滴水如想不干涸,最好的办法是滴入海洋……"

英国作家劳伦斯说:"我们被生活驱赶着,最罕见的激励就是我们的安宁和幸福。安宁就像一条河,滚滚流向创造,流向一个不可知的尽头……"

我有一位同事,他有一个温暖的家和高薪水的工作,在他的面前是一条充满阳光的大道,然而他的情绪却非常消沉。他总认为自己身体的某个部位有病,快要死了,甚至为自己选购了一块墓地,并为他的葬礼做好了准备。实际上他只是感到呼吸有些急促、心跳有些快,喉咙有些梗塞。医生劝他在家休息,暂时不要工作。

他在家休息了一段时间,但是由于恐惧,他仍感到不安宁。他的呼吸变得更加急促,心跳得更快,喉咙仍然梗塞。这时医生叫他到海边去度假。

海边虽然有使人健康的气候,壮丽的海滩,但仍阻止不了他的恐惧感。一周后他回到家里,他觉得死神很快就要降临了。

他的妻子看到他的样子,将他送到了一所有名的医院进行全面的检查。医生告诉他:"你的症结是吸进了过多的氧气。"他立即笑起来,说:"我怎样对付这种情况呢?"医生说:"当人感觉到呼吸困难,心跳加快时,你可以向一个纸袋呼气,或暂且屏住气。"医生递给他一个纸袋,他就遵医嘱行事。结果他的心跳和呼吸变得正常了,喉咙也不再梗塞了。他离开医院时是一个非常愉快的人。

此后,每当他的病症发生时,他就屏住呼吸一会,使身体正常发挥功能。几个月以后,他已不再恐惧,症状也随之消失。自那以后,他再也没有找医生看过病。

当然并非所有的治疗都这样容易奏效,有些时候需要用你的机智和忍耐才能找到效果好的疗法。聪明的办法是坚持用积极的心态继续探索治疗。这样的决心和乐观精神通常是要有毅力的。

宁静的心理状态对心脑血管病的发生及发展影响很大,有时,心理作用的力量大得不可想象。有位心肌梗塞病人,因出现大面积心肌梗塞,室壁瘤,里面还有血栓,他住进一家医院要做冠脉搭桥,切除室壁瘤。医生对他说:"你要做手术可以,但要做一个心肌存活试验,如果心肌还有存活的,搭桥就有效,心肌都死亡了,搭桥也无效。"可是一做试验,同位素显示没有存活的心肌。医院每月开一堂健康教育课,刚好碰上这个日子,医生让这位病人参加了听课。

病人听课后,离开了医院,回家了,他写了几句话:第一句,忘掉过去。病人曾是一位银行行长,当年高朋满座,前呼后拥,现在不做行长了,经常想起过去,心里就难受。第二句,不看现在。新行长比他当行长时还威风,与之相比会不愉快,所以不看现在。第三句,享受今天。每天养花养鱼,听广播,散散步。第四句,展望明天。

这四句话,是对庄子智慧的深刻感悟,病人树立起了对健康的信心,知道冠心病人若好好保养,能活90多岁,所以对明天充满乐观。大概过了两年,他再到医院复查,一照片子,心脏明显缩小。放射科的大夫说:"错了,片子拿错了。"给他看病的医生说:"没错,要么重照。"重照后,心脏还是明显缩小,放射科大夫说:"哎呀,两年前心脏这么大能活到现在就很少,现在心脏只能更扩大,怎么会缩小呢? 真是第一次见到。"给他做超声心动图,显示心脏明显缩小,心功能明显改善,血栓消失。他现在天天爬山,活得很愉快。

第二章 广结人脉:谦逊而真诚地接纳所有人

★懂得尊重每一个人

夫川竭而谷虚,丘夷而渊实。

——《庄子·胠箧》

溪水干涸山谷显得格外空旷,山丘夷平深潭显得格外充实。与人交往,就得虚怀若谷,去尊重每个人。

《庄子·德充符》中写道,鲁国有个被砍去脚趾的人,名叫叔山无趾,靠脚后跟走路去拜见孔子。孔子打量了一下对方,说:"你真不谨慎,早先犯了过错才留下如此的后果。虽然今天你来到了我这里,可是怎么能够追回以往呢!"

叔山无趾心里咯噔了一下,然后回答道:"我只因不识事理而轻率作践自身,所以才失掉了两只脚趾。如今我来到你这里,还保有比双脚更为可贵的道德修养,所以我想竭力保全它。苍天没有什么不覆盖,大地没有什么不托载,我把先生看作天地,哪知先生竟是这样的人!"

孔子不好意思起来,只得赔不是说:"我实在浅薄!请把你所知晓的道理讲一讲吧。"叔山无趾却转身走了。孔子对自己的弟子说:"你们要努力啊,叔山无趾是一个被砍掉脚趾的人,他还努力进学来补救先前做过的错事,何况道德品行乃至身形体态都没有什么缺欠的人呢!"

人不是万能的,不能因为别人暂且没有获得成功

孔子

就轻视别人,即使从功利的角度来考量,我们也应该尊重他人。何况尊重更是体现人生美好品德的一个方面。

有个妇人要买一辆白色福特车,作为自己的生日礼物。可她却在那家车行里受到了冷落,于是她便踱到对面一家车行里去看看。在这家车行里,当店主得知今日便是老妇人的生日时,马上热情地祝贺她"生日快乐",然后吩咐店员去购买一束玫瑰,作为生日礼物送给那妇人。

事情的结果再明显不过了,老妇人感觉到了受人礼遇,受人尊重,心里暖烘烘的,毅然买下该车行的车,尽管不是她想要的福特牌白色轿车。

那个懂得尊重他人、礼遇他人的店主不是别人,正是世界上最伟大的推销员——乔·吉拉德。《吉尼斯世界大全》里记载,他在 15 年里卖出了 13000 辆汽车,最多的一年竟卖了 1425 辆,平均每天卖出将近 4 辆。

在这个纷繁复杂的世界里生活,各类关系纵横交错。在处理人际关系时,尊重他人尤为重要。在社会上摸爬滚打,往往会出现一种令人尴尬的场面,例如昨天你趾高气扬地轻慢了一个人,可今天你穿着笔挺西装,信心百倍去面试,打开门看,里面坐着的考官正是你昨日轻慢的人,即使他宽宏大量,可你的心里能好受吗?他越是宽宏大量,你就越觉得在他面前感到自己的卑琐与渺小。此时,你是否为自己昨日的表现而懊悔不已呢?

此时,你最容易怨恨责怪谁呢?早知今日,又何必当初。你也许可以很"小资"地认为,此处不留爷,自有留爷处。但是,你的人生又何尝有这么多的时间让你去挥霍呢?你越是这样,那么,你离成功就越遥远。在你的视野里,成功就是海市蜃楼,你永远只有看的份儿,而没有享受的份儿。

当你遭遇这种情况时,千万不要泄气。一位哲人说过,尊重和礼貌是儿童及青年应该特别小心养成的习惯。它是踏上社会的第一件大事。我们从今天起,便开始从小事做起,尊重他人。

人不是万能的,你总会有你不能的地方,你无法面面俱到地去具备多项才能。当你有求于他人时,要尊重他人,礼貌待人;在对他人没有所求时,同样要保持谦逊之心,时时注意尊重他人,千万不要轻易"拒人于千里之外"。

★ 用诚心去帮助别人

凡交近则必相靡以信,远则必忠之以言。

——《庄子·人间世》

庄子推崇"真人"。什么叫作真正的人?不违背少数人,不会自恃成功,不会图谋事物,如果做到这样,那么错过了机会不后悔,顺利得当而不会自鸣得意,登到高处不会发

抖,下到水里不会沾湿,进入火中不觉灼热。

虚怀才能纳物。《庄子·寓言》中有个故事:

阳子居向南到沛地,老子西游前往秦国,两个人在梁国都城的郊外相见,老子仰天长叹道:"开始以为你可以教,现在知道你不行了。"阳子居没有回答。到了客舍后,阳子居把自己收拾得很干净,脱下鞋子摆在门外,双膝跪着来到老子面前,说:"刚才弟子想请教先生,先生忙着赶路,所以没有打搅,现在先生有了空闲,请问我的过错。"老子望了他一眼,说:"你看上去傲慢无礼,谁愿意与你相处呢?"阳子居的脸唰地红了,说:"一定敬听您的教诲。"阳子居刚来的时候,人们都害怕他,甚至连烧饭的人都不敢做饭,他听了老子的教导后,由傲慢变成谦恭,人们再也不避让他,施舍的人都敢与他坐在一起了。

要获得真正成功的人脉关系,就只能用一颗诚挚的谦逊的心去与他人交往,去帮助他人,让对方感到真正的温暖。如果带着个人目的去交际、去帮助他人,只能一时得逞,最终将失掉人心。如果你做不到这一点,你在帮助他人的时候可以试着将自己忘掉,忘掉你提供的帮助和友爱能够给你带来的好处。

对别人的帮助要落在实处,不要停留在口头上。世上有两种帮助,一种是随便帮帮,另一种是一帮到底。前一种帮助也是帮助,也能够给人带来好处,但它不算真正的帮助,因为这种随便的帮助总是在关键的时候就不管了。后一种帮助才是真正的帮助,是帮他人彻底解决实际困难的帮助。我们常用两肋插刀来形容朋友之间很深的情义,当朋友有难时,我们能够不顾一切地去帮助他,这才是真正的帮助。

帮助他人是需要技巧的,也就是说在具体的情景下,当你想帮助某个人的时候,你要注意具体方法,如何帮助他,才能使他真正得到你的帮助。如果不注意这一点,常常事倍功半,甚至适得其反。一位盲人在大街上着急地用拐杖敲着地面,是在说他不知道该怎么走了。好心的你走上去,想帮助他,告诉他左边是北,右边是南,他其实仍然分不清楚,他需要你拉着他的手,带着他走一段路。

在人际交往中,当我们帮助了他人时,不必以此沾沾自喜,自鸣得意,更不能摆出一副救世主的面孔,因为我们的帮助应该是无私的、诚恳的、不存在半点恩赐的意思。如果老记得自己有恩于他人,这样活着岂不是很累吗?居功自傲的人也常常因为其骄横的态度而招致别人的不满,人们不愿接受他的帮助,这样的人也不会有好人脉。

德皇威廉一世在第一次世界大战结束时,可算得上全世界最可怜的一个人。他众叛亲离,他的臣民都反对他,只好逃到荷兰去保命,许多人对他恨之入骨。可是在这时候,有个小男孩写了一封简短但流露真情的信,表达他对德皇的敬仰。这个小男孩在信中说,不管别人怎么想,他将永远尊敬他为皇帝。德皇深深地为这封信所感动,于是邀请他到皇宫来。这位小男孩接受了邀请,由他母亲带着一同前往,他的母亲后来嫁给了德皇。

虽然达到"人饥己饥,人溺己溺"的境界不容易,但我们至少可以随时体察一下别人的需要,时刻关心朋友,帮助他们脱离困境,当朋友身患重病时,你应该多去探望,多谈谈朋友关心的感兴趣的话题;当朋友遭到挫折而沮丧时,你应该给予鼓励,"这次失败了没关系,下次再来。"当朋友愁眉苦脸,郁郁寡欢时,你应该多亲切地询问他们。这些适时地安慰,会像阳光一样温暖受伤者的心田,给他们以希望。

★原谅别人,才能得人

天地宇宙之外的事,圣人留心但却不去议论;宇宙之内的事,圣人虽然细加研究,却不随意评说。至于古代历史上善于治理社会的前代君王们的记载,圣人虽然有所评说却不争辩。可知有分别就因为存在不能分别,有争辩也就因为存在不能辩驳。有人会问,这是为什么呢？圣人胸怀一切,而一般人则争辩不休,显示夸耀。所以说,在争辩的时候,总有自己看不见的一面。所以"圣人对于人的怜爱始终没有终结,也就是取法于万物的生生相续"。

人际交往时要记住,和自己来往的不是度量不凡的超人,更不是修炼到家的圣人。和自己来往的是感情丰富的常人,甚至有可能是充满偏见、傲慢和虚荣的怪人。超人和圣人能够虚怀若谷地对待他人的批评,但常人不能,怪人更不能。所以,当你想对对方说"你错了"时,应该明白,对方十有八九不会虚怀若谷地接受,就像我们自己不会虚怀若谷地接受别人说"你错了"的评价一样。

拿破仑对士兵的一次容忍,被传为佳话。他率领的部队宿营在一个小镇,这个小镇盛产葡萄,当天夜里,一个士兵感到口渴,一时找不到水,他悄悄地来到葡萄架下,顺手摘下一串葡萄,然后津津有味地吃起来。第二天一大早,葡萄园主人发现地上的葡萄皮,立刻判断是来此宿营的士兵偷吃了葡萄,他找到拿破仑很生气地说:"你手下人偷吃了我的葡萄,必须查出来是谁干的!"

拿破仑一开始不相信,他与葡萄园主人走出宿营帐篷,一起来到葡萄架下,果然看见了满地的葡萄皮,他忙赔不是,并拿出钱给葡萄园主人,葡萄园主人这才停止发火。

拿破仑在回帐篷的路上很气愤,他一定要严厉查办偷吃葡萄的士兵。但他一冷静下来,告诉自己要容忍住,因为眼下正是用人之际,处罚一个人是小事,但会影响到全军士兵的士气,同时他又从人性化角度为那个士兵考虑,长年累月的战争,士兵们吃了很多苦头,看见诱人的葡萄能不流口水吗？这样一想,拿破仑放弃了查办偷吃葡萄者的决定,他只是在早操的训话时,顺口说了一句:"有人口渴了,没有经上司批准,也没有跟葡萄园主人打声招呼,就摘取人家的葡萄吃,有失军纪啊。葡萄园主人找了我,我向他赔礼道歉,他原谅了,我希望像这类擅自拿老百姓东西的行为不要在我的部队中再发生。"说罢,他宣布早操集训结束。

事情到此却没有结束,当天中午,那位葡萄园主人竟拎着满满一篮子葡萄,来到了部

队驻地,他是来慰问官兵的,并对战士们说,你们有这样一位长官真是荣幸,他爱护你们就像爱护自己的子女一样。拿破仑对葡萄园主人的热情表示感谢,他掏钱给他,葡萄园主人不肯收,拿破仑告诉他:"我的部队从来不会无偿收人家东西,这是军规,请你不要让我们破坏这个军规,好吗?"

葡萄园主人立即问:"那么,你为什么不处罚那个偷吃了葡萄的士兵呢!"

拿破仑回答道:"眼下正是士兵出生入死的时候,他们的表现一直很优秀,如果拿一点小事去衡量一个人的功过对错,那就未免有些小题大做了。"

当时,在场的士兵无不感动,那位一直想隐瞒下去的士兵,控制不住感情,勇敢地站出来,他向拿破仑行了一个军礼,说:"葡萄是我因找不到水喝,一时丧失意志而偷吃的,请处罚我吧!"

拿破仑见此情景,心里很高兴,他想做一位出色的领导者,就要有容忍和宽容之心,假如我真要处罚这位战士的话,我的军队显然就会出现一个整天愁眉苦脸的士兵,这样我们将怎样实现打胜仗的计划呢? 他拍了拍士兵的肩膀,说:"我能原谅你这一回,但以后要加强自我约束。"

那名士兵转身对葡萄园主人说:"对不起,是我偷吃了您的葡萄,我可以加倍赔偿。"

葡萄园主人说:"你的首长已经赔偿了,我感到不好意思,现在我把钱带回来还给首长。"说罢就要掏钱,被拿破仑按住了他的手。

就这样,一场偷吃葡萄的事情就在拿破仑的容忍与宽容下平息了。那位士兵跟随拿破仑转战南北,每次战斗他都勇敢顽强,冲锋在前,立下了赫赫战功。

"爱人无己",保持爱心,提高人生境界。用爱心来帮助他人改正过错,比责骂、教训获得更好的效果,因为爱是种包容,是种关怀,它最具有力量。

★ 交际不要挑肥拣瘦

古之真人,不逆寡,不雄成,不谟士。

——《庄子·大宗师》

成了真正的人,才会有真正的智慧;有了真正的智慧,才会是一个真正的人。"真人"待人没有成见与偏见,不排斥少数,不因为成功而自以为是,不用心计去呼朋引类。

庄子假托北海之神说:"井里的青蛙,不可能跟它们谈论大海,是因为受到生活空间的限制;夏天的虫子,不可能跟它们谈论冰冻,是因为受到生活时间的限制;乡曲之士,不可能跟它们谈论大道,是因为教养的束缚。如今你从河岸边出来,看到了大海,方才知道自己的鄙陋,你将可以参与谈论大道了。天下的水面,没有什么比海更大的,千万条河川流归大海,不知道什么时候才会停歇而大海却从不会满溢;海底的尾闾泄漏海水,不知道

什么时候才会停止而海水却从不曾减少；无论春天还是秋天不见有变化，无论水涝还是干旱不会有知觉……"

"坐井之蛙"是可悲的，它的眼光太短浅。人当有大海般的胸怀，包容一切而浑然不知。好的交际应奉行"待人无区别心"，事物是变化的，人的身份与地位也是变化的，如果你只追随热点人物、有权势的人物，到头来一旦人物沉寂了、下台了，你怎么办？又去追随新的热点人物、有权势的人物，岂不让人家看清你势利的本质？所以，不妨"重视每个人"，真心对待每个人，交际不挑肥拣瘦，这也能显示出你的个人品质，是会受到别人的尊敬的。

1.善交职衔比你低的人

有人由于想要拥有立即可以发挥效用的人际关系，因此目光完全投注于眼前地位最高的人。然而所谓建立人际关系，务必以更长期性的观点进行思考。所谓同辈的普通人士，未来必定不断往前突进。轮到自己将来担当重任时，可以助你一臂之力的正是他们。所以，对待普通人士，愈要郑重地看待对方。如果只看重眼前的职衔，人际关系的建立便会立即受到限制。

2.不远离与你争吵的人

人与人相处难免发生口角，陷入形同吵架的状态。你无须为此感到闷闷不乐，说不定对方向来受到一群爱奉承的人包围，所以对能大胆说出内心想法顶撞自己的人，反而对其会出乎意料地产生好感。比方说对方是一位独断专行的主管，围绕在其身边的人总是尽量配合他的心情做出反应，几乎没有人敢和主管唱反调。因此只要你另有不同的看法，就应该诚实说出来。但是，在大胆争论顶撞的情况下，如果不预先估算善后方法，即有可能单纯地以争吵告终。

3.愈难缠的对手愈该认真打招呼

愈是自认为难以对付的对手，愈该掌握时机先打招呼。否则，单就没打招呼一件事，就可以让你心情低落。所以，只要自己好好地先向对方打过招呼，心情自然会变得轻松起来。不可因为自己未获招呼，就立即为此动怒。打招呼的态度切忌草率，最糟糕的情形是，打招呼时眼睛不看对方。

4.救助落魄之人

当某人遭到众人漠视，连原本与他交往密切的人也离弃他时，这时主动向他靠拢的人，会令他心存感激。在落魄之时伸手援助自己的人，是值得与之交往一生的人。人生荣枯盛衰是无常的，既有逐步攀升的人，也有失足没落的人。可往往得意者身旁有大批人包围着，落魄者身旁则无人靠拢。然而，一度失败的人在某种机缘下再度翻身爬起的例子并不在少数。如果等到对方成功之际才来攀附交情，则为时已晚。这就像股票，在底价时购入高价时抛售便可赚钱一样，在别人落魄时伸出援手，为其帮忙解难的行为，在建立人际关系方面是十分重要的。

★别拿自个儿不当普通人

> 不累于俗,不饰于物,不苟于人,不忮于众,愿天下之安宁以活民命,人我之养,毕足而止,以此白心。
>
> ——《庄子·天下》

不被世俗所牵连拖累,不因外物矫饰失真;对他人不苛求,对众情不违逆;希望天下安宁以保全人民的性命;别人和自己的养生条件都能基本满足就够了。以这种观点来表白自己的心意。

什么最难?稍有成就便不知自己姓什名谁,不把自个当老百姓者最忌讳。社会需要安宁,需要平常百姓家家和睦相处,为此则需要寡情少欲,少些攀比较劲的情况出现。其实,吃饭只为活命,何必争得你死我活呢?

有道是:"王侯将相宁有种乎?"权势钱财没有一样不是身外之物,因为这些东西既可以得到,也可以失去。人跟人都是一样的,只有赤条条地来,赤条条地去。这样说来,哪怕你权势通天、腰缠万贯,说到底你也是普通人一个。那么,永远把自己当成普通人对每个人来说都是理所当然的事情。

人生在世,生来平等。造物主并没有让谁光彩照人,名气压人;也没有让谁低三下四,可怜巴巴。成功了,做出了大事业,有了大名声,还是人;没有做出大事业,默默无闻,也依然是造物主的可爱儿女。这样看来,追求名声常常使有些人失去人的天然美好的本性,将纯洁变成芜杂,把天然扭曲为造作,名声的坏处因此就显而易见了。品格修养极好的人就是能把名不当一回事,恢复初生婴儿那种自然、单纯的状态。这就是圣人无名。

不要自己看高自己,别拿自己不当普通人。

1958 年 7 月 12 日,刘少奇同志结束了在天津的视察,准备乘车去济南。按照规定,国家领导人出行都要组织专列,至少要加挂包车。可刘少奇坚决不同意保卫人员和铁路部门的安排,他说:"我不坐专列,也不要挂包车,买一个硬席座位就行了,和群众坐在一起还可以顺便了解情况。"同志们只好为他买了普通列车的硬席客票。

当天傍晚,随着一声汽笛长鸣,通往济南的客车缓缓开出了天津站。夏日的车厢像个大蒸笼,又闷又热,还夹杂着刺鼻的汗味。旅客们无论如何也想不到,在这炎炎夏夜,在这普通的硬席车厢里,会坐着党和国家的领导人——刘少奇。

这时,一位女列车员提着水壶为旅客送水来了,她走到车厢的中间,发现一位穿着白衬衣和灰布裤子、头发花白的旅客,正忙着从旅行包里取杯子,女列车员忙接过杯子,热情地说:"同志,我这儿有开水。"说着,她倒了一杯水,小心地递给了那位年长的旅客。突然,她的目光停在了刘少奇的脸上,这是一张多么熟悉而又亲切的面庞啊!她惊喜地喊

國學智慧全書

庄子

了起来:"您,您不是刘委员长吗?"

刘少奇笑着同列车员握手说:"你好!你辛苦了!我搭你们的车,到济南去。"这一下,整个车厢都沸腾了。兴奋万分的旅客们"忽"地围了上来,纷纷向刘少奇握手问候。一群中学生围上来,刘少奇十分高兴地与他们谈了起来,问他们家在哪儿?学习怎样?毕业后打算干什么?听了同学们五花八门的理想,刘少奇笑着说:"你们正当年轻,要做一个好学生,好青年。要开展勤工俭学活动,经常参加劳动,比如,农忙时到农村帮助社员收割、插秧。你们会不会插秧?喏,就这样……"说着,他站起身来,弯下腰给同学们做起了插秧的示范动作。车厢里充满了欢笑声。

夜深了,刘少奇忘记了疲劳,又和江西省都昌县农业考察团的同志们愉快地谈了起来,了解情况。团员们见刘少奇那么平易近人,就敞开胸怀,表示要把学习到的好经验带回去,克服困难,大搞技术革新,改造旧的农机具。刘少奇鼓励大家说:"对,你们不要怕困难,有了困难就要克服,不会就学。""农业就不能单独搞一门,要多种多样地全面发展。"

列车过村越河,在广阔的原野上奔驰,欢声笑语也一路飞扬,洒向静静的夜空。夜里1点30分,列车缓缓驶进了济南车站。刘少奇站起身来,笑着对大家说:"好吧,我到站了,你们可以休息了。再见!"

旅客们怀着——惜别的心情,把刘少奇送下了车。

列车再次开动了,旅客们久久地回味着幸福的时刻,也永远地怀念着平易近人、勤政为民的少奇同志。

能做到超然物外,淡忘功名,心灵无所困扰,行为悠然自在,人活着也就真正实现自由逍遥了。按照这个道理,庄子认为宋荣子这个人差不多就是这样一位至人无己、神人无功、圣人无名的人。

当全社会都称赞他时,他既不沾沾自喜,也不欢欣鼓舞;当众人一致责难时,他也不慌张、不沮丧。

对那些有才能胜任一定官职,做事能给老百姓带来好处,甚至有的还可以当一国之君,并取得老百姓信任,但又自视甚高、洋洋得意的人,宋荣子很看不起。

他认为这样的人像燕雀一样无知。

但庄子认为像宋荣子这样还不够。他——宋荣子只明白什么是我需要的,什么是身外之物,只清楚地辨别了关于光荣和耻辱的界限,如此而已。宋荣子这个人还是有一个大毛病:瞎操心,管闲事,还没有达到逍遥自在的境界。这里庄子谈宋荣子的情况,道理说得有点玄。人是人的世界,人生世上怎么能不为旁人的事有所思,有所想,有所评价呢?

这是一个方面。但为了保持自己平静、自然的心态,有时人们也确实需要一种无己、无功、无名的心态。庄子这样说,从一方面看,肯定很有道理。因为对身外的名声、事件、功利的关注,都是从一己入开始的,这当然有私欲在其中。

把庄子这种至人无己、神人无功、圣人无名的人生境界,放到我们现实的人生拼搏

中，深刻的道理不说，在为人立身上，实在是一种知进知退、达观透彻的处世艺术。

丹麦的政治平民化和公民平等化即使在欧洲也是突出的。这里的官员没有我们一些官员常见的特权和优越感。当地华人介绍，无论多高的官员，家中也无佣人，包括削土豆皮、做饭这样的活都是自己干。哥本哈根是欧洲有名的自行车城，大街的专用自行车道上，骑车的人们络绎不绝。令人吃惊的是，政府的部长们也是骑自行车上下班。他们头上戴着针织帽，手上戴着厚手套，车筐里放着文件包。国会大厦、最高法院和中央政府的门外，都停放着一大片自行车，不怎么像森严的国家机关，倒像我们国内的一所中学。据丹麦人介绍，在国家机关，不管是一般公务员还是高级领导，都是没有公车坐。丹麦官员的平民化确实让人叹为观止。何以如此？首先，在这里的各级官员都是选举产生，谁当镇长，本镇的百姓选举，依此类推。你如摆谱做老爷，马上就得下台。

好摆官架的人不妨学学丹麦的官员做派。

特别是对那些有大名利、高地位的人来说，越是把自己作为普通人来处世，其影响就越不普通，俗话说："大者无形""大有若无"。真正的伟大往往弥漫于普通之中，是无边无界，看不见摸不着的。

海瑞做了朝廷的督抚大员，官大名声大，他的家乡一带有人假借他的名义放债买田。海瑞听到这个消息后，立即给琼州府写了一封长信。信上说："我自从出来做事，一直没有回过海南。我自己的薪俸刚刚够维持自家人的生活，并没有一文多余钱可以用来放债买田。我老家只有祖上留下的10多亩薄田，每年收获1石2斗左右的粮食，这些年来并没有增加一亩一分。今后，凡是有打着我的旗号放债买田的人，一律作为冒名处理，请您严加惩处，不必留情，并请您把此事转告海南各州县。"

海瑞的应天巡抚仅仅做了八九个月的时间，就为当时的朝廷和地方的权贵们所不容，不得不去职还乡。

万历十二年，明神宗朱翊钧决心再次起

海瑞

用海瑞，他任命海瑞为南京吏部右侍郎。这一年，海瑞已经是年过古稀的老人了。过了16年清苦的闲居生活后再度出任高官，他的俭朴之风有增无减。这位新上任的南京吏部长官穿着破旧的衣裳，坐着一只小船，既没随从，更无仪仗，沿途几千里，走了几个月，竟没有一个地方官员知道他是谁。一到南京上任，和他当年初任南平县学教谕时一样，第一件事情就是张贴告示，禁止吏部和各衙门的任何官吏向他送礼，并把已经送来的礼金礼物退还原主。然后，着手革除衙门中的种种积弊。两年后，万历十五年的10月，刚刚升任南京都察院右都御史的海瑞病死在任上,这年,他已整整64岁。临去世的前3天,衙门里派人给他送去的柴火银子多出了6钱,他还专门让人如数退还。弥留之际,他也没有向身边的人交代过一句私人的事情。

海瑞死后,由于没有直系亲属在身边,丧事都由南京都御史王用汲负责料理。王用汲带着御史们整理海瑞的遗物时,发现他的私人财产只有俸银10多两,做官服、被褥用的绸缎两匹、麻布一匹。这点财产连当时一般的穷书生都不如。看到这位坎坷一生、多灾多难的宦海老人如此清寒,王用汲忍不住哭出声来,在场的御史们没有一个不伤心下泪的。大家商议了一下,每人凑了一些钱,才为海瑞办了丧事。

海瑞的丧事虽然办得不豪华,但隆重的场面却是任何一个封建官吏去世都比不上的。举丧的那天,南京城里所有的店铺都关了门,大街小巷搭满了市民们自动聚集起来祭奠的灵棚,悲痛的声音笼罩着整个南京城。当载运遗体的灵船过江时,长江两岸穿着白衣赶来送行的队伍竟连绵100余里。作为封建历史人物,海瑞至今还被我们许多人所熟知,正说明他的影响之深。

先贤已逝,风范长存。从先贤、伟人的身上,我们可以学习他们严于律己、平易随和的品格,更应学习他们崇高地做人境界和达观的行为方式。

★少接触心术不正之人

贼莫大乎德有心而心有睫。

——《庄子·列御寇》

最大的祸害莫过于有意于培养德行而且有心眼。

贼害最大的莫过于德中藏有私有而心眼有所遮蔽。

不管你要做一个什么样的人,难免会遭遇小人。小人道德卑下,手段无耻,为公理所不容,为千夫所怒指,凡是正常人都看不起小人,但几乎所有的人又都畏小人如洪水、如瘟疫,有时宁愿讨个胆小怕事的骂名,也一定要绕路而行,生怕招惹了横行无忌的小人。

小人之所以不可得罪,其原因就在于小人内心深处强烈的报复欲望。小人的报复欲望已不仅仅是针对某一个人、某一件事,而是面向整个儿公众的一种心理倾向,这种倾向强化了小人对于妨碍其谋利者的打击力度。而同时小人在本质上又是胆小的,他行为方式的不合理性、无道德性常常令他担惊受怕,他在对别人施以打击、报复之后又时时害怕着别人对他的报复。为了消除这种忧虑的根源和潜在的威胁,小人注定要连续不断地伤害别人,穷追至天涯海角也要令其付出多倍的代价。

我们一般人之所以怕得罪小人,就是怕他的打击报复,怕他在打击报复之后仍然像无赖泼皮一样纠缠不休、骚扰不止。一想到这些就免不了让人头皮发麻、手心冒汗。说

人们太窝囊、太忍让也罢,说人们太胆小、太神经质也罢,总之人们确实是没有这般时间、这般口舌、这般心力去和小人死缠烂打,正如同偶尔看看摔跤比赛的观众最好别去跟专业摔跤师叫板一样,在想不出更好办法的情况下,还是尽量地躲避着、容忍着小人吧,尽量地不得罪小人吧。这实际上就是一般人对于小人的心照不宣的想法。

说小人不可得罪,首先在于小人会对其现实中或猜想中的敌人毫无顾忌地打击报复,而我们对于小人的打击报复往往防不胜防,就如同站在舞台中心的演员无法防备四周黑暗中观众的嘲讽和嘘声一样。俗语说明枪易躲,暗箭难防,小人对别人的打击报复通常都是"暗箭"这一范畴的,他低劣的品质和伪装的本能决定了他就连报复别人都不可能光明正大。光明正大有违小人的本性,这样的做事方式会使他产生类似于蝙蝠撞见白昼一样的不舒服、不适应的感觉,虽然白昼和光明被大多数物种所喜爱所歌颂。

做人之所以要提防小人,是因为小人的打击报复不但来得阴暗,而且不达目的绝不罢休,一次不成,小人很快就会酝酿出第二次、第三次,来得一定比第一次更阴险、更凶猛,你纵有三头六臂也恐怕抵挡不了这层出不穷的折腾,就算一时正气压倒了邪气,你还是很快会发现你逃得了初一逃不了十五,最后不得不悲叹小人实在难防。

除了小人,还有一类人必须要善加防范,那就是伪君子。一个伪装成善良的伪君子,和恣意作恶的邪僻小人是无什么区别的。

★ 让你的反对者有说话的机会

世俗之人,皆喜人之同乎己而恶人之异于己也。

——《庄子·徐无鬼》

世俗上的人,都喜欢别人和自己相同而讨厌别人和自己不同。

要使别人对你感兴趣,那就先对人感兴趣。

最成功的商业会谈的秘诀是什么?注重实际的著名学者依里亚说:"关于成功的商业交往,并没有什么秘密——专心地倾听那个对你讲话的人最为重要,没有别的东西会使他如此开心。照此下去,合作成功是自然的了,也再没有比这更有效的了。"

让你的反对者有说话的机会,让他们把话说完。不要打断他们或争辩,否则,只会增加彼此沟通的障碍。努力建立了解的桥梁,不要加深彼此的误解。其中的道理很明显,你无须在哈佛读上四年书才觉察这一点。不过,我们也经常看到这样的现象:有不少精明的商人会租赁昂贵的地盘,把店面装潢得漂亮精致,干练地购进不少的精美货物,还花了价格不菲的广告费,可是却雇用了一些不懂得倾听顾客说话的店员——他们急急地打断顾客挑剔商品瑕疵的话头,与他们辩论、让人家难堪,甚至几乎把顾客气得一走了之。

倾听是我们对别人的一种最好的恭维。很少有人能拒绝接受专心倾听所包含的赞许。

因此，如果你希望成为一个善于谈话的人，那就先做一个注意静听的人。要使人对你感兴趣，那就先对别人感兴趣。

实际上，即使那些嗜好挑剔别人毛病的人，甚至一位正处于盛怒的批评者，也常会在一个具有包容心与忍耐力且十分友善的倾听者面前软化、妥协，即便那气愤的肇事者像一条大毒蛇正张开嘴巴吐出毒信的时候，也一定要沉着，克制自己。

以纽约电话公司应付一个曾恶意咒骂接线员的顾客为例：这位顾客态度刁蛮，满腹牢骚十分不容易对付，他甚至威胁要拆毁电话，拒绝支付他认为不合理的费用，他写信发给报社，还向消协屡屡投诉，致使电话公司引起数起诉讼案件。

最后公司中的一位经验丰富的"调解员"被派去访问这位不近情理的顾客。这位"调解员"静静地听着，并对其表示同情，让这位好争论的仁兄尽情发泄他的满腹怨言。

"我在他那儿静听了几乎有3个小时，"这位"调解员"讲述道，"以后我再到他那里，仍然耐心地听他发牢骚，我一共访问了他四次，在第四次访问结束以前，我已成为他正在创办的一个团体的会员，他称之为'电话用户权利保障协会'。我现在仍是该组织的会员。有意思的是，就我所知，除这位先生以外，我是这个地球上它的唯一的会员。"

"在这几次访问中，我耐心倾听，并且同情他所说的每一点。我从未像电话公司其他人那样同他谈话，他的态度慢慢变得和善了。我要见他的真实目的，在第一次访问时没有提到，在随后的两次也没有提到，但在第四次我圆满地解决了这一案件，使他把所有的欠账都付清了，他也撤销了向消协的投诉。"

毫无疑问，这位仁兄自认为在为正义而战，在为保障公众的权利而战。但实际上他需要的是自重感。他试图通过挑剔、刁难来得到这种自重感，但在他从公司代表那里得到自重感后，他所谓的满腹牢骚就化为乌有。

记住，你可以根据一个人在什么情况下会发脾气的情形，测定这个人的肚量有多大。与此类似的还有一个故事。多年前的一个早晨，有一位怒气冲冲的顾客，闯入德迪茂毛呢公司创办人德迪茂的办公室内。

德迪茂先生说："他欠我们15美元，却不承认这件事，我们的财务部坚持要他付款。在接到我们财务部职员的好几封催款的信以后，他收拾行装来到芝加哥，冲进我的办公室，告诉我说，他不但不付那笔账，并且永远不再准备买德迪茂公司的东西。"

许多事件都表明，当有人提出不同意见的时候，你第一个自然的反应是自卫。你要慎重，你要保持平静，并且小心你的直觉反应。这可能是你最薄弱的地方，而不是你最好的地方。

我耐着性子听他说话，几次几乎要中止他，但我知道那对他没有用处，我要让他尽量发泄不满。等他终于冷静下来，可以听进别人说话的时候，我平静地对他说："谢谢你到芝加哥来告诉我这件事，你帮了我一个大忙，因为如果我们财务部惹恼了你，他们也准会惹恼别的好主顾，那样就太糟了。真要谢谢你告诉我这一切。"

他似乎有点措手不及，万没料到我会说出这番话。我想他当时肯定有点失望，要知

國學智慧全書

道学智慧

道他到芝加哥来是要向我找事挑衅的，但我在这里反而感谢他，而不与他争论辩斗。我真心实意地告诉他也许是记错账了，我们打算在账中取消那笔15美元的账款并将此事忘掉。我对他说，他是一个很细心的人，又只需照顾自己的一份账目，而我们的员工却要同时料理数千份账目，所以他会比我们记得更准确。我告诉他我十分了解他的感觉，如果我处在他的位置上，我也会有类似的举动。由于他说不想再买我们的东西，所以我还向他推荐了几家别的公司。

在那之前，他来芝加哥时，我们常一同用餐。那天我照旧请他吃饭，他似乎不太好意思地答应了，但当我们回到办公室的时候，他马上订下了很多的货物，然后他心情舒畅地回去了。为了表示自己的坦诚，他重新检查了他的账单，结果发现有一张放错了地方，接着他便寄给我们15美元的一张支票，还诚恳地道歉了一番。

如果有些地方你没有想到，而有人提出来的话，你就应该衷心感谢他。不同的意见是你反省自己的最好机会，而承诺和倾听也必须要发自真心。你的反对者提出的意见可能是对的。在这时，同意考虑他们的意见是比较明智的做法。如果等到反对者对你说："我们早想告诉你了，可是你就是不听。"那将给你难堪。

马克先生可能是世上最出色的名人访问者，他说："许多人不能让他人对自己产生好印象，是因为他们不注意听别人讲话。"一般人往往非常关心自己随后要讲什么，却不愿意张开自己的耳朵倾听。几位名人曾经说过，他们喜欢善于倾听者，不喜欢别人打断自己的话头，但善于倾听的能力，好像比任何其他好性格都更难得。不仅名人喜欢别人听他倾诉，普通人也是如此，正如《读者文摘》中所说："许多人之所以请医生，他们所要的只不过是一个听众而已。"

美国南北战争最困难的时期，林肯写信邀请在伊里诺斯的一位老朋友到华盛顿来。林肯说，他有些问题要与他讨论。这位老朋友到白宫拜访，林肯同他谈了数小时关于释放黑奴的宣言是否适当的问题。林肯将赞成和反对此事的理由都加以阐述，然后又读一些谴责他的文章，其中，有的怕他不放黑奴，有的却怕他释放黑奴。谈论几小时后，林肯与他的老朋友执手道谢，送他回伊里诺斯，整个谈话过程中竟然没有征求老朋友的意见。所有的话都是林肯说的，就好像是为了舒畅他的心境。"谈话之后他似乎轻松了许多"，这位老朋友说，"林肯没有要求提意见，他要的只是一位友善、同情的倾听者，使他可以发泄苦闷的心情。那是我们在困难中都迫切需要的，那些发怒的顾客、一些不满意的雇员、感情受到伤害的朋友也都是如此。"

如果你甘愿使人当面回避你，背后笑你，甚至轻视你，这里有一个最好的办法：决不倾听别人说话，并且不断地向他谈论你自己。如果别人在谈话时，你有自己不同的意见，别等他说完，他没有像你一样的伶牙俐齿。为什么要浪费自己的时间去听他人无谓的闲谈？即刻插嘴，在他一句话还没说完时就打断他。噢，接下来你的目的就实现了。你很快就会变得人见人烦。

因此，如果你希望成为一个善于与人沟通的高手，那你就得先做一个注意倾听的人。要使别人对你感兴趣，那就先对别人感兴趣。问别人喜欢回答的问题，鼓励他人谈论自

庄子

己及他所取得的成就。不要忘记与你谈话的人，他对他自己的一切，比对你的问题要感兴趣多了。他留意他脖子上的小痣比关注加勒比地区的六级地震还要充满热情。

南美一家电脑公司总裁安德烈·那瓦诺曾进一步深入地阐释了这个话题。他说："我们常说听而不闻，很多人听别人说话时，都在想自己的事，根本没有真正用心聆听对方说什么。真正的聆听绝不只是听而已。"

倾听者虽然不开口说话，但聪明的倾听者往往积极地参与对话，当然这不容易做到。要做到善于倾听别人的谈话很重要的一点，就是要全心全意，而且要真心投入，还能不时地问一些问题，鼓励对方多谈。其中包括机智、周到、不离题、简洁等特点。

其实，表示积极参与谈话的方式很多，绝不需要动不动就插嘴以打断别人的讲话。方式虽然很多，但我们用不着招招纯熟。善于聆听的人经常应用几种自然轻松的方式，关键是要实际有用。

这些方式包括偶尔点点头，偶尔附合一两声。有些人会换个姿势或俯身向前，有时候微笑一下或挪一下手。而目光的交流最能显示你是一位友好的人，因为这表示："我在非常认真地听你说自己喜欢的事情。"谈话中途停顿时，可以提出相关的问题，继续让他表现下去，让他有话可说、能说、想说。

最为关键的并不是你到底应该采取哪一种倾听技巧，因为这绝不是一件机械化或一成不变的事。这些只是当你感觉很好时可以用的几个方式，它们会使跟你谈话的人变得更有兴致。

下次当你开始谈话的时候，就想着这一点：如果你要使人喜欢你，那就记住：善于倾听，会让你处处受人欢迎。

在你进行辩论的时候，你也许是绝对正确的。但从改变对方的思想上来说，你大概一无所获，一如你错了一样。

为什么你一定要与对方辩论到底以证明是他错了？这么做除了让你感到一时的快意之外还有什么呢？那能使他喜欢你？或是能让你们的合同签订？为什么不给人留点面子呢？他并没征求你的意见啊！他不需要你的意见，为什么还与他人争论不休？要想拥有良好的人际关系，要想使自己在事业上游刃有余，在朋友中广受欢迎，在家庭中和睦相处，你最好永远避免和别人发生正面的冲突。

"永远避免和别人正面的冲突。"这一教训非常重要。有个喜欢辩论的学者，在研究过辩论术，听过无数次的辩论，并关注它们的影响之后，得出了一个结论：世上只有一个方法能从争论中得到最大的利益——那就是停止争论。你最好避免争论，就像避免战争或毒蛇那样。

你永远不能从争论中取得胜利。如果你辩论失败，那你当然失败了；如果你得胜了，你还是失败了。这是因为，就算你将他驳得体无完肤，一无是处，那又怎样？你觉得自我感觉良好是不是？但他会怎么认为？你使他觉得自惭形秽、低人一等，你伤了他的自尊，他不会心悦诚服地承认你的胜利。即使他表面上不得不承认你胜了，但他心里会从此埋下怨恨的种子！

波音人寿保险公司为他们的推销员立下一条规则："不要争论!"真正完美、有效的推销,不是靠争论得来的,甚至最不易让人觉察的争论也要不得。因为争论并不能让人改变自己的意愿。

正如充满智慧的富兰克林所说:"如果你辩论、争强,你或许会获得胜利;但这种胜利是得不偿失的,因为你永远无法得到对方的好感。"

因此,你要自己好好权衡一下,你想要什么?只图一时口才表演式的快感,还是一个人的长期好感?

在你进行辩论的时候,你也许是绝对正确的。但从改变对方的思想上来说,你大概一无所获,一如你错了一样。

美国总统威尔逊任内的财政部长威廉·麦肯锡,以多年政治生涯获得的经验,归结为一句话:"靠辩论不可能使无知的人服气。"

"无知的人?"麦肯锡说得太保守太片面了,实际情况是:不论对方聪明才智如何,你也不可能靠辩论改变他的想法。

举个例子,有一次税务代理员巴森仕与一位政府税收稽查员,因为一项 9000 美元的账款是否实际发生的问题争辩了一个小时。巴森仕先生声称这 9000 美元是一笔死账,永远收不回来,当然他认为也不应纳税。"死账?胡说!"稽查员反对说,"那也必须纳税。"

"这位稽查员十分傲慢并且固执,"巴森仕说,"任何解释对他是毫无用处的,我想我们辩论得越久,他越固执。所以我决定不再与他理论,并改变话题,说些使人愉快的话。"

然后他说:"比起其他他要你处理的重要而又困难的事务,我想这实在是一件不足挂齿的小事。我也曾研究过税收问题,但那只是从书本中得到的死知识,而你的知识是从实务经验中获得的,有时我真想有份像你这样的工作,那样的话,我就可以从中学到很多东西。"他说得十分真诚。

"这么一来,那稽查员直起身来,向后一倚,讲了很多关于他工作的话题,他告诉我他所发现的许多舞弊的巧妙方法。他的声调渐渐地变得友善,接着他又谈起他的孩子来。临走的时候,他告诉我要再考虑一下我的问题,过几天,他会给我答复。"

"3 天之后,他打电话通知我,他已经决定不征那笔款的所得税了,一切按照我们所填报的税目办理。"

这位稽查员身上表现的正是一种最常见的人性弱点,他需要别人的尊重。巴森仕先生越是想与他辩论,他越想扩大自己的权限,满足他的自尊感。可一旦满足他,辩论便立即停止,因为他的自尊心得到了满足,他就变成了一位充满同情和宽容心的人。

拿破仑的管家康斯坦常与拿破仑的妻子约瑟芬打台球。在他所著的《拿破仑私生活回忆录》中说:"我虽然球技比她好,但我总是让她赢我,这样她会非常高兴。"我们要从康斯坦那里学到一个教训。我们不妨使我们的客户、朋友、丈夫、妻子在偶然发生的不影响大局的争论上胜过我们。

释迦牟尼说:"恨不能止恨,爱却可以。"误会永远不能用辩论结束,它需用技巧来协

调,宽容与理性来消融。

生活中并没有那么多的不同意,许多事情都是可以找到双方折中的一面的。任何肯花时间表达不同意见的人,必然和你一样对同一件事情很关心。把他们当作要帮助你的人,或许就可以把他转变为你的朋友。必须明白,人活着是需要有适度妥协和灵活的。

★要善于选择朋友

同则无好也,化则无常也。

——《庄子·大宗师》

与万物同一就没有偏好,顺应变化就不执滞常理。没有偏好不等于没有选择,顺应变化的过程,就是排除影响顺应的因素。人与人交往,儒家认为好朋友是"同志",道家认为好朋友是"同化"。

有一天,鲁哀公问孔子:"什么叫作德不外露呢?"孔子回答:"均平是水留止时的最佳状态。它可以作为取而效法的准绳,内心里充满蕴含而外表毫无所动。所谓德,就是事得以成功、物得以顺和的最高修养。德不外露,外物自然就不能离开他了。"

几天后,鲁哀公把孔子这番话告诉闵子,并说:"起初我认为坐朝当政统治天下,掌握国家的纲纪而忧心人民的死活,便自以为是最通达的了,如今我听到圣人的名言,真忧虑没有实在的政绩,轻率作践自身而使国家危亡。我跟孔子不是君臣关系,而是以德相交的朋友呢!"

庄子虽然经常批评讽刺孔子,但对鲁哀公与孔子的交往是持肯定态度的,希望他们能共同顺应万物,不对人民造成伤害。

人生活于社会,没有朋友将会是十分痛苦的。在人的一生中,只有友谊,真诚的友谊,才能使人振奋,使人快乐,使人产生巨大的力量克服前进中的困难。但这也不是说,可以乱交滥交,不少人因交友不慎而吃了大亏。

明代学者苏浚把朋友分为四种:"畏友、密友、昵友、贼友",并归纳了这四类朋友的特征:"道义相砥,过失相规,畏友也;缓急可共,死生可托,密友也;甘言如饴,游戏征逐,昵友也;利则相攘,患则相倾,贼友也。"苏浚所勾画的四类朋友的脸谱,至今还很符合现实。

三国时的徐原是吕岱的一位畏友。徐原是一个很有才智的学者,为人慷慨,性格直率,讲话不绕弯子,由吕岱推荐,当了御史。吕岱平时有了过失,徐原总是毫不客气地指出来,有时还当着众人的面批评他。有人看不惯,便在吕岱面前议论徐原这么做对不起朋友。吕岱听后说:"我之所以尊重他,原因就在这里。"徐原去世后,吕岱十分悲伤地说:"他是我的益友,如今不幸病逝了,我以后还能从谁口中知道我的过失呢?"

结交密友,能使我们在最艰难的岁月、最危急的时刻,得到忠诚而可靠的支持和帮助。

后汉南阳的朱晖和张堪是一对亲密无间，缓急可共，死生可托的密友。两人常在一起读书、研究学问，情同手足。不幸，张堪的夫人怀孕不久张堪就病了，临终前张堪托朱晖照顾自己的妻子。数月后，张妻生了一个男孩取名叫张友。朱晖不仅在生活上厚待他们，而且还代朋友教育孩子。张友聪明好学，朱晖经常鼓励张友要像爸爸一样，做一个有学问的人。后来，朱晖的一个朋友当了南阳太守，派人请朱晖的儿子去做官，朱晖给太守讲了自己与张堪的友谊，并向太守推荐朋友的儿子张友。太守为朱晖与已故朋友之间崇高而真挚的友情所感动，又见张友能力出众，欣然答应了朱晖的要求。

真正的朋友不是把友谊挂在口头上，而是尽力为对方做一切办得到的事情。这才是友谊的真谛。现在，社会上各种各样的人都有，交友一定要十分谨慎。一般而言，朋友大致可以分为三类：一类是工作朋友，即由于工作原因而结识的朋友，如同事、客户等等；另一类是生活朋友，即是以前在学校或生活中结识的朋友；第三类是礼节上的朋友，就是一般性的"点头"那种。前两类朋友都应有个限度，如果滥了，就会全部变成第三类朋友，滥交朋友必然导致无真正的朋友。

"朋友"二字写起来容易，真正面对，却又有许多玄妙之处，猜不透弄不明便容易吃亏上当。朋友之间应当坦诚，而不应口是心非，表里不一。然而，人终究是宇宙的精灵，万物的灵长，是极为复杂的富有感情的动物。人与人总是不一样的，难免一些所谓的披着"朋友"外衣的人让你吃尽苦头。那些看似山盟海誓的人，也许会借刀杀人，落井下石。所以，我们在结交朋友时，一定要区别真朋友与假朋友、君子与小人。同样，在你朋友觉得难为情或不愿公开某些私人秘密时，你也不应强行追问，更不能私自以你们的关系好而去偷听、私看或悄悄地打听朋友的秘密，因为，保守秘密是他的权利。一般情况下，凡属朋友的一些敏感性、刺激性大的事情，其公开权利应留给朋友自己。擅自偷听或公开朋友的秘密，是交友之大忌。

如果你和某人只是普通朋友，虽然也一起吃过饭，但还谈不上交情；如果你和某人曾是好友，但有一段时间未联络，感情似乎已经淡了。如果这样的人突然对你热情起来，那么，你应该有所警觉，因为这种行为表示他可能对你有所企图！在这里之所以用"可能"这两个字，是为了对这样的行为保持一份客观，避免以小人之心度君子之腹，误解对方的好意。因为人是感情动物，是有可能在一夜之间，因为你的言行而对你产生无法抑制的好感，就像男女互相吸引那样。不过这种情形不会太多，而你也要尽量避免这种联想，碰到突然升高热度的友情，宁可冷静待之，保持距离。另外朋友之间一定不能斤斤计较，否则可能失去一个好朋友。

★君子之交绝不出恶声

传其常常,无传其溢言,则几乎全。

——《庄子·人间世》

庄子认为要保全自己,就要以诚待人,不要说一些过激的话。

每个人都有过失,即使是伟人也不例外,所以在与人交往的时候,应以诚相待,对别人的缺点不要当面指责,最好做到"打人不打脸,揭人不揭短"。

俗话说:"打人不打脸,揭人不揭短。"《呻吟语》中说:"责人要含蓄。"意即在指责他人过失时,最好不要一次把心中想要说的话完全表达出来。《菜根谭》中也有"攻人之恶,毋太严"的古训。

此外,《呻吟语》还指出:"指责他人之过,需要稍做保留。不要直接攻击,最好采用委婉暗示的譬喻,使对方自然地领悟,切忌露骨直言。"他还说:"即使是父子关系,有时挨了父亲的骂,也会无法忍受而顶嘴,更何况是别人呢?"父子有血缘关系,无论如何不能割舍,但朋友就有可能因过激的言辞断送友谊。不揭短、不打脸就是给别人、给自己都留下了退路。

《韩非子》中有云:"夫龙之为虫也,柔可狎而骑,然其喉下有逆鳞径尺,若人有婴之者,则必杀人。人主亦有逆鳞,说者能无婴人主之鳞则几矣!"

龙在温顺的时候,人可以骑在它的背上,如果你摸它咽喉下直径一尺左右逆生的鳞,它必定会吃掉你。如人与人之间的交往,对方的短处就是逆鳞,你却抓住这个加以苛责,必然会令对方感到无地自容,那么你就应当小心了,说不准哪天有一支箭会射向你。因此,即使应该指责对方时,也要为其留一点退路。

与人争辩时也一样,以严词将对方驳倒固然令人高兴,但也未必非将对方批驳得体无完肤才行。因为这样做不但对自己毫无好处,甚至有时还会适得其反,不但得不到对方的认可,有时还会增加一个敌人。因此当我们和他人发生摩擦时,首先要了解他的想法,然后在顾及对方颜面的前提下,陈述自己的意见,给对方留有余地。这一点在处理人际关系时非常重要。

在人际交往中,要想应付自如,在这方面就得留心。所谓"君子之交绝不出恶声",即在这个世界上,与人亲密地交往时,需诚意待人,纵使交恶断绝往来,也不可口出恶言,说对方的不是。这样,你才能在不伤害他人的情况下保全自己。

★人前要懂得适时示弱

德荡乎名,知出乎争。名也者,相札也;知也者,争之器也。二者凶器,非所以尽行也。

——《庄子·人间世》

功利心太重必然出现做事只求功名,一味要强的不利局面,因为要强更多的是业务水平,而工作成效的大小大都是由相互间的关系所决定的,而非仅限于业务水平。

人人喜欢"良才",但人与人之间常是"劣才驱逐良才"。

林风是个很优秀的企划人才,有一年,他考进某国营单位,从事企划工作。

林风的朋友都认为林风将可一展所长,谁知不到半年他便辞职了。

原因是这样的:林风的单位里有8个人,从主管到科员,除了林风之外,都对所谓的"企划"外行,因而林风高效率、高品质、高创意的"企划"对他们造成巨大的冲击,于是他们一起对外放出风声,说林风是个连什么叫作"企划"都不懂的人,于是连经理、总经理,都知道林风是一个"不懂企划"的人……

林风虽然可以死皮赖脸地做下去,但毕竟他是个有原则、有骨气的人,于是毅然辞了职。

这样的故事并不稀奇,每个单位都会有,每个有才干的人也都会碰上,只是轻重有别,情节不同罢了。

那么,为什么林风会遭到这么严苛的待遇?

简单来说,因为林风的才干威胁到了他那些同事们的生存,所以他们"团结"起来,保卫自己的利益,而保卫自己利益最好的方法就是把林风赶走。

也可以这样来比喻:一座宁静安详的森林,各种动物各安其所,各取所需,彼此虽有小冲突,却也相安无事,彼此之间构成一个稳定的生态圈。有一天,一头猛虎闯进来,于是动物们不得不改变栖息地和觅食方式。

由于猛虎的捕杀,某些动物逐日减少,于是生态圈受到破坏,并且进行改变、重组。

在一个单位里,经过长时间的互动,个人与个人之间、部门与部门之间,自然也会形成一个"生态圈",彼此共生共存,共享合法或不合法、合理或不合理的利益。他们安于这种环境,不想改变,也无力去改变,谁想改变,谁就会成为"公敌"。林风碰到的,就是这样的环境,而他引起的效应也是很自然而且可以预期的。

首先,林风的才干会使其他同事相对显得"无能",这会使他们心里很不是滋味;如果林风的才干没有获得赏识,那么彼此就可相安无事,若获得赏识,那么势必引起生态圈的震荡,切断了他们的"食物链",使得有些人丧失既得利益,甚至暴露出他们的不法行为。

林风的才干,就有如闯入森林的猛虎那般。对林风的其他同事来说,最好的方法,当然就是把林风赶走。

当然,赶不赶得走也得看当事人的态度,以及他有没有犯错,但无论如何,这种对"闯入者"施与"驱逐"手段的人性是绝对存在,而且是普遍存在的。

因此,不管你才干如何,初到新的环境,必须要有"莫扰乱该地生态圈"的认知,除非你有力量、有把握,也愿意面对这种人性现象,否则一定要谨记下列原则:

第一,要放低姿态,否则连工友都会找机会欺负你。

第二,要才干暂隐,切勿初来乍到就自以为很行,应慢慢展露才华,消除他人戒心,才不会引起别人的排斥。

第三,要广结善缘,"人和"是此阶段最重要的一件事,和大家打成一片,不但可获得助力,也可察知他们彼此之间的利害关系及矛盾。

总而言之,不外"客气、谦虚、内敛"6字,切勿把自己当"猛虎",更不可使别人把你当成"猛虎",动物对"猛虎"无可奈何,只能跑、只能躲,人对有才干的"猛虎"是会动刀动枪的。

示弱可以减少乃至消除不满或嫉妒。事业成功者,生活中的幸运儿,被人嫉妒是难免的,在一时还无法消除这种社会心理之前,用适当的示弱方式可以将其消极作用降到最低程度。

示弱能使处境不如自己的人保持心理平衡,有利于交际。

交际中,必须善于选择示弱的内容。地位高的人在地位低的人面前不妨展示自己的学历,表明自己实在是个平凡的人。成功者在别人面前多说自己失败的过去,现实的烦恼,给人以"成功不易""成功者并非万事大吉"的感觉。对眼下经济状况不如自己的人,可以适当诉说自己的苦衷:诸如健康欠佳、子女学业不妙,以及工作中的诸多困难,让对方感到"他家也有一本难念的经"。某些专业上有一技之长的人,最好宣布自己对其他领域一窍不通,袒露自己日常生活中如何闹过笑话、受过窘等。至于那些完全因客观条件或偶然机遇侥幸获得名利的人,更应该直言不讳地承认自己是"瞎猫碰上死老鼠"。

示弱可以是个别接触时推心置腹的交谈、幽默的自嘲,也可以是在大庭广众之下,有意以己之短,补人之长。

示弱有时还要表现在行动上。自己的事业已获得了一定的成功,在小的方面,即使完全有条件和别人竞争,也要尽量回避退让。也就是说,平时小名小利应淡薄些,疏远些,因为你的成功已经成了某些人嫉妒的目标,不可再为一点小利引火烧身,应当分出一部分名利给那些暂时处于弱势中的人。

曾有一位记者去拜访一位政治家,目的是获得有关他的一些丑闻资料。然而,还来不及寒暄,这位政治家就对想质问的记者制止说:"时间还长得很,我们可以慢慢谈。"记者对政治家这种从容不迫的态度大感意外。

不多时,仆人将咖啡端上桌来,这位政治家端起咖啡喝了一口,立即大嚷道:"哦! 好烫!"咖啡杯随之滚落在地。等仆人收拾好后,政治家又把香烟倒着插入嘴中,从过滤嘴

处点火。这时记者赶忙提醒："先生，你将香烟拿倒了。"政治家听到这话之后，慌忙将香烟拿正，不料却将烟灰缸碰翻在地。

平时趾高气扬的政治家出了一连串洋相，使记者大感意外，不知不觉中，原来的那种挑战情绪消失了，甚至对对方怀有一种亲近感。

这整个的过程，其实是政治家一手安排的。当人们发现杰出的权威人物也有许多弱点时，过去对他抱有的恐惧感就会消失，而且由于受同情心的驱使，还会觉得对方容易接近。

为人处世中，要使别人对你放松警惕，造成亲近之感，只要你很巧妙地、不露痕迹地在他人面前暴露某些无关痛痒的缺点，出点小洋相，表明自己并不是一个高高在上、十全十美的人物，这样就会使人在与你交往时松一口气，不以你为敌。

★切忌将朋友资源透支

不苟于人，不忮于众。

——《庄子·天下》

庄子认为对他人不可有太多的要求，人与人之间总有一定的交往限度，无论什么关系，都不可对对方要求太多，否则，会引起彼此的不快。

与朋友交往就要像消防队员一样，救急不救穷，要求朋友"救穷"，是在透支朋友的资源。

"天有不测风云，人有旦夕祸福"，"谁没有马高凳短的时候"，人活在世上，总有需要别人帮忙的时候，但是无论是做事还是做人都不要透支任何资源。

一则是要明白，需要别人帮忙是难免的，但谁又能帮别人一辈子，谁又能一辈子都靠别人帮忙过活呢？所以，懂生活的人不会事事都求朋友帮忙，养成依赖的习惯。

要知道事物的发展在于内因，外界的有利因素和不利因素只能影响事物发展的过程，最终起决定作用的仍然是事物本身。

打个比方，朋友就像是消防队员，在你遇到紧急情况时才求助他们，自己能办到的还是靠自己。朋友不是你的影子，随时随地跟着你；朋友不是你的老师，发现你有错误就能及时指出，有问必答；朋友不是你的父母，可以无私地包容你的一切；朋友能做的，是在你有困难，而他们能帮得上忙时，伸手拉你一把。

请记住，朋友是一种资源，应该在最需要的时候用。朋友是消防队员，救急不救穷，这有两层意思：一是指如何利用朋友资源，指的是何时应该请求朋友的帮助；二是指应如何帮助朋友，有求必应说的是天神，而非朋友。

朋友是一笔资源，可以使用却不要透支。朋友之间交往最现实、最常见的就是金钱问题。这里有一则真实的故事：

赵强是某私营印刷厂的领导者，有钱，人也特别好。李文和赵强从小学到大学一直是同学，是好朋友。但过了13年后，两人的情况相差悬殊，李文在一个县城中学当教师。当然这并未妨碍赵、李二人继续做朋友。

一个两袖清风的教师和一个腰缠万贯的领导者如何相处呢？

李文的妻子是个下岗女工，儿子力力刚8岁，正上小学，花费颇大，只靠李文一个月500多元的工资维持生活，日子有些艰难。李文不因此而向赵强开口借钱，一是因为这是一笔小钱，在赵强的眼里算不得钱，不值得向赵强开口；二是这不是一次能解决的问题，这月借了，下个月怎么办，以后又怎么办？难道不断地借下去吗？而且，李文的经济情况也不是一时就会转好的，如果借了钱何时才能还呢？可不幸的是，力力出了车祸，手术费用得4万元左右。这时候，李文没有选择，只好向赵强借钱，一个人能有几个一下拿得出4万块钱而又不对他自己的生活产生影响的朋友呢？

这是从李文的角度来讲的。

从赵强的角度来看，假如李文零零星星地从赵强那里借了些钱，当作生活费用掉了。当然，这笔钱对赵强来说算不了什么，他不会在乎，可朋友关系从此却不好维系。吃人家的嘴软，拿人家的手软，李文难以用平等的心态对待赵强，难免会产生不服、嫉妒、自卑的心理，想当年你我差不多，甚至你还不如我，凭什么你现在就可以大把大把地捞钱，我却只能靠跟你借钱来维持生活？本来应该有的感激之情也荡然无存，反而心生恶意。

即使是很好的朋友，你也不可事事都向朋友求助，把朋友资源都零零星星地透支了。做人做到这个份儿上应是很失败的，它会损伤或粉碎你们好不容易建立起来的友谊。

第三章　语有贵：说与不说都是领导学问

★学会巧妙地表达

夫言非吹也。言者有言，其所言者特未定也。果有言邪？其未尝有言邪？其以为异于音，亦有辩乎？其无辩乎？

——《庄子·齐物论》

庄子像老子和孔子一样，主张少说话。儒家担心"祸从口出"，庄子认为话说多了会影响生理平衡，不利于养生。但从口才学角度看，庄子的"无辩"，是考虑论辩的恰当性。说话辩论并不像是吹风。善辩的人辩论纷纭，他们所说的话也不曾有过定论。果真说了些什么吗？还是不曾说过些什么呢？他们都认为自己的言谈不同于雏鸟的鸣叫，真有区别，还是没有什么区别呢？

《庄子》中充满了机智有趣的对话、辩论，说明庄子是回避不了语言的，包括口头表达这一形式，但是，话要说得巧妙精彩。现在来看《逍遥游》中连叔回答肩吾的提问：

肩吾跑到连叔那里说："我听了接舆的一番言论，大而无当，不着边际。我惊讶他那言论，就像天上的银河而看不见它的首尾，真是怪诞荒谬，不近人情啊！"

连叔忙问："他说了些什么呢？"

肩吾说："他说：'遥远的姑射山中，有一神人居住在里边。那神人皮肤洁白，如同冰雪；姿态柔婉，如同处女；不吃五谷，只是吸清风喝露水；乘着云气，驾着飞龙，在四海之外遨游。他的精神凝聚，使万物不受灾害，年年五谷丰收。'我认为这些话是狂妄而不可信的。"

连叔说："是呀！瞎子，无法让他领会文彩的美观；聋子，无法让他知晓钟鼓的乐声。岂止是形骸有聋有瞎，在智慧上也有啊！听你刚才说的话，你还和往日一样，一点也没有进步。"停了一下，接着说："那个神人，他的德行，与万物和为一体。世人期望他来治理天下，他哪里肯辛辛苦苦地管这种微不足道的事情呢！这样的人，没有什么东西可以伤害他，洪水滔天也淹不着他；大旱把金石溶化了，把土地烧焦了，他也不觉得热。他的'尘垢秕糠',也可以制造出尧、舜来。他哪里肯把治理天下当作自己的事业呢！宋国有人贩运'章甫'（帽子）到越国去卖；越国人,头发剃得精光,身上刺着花纹,这种帽子对于他们是无用的。尧治理天下的人民,使海内政治清平;他到遥远的姑射山中,汾水的南边,拜见了四位得道的真人,他不禁恍然大悟,把天下都忘掉了。"

肩吾无以言对……

一个人的说服力并不是一个常数,它是可以用表达技巧来增强的。为了成功地劝说别人,以下四点经验值得借鉴：

1.善用地利环境

《庄子》中写到一位大司马去看锻打剑钩的人,这人虽然已经八十岁,打铁却一点也不会出现差误。大司马问："你是特别灵巧呢,还是有什么门道呀?"铁匠老人利用地利环境说："我遵循着道。我二十岁时就喜好锻打剑钩,你看,我住的地方只有这么大,对于其他外在的事物我什么也看不见。锻打剑钩这是得用心专一的事,借助这一工作便不再分散自己的用心,而且锻制出的剑钩得以长期使用,更何况对于那些无可用心之事啊！能够这样,外物有什么不会予以资助呢?"

许多人在自己的客厅里说话比在别人的接待室里说话更有说服力,因此,精明的交涉者在与人洽谈重要事务时,总是争取在自己的而非对方的办公室里进行。英国心理学家泰勒尔和他的助手兰尼曾做过一次实验。他们先给部分选定的大学生评分,鉴定他们对别人的影响力,然后把其中愿意者分成三人一组,每组由影响力大、中、小不同的人组成,然后请他们讨论并表决该校预算中10项可以削减的项目哪几项最宜减掉。一半的小组会议在影响力最大者的寝室里召开,另一半则在影响力最小者的寝室里进行。最后的结果显示:讨论时,即使主人的影响力最小并且客人开始也是持反对意见,最终还是屈从了主人。

2.论据要坚实

庄子说："能胜人之口,不能服人之心,辩者之囿也。"什么样的论据才有说服力？这是一个很值得重视的问题。一个很基本的要求就是论据要坚实可靠,不可使人产生不信任感。人们相信:向听者提供切实的资料比提供主张更有力。但对于一个犹豫不决的人来说,资料来源也是很有影响的,并且其影响之深不亚于资料本身。这并非因为人们只信任特定来源而不信任其他的来源,而是因为他们听到引述的话来自十分可信的权威,便不会再为自己的成见辩护。这是一种非常奇妙的心理作用。不过,引述权威的意见也不宜过分,资料太多也可能引起听者的反感。

3.运用经验和例证

孔子对老子说："今天安居闲暇,我冒昧地向你请教至道。"老子说："大道,真是深奥神妙难以言表啊！不过我将为你说个大概。明亮的东西产生于昏暗,具有形体的东西产生于无形,精神产生于道,形质产生于精微之气。万物全都凭借形体而诞生,所以,具有九个孔窍的动物是胎生的,具有八个孔窍的动物是卵生的。它的来临没有踪迹,它的离去没有边界,不知从哪儿进出、在哪儿停留,通向广阔无垠的四面八方……"

善于做说服工作的人都知道人们做事受个人的具体经验的影响比受空空洞洞的大道理的影响要大得多。对于一个病人来说,如果大夫劝他服某种药物,那么即使医生再三证明这种药物有效,说了许多的药理知识和道理,病人总还是不免心存疑虑的。但如果换一种方法试试,例如医生告诉他,我自己也服过这种药,只用了一个疗程就大病痊愈了。听了这样活生生的个人体验,病人一定再也不会有所顾虑了。

★将幽默融入日常的管理活动中

> 庄子将死,弟子欲厚葬之,庄子曰:"吾以天地为棺椁,以日月为连璧,星辰为珠玑,万物为赍送。吾葬具岂不备邪?何以如此!"
>
> 弟子曰:"吾恐乌鸢之食夫子也。"
>
> 庄子曰:"在上为乌鸢食,在下为蝼蚁食,夺彼与此,何其偏也。"
>
> ——《庄子·列御寇》

庄子快要死的时候,弟子们想厚葬他。庄子说:"我用天地做棺材,用日月做双壁,星辰做珠玑,万物做殡葬。"

弟子们说:"我们怕乌鸦、老鹰吃了你呀!"

庄子说:"露天而葬让乌鸦、老鹰吃,土埋被蚂蚁吃,从乌鸦、老鹰嘴里抢来给蚂蚁,为什么这样偏心呢?"

庄子快要死了,说话还这么幽默,真让人叹服。在现代组织里,一个领导者如果能掌握庄子的幽默方式,则无论在会议、谈判或与部属的对话中,不管出现怎样凝滞的气氛,他都可以在谈笑间将人引出沉重的氛围,使彼此的沟通得以顺利进行。

心理学家认为:幽默是人的个性、兴趣、能力、意志的一种综合体现,它是语言的调味品。有了幽默,什么话都可以让人觉得醇香扑鼻,隽秀甜美。它是引力强大的磁铁。有了幽默,便可以把一颗颗散乱的心放入它的磁场,让每个人的脸上绽开欢乐的笑容。

有不少世界名人,善于运用幽默的语言行为来处理各种关系,化解矛盾,制止不文明的行为,消除敌对情绪。他们把幽默作为一种无形的保护阀,使自己免受紧张、不安、恐惧、烦恼的侵害。

林肯是美国历届总统中最富有幽默感的人,被人称为一代幽默大师。有一天,林肯正要上床休息,有人打电话来请示他:"税务主任刚刚去世,能否让我来接替税务主任的职务?"林肯当即回答说:"如果殡仪馆同意的话,我个人不反对。"他以此巧妙地拒绝了对方。

林肯有一次在演讲时,有人递给他一张纸条,上面只写了两个字:"笨蛋。"他举着这张纸条镇静地说:"本总统收到过许多匿名信,全都是只有正文,不见署名,而刚才那位先生正好相反,他只署上了自己的名字,而忘了写内容。"

國學智慧全書

庄子

德国空军将领乌戴特将军患有谢顶之疾。在一次宴会上，一位年轻的士兵不慎将酒泼洒到了将军头上，顿时全场鸦雀无声，士兵惊骇而立，不知所措。倒是这位将军打破了僵局，他拍着士兵的肩膀说："兄弟，你以为这种治疗会有作用吗？"全场顿时爆发出一阵笑声。人们紧绷的心松弛下来，而将军的大度和幽默博得了人们的尊敬与爱戴。

有些时候事出意外，场面尴尬，幽默的语言可以解除困窘，营造出融洽的气氛。

如今竞争加剧，企业员工面临超乎寻常的压力。而运用轻松的气氛来进行管理，往往可以取得很好的效果。据美国针对1160名管理者的调查显示：77%的人在员工会议上以讲笑话来打破僵局；52%的人认为幽默有助于其开展业务；50%的人认为企业应该考虑聘请一名"幽默顾问"来帮助员工放松；39%的人提倡在员工中"开怀大笑"。一些著名的企业，上至总裁、下到一般部门经理，已经开始将幽默融入日常的管理活动当中。

有一位年轻人新近当上了董事长。上任第一天，他召集公司职员开会，他自我介绍说："我是杰利，是你们的董事长。"然后打趣道："我生来就是个领导人物，因为我是公司前董事长的儿子。"参加会议的人都笑了，他自己也笑了起来。他以幽默来证明他能以公正的态度来看待自己的地位，并对之具有充满人情味的理解。实际上他委婉地表示了：正因为如此，我更要跟你们一起好好地干，让你们改变对我的看法。

在华为的员工大会上，任正非提问："2000年后华为最大的问题是什么？"大家回答："不知道。"任正非告诉大家："是钱多得不知如何花，你们家买房子的时候，客厅可以小一点、卧室可以小一点，但是阳台一定要大一点，还要买一个大耙子，天气好的时候，别忘了经常在阳台上晒钱，否则你的钱就全发霉了。"

在日常生活中，如果你能不时地与下属开个玩笑，幽默一下，你的下属必然觉得你很随和，愿意接近你。这样才真正了解他们，与他们更好地进行沟通，这对于你的工作来说是极为重要的。

在工作中，我们时常可以看到，有的领导者幽默，做报告时饶有风趣，下属都爱听；做思想工作时，语言生动，容易入耳入心，下属乐意接受；平时和下属接触，大家觉得他可亲可爱，愿意与他接近。这样的领导必然赢得员工的爱戴，人际关系也会协调得很好，在工作中也会收到事半功倍的效果。

★ 有理有利地拒绝

可以言论者，物之粗也；可以意致者，物之精也。言之所不能论，意之所不能察致者，不期精粗焉。

——《庄子·秋水》

庄子笔下的人物说话绕弯子，非常有趣，如《庄子·齐物论》上啮缺问王倪："你知道各种事物相互间总有共同的地方吗？"王倪回答："我怎么知道呢？"啮缺又问："你知道你

所不知道的东西吗?"王倪回答说:"我怎么知道呢?"啮缺接着又问:"那么各种事物便都无法知道了吗?"王倪回答:"我怎么知道呢! 虽然这样,我还是试着来回答你的问题……"

拒绝需要讲艺术。庄子说,可以用言语来谈论的东西,是事物粗浅的外在表象;可以用心意来传告的东西,则是事物精细的内在实质。言语所不能谈论的,心意所不能传告的,也就不限于精细和粗浅的范围了。所以修养高尚者的行动,不会出于对人的伤害,也不会赞赏给人以仁慈和恩惠。

一日,庄子在濮水边垂钓,楚威王派了两位大臣先行前往致意,说:"楚王愿将国内政事委托给你。"庄子手持钓竿头也不回地说:"我听说楚国有一神龟,已经死了三千年了,楚王用竹箱装着它,用巾饰覆盖着它,珍藏在宗庙里。这只神龟,是宁愿死去为了留下骨骸而显示尊贵呢,还是宁愿活着在泥水里拖着尾巴呢?"两位大臣说:"宁愿拖着尾巴活在泥水里。"庄子说:"你们走吧! 我仍将拖着尾巴生活在泥水里。"多么绝妙地拒绝!

有人向你提出要求,希望得到你的应允。然而,你心里确实不想答应他,但却又碍于情面难以拒绝,怎么办呢? 这时需要"婉拒",即委婉地加以拒绝。

拒绝别人是一件不容易的事。有一位朋友说:"求人办事固然是一件难事,而当别人求你办事,你又不得不拒绝的时候,也是叫人头痛万分的。因为每一个人都希望得到别人的重视,同时我们也不希望给别人带来不愉快,所以也就很难说出拒绝别人的话。"

当朋友、家人、亲戚找你办事时,对于那些无法办到的事情,你会深感头痛,可是拒绝,总让人难以启齿,以致自己左右为难。所以,学会拒绝既是对自己的一种保护,也是对他人的一种交代。对别人的言语和行为进行否定与拒绝,容易伤害彼此的感情,导致尴尬局面的出现。但是,若掌握了否定的技巧,让拒绝的话语含蓄一些,就可以避免尴尬的出现。

你千万不要伤害他人的自尊心,否则,他定会迁怒于你。让对方明白你的拒绝出于万不得已,你对他很是抱歉。有时,为了拒绝他人,可以含糊其辞去推托:"对不起,这件事我实在不能决定,我必须回去问问我的父母。"或者这样说:"让我和老婆商量商量,决定了再答复你吧。"

但这种方法太不干脆了。可能有人认为这是解围的好方法,既不伤害朋友情感,而且可以让朋友体谅你的难处。但是这种敷衍的结果是,对方还会再二再三地来纠缠你。总有一天会发觉这是你的拒绝,以前的话全是托词、敷衍、骗人,不但会对你怨恨,而且也暴露了你的弱点:懦弱和虚伪。

有时你拒绝的对象会是自己的上司或领导,你必须有充分的理由,并且要让说明的理由使他完全信服。光说明理由还不够,必须运用拒绝的技巧。比如,当你认为上司的决定不妥时,可先用"我恐怕它太好了"一句恭维话冲消上司的不悦,同时也不使上司失去体面,最后再陈述自己更充分的理由,这样上司不会因此而觉得难堪。所以,你必须记住,不要损伤他人的自尊心,不要使他人感觉屈服或难堪。你虽拒绝了他,还是让他感觉自己依然自满和得意吧。

简单地说"不",是硬"拒绝",会伤害对方,对自己也不利。拒绝是要讲究艺术的,既要拒绝对方的不适当的要求,又不能伤害对方的自尊心,同时还不能损害彼此的正常关系。那么,怎样才能既拒绝别人又不得罪对方、不恶化相互关系呢?

1.以幽默方式拒绝

罗斯福还没有当选美国总统时,曾在海军担任要职。一天,一位好友由于好奇向罗斯福问起海军在加勒比海一个小岛上建设基地的情况。罗斯福神秘地向四周看了看,对着朋友耳朵小声说:"你能保密吗?""当然能,谁叫咱们是朋友呢?"朋友挺有诚意地回答。"我也能,亲爱的。"罗斯福一边说,一边对朋友做了个鬼脸,两人顿时大笑起来。

可见,如果以幽默的方式拒绝,气氛会马上松弛下来,彼此都感觉不到有压力。

2.以别的原因拒绝

当一位你并不喜欢的人邀请你去逛街或吃饭时,你可以有礼貌地说:"我老爸要我回家练钢琴呢!"这种说法隐藏了个人的意愿,而用其他原因做借口,从而减轻对方的失望和难堪。

3.以反弹方法拒绝

这种方法要求别人以什么样的理由向你提出要求,你用什么理由进行拒绝,让对方无话可说。在《帕尔斯警长》这部电视剧中,帕尔斯警长的妻子出于对帕尔斯的前程和人身安全考虑,企图说服帕尔斯中止调查一位大人物虐杀自己妻子的案子。最后她说:"帕尔斯,请听我这个做妻子的一次吧。"他却回答说:"是的,这话很有道理,尤其是我的妻子这样劝我,我更应该慎重考虑。可是你不要忘记了这个坏蛋亲手杀死了他的妻子!"

4.以别的建议拒绝

有人请你看一场话剧而你并不感兴趣,你怕直说会有扫他的雅兴,你不妨提个别的建议来表示你的拒绝:"谢谢,不过今晚的足球联赛已进入决赛,我们还是看足球吧,怎么样?"

5.以热情友好拒绝

你想对别人的意见表示不同意,请注意把你对"意见"的态度和对人的态度区分开来。对意见要坚决拒绝,对人则要热情友好。

6.以岔开话题拒绝

当别人向你提出某种要求时,他们往往通过迂回婉转的方式,绕个大弯子再说出原意,如果你在他谈到一半时就知道了他的意图,并清楚自己不能满足他的愿望时,不妨把话题岔开,说些别的。让他知道这样做只会给你为难,他也就会知难而退了。

7.以替代方式拒绝

有一位教授问他隔壁的小男孩:"小军,你是愿意把梨子给伯伯吃呢,还是愿意把可乐给伯伯喝?"因为小军这时一手拿着雪梨,一手拿着可乐。没想到不到5岁的孩子竟说:"你快去,伯伯,我妈妈那儿还有!"

这小孩脑瓜真是转得快,教授将他的军不但没有把他难住,他反而用了个替代方式将了教授一军。

國學智慧全書

道學智慧

★绝不可信口开河

言者,风波也;行者,实丧也。夫风波易以动,实丧易以危。

——《庄子·人间世》

庄子观察自然,取譬自然。他从自然界发现许许多多做人处世的道理,且不乏辩证法的思想,具有哲学的高度。庄子认为,言语犹如风吹的水波,传达言语定会有得有失。风吹波浪容易动荡,有了得失容易出现危难。

所以,一个人愤怒发作没有别的什么缘由,就是因为言辞虚浮而又片面失当。例如,拿猛兽来说,它临死时什么声音都叫得出来,气息急促喘息不定,于是迸发伤人害命的恶念。一个人大凡过分苛责别人,对方必会产生不好的念头来应付,而他自己也不知道这是怎么回事。假如做了些什么而他自己却又不知道那是怎么回事,谁还能知道他会有怎样的结果! 改变成命或者强人所难都是危险,成就一桩好事要经历很长的时间,坏事一旦做出悔改是来不及的。行为处世能不审慎吗? 至于顺应自然而使心志自在遨游,一切都寄托于无可奈何以养蓄神智,这就是最好的办法。

庄子是十分讲究回答技巧的,例如,有位东郭先生向庄子请教说:"人们所说的道,究竟存在于什么地方呢?"庄子回答:"大道无所不在。"东郭说:"必定得指出具体存在的地方才行。"庄子笑了笑,说:"在蝼蚁之中。"东郭一愕,说:"怎么处在这样低下卑微的地方?"庄子又笑道:"在稻田的稗草里。"东郭立即说:"怎么越发低下了呢?"庄子接着回答:"在瓦块砖头中。"东郭急了,说:"怎么越来越低下呢?"庄子收起笑容,道:"在大小便里!"东郭听了后不再吭声……

要想更好地运用答复技巧出奇制胜,首先必须了解问题的回答可分为哪几种。一般地,依据问话人的侧重点或角度的不同,大体可分为以下几种:

东郭先生

一是依发问人发问动机回答。谈判者在提问时总有一定的动机。有时,为了使回答者的回答产生漏洞,提问者往往使问题模棱两可,使回答者对提问者的目的或动机判断失误,从而为自己造成可乘之机。因此,在回答之前,必须摸清对方意图,不可自以为是、

想当然地回答。

二是缩小外延回答。庄子回答东郭先生就是这种方法。缩小外延的回答就是将问话的范围故意缩小的回答。比如，某商场和一家塑料制品厂进行商品买卖谈判。商场谈判人员询问："贵方产品质量如何？"假设塑料制品，在耐腐蚀、耐酸碱、硬度等几个指标上非常突出，而在耐高温指标上相对较弱，制品厂的谈判人员可以有意识地缩小对方"质量"这个概念的外延，只对突出的指标——耐腐蚀、耐酸碱和硬度进行详细的回答，给对方造成产品质量好的印象。

三是不确切回答。庄子回答问题，有时很具体，有时却很抽象，甚至回避过多地解释。不确切回答是指用留有余地的答复方法来回答那些若明确回答会于己方不利的问题，高明的谈判者在遇到类似问题时，往往用诸如"我们回去再研究一下"或"您的提问超越了我的授权范围，我现在暂时无法给你答复"等托词。

例如，甲乙双方就大米进出口事宜进行磋商。甲方为大米严重过剩的国家。双方在价格上久久相持不下，后来，在新一轮合谈中，乙方提出增加进口量，这正好可以解决甲方大米过剩问题。但是甲方如果立即答复对方，对方就可能乘胜追击，在付款方式、交货期限等方面做进一步要求，有可能陷入被动。所以，甲方人员这样答复："关于贵方增加进口的要求，由于事先未跟我方打招呼，我方回去后还要重新征集以凑齐贵方需求量，能否凑齐，还不知道。所以请允许我们回去后再研究一下，尽量争取。"

这番回答，既避免了快速回答可能带来的不利，同时又申诉了在筹集新的需求量上

鲁哀公

国学智慧全书

道学智慧

的困难,降低了对方在价格问题上的期待,不失为一个圆满的答复。

四是使问话人难以继续追问的回答。在谈判中,对于棘手的问题,答话者总希望问话者不要继续追问或者失去继续追问的兴趣。最好的办法就是以软击硬,绵里藏针,用含而不露的口才去战胜对手。

庄子晋见鲁哀公。鲁哀公说:"鲁国多儒士,很少有信仰先生道学的人。"庄子说:"鲁国很少儒士。"鲁哀公问:"全鲁国的人都穿着儒士的服装,怎么说儒士很少呢?"庄子回答:"我听说,儒士戴圆帽的知晓天时;穿着方鞋的,熟悉地形;佩带用五色丝绳系着玉玦的,遇事能决断。君子身怀那种学问和本事的,不一定要穿儒士的服装;穿上儒士服装的人,不一定会具有那种学问和本事。你如果认为一定不是这样,何不在国中号令:'没有儒士的学问和本事而又穿着儒士服装的人,定处以死罪!'"于是,哀公号令五天,鲁国国中差不多没有敢再穿儒士服装的人,只有一个男子穿着儒士服装站立于朝门之外。鲁哀公立即召他进来以国事征询他的意见,无论多么复杂的问题都能做出回答。这时,庄子说:"鲁国这么大而儒者只有一人呀,怎么能说是很多呢?"

在社交中回答问题,绝不可信口开河,一个人口才的高低往往表现在这一问一答之间,只有掌握了良好的回答技巧及良好的应对心理,才能在人际交往或办事中运筹帷幄,直至掌握局势的主动权。

★ 顺其自然地转移话题

语之所贵者意也,意有所随。

——《庄子·天道》

语言之所以宝贵在于意义,意义又有所要表现的。意义之所以要表现的,却又是不可以用语言表达的。在庄子眼里语言显得苍白无力,他提问:大道是怎么隐匿起来而有了真和假呢? 言论是怎么隐匿起来而有了是与非呢? 大道怎么会出现而又不复存在?言论又怎么存在而又不宜认可?

他也给予了答案:大道被小小的成功所隐蔽,言论被浮华的辞藻所掩盖。所以就有了儒家和墨家的是非之辩,肯定对方所否定的东西而否定对方所肯定的东西。想要肯定对方所否定的东西而非难对方所肯定的东西,那么不如用事物的本然去加以观察而求得明鉴。

所以,最好的言论和辩论是顺其自然,也就是掌握规律,融会贯通。在交谈中,说话的技巧是相当重要的。人们常常会发现同样的一席话,以不同的方式、语气和顺序表达出来,其效果都不大一样。

《庄子·齐物论》说:"辩也者,有不辩也。曰:何也? 圣人怀之,众人辩之以相示也。

故曰辩也者有不见也。"所以,说话者首先要了解听者的心理和情感,这是说话者必须掌握的说话技巧的基础。我们也只有在了解听者的心理和情感的基础上,才能正确地选择某个场合该讲什么,不该讲什么,哪些话题能够打动听众的心坎,能使听众产生共鸣,真正使说话达到水乳交融的境地。

人的情感是一种内心世界的东西,一般是捉摸不定,较难把握的。但是,在有些场合,人的内心的东西又常通过各种方式而外露。如果我们善于观察听者的一举一动,并能据此加以分析和推测,那么,我们是基本上可以掌握听者的心理和情感的。

譬如,在你讲话时,听者发出唏嘘声,那么就说明听众不喜欢你所讲的那些话,如果听者两眼注视着你,那么就说明你讲的内容非常吸引人,如果听者左顾右盼,思想不集中,就说明他心里可能很着急,但又出于对你的尊敬而不愿意离开……

当然,有许多人善于抑制自己的感情,不让它外露,即使这样,也会往往在不经意间露出蛛丝马迹。

与人交谈,双方的心理和情感汇合在一起,就形成了谈话的气氛。这种气氛对谈话的效果有很大的影响,我们必须对其给予足够的重视。如果参加谈话的所有的人或大多数人的心理和情感与说话者一致,那么,气氛就会变得轻松愉快。反之,气氛就会变得紧张或死气沉沉。

在轻松的气氛中,说话者往往心情愉快,妙语连珠,听者也会积极配合,使双方交流变成真正的交流,在紧张或死气沉沉的气氛中,人们常常会有窒息感,当然不会有好的交谈。另外,我们不仅要重视谈话气氛,而且还要善于制造利于谈话的气氛。要懂得,尽管气氛是参与谈话的许多人的心理的情感的汇合,但其中的权威人士,对气氛的形成有很大影响。如果我们领会了权威人士的心理和情感。那么,我们就可以影响其他人。

如果听者对你讲的内容不满意,你就应该换一个话题。尤其在当谈话场面出现僵局的时候,如果一直停留在原来的话题上,可能双方都感到尴尬。这时,我们要注意观察,找出导致僵局的原因在哪里,然后将话题荡过去,绕过关键的地方,待双方在其他的话题上表现出兴趣,可再将话题迂回,这样就可以打破僵局。

《庄子·则阳》中写有一段对话:

戴晋人对魏王说:"有个国家在蜗牛的左角,名字叫触氏,有个国家在蜗牛的右角,名字叫蛮氏,正相互为争夺土地而打仗,倒下的尸体数也数不清,追赶打败的一方花去整整十五天方才撤兵而回。"魏王一愣,问:"咦,那都是虚妄的言论吧?"戴晋人说:"让我为你证实这些话。你认为四方与上下有尽头吗?"魏王回答:"没有止境。"戴晋人说:"知道使自己的思想在无穷的境域里遨游,却又返身于人迹所至的狭小的生活范围,这狭小的生活范围处在无穷的境域里恐怕就像是若存若失一样吧?"魏王说:"是的。"戴晋人又说:"在这人迹所至的狭小范围内,有一个魏国,在魏国中有一个大梁城,在大梁城里有你魏王。大王与那蛮氏相比,有区别吗?"魏王回答说:"没有。"……

由此可见,这种顺其自然地巧转话题不仅吸引了听者,营造了一种心理共振的气氛,而且利用在谈判桌上,有利于自己的利益。这种巧转话题的技巧在我国古代就有不少仁

者志士采用,且为自己成就一番事业。

历史上有名的女皇帝武则天,原来是唐太宗宫里的才人,李世民对她倍加宠幸。公元694年,李世民为了长生不老,误服了金丹药,结果一病不起,他明白自己将不久于人世,但又舍不得才貌过人的武媚娘,于是便有让武媚娘殉葬的意思。

一天,武媚娘和太子李治一起侍候李世民吃药。李世民突然哭了,他对武媚娘说:"爱卿!你知道寡人为什么哭吗?爱卿侍候寡人想效法古代帝王的葬礼……"话没说完,他又咳嗽起来。聪明的武媚娘稍加思索,立即说:"万岁,安心养神吧!臣妾明白万岁的心情。只是万岁您思虑太多,万岁是英明君主,恩德好比太阳的光芒普照人间大地。古人云:'大德之人,必得长寿。'万岁的龙体目前虽有小恙,很快就会康复的,我根本想不到万岁会舍下臣妾。我生与万岁共享人间富贵,死与万岁同坟共穴。臣妾现已下定决心,立即去感业寺削发为尼,念经拜佛,为万岁祈祷长生不老。"在旁边的李治也说:"儿臣启奏父皇,武媚娘自愿削发为尼,愿父皇成全她的心愿。"李世民只得应允。武媚娘凭借口才,阻止了李世民将要说出的"殉葬"二字。金口玉言是天命,而武媚娘伶牙俐齿、当机立断,巧妙转移了话题,从而得以死里逃生。

在这个故事中,武则天的高明之处就是假装顺水推舟,然后乘机拿出甜蜜的借口堵住李世民的嘴巴,以削发为尼脱离尘世,来冲抵李世民的"殉葬"要求,从而在危难尚未发生时,把危机消灭在萌芽的阶段。

★ 不做搬弄是非的人

是非之彰也,道之所以亏也。

——《庄子·齐物论》

是非多由偏见造成。庄子说:"井蛙不可以语于海者,拘于虚也;夏虫不可以语于冰者,笃于时也;曲士不可以语于道者,束于教也。"所谓"曲士",即"曲见之士,偏执之人",也就是有"成心"的人。"成心"的形成是因为认识主体局限于特定的时空环境及既定的观念的缘故。由于各人从各自具有的偏见出发,"得一察焉以自好",所以,主体的认识虽然各有所长,时有所用,但都因不能全面地看问题而存在一曲之蔽。由此,主体之间不仅产生不同意见的分歧和观点的差异,还因执一端以自耀形成了关于是非对错的争执,"彼亦一是非,此亦一是非。……是亦一无穷,非亦一无穷也"。

搬弄是非,是对"天道"的破坏,是实现"真人"的障碍。公元前527年,楚国的国君楚平王给儿子娶亲,选中的姑娘是秦国人,楚平王派大夫费无忌前去秦国迎亲。费无忌到秦国看到姑娘后大吃一惊,这姑娘太漂亮了,美若天仙。在回来的路上,费无忌开始琢磨起来,他认为这么美丽的姑娘应该献给正当权的楚平王。

149

这时，车队已经接近国都，国人也早知道太子要娶秦国的姑娘为妻，但费无忌还是抢先一步到王宫，向楚平王描述了秦国姑娘的美丽，并说太子和这位姑娘还没见面，大王可先娶了她，以后再给太子找一位更好的姑娘。

楚平王动了心，想得到那个女人，于是让费无忌去办理。费无忌稍做手脚，三两下，原本是太子的媳妇，转眼间成了楚平王的妃子。

办完这件事后，费无忌既兴奋又害怕，兴奋的是楚平王越来越宠信他；害怕的是因这件事得罪了太子，而太子早晚会掌大权。于是费无忌又对楚平王说："那件事之后，太子对我恨之入骨，我倒没什么，关键是他对大王也怨恨起来，望大王戒备。太子握有兵权，外有诸侯支持，内有老师伍奢的谋划，说不定哪一天要兵变呢！"

楚平王本来就觉得对不起儿子，儿子一定会有所行动，现在听费无忌这么一说，心想果不出所料，便立即下令杀死太子的老师伍奢及其长子伍尚，进而又要捕杀太子，太子与伍奢的次子伍员只好逃离楚国……

王安石在《致一论》中说："以小善为无益，以小恶为无伤，凡此皆非所以安身崇德也。"可生活中有人偏偏喜欢到处散布别人的流言蜚语，搬弄是非。也许这类人只是没事练练舌头，或者增加一点儿饭后的谈资，但他们的言辞却对别人造成了很大的伤害。

楚平王

人与人之间产生一些误会，有一些流言是不奇怪的。特别是有些人，为了自己的利益，总想制造一些谣言来骚扰别人。如果你因此而十分生气，甚至痛不欲生，那是大可不必如此。

你不做搬弄是非的人，但却可能与搬弄是非者交往，你可以采用以下方法对付：

一是给予拒绝。与不同类型的人交往要有不同的表现形式。与比自己强的人交往，需要诚恳、虚心；与不如自己的人交往，需要谦和、平等；而和那些搬弄是非的人交往，则需要正直、坦荡。

拒绝答应对同事间的闲言碎语或是流言蜚语保密，有问题就摆在桌面上，以便大家共同解决。认识事物要有正确的方法，看问题要全面，要有自己的见解，要不偏不倚，不能偏听偏信。

背后议论别人是一种不道德的行为，帮助别人改正这种习惯也是应该的。帮助搬弄是非者改变这种恶习，行之有效的方法是：尊重对方，以朋友的姿态善意地规劝对方，要向他表示你的诚意和立场，适当的时候还要与他合作。

二是置之不理。有些人搬弄是非的恶习已成为其性格特点，那么你就干脆不理睬他。不要认为那些把是非告诉你的人是信任你，他很可能是希望从中得到更多的谈话材

料,从你的反应中再编造故事。所以,聪明的人不会与这种人推心置腹。而令他远离你的办法,是对任何有关传闻反应冷淡、置之不理,不作回答。

三是与这种人不宜过多交往。有时候,尽管你听到关于自己的是非后感到愤慨,但表面上你必须努力控制自己的情绪,保持头脑冷静和清醒。你可以这样回答:"啊,是吗?人家有表示不满、发表意见的权力嘛。"或者说:"谢谢你告诉我这个消息,请放心,我不会在意的。"如此一束,对方就会感到无空子可钻了。

如果对方总是恶意地不厌其烦地把不利于你的是非和过错四处传播,以致对你造成巨大的伤害和负面影响,你不宜再与此类人交往。

★搞不清是非曲直不如沉默

至言去言,至为去为。齐知之所知,则浅矣。

——《庄子·知北游》

"夫随其成心而师之,谁独且无师乎?奚必知代而心自取者有之?愚者与有焉。未成乎心而有是非,是今日适越而昔至也。是以无有为有。"庄子的意思是说,追随业已形成的偏执己见并把它当作老师,那么谁会没有老师呢?为什么必须通晓事物的更替并从自己的精神世界里找到资证的人才有老师呢?愚昧的人也会跟他们一样有老师哩。还没有在思想上形成定见就有是与非的观念,就像今天到越国去而昨天就已经到达,这就是把没有当作有。

许多人都有这种切身的体会:在某些特殊的场合,说话要谨慎,要像收紧的小口袋那样,将想表达的意思好好地组成合适的语言,且用合适的语气表达出来,切不可张嘴就说,说过后又不负责任,不认账。要知道这样会给自己惹出一些不必要的麻烦,还会损害自己的名声。

所以,对于那种口无遮拦的人,切切要谨慎,管好自己的嘴,否则会误事的。

一位企业人事资源部部长讲过这样一件事:一天,她办公室来了一位应聘的年轻人。他看去很内向,回答问题时,显得有些木讷嘴笨。但在十几分钟时间里,竟然抢着别人的话题说了不该他说的话。于是,她果断地判断这是个爱管闲事、口无遮拦又缺乏经验和修养的人。于是她对他说:"请到其他单位去试试吧。不过,我想送你一句话,今后无论你在何处高就,都要谨慎开口,不该说的话半句也不说,该说的话一定要认真、诚恳地说好。好吧,你走吧……"

这位部长真是一位心肠太软的女士,宁可得罪一个人,也要想办法帮助一位青年改正自己的缺点。

试想,如果这位年轻人依然我行我素,还能找到理想的单位吗?还能受到朋友的喜欢吗？俗话说:"人言可畏。"要知道那些可畏的"人言"正是从"快嘴""油嘴"中溜出来的。用绳子将那些"快嘴""油嘴"扎紧,闲言碎语就少了,是非就会少许多,烦恼也自然就会减少许多。

斯蒂夫·哈德逊是一个为专业运动员和商界精英服务的私人教练,他说:"当我对是非问题尚未弄清原因前,我就送人一份礼物——沉默。"他被人们认为是一个最了不起的倾听者。他的训练效果有一半得归功于他倾听的能力,而沉默是这种能力的表现之一。他训练他的客户对沉默表示尊敬。他说:"如果你和一个重要的人在一起,你所要做的仅仅是保持沉默,让他说话、思考,让他打开心扉,把那些一直想说但却常常被别人的高谈阔论吓了回去的东西讲出来。即使一开始你并不明白他所讲的真正含义,可乱插嘴是不讨好的。当我保持沉默的时候,一种纯粹的自我,开始与自己对话,它引导着我,给我以心灵的触动。我静默下来的时候,我可以听到另一个人的声音透露出几种含义,我从这些含义里进行分析,找到我认为真实的东西。"

生命中往往有连舒伯特都无言以对的时刻,你在处世中毕竟不是对所有的是非问题都能区分清楚,甚至可能根本没有真正的是非,而被你的胡言乱语闹出了是非。那么,不想说话,就不说吧。在多说无益的时候,也许沉默就是最好的解释。和别人发生意见的分歧,甚至造成言语上的冲突,因为你觉得都是别人恶意,所以你闷闷不乐。别再耿耿于怀了,回家去擦地板吧。拿一块抹布,弯下腰,双膝着地,把你面前这块地板的各个角落来回擦拭干净。然后,重新反思自己在那场冲突中所说的每一句话。现在,你发现自己其实也有不对的地方了,是不是? 你渐渐心平气和了,是不是?

庄子说:"至言去言,至为去为。齐知之所知,则浅矣。"意思是说,最好的言论是什么也没说,最好的行动是什么也没做。要想把每个人所知道的各种认识全都等同起来,那就实在是浅陋了。有时候你必须学会闭紧你的嘴巴,同时把腰弯下,因为这个动作可以让你谦卑,这会是你的又一个收获。

第四章 善交往：把握好人与人之间的距离

★江湖随风飘，谨防朋友刀

故天下诱然皆生，而不知其所以生；同焉皆得，而不知其所以得。

——《庄子·骈拇》

于是，天下万物都不知不觉地生长而不知道自己为什么生长，同样都不知不觉地有所得而不知道自己为什么有所得。

事情有时都是这种状况：知其然而不必知其所以然。这正如人们对友谊的渴望，总是期望没有掺杂利害关系的纯正友情，但这是很脆弱的，经不起时间考验。

"相交满天下，知心能几人"？这是人们对朋友易交，知己难寻的慨叹。

其实这不是慨叹，这句话所说的，毋宁是一种真实，很值得在人性丛林里进出行走的行僧们思考。

以这句话来看，交朋友以"知心"为最高境界，其实这是做不到的。

家是人生活的堡垒，有不欲为人窥见的隐私。人的内心也有私念，这是他过去所无法想象的事，但就是发生了，连他自己都感到不解。

因此，当一个人和你初见面，并且热情地向你说和你"一见如故"时，你可以不必拒绝他的热情，甚至也回他一句"一见如故"。但人一定要理性地看待这句话，思索这句话的真正意义，因为这可能纯粹是一句客套话，也有可能是一颗裹上糖衣的毒药，他是要用温情来拉近和你的距离，好从你的身上获得某些利益。如果这是一句客套话，你的热切回应不但无法对对方产生效用，自己也会为对方随之而来的冷淡而"受伤"，更有可能暴露了自己，反给有心人以可乘之机；而最有可能的是，你把对方吓跑了。如果对方真的另有所图，你的热切回应，正好自投罗网，结果也就不用多说了。

因此，当你听到"一见如故"这句话时，你应该：

——想想自己有没有因为这句话而兴奋、感动？如果有，那么就赶快浇熄、扑灭这些兴奋和感动，以免自作多情或自投罗网。

——如果对方的"一见如故"还有后续动作，你应该与之保持一种善意的距离，保持距离的目的是在检验对方用心的真伪，以免自己受伤。

——如果对方和你彼此都"一见如故"，这是最危险的状况，你应该立刻向后退，以免引火自焚，或因太过接近而彼此伤害，葬送有可能好好地发展的友情；如果"一见如故"只是对方一厢情愿，"话不投机半句多"，不必花心思在这上面。

当然，双方"一见如故"，也都理智地"各取所需"，那就另当别论了。

不过，有些人不说"一见如故"，却直接用行动表示，这种人你也应该和他保持距离。

你最应该提防的是，"一见如故"中，有心者常会掺杂很多奉承、拍马的语言，这很容易迷乱一个人的判断，也最难抗拒。因此，当听到这类话语时，你就要提高警惕了。

徐先生和许先生两人是大学同学，感情不错，毕业后，两人甚至在同一部队服役。两年后退伍徐先生先找到工作，许先生则不甚顺利，到处碰壁。徐先生伸出道义与友谊之手，把许先生拉进自己的公司，成为同事。

过了一年，徐先生离职创业，许先生也到别的公司任职。

徐先生的创业，成绩并不理想，很多朋友替徐先生担忧，并且认为许先生应拉徐先生一把。

碰巧许先生公司有一不错的职位出缺，很合适徐先生，许先生问了徐先生的意愿，徐先生很高兴自己的危机有了转机，答应去许先生的公司上班。

谁知等了一个月，消息毫无，徐先生按捺不住，打电话找许先生，原来，许先生自己坐上了那位子。

许先生的"解释"是："我本来不要，也推荐了你，可是上面坚持要我……"

隔了半年，徐先生才偶然从许先生同事口中知道，当初许先生根本没有把徐先生的个人资料往上报。

有人说，学校时期建立起来的友情最珍贵，也最不易变质。

这种说法也对也不对，说它"对"，是因为大学时期彼此没有利害纠葛，往往能坦诚相见，比较"知心"，友情也比较长久；所以很多人的"老朋友"都是大学同学，反而踏入社会后才认识的"老朋友"比较少，这是因为踏入社会后才认识的很多是事业上的朋友、利益上的朋友，这种朋友较难"知心"，要成为"老朋友"不容易。但这话也有"不对"之处，道理在于，求学时期因为彼此没有利害上的考验，固然双方可"交心"，但却缺乏免疫力，因此一踏入社会，面对利害——同学友情有时反而更强固，有时却脆弱得应声崩碎。

这个故事中徐先生和许先生的"友情"就是属于后面的那种,许先生显然经不起利益的考验。

其实,人们也没有必要对许先生苛责,因为他的选择固然违反了朋友间的道义,却符合了求生存的最高原则——自私。

并不是说所有自私的行为都是可以谅解的,而是强调"自私"是我们对人性应的理解,若对人性抱持一厢情愿的乐观期待,自己将不免大失所望。

不过,许先生的做法也有可议之处:

他表面上替徐先生安排新工作有两个用意,一是还他当年被徐先生提携之情,二是对其他关心徐先生的朋友有个交代。

这种做法或许一开始是真心的,只是后来变了质,但不管怎么说,手法并不高明,因为许先生再怎么解释,徐先生都不会相信;或许两个人不会翻脸,但至少友情已经变了味,不如大学时期那样真诚了。或许许先生早有放弃这份友情的准备,利益当前,友情算什么呢?

这个故事应不是特例,而应是普遍现象,也就是说,面对利益时,人的任何感情都在接受考验,连亲情也是如此,因此我们应有一个认知:人心是时时刻刻在变化的。

也唯有抓住这"不变"的真理,才能适然面对人心的"多变",也就不会因为人心的变异而生苦恼的怨懑了。

★交往避"雷区",不要戳人痛处

凡物无成与毁,复通为一。

——《庄子·齐物论》

所以一切事物从通体来看就没有完成和毁坏的区别,都复归于一个整体。

一切人或物都有自认为光彩的一面,交往中切勿忽视这一面,而专往他人的伤口上撒盐。

明太祖朱元璋出身贫寒,做了皇帝后自然少不了有昔日的穷哥们儿到京城找他。这些人满以为朱元璋会念在昔日共同受罪的情分上,给他们封个一官半职,谁知朱元璋最忌讳别人揭他的老底,以为那样会有损自己的威信,因此对来访者大都拒而不见。

有位朱元璋儿时一块光屁股长大的好友,千里迢迢从老家凤阳赶到南京,几经周折

总算进了皇宫。一见面,这位老兄便当着文武百官大叫大嚷起来:"哎呀,朱老四,你当了皇帝可真威风呀! 还认得我吗? 当年咱俩可是一块儿光着屁股玩耍,你干了坏事总是让我替你挨打。记得有一次咱俩一块偷豆子吃,背着大人用破瓦罐煮,豆还没煮熟你就先抢起来,结果把瓦罐都打烂了,豆子撒了一地。你吃得太急,豆子卡在嗓子眼儿还是我帮你弄出来的。怎么,不记得啦!"

这位老兄还在那喋喋不休唠叨个没完,宝座上的朱元璋再也坐不住了,心想此人太不知趣,居然当着文武百官的面揭我的短处,让我这个当皇帝的脸往哪儿搁。盛怒之下,朱元璋下令把这个穷哥们儿杀了。这就是戳人痛处的下场。

在待人处世中,场面话谁都能说,但并不是谁都会说,一不小心,也许你就踏进了言语的"雷区",触到了对方的隐私和痛处,犯了对方的忌,对听话者造成一定的伤害。其实,每个人都有所长,亦有所短,待人处世的成功,一个很重要的因素就是善于发现对方身上的优点,夸奖对方的长处,而不要抓住别人的隐私、痛处和缺点,大做文章。

"揭短",有时是故意的,那是互相敌视的双方用来作为攻击对方的武器。"揭短",有时又是无意的,那是因为某种原因一不小心犯了对方的忌讳。有心也好,无意也罢,在待人处世中揭人之短都会伤害对方的自尊,轻则影响双方的感情,重则导致友谊的破裂。

有这样一个真实的例子,有一群人在看电视剧,剧中有婆媳争吵的镜头。张大嫂便随口议论道:"我看,现在的儿媳真是不知道好歹,不愿意和老人住在一起。也不想想以后自己老了怎么办?"话未说完,旁边的小齐马上站了起来,怒声说:"你说话干净点,不要找不自在,我最讨厌别人指桑骂槐!"原来小齐平素与婆婆关系失和,最近刚从家里搬出另住。张大嫂由于不了解情况,无意中揭了对方的短而得罪了小齐。所以只有了解交际对象的长处和短处,为人处世才不会伤人也伤己。

还有一个相类似的例子。有一位年轻的姑娘长得很胖,吃了不少的减肥药也不见效果,心里很苦恼,也最怕有人说她胖。有一天,她的同事小张对她说:"你吃了什么呀,像气儿吹似的,才几天工夫,又胖了一圈儿。"胖姑娘立马恼羞成怒,"我胖碍着你什么了? 不吃你,不喝你,真是狗咬耗子,多管闲事!"小张不由闹了个大红脸。在这里,小张明知对方的短处,却还要把话题往上赶,这自然就犯了对方的忌讳,不找麻烦才怪哩。

所以,还是俗话说得好,"打人不打脸,揭人不揭短",要想与他人友好相处,就要尽量体谅他人,维护他人的自尊,避开言语"雷区",千万不要戳人痛处!

一位女士的宝贝女儿,从剑桥毕业回国之后,在特区一家金融机构供职,每月数万港元薪水。这位女士当然相当自豪,她面对亲朋好友时,言必称女儿的风光,语必道女儿的薪俸。偶然被女儿发觉,极力制止母亲,说总夸自己的女儿,突出自家好,人家会有什么感受,不要因此伤害了他人。

女儿的话在情在理。可见在叙述自我时，要防止过分突出自己，切勿使别人心理失衡，产生不快，以至影响了相互之间的关系。

有位朋友，讲了这样的故事：

说有两位要好的女友，甲靓，乙平平。她们一起去参加舞会，舞场上的许多男士频频与甲共舞，却在不知不觉中冷落了乙。甲下意识地感觉不妥，于是托词身体不适，奉劝朋友们邀请乙，男士们尊重了奉告，乙被男士们卷入了舞池，乙的快乐是不言而喻的。

甲以友情为重，不想女友被忽视，于是机智采取一种平衡手段，使乙的心灵得到抚慰，这必定会使她们的友谊更加深一层。

英格丽·褒曼在获得了两届奥斯卡最佳女主角奖后，又因在《东方快车谋杀案》中的精湛演技获得最佳女配角奖。然而，在她领奖时，她一再称赞与她角逐最佳女配角奖的弗沦汀娜·克蒂斯，认为真正获奖的应该是这位落选者，并由衷地说："原谅我，弗沦汀娜，我事先不知道能获奖，我今天只是到这儿陪我的男友来看这场盛事的。"

褒曼作为获奖者，没有喋喋不休地叙述自己的成就与辉煌，而是对自己的对手推崇备至，极力维护了对手落选的面子。无论谁是这位对手，都会十分感激褒曼，会认定她是倾心的朋友。一个人能在获得荣誉的时刻，如此善待竞争的对手，如此与伙伴贴心，实在是一种文明典雅的风度。

以上故事告诉我们，你的一言一行都要为对方地感受着想，学会安抚对方的心灵，不可以使对方产生相形见绌的感觉。与此同时，自己的心灵也会因安然自慰，而有一个极好的心情。

经常可以看见一些人大谈自己的得意之事，这是不好的。对方不仅不会认为你是"了不起"的，你甚至会被对方认为是不成熟的、卖弄过去好时光的人等等，所以，尽可能不要提自己的得意之事。

然而，每个人都想被评价得高一点。明知不可谈得意之事，但却情不自禁地大谈特谈，这是人性中比较麻烦的一面。所以，完全不谈得意之事当然不可能，但同样是谈得意之事，不妨注意一下谈的方式。

注意之一是，至少在别人未谈得意之事之前，自己也不要谈。也就是说，单方面大谈得意之事不雅，所以先让对方发表演讲之后，那种坏印象也就淡薄了。所以聪明的人就先煽动对方："您的见闻广博"，促使对方发表得意之事，然后若无其事地说："我也知道这样的事"。如此这般，穿插自己的得意之事。

國學智慧全書

庄子

★"铁哥们",淡友谊

以礼饮酒者,始乎治,卒无乱,泰至则多奇乐。

——《庄子·逍遥游》

以礼节饮酒的人,开始时规规矩矩,合乎人情,到后来一片混乱,相互欺诈了。

现在的每个人都有一群"好哥们""好姐妹",无论是自己认为的还是他人认为的,反正都称之为"好哥们""好姐妹",这些"好哥们""好姐妹"来得太过容易,可能是仅仅吃过顿饭,可能是仅仅打过一声招呼。

随着社会的发展,竞争的加大,人性的阴暗面越来越早出现,越来越明显,哪怕赤裸裸的暴露在他人面前,他们也会称"人不为己,天诛地灭",以致你无言以对。朋友的定义也随着社会在不断地变化,唯一没有变的,可能只剩下"朋友""兄弟""姐妹"这几个称呼而已。所以我们在听到他人这样称呼我们的时候必须要有一份冷静,不能失去该有的平衡。

庄子认为,人与人的交往在最初的时候互相尊敬,稍微熟悉以后就会大大咧咧,甚至设计利用,所以交往时,彼此之间保持着一定的距离是一件好事。

人的交际圈里不可能没有朋友,朋友是与自己共同编织生活的一部分,所以这些是非常来之不易的,我们要珍惜这份友谊,这些都必须用淡水来浇灌,海水太咸,过量了只会让这朵陪伴我们一生的花朵凋谢。

铁哥们就像恋人,与恋人相处的时间是美好且短暂的,两人的距离似近非近,常常思念着对方,过一段时间见上一面就已经心满意足了,有一种"雾里看花,水中望月"的朦胧美。老婆就不一样了,成天在你身边唠唠叨叨,两人分隔两地也会打电话说个没完没了,你不得不"逼迫"自己使出更多的耐心去"应付"她,接受她比恋爱期还要"甜蜜"的好意。而与铁哥们共事无疑是把恋人变成老婆的愚昧行为,那么你的耐心对待一定会变成牢骚满腹,最后很可能连同事都做不成。

古人言:"君子之交淡如水。"假如两个人在互相交往之前就算计着如何利用对方换取利益,没有真诚作为前提,他们是很难在友谊这条路上并肩行走下去的。没有了利益矛盾,才能无所顾忌地谈天说地,讲笑诉哭,他们可能一个星期才见上一面,一年才见上一面,甚至更久,但彼此心中都牵挂着对方,时刻记着自己有那么一个铁哥们,更多的时

国學智慧全書

道学智慧

间里是各忙各的。

铁哥们的定义到这里就合适了,再延伸一些就容易产生矛盾。比如赚钱,凡事都要有一个带领人,那么两人之间就存在着一个谁领导谁的问题,铁哥们往往是不分彼此的,"有难同当,有福同享"是铁哥们最基本的"道义",真要分清楚谁做"大"谁做"小",两人都会不高兴。哪怕真有一方妥协了,愿意做"小",可是谁能担保日子久了他心里不会产生隔阂,平时大家平起平坐惯了,到了工作中,对方总比自己有分量,有权威,自己的想法思路憋在心里,不满便会膨胀爆破。拿与朋友之间的友谊作为事业成功的"赌注"之一,难免太过冒险,朋友与朋友的相处方式并非可以像工作上的事情那样处理得完美无缺。如果你还珍惜这份友情,请你在与朋友共事之前考虑清楚了再做决定。

作为领导人的你,要做好铁哥们在工作上造成的各种后果。桃园三结义,刘关张祭告天地,焚香再拜,结为异姓兄弟,不求同年同月同日生,只愿同年同月同日死。至今人们还一直传诵着这个故事,但共事带来的后果是什么呢?华容道一役中,关羽念在曹操对他往日关照的情谊上,放曹操回到江陵。以军纪而论,关羽定是被斩无疑了,但军师诸葛亮看在刘备的面子上,连责怪都没有一句。相反,一代枭雄曹操,生性多疑,手下将领军士无数,却没有一个完全得到他的信任,也没有一个算得上是他的朋友。最后改变三国鼎立局势,一统全国的竟然是他建立的魏国。

关羽

朋友多了路平坦,这句话有一定的道理。哥们是人海中的一根浮木,他们会在你高兴的时候和失落的时候陪伴在你身边,所以不能轻易放弃,但浮木永远只能存放在身边,若是想骑在浮木上面,很可能翻船落水。哥们之间的关系也是一样的道理。

國學智慧全書

庄子

★ 与上司的异性朋友保持距离

可与往者与之，至于妙道，不可与往者，不知其道，慎勿与之，身乃无咎。

——《庄子·渔父》

有人认为《渔父》一文为伪作，但它的内容符合庄子的思想。渔父对孔子说："我听说，可以迷途知返的人就与之交往，直至领悟玄妙的大道；不能迷途知返的人，不会真正懂得大道，谨慎小心地不要与他们结交，自身也就不会招来祸殃。"

人与人距离很近，关系并非就好；关系好，不一定彼此非得贴得很近。例如，近在身边的女同事，你却不能对她有非分之想。曾有个同事小鹏，他只干了两个星期就糊里糊涂地被炒了鱿鱼。他问我什么地方做错了？在招聘笔试和面试时老板曾那么赏识他，可进公司上班不久不知什么事得罪了老板，虽然是以工作错误为由被辞退的——实际上那算不上什么错误，尤其对于一个新员工，那样的错误如果都不给予原谅，那么公司就不可能招到员工——但我清楚他被辞退的真正原因。我笑着对他说："你太年轻。"小鹏以为我说他幼稚，便在被炒鱿鱼的事实面前承认"自己缺乏工作经验"。其实我说他年轻，是指他不应该让已经不年轻的主管感到自己喜欢的女下属被一个年轻的小伙子看上了。

主管老程喜欢的那个女孩，有一颗强烈的虚荣心，她告诉老程，新来的小鹏想追求她。尽管老程是有妇之夫，可办公室情人被别人看上了，他心里很不舒服。老程是我的朋友，他说新来的小鹏不是个东西，竟打起小春的主意。我笑了笑，心想人家年轻人谈恋爱是正常的，你老程总不能不让小春嫁人吧。接下来几天，老程在观察小鹏的一举一动，并时而挑他工作上的毛病。小鹏是个愣头青，竟麻木到连主管喜欢小春他都敏感不到，他继续发扬现代人快速寻找女友的作风，时刻与小春套近乎，而小春为了讨好老程，或者捞一些资本，就天天向老程汇报，小鹏如何向她示爱。老程再也受不了了，他决定把小鹏赶走，虽然他没有直接炒下属鱿鱼的权力，但他占有向老板反映办公室工作的先机。

老板问新来的几个员工怎么样？老程说，有几个还可以，但小鹏不行。他夸张地说小鹏如何不胜任工作。老板信任老程，不做调查，就接受了老程的看法，"对小鹏这样浮躁的年轻人，没有培养的必要，让他早离开比晚离开好。"

第二天，老程用同情的口吻对小鹏说，昨夜老板来检查工作了，认为你不能再试用了，你明天就不用来上班了。

国學智慧全書 道学智慧

与小鹏告别时，我对他说："此处不留爷，自有留爷处，但是，你以后要注意，新到一个公司，第一阶段要探探水的深浅，不能随便下脚。例如，你喜欢女孩，要把喜欢藏在心里，要了解这个女孩在你到来之前是不是被老同事爱着，尤其是不是被主管(主任)爱着。"

小鹏恍然大悟，尴尬地笑了笑，然后叹气道："怎么会是这样呢？老程有老婆了，小春还是单身女孩。"我说："那是另一回事。用道德谴责，一时轮不上你，你要的是一份工作与和谐的办公室人际关系。你刚来，不懂。比如我就可以对老程说不，因为他不敢对我怎么样，反而，他必须拉我与他站在同一战壕，他喜欢哪个女下属，逃不过我的眼睛，我可以劝他注意影响，但不会夺他所爱……"

人在职场，你在老板眼皮下面轻举妄动爱他所爱，简直无异于自寻死路，即使你的老板和他的所爱之间的关系像办公室里的桶装纯净水一样透明无瑕，你也别忽略一个正常男人对异性的占有欲和对同性的嫉妒与敌意，就像你在大街上看见一个超级美女被一个臭男人拥抱着的时候，你也一样会心中暗骂："哼，这走运的臭小子！"

即使你不是新员工，你也得观察老板爱的触须往什么地方牵引，他一旦喜欢上某异性下属，那么你就要注意自己的位置，不能让老板感觉到你也在喜欢其所爱的人，你要控制与办公室异性交友的冲动。刘备为什么喜欢关羽？还不是关羽一路上为两位嫂夫人保驾护航，没动一丝占有的邪念，千里走单骑护送了上司的两位夫人归来，感动了刘备？有关羽这样的下属，上司才会放心。

所以，把握自我特别重要。上下级爱上同一个人，这样的事是很普遍的，关键在于自己要知道自己"所欲"与"所不欲"，分清理智与感情。当你经过考虑，觉得自己手头这份工作更重要，换句话说，你不愿意为了办公室恋人而放弃工作，那么你与上司喜欢的女人就得保持距离。保持距离，说起来容易，做起来很难。我建议：

1.在进入公司之前要告诫自己，绝对不要发生办公室恋情。

2.要问清楚主管以及每个员工的恋爱和婚姻情况，从张三那里问李四，从李四那里问王五，因为有时直接问对方或许会隐瞒事实，或许对方不高兴，有些人为了讨异性喜欢，哪怕自己正在谈恋爱也说没有谈。

3.工作中只有同事没有男女，所有的绅士风度请在工作外使用，工作中只遵守办公室规则即可。

4.尽量避免与上司喜欢的异性同事单独在一起，请上司吃饭，上司如果建议可带上一个异性同事，那你对这个同事，热情绝对不能过度。

5.已婚同事请在第一时间告知大家，自己已婚，并在显著位置摆放家庭合影，一些场合携老公(或老婆)出席。

6.如果已经发生了办公室恋情，请牢记不要在办公区域内有亲昵举动。

7.最好在办公室恋情发生后,一方离开此公司。如果你爱上上司喜欢的异性,就准备着被他炒鱿鱼吧。

★ 与领导不能过于亲热

好面誉人者,亦好背而毁之。

——《庄子·盗跖》

友好亲密要有度,切不可自恃关系密切就无所顾忌,中国有一句古话:"见面只说三分话,未可全抛一片心。"亲密过度,就可能发生质变,站得越高,跌得越重,过于亲密的关系一旦破裂,裂缝就会更大,好友势必会成为冤家仇敌。

《庄子·人间世》中写到颜阖将被请去做卫国太子的师傅,他向卫国贤大夫蘧伯玉求教:"如今有这样一个人,他的德行生就凶残嗜杀,跟他朝夕与共,如果不符合法度与规范,势必危害自己的国家;如果合乎法度和规范,那又会危害自身。他的智慧足以了解别人的过失,却不了解别人为什么会出现过错。面对这样的情况,我将怎么办呢?"

蘧伯玉说:"问得好啊!要警惕,要谨慎,首先要端正你自己!表面上不如顺从依就以示亲近,内心里不如顺其秉性暗暗疏导。即使这样,这两种态度仍有隐患。亲附他不要关系密切,疏导他不要心意太露。外表亲附到关系过密,会招致颠仆毁灭,招致崩溃失败。内心顺性疏导显得太露,将被认为是为了名声,也会招致祸害。他如果像个天真的孩子一样,你也姑且跟他一样像个孩子;他如果同你不分界线,那你也就跟他不分界线。他如果跟你无拘无束,那么你也姑且跟他一样无拘无束。慢慢地将他思想疏通引入正轨,便可进一步达到没有过错的地步。"

下属可以与上司交朋友,但是在工作中,下属与上司的角色是不同的,不能以为自己是上司的朋友就可以在单位或公司里与上司称兄道弟。那么上司还怎么领导工作?他怎么去安排别人工作?他怎么处理好大家的关系?他又如何区分工作与人事上的是与非?

有某个人,上班时喜欢拿着茶杯到上司的身边,找他吹牛聊天。公司来人,他也不回避,仍旧坐在一旁,还不时地插几句,严重地干扰了上司与客人的交流。像这个人,就是由于与上司相处时没有做到该淡时淡,使朋友关系影响了工作。

如果上司非常器重你,经常带你出入各种社交场合,那么,你千万不要得寸进尺,保

持适度的距离对你是有好处的。也许你发现你可能正在成为上司的朋友甚至是哥们，但是你应该把握好尺度。

任何一位上司在对待下属问题上，都希望和下属保持良好关系，希望下属对他尊重、服从、喜欢。所以，当他愿意和下属建立朋友关系、同事关系的同时，不希望用这些超越或取代上下级关系。也就是说，他必须保持自己一定的尊严和威信。

和上司保持距离，还需要注意一点，即注意处理交往的时间、场合、地点。私下可谈得多一些，但在公开场合，在工作中，就应有所回避，有所收敛，否则上司做出对某个人的工作安排或者对某个人的处罚，当事者就会感觉有你的"阴谋参与"，有时可能会让你吃不了兜着走。

上司再民主也需要一定的威严，当众与上司称兄道弟只能降低上司的威信，并且其他的同事也可能把上司的命令不当一回事。

当上司发现自己的工作越来越难做，而他也觉得是你削弱了他的威严时，就会疏远你。你更不要试图掺和上司的私人生活。隐私对一个人来说是必要和重要的。也许某些时候，你偶然进入了上司的私生活，但你切不可以此炫耀，应慎重对待你们的亲密关系，该回避时应尽量回避。

当然，你能够同上司交上朋友，说明你与上司的距离很近。但是，这种朋友关系的最佳状态，是业务上的朋友和工作上的挚友，而不是个制造是非的小人。

还有一点，上司欣赏你，绝不是为了与你交朋友，而是让你为他服务，创造效益。

同样，赞美虽是调和人际关系的好办法，但当着上司的面直接予以夸赞，就不恰当了，极容易发生尴尬又很容易招致周围同僚的反感、轻蔑，从而使自己树敌太多。所以，赞美上司最好是背地里进行，如，在公司的其他部门，上司不在场时，大力地赞美一番。这些赞美终有一天会传到上司耳中的。同样，如果你说的是一些批评中伤的话，迟早也会被传出去的。一个精明能干的上司，即使在他管不到的部门内，也会有一二名心腹的。

下班后相邀去喝酒应酬的，不见得全是同一部门的同事，此时，即使是一个不经意的批评，也很容易被扩大渲染而传入上司的情报网。因此我们不妨利用这些"网"，让赞美的言辞流传出去。一个人若连这点"智慧"都没有，那他可就很难得到"升迁"了！

而且和不同部门的人在一起，彼此没有警戒心，较容易得到一些"幕后消息"。这种情报，往往对上司是非常有价值的。经常收集一些情报给上司，也是博取上司欢心的一种方法。

在顾客面前也可赞扬上司。到客户的公司，理所当然要向对方的高级主管或负责人称赞自己的上司。

和上司一起到顾客那里，若下属一个劲地抢风头，滔滔不绝，会令上司很难堪，也会令他不满。所以,最好的应对方式是细节部分由下属做说明,结论部分由上司来概括。

另外,以"领导,您认为如何?"征求上司的许可、认同,看似降低自己身份,做了穿针引线的工作,实际上却掌握了谈话的主动权。

在归途中,要感谢上司给了你这个机会,并强调是因为上司的同行,才取得了这样好的效果。日后如果同顾客达成了交易,要再次对上司表达谢意,感谢上司相助。

★至仁无亲:尊重他人的"个私空间"

至仁无亲。

——《庄子·天运》

人一旦脱离了与其原本真性相适应的环境,就会感到不适,甚至受到伤害,不管眼下所处的环境在旁人看来多优越,多么令人羡慕。在庄子眼里,万物都有本性,尊重本性,才能和谐相处,所以他提出"至仁"的观点,所谓至仁,就是超越亲情的一种大爱。

人们即使是亲情关系,也会有各自的空间,"个私空间意识"是万物本性之一,比如狗在住处四周撒尿的行为,就是在划领土,警告别的狗儿别越界闯进来。若有哪只狗闯了进来,它便会上前驱赶。蜜蜂、蝴蝶等等都有这种意识和行为。

人最基本的空间意识就是家庭。谁如果未经主人同意而闯入,轻则遭责骂,重则恐怕要遭人一顿追打。不过,犯这种错误的人不多,很多人在办公室里倒是容易忽略这一点。在办公室侵犯别人"个私空间"的方式如:未经同意就坐在同事的桌子或椅子上、坐在同事的房间里或到别的部门聊天等等。

你不要以为这没什么,或是有"我又没什么坏念头"的想法,事实上,你的举动已经侵犯别人的"空间",对方是会感到不愉快的。这不愉快或许不会立刻表现出来,或许也不会像动物那样立即赶你走,但这不愉快会藏在对方的心底,对你有了不好的印象,甚至怀疑你对他有什么企图。是来偷东西的吗?或是来刺探什么?你不能怪别人这么想,因为有这种想法是非常自然的,调换个角度,你也会如此想!

所以,同事工作的地方,没有必要时,不要随便靠近,若主人不在,靠近就有可能使你背上偷窃的名声,多划不来呀!

主管之间也要注意:不要没事就到别的部门去聊天,因为这会对那个部门的主管造成"个私空间"的不安全感。就算你是纯聊天也不行,因为在他的部门里,他是唯一的权力象征。你无缘无故地出现,就好像要和他争夺权力似的。当然,谈公事时例外,但只限

國學智慧全書

道学智慧

于主管和主管接触,不可随意接触他的下属。

如果你下面有几个部门,你也要尊重这些部门的主管。不要以为你是大主管,就没事到任何一个部门聊天,除非那个主管也在现场;偶尔为之无妨,若长期如是,那么,小主管心里就会不舒服了。

这种个私空间意识看起来很无聊,但确实存在,如果你不注意而侵犯了别人的"空间",是会惹出你想也想不到的麻烦的。《庄子·天运》中写到宋国的太宰荡向庄子请教仁爱的问题。庄子回答:"虎和狼也具有仁爱。"太宰荡惊讶地问:"这是说什么呢?"庄子说:"虎狼也能父子相互亲爱,为什么不能叫作仁呢?"太宰荡又问:"请教最高境界的仁。"庄子说:"最高境界的仁就是没有亲。"太宰荡说:"我听说,没有亲就不会有爱,没有爱就不会有孝,说最高境界的仁就是不孝,可以吗?"

庄子郑重地回答道:"不是这样。最高境界的仁实在值得推崇,孝本来就不足以说明它。这并不是要责备行孝的言论,而是不涉及行孝的言论。向南方走的人到了楚国都城郢,面朝北方也看不见冥山,这是为什么呢? 距离冥山越发远了。所以说,用恭敬的态度来行孝容易,以爱的本心来行孝困难;用爱的本心来行孝容易,用虚静淡泊的态度对待双亲困难;虚静淡泊地对待双亲容易,使双亲也能虚静淡泊地对待自己困难;使双亲虚静淡泊地对待自己容易,能一并虚静淡泊地对待天下人困难;一并虚静淡泊地对待天下之人容易,使天下之人能一并忘却自我困难。盛德遗忘了尧舜因而尧舜方才能任物自得,利益和恩泽施给万世,天下人却没有谁知道,难道偏偏需要深深慨叹而大谈仁孝吗! 孝、悌、仁、义、忠、信、贞、廉,这些都是用来劝勉自身而拘执真性的,不值得推崇。"

这里,我们且不管儒家和道家孰是孰非,但庄子的话可以理解为:"无亲"是对人的自在本性的尊重,人与人之间的关系如果过于亲密,就会让人产生忧愁与不安;与人交往最好保持适当的距离,这是有道理的。

★防止"昵友"坏事情

君子之交淡若水,小人之交甘若醴;君子淡以亲,小人甘以绝。彼无故以合者,则无故以离。

——《庄子·山木》

庄子把朋友之交区分为君子之交和小人之交,认为君子之间的交情得像水一样清淡,小人之间的交情却甘饴如甜酒一样。可是,君子之间的交情虽然清淡但是亲切,小人

间的交情虽然甘饴但容易断绝。这是为什么呢？这是因为君子之间的交往是一种自然的交往，自然得像水一样，清澈透明，毫不做作，因此可谓是一种德交；小人之间的交往则是一种虚伪的交往，表面上亲密无间，其实各怀心事，因此可谓是一种利交或势交。于是，"君子之交淡如水"便成了人们择友与交友的一条重要准则。

屠岸贾是春秋战国时期的晋国人，出生于有钱的贵族家庭。他帮助灵公、景公父子两代老板干管理工作。跟老板时间长的人容易得软骨症，屠先生极尽阿谀奉承之能，为老板出谋划策，想方设法谴戏纵乐，使国政荒废，民力空耗，内忧外患空前严重。

晋灵公是屠岸贾的好朋友，他们俩可以说是"志同道合"。晋灵公荒淫无度，他用强行从民间征来的苛捐杂税，大兴土木，广修宫殿。有一次，他命屠岸贾在晋都城内建一座花园。屠岸贾受命后找到各地的能工巧匠，精心设计，昼夜施工，很快把花园建成了。园中筑有三层高台，中间建造一座"绿霄楼"，凭栏四望，市景均在眼前。园中又遍植奇花异草，因桃花最盛，每到开花之季如锦似绣，所以此园名为"桃园"。

晋灵公

竣工之后，晋灵公赞不绝口，与屠岸贾更加亲密无间了。晋灵公一日数次，或观览，或饮酒，有时还张弓弹鸟，与屠岸贾赛财取乐。一天屠岸贾召来艺人在台下献艺，园外聚集了很多看热闹的百姓。晋灵公一时性起，对屠岸贾说："弹鸟不如弹人，咱俩比试一下，看谁打得准。击中眼者为胜，中肩者为平，要是打不中的话，用大斗罚酒，你看怎么样？"屠岸贾立刻欣喜地答应了。于是两个人一个向左，一个向右，高喊："看弹！"一个个弹丸如流星雨般飞向人群，有人被弹去半个耳朵，有人被击瞎了眼睛，顿时人群大乱，哭喊着拥挤着争相逃命。晋灵公大怒，命左右会放飞弹的侍从全都操弓放弹，一时间，百姓伤残无数，惨不忍睹。晋灵公见状，狂笑不止，连弓掉到地上都不知道，他边笑边对屠岸贾说："我登台数次了，今天玩得最痛快。"

在屠岸贾的怂恿下，晋灵公骄奢淫逸，为了进一步取悦晋灵公，屠岸贾亲自率人到全国各地挑选美女，只要中意的抢夺回京，送入桃园供灵公淫乐。他们这一对"好朋友"的行为，使朝野怨声载道，许多正直的官吏对此曾多次直言进谏，劝晋灵公收敛收敛，可是屠岸贾对晋灵公说，这些人是不怀好意，是妒忌你我的关系。晋灵公只听屠岸贾的话，结果搞得国家一片混乱。

朋友间要以道义相交，不能臭味相投而做坏事，前者走的是阳光大道，后者走的是危险小路。有些人对看不顺眼的人不交，对话不投机的人不交，对有过不愉快的人不交。

这种交朋友的态度也没有什么不好,但是在社会上行走,实在有必要更弹性一点。不过我指的是广义的朋友,因为普通朋友和"知己"还是要有所分别的,与人"保持距离"便是最好的方法。

何谓"保持距离"?简单地说,就是不要太亲密,一天到晚在一起,也就是说,心灵是贴近的,但形体是保持距离的。能"保持距离"就会产生"礼",尊重对方,这礼便是防止对方碰撞的"海绵"。

有时太保持距离也会使双方疏远,尤其是现代社会,大家都忙,很容易就忘了对方。因此对好朋友,也要打打电话,了解对方的近况,偶尔碰面吃个饭,聊一聊,否则就会从"好朋友"变成"朋友",最后变成"只是认识"了!

也许你会说,"好朋友"就应该同穿一条裤子,彼此无私。你能这样想很好,表示你是个可以肝胆相照的朋友,但问题是,人的心是很复杂的,你能这么想,你的"好朋友"可不一定这么想。到最后,不是你不要你的朋友,而是你的朋友不要你!更何况,你也不一定真的了解你自己,你心里与情绪的变化,有时你也不能掌握哩!

所以,为了友谊,为了人生不那么寂寞孤单,好朋友应保持距离!讨人喜欢的人自然有很多朋友,即使不主动结交朋友,别人也会设法与他接近,相反,朋友少的人,若不去接近别人,别人也不会主动接近他。

★不同的人要区别对待

物之造乎不形而止乎无所化。

——《庄子·达生》

庄子喜欢先提出问题,然后借"名人"(如孔子等),或借虚构的人(如北海之神)进行解答。问:物与物之间为什么差异很大,区别甚多?又是什么东西最有能耐足以居于他物之先的地位?答:这都只不过是有形状和颜色罢了,大凡一个有形之物却不显露形色而留足于无所变化之中,懂得这个道理而且深明内中的奥秘,他物又怎么能控制或阻遏住他呢!那样的人处在本能所为的限度内,藏身于无端无绪的混沌中,游乐于万物或灭或生的变化环境里,本性专一不二,元气保全涵养,德行相融相合,从而使自身与自然相通。

懂得大道的人必定通达事理,通达事理的人必定明白应变,明白应变的人定然不会因为外物而损伤自己。道德修养高尚的人烈焰不能烧灼他们，洪水不能沉溺他们，严寒酷暑不能侵扰他们，飞禽走兽不能伤害他们。不是说他们逼近水火、寒暑的侵扰和禽兽的伤害而能幸免，而是说他们明察安危，安于祸福，慎处离弃与追求，因而没有什么东西能够伤害他们。所以说："天然蕴含于内里，人为显露于外在，高尚的修养则顺应自然。懂得人的行止，立足于自然的规律，居处于自得的环境，徘徊不定，屈伸无常，也就返归大道的要冲而可谈论至极的道理。"

社会上的每个人都是不同的；仅在性格上的表现就千差万别，其中有些人是不容易打交道的，比如死板的人、傲慢的人、自尊心过强的人等等。要想和各种各样的人轻松相处，就需要练就一定的处世功夫，根据对方的性格特点，采取不同的策略，灵活应付，达到交往的目的。

1.对死板的人，要有热情和耐心

比较死板的人对人是一副冷面孔。你热情地和他打招呼，他也是一副爱理不理的样子。死板的人兴趣和爱好比较单一，不大爱和别人来往。但他们也有自己追求的目标和关注的事，只不过不轻易告诉别人罢了。

与这一类人打交道，即使他冷若冰霜，你也不必在乎，用你的热情洋溢，以你的热来化解他的冷，并认真观察他的一言一行，一举一动，寻找出他感兴趣的问题和比较关心的事情。要是你和他突然有了共同的话题，他的那种死板就会荡然无存，而且会表现出他少有的热情。

和死板的人打交道，你一定要有耐心，不要急于求成。这种人很注重自己的心理平衡，不愿意让那些烦人的事情干扰自己的情绪。你须从他们角度来考虑问题，维护他们的利益，慢慢地促使对方接受一些新鲜事物，逐渐地改变和调整他们的心态。这样一来，你和他就可以建立起比较合得来的关系。

2.对好胜的人，忍让要适可而止

这种类型的人狂妄自大，喜欢炫耀，总是不失时机地自我表现，力求显现出高人一等的样子，好像自己什么都比别人强。他们不分场合地挖苦别人，不择手段地抬高自己，在各个方面都好占上风，好攀高枝。

对于这种人，人们打心眼里是看不惯他的，但为了顾及他做人的面子，不伤大家的和气，总是时时处处地谦让着他。在有些情况下，他争强逞能，把你的迁就忍让，当作是一种软弱，反而更不尊重你，或者瞧不起你。所以对这种人，要在适当时机，挫其锐气，使他知道"山外有山，人外有人"，不要不知天高地厚。

3.对城府深的人，要有防范

城府很深的人一般都工于心计，他们在和别人交往时，总是把自己的真面目隐藏起

来,希望多多了解对方,从而在交往中处于主动的地位,周旋在各种矛盾中而立于不败之地。

他们较深的城府,也许是其有过的经历造成的,要么是受到过别人的伤害,要么是经受过挫折和打击,因此才会对别人存有一种戒备和防范的心态。这种人对事不缺乏见解,不到万不得已或水到渠成的时候,他绝不轻易表达他自己的意见。

和城府很深的人打交道,你一定要有所防范,不要让他们完全掌握你的全部秘密和底细,更不要为他们所利用,或陷在他们的圈套之中不能自拔。

4.对性急的人,要避免争吵

遇上一个性情急躁的人,你的头脑一定要冷静。对他的莽撞,你完全可以采用宽容的态度,以一笑置之,避免与其争吵。

5.对口蜜腹剑的人,要敬而远之

口蜜腹剑的人,又称"笑面虎","明是一盆火,暗是一把刀"。如果你遇到这样一位同事,不管做什么事情,你都要多点头,少摇头,唯唯诺诺是最佳选择。但你要多一个心眼,万一他要你做的事是一个圈套,你也不必当面翻脸,只需借故推诿,或者只说不干即可。

碰到这样的同事,最好的应付方式是敬而远之,能避就避,能躲就躲。办公室里他要亲近你,找个理由立即离开,做事不要和他搭伴儿;若实在分不开,就每天记下工作日记,日后好有一个说法。

6.对刁钻刻薄的人,保持相应的距离

刁钻刻薄的人,是不受人们欢迎的。这类人的特点是,和人发生争执时好揭人短,且不留余地和情面;冷言冷语,挖人隐私,手段卑鄙,往往使对方丢尽了面子,在同事中抬不起头。

这一类人常以取笑别人为乐,行为离谱,不讲道德,无理搅三分,有理不让人。碰到这样一位同事,要和他拉开距离,尽量不去招惹他,吃一点小亏,受一两句闲话,也装作没听见,要不恼不怒,不自找没趣。

第五章　藏锋:乱用聪明是最大的愚蠢

★不露锋芒,露洋相

德荡乎名,知出乎争。名也者,相札也;知也者,争之器也。二者凶器,非所以尽行也。

——《庄子》

"德"的失真是由于追求名声,"智"的外露是在于争辩是非。"名"是人们相互倾轧的原因,"智"是人们相互斗争的工具。这两者都是凶器,不可将它们推行于世。

功利心太重必然出现做事只计功名,一味要强的不利局面,因为要强更多的是业务水平,而工作成效的大小大都是由相互间的关系所决定,而非仅限于业务水平。

人人喜欢"良才",但人与人之间却常是"劣才驱逐良才"。

林风是个很优秀的企划人才,有一年,他考进某国营单位,从事企划工作。

林风的友人们都认为林风将可一展所长,谁知不到半年便辞职了。

原因是这样的:林风的单位里有8个人,从主管到科员,除了林风之外,都对所谓"企划"外行,因而林风高效率高品质高创意的"企划"对他们造成巨大的冲击,于是他们一起对外放风声,说林风是个什么叫作"企划"都不懂的人,于是连经理、总经理,都知道林风是一个"不懂企划"的人……

林风虽然可以死皮赖脸地做下去,但毕竟他是个有原则有骨气的人,于是毅然辞去了工作。

这样的故事并不稀奇,每个单位都会有,每个有才干的人也都会碰上,只是轻重有别,情节不同罢了。

那么,为什么林风会遭到这么严苛的待遇?

简单地说,因为林风的才干威胁到了他那些同事们的生存,所以他们"团结"起来,保

卫自己的利益,而保卫自己利益最好的方法就是把林风赶走。

也可以这样子来比喻:一座宁静安详的森林,各种动物各安其所,各取所需,彼此虽有小冲突,却也相安无事,彼此之间构成一个稳定的生态圈。有一天,一头猛虎闯进来,于是动物们不得不改变栖息地和觅食方式。

由于猛虎的捕杀,某些动物逐日减少,于是生态圈受到破坏,并且进行改变、重组……。

在一个单位里,经过长时间的互动,个人与个人之间,部门与部门之间,自然也会形成一个"生态圈",彼此共生共存,共享合法或不合法、合理或不合理的利益。他们安于这种环境,不想改变,也无力去改变,谁想改变,谁就会成为"公敌"。林风碰到的,就是这样的环境,而他引起的效应也是很自然而且可以预期的。

首先,林风的才干会使他们相对显得"无能",这会使他们心里很不是滋味;如果林风的才干没有获得赏识,那么彼此就可相安无事,若获得赏识,那么势必引起生态圈的震荡,切断了他们的"食物链",使得有些人丧失既得利益,甚至暴露出他们的不法行为。

林风的才干,就有如闯入森林的猛虎那般。

最好的方法,当然就是把林风赶走。

当然,赶不赶得走也得看当事人的态度,以及他有没有犯错,但无论如何,这种对"闯入者"施予"驱逐"手段的人性是绝对存在,而且是普遍存在的。

因此,不管你才干如何,初到新的环境,必须要有"莫扰乱该地生态圈"的认知,除非你有力量、有把握,也愿意面对这种人性现象,否则一定要谨记下列原则:

第一要姿态放低,否则连工友都会找机会欺负你。

第二要才干暂隐,切勿初来乍到就自以为很行,应慢慢展露才华,消除他人戒心,才不会引起抗拒。

第三要广结善缘,"人和"是此阶段最重要的一件事,和大家打成一片,不但可获得助力,也可察知他们彼此之间的利害关系及矛盾。

总而言之,不外"客气、谦虚、内敛"6字,切勿把自己当"猛虎",更不可被别人把你当成"猛虎",动物对"猛虎"无可奈何,只能跑只能躲,人对有才干的"猛虎"是会动刀动枪的。

示弱可以减少乃至消除不满或嫉妒。事业的成功者,生活中的幸运儿,被人嫉妒是难免的,在一时还无法消除这种社会心理之前,用适当的示弱方式可以将其消极作用减少到最低程度。

示弱能使处境不如自己的人保持心理平衡,有利于交际。

交际中,必须善于选择示弱的内容。地位高的人在地位低的人的面前不妨展示自己的学历,表明自己实在是个平凡的人。成功者在别人面前多说自己失败的纪录,现实的烦恼,给人以"成功不易""成功者并非万事大吉"的感觉。对眼下经济状况不如自己的人,可以适当诉说自己的苦衷:诸如健康欠佳、子女学业不妙以及工作中诸多困难,让对方感到"他家也有一本难念的经"。某些专业上有一技之长的人,最好宣布自己对其他领域一窍不通,袒露自己日常生活中如何闹过笑话、受过窘等。至于那些完全因客观条件或偶然机遇侥幸获得名利的人,更应该直言不讳地承认自己是"瞎猫碰上死老鼠"。

示弱可以是个别接触时推心置腹的交谈,幽默的自嘲,也可以是在大庭广众之下,有意以己之短,补人之长。

示弱有时还要表现在行动上。自己在事业已处于有利地位,获得了一定的成功,在小的方面,即使完全有条件和别人竞争,也要尽量回避退让。也就是说,平时小名小利应淡薄些,疏远些,因为你的成功已经成了某些人嫉妒的目标,不可以再为一点微名小利惹火烧身,应当分出一部分名利给那些暂时处于弱势中的人。

曾有一位记者去拜访一位政治家,目的是获得有关他的一些丑闻资料。然而,还来不及寒暄,这位政治家就对想质问的记者制止说:"时间还长得很,我们可以慢慢谈。"记者对政治家这种从容不迫的态度大感意外。

不多时,仆人将咖啡端上桌来,这位政治家端起咖啡喝了一口,立即大嚷道:"哦!好烫!"咖啡杯随之滚落在地。等仆人收拾好后,政治家又把香烟倒着插入嘴中,从过滤嘴处点火。这时记者赶忙提醒:"先生,你将香烟拿倒了。"政治家听到这话之后,慌忙将香烟拿正,不料却将烟灰缸碰翻在地。

平时趾高气扬的政治家出了一连串洋相,使记者大感意外,不知不觉中,原来的那种挑战情绪消失了,甚至对对方怀有一种亲近感。

这整个的过程,其实是政治家一手安排的。当人们发现杰出的权威人物也有许多弱点时,过去对他抱有的恐惧感就会消失,而且由于受同情心的驱使,还会对对方发生某种程度的亲密感。

为人处世中,要使别人对你放松警惕,造成亲近之感,只要你很巧妙地、不露痕迹地在他人面前暴露某些无关痛痒的缺点,出点小洋相,表明自己并不是一个高高在上,十全十美的人物,这样就会使人在与你交往时松一口气,不以你为敌。

★小事糊涂,大事聪明

彼圣人者,天下之利器也,非所以明天下也。

——《庄子·胠箧》

那些圣人之道,就是治理天下的利器,是不可以拿来显示于天下的。

心存远大理想的人,一般来说对细枝末节的小事总是不屑一顾的,他们只着眼大方向,为全局负责,敢做中流砥柱。他们内涵丰富、底蕴深厚,能以平常心、平静心对待人生。在纷繁变幻的世界中,他们不显山不露水,却能一眼就看透事物,看破人性,知人间风云变幻、处事轻重缓急有当,体现出一种"难得糊涂"的智慧。

庄子认为国君用来治理天下的"杀手锏",也不能随便地就让别人知道,这样才能统治好天下人。从这个角度来说,聪明人往往只把自己的小缺点暴露出来,同时巧妙地把自己的真实能力掩藏起来,让人觉得高深莫测,捉摸不透。

我们常听到的"水至清则无鱼",指的是如果要成大事,那么对一些小事就不能太"认真",该糊涂时就糊涂,只要不是原则问题,睁一只眼闭一只眼也不是什么大不了的事。不这样就很有可能会沦于琐碎,和一般人也就没什么差别,更别说要成什么大事、立什么大业了。所谓的"水至清则无鱼",在这里的"清"并不是一般的清,而是"至清"。"至清",那就是要一点杂质也没有的,显而易见,这可谓是异想天开。然而在现实生活中,更多的人往往表现在大事上糊涂,对于小事他们反而不糊涂,而且尤其注意小事,甚至斤斤计较,哪怕是芥蒂之疾,蝇屎之污,也要用显微镜去观察,用放大尺去丈量。正因为有着这样的习惯,在他们的眼里,一切都被"放大"了,社会总是一团漆黑,人与人之间也只剩下尔虞我诈。普天之下,可以相交倾诉的,也就只有"我自己"了,这是一种病态。

宋太宗

國學智慧全書

庄子

吕端是宋太宗时的宰相。他是学士出身,可谓满腹经书。吕端虽说是经历了五代末期的天下战乱,人情艰难也历练不少了,但他依然是满身读书人的呆气,看上去这个宰相实在够糊涂的了。有人说吕端糊涂,可宋太宗赵光义却认为吕端小事糊涂,大事不糊涂,决意任命他为宰相。后来赵光义病重,宣政使王继恩害怕太子继位做了皇帝以后会对他们这一派不利,就跟参知政事李昌龄、都指挥使李继熏等人串通,密谋废太子立楚王为太子。吕端恰好到宫中看望赵光义,这时的太宗已是快不行了。这时,吕端突然发现太子没有陪侍在旁边,就怀疑事情有变,其中很可能有鬼,就写了"大渐"两个字,让心腹手下立刻拿着飞速去催太子尽快到赵光义这里来。这个"渐"字就是告诉太子皇帝已经病危了,赶紧入宫侍候。赵光义死后,皇后就让王继恩宣召吕端进宫,商议立谁为皇帝的问题。吕端听后就知道事情不妙了,于是他使计让王继恩到书房去拿太宗临终前赐给他的亲笔遗诏,王继恩不知是计,便听命进了书房,哪知一进书房就被吕端锁在房中。然后,吕端以最快速度到了宫中。

皇后说:"皇上去世,长子继位才合情理,现在该怎么办?"话里的意思很明白,她是想立长子赵元蘋为皇。吕端一听,立即反驳道:"先帝既立太子,就是不想让元蘋继承王位,现在先帝刚刚驾崩,我们怎么就可以立即更改圣命呢?"听了吕端的话,皇后无话可说,只好认了。

可是,吕端还是不放心,他要眼见为实。太子即位时,吕端在殿下站着不拜,他请求把帘子挂起来,自己上殿看,认出是原先的太子,他这才走下台阶,率领大臣们高呼万岁。

吕端事前能明察秋毫,识破小人阴谋并有所防范;事中能果断决策,出奇策击破奸主;事后又能眼见为实,不被眼前的现象迷惑,不仅明智,而且老到。在皇位继承的关键问题上,吕端的"小事糊涂,大事精明"表现得淋漓尽致。

可见,"小糊涂,大精明"是成就大事业的一大智慧。反之,要是"小事精明,大事糊涂",那可就不妙了,事情非糟糕透顶不可。

石达开是太平天国首批"受封"的"王"中最年轻的军事将领。太平天国建都南京后,石达开同杨秀清、韦昌辉等人都是洪秀全的重要辅臣。天京事变中,他因支持洪秀全平定叛乱,从而成了洪秀全的首辅大臣。可是后来洪秀全却隐居深宫,将朝政全权委托给了无能的洪氏兄弟,以此来牵制石达开,这样促使矛盾日益激化。

从当时的情形看,解决矛盾的最好办法是灭洪自代,形势的发展也需要石达开这样的新领袖。石达开尽管在战场上战无不胜,但他在为人处世方面却连个小孩子都不如,患得患失,斤斤计较,满口仁慈、信义,而且害怕落得个"弑君"的骂名,这决定了他不可能成就一番大事业。

1857 年 6 月 2 日,石达开选择率部出走,认为这样既可以继续打着太平天国的旗号从事反清活动,又可以避开和洪秀全再产生矛盾。

石达开率领大军到了安庆。如果按照他原来"分而不裂"的想法,是可以以安庆为根据地,然后再向周围扩充,在鄂、皖、赣再打出一个天地来。况且安庆离南京不远,还可以互为声援,减轻清军对天京的压力,石达开原来在天京军民心目中的地位也可以保留下来。这些石达开本来也是完全可以做得到的。但是,石达开却没有这样做,他决定和洪秀全分道扬镳,彻底决裂,于是他舍近求远,去四川自立门户。

就是因为石达开大事犯糊涂,最终导致决策错误。虽然他拥有 20 万大军,英勇转战江西、浙江、福建等 12 个省,震撼了半个南中国,历时 7 年,表现了高度的韧性,但最后还是免不了一败涂地。1863 年 6 月 11 日,石达开部被清军围困在利济堡,谋士曹卧虎建议他决一死战,而军辅曾仕和则推举诈降计,石达开最终接受了诈降。他想用自己一个人的生命换取全军的安全,这是他决策的又一失误,他再一次在大事上犯了糊涂。当军中部属知道主帅"决降,多自溃败",很快溃不成军。正在这时,清军又采取措施,把石达开及其部属押送过河,把他和两千多解甲的将士分开。清军的这些举动,让石达开顿时猛然醒悟过来,他意识到诈降计的失误,心里悔恨不已,然而什么都来不及了。

石达开

石达开被押过河后,"舍命全己军"的幻想彻底破灭。但他后来的表现也十分坚强。清将骆秉章对他实行劝降,石达开严词以对,说:"吾来乞死,兼为士卒请命。"可是,这时候说什么都没有用了。

回顾石达开的失败,主要是人事决策的错误,他错就错在大事犯了糊涂。究其原因,是他对分裂后的前途缺乏信心。因为太平天国里善战的大将几乎都没有响应他。他邀英王、忠王一起行动都遭到了拒绝;赖汉英、黄文全、林启容等战将也不愿跟着石达开出走。除此之外,石达开出走的目的不明确,政治上、军事上都没有提出充满魄力的新的构想和谋略,只是消极地常年流动作战。他想用不分帜来表示他对天国的忠心,但他的出走实际上却表现出了十足的分裂。这种不分帜、不降清、不倒戈的"忠义"形象和他出走

國學智慧全書

庄子

175

天京的实际行动大相径庭，他这种拖泥带水、患得患失的举动，也决定了他出走后不可能成就什么大事业。

所谓"水至清则无鱼"，并不是说可以随波逐流，不讲原则，而是指对于那些无关大局、枝枝蔓蔓的小事，不应过于认真，对于那些事关重大、原则性的是非问题，也万万不可随意套用原则。汉代政治家贾谊也这么说："大人物都不拘细节，从而才能成就大事业。"

★聪明人不做愚蠢事

枢始得其环中，以应无穷。是亦一无穷，非亦一无穷也。故曰莫若以明。以指喻指之非指，不若以非指喻指之非指也；以马喻马之非马，不若以非马喻马之非马也。天地一指也，万物一马也。

——《庄子·齐物论》

事物果真存在彼此两个方面吗？事物果真不存在彼此两个方面的区分吗？

庄子提出问题，接着回答问题。他说，彼此两个方面都没有其对立的一面，这就是大道的枢纽。抓住了大道的枢纽也就抓住了事物的要害，从而顺应事物无穷无尽的变化。"是"是无穷的，"非"也是无穷的。所以说不如用事物的本然来加以观察和认识。

黄帝在赤水的北岸游玩，登上昆仑山巅向南观望，返回时失落玄珠，派才智超群的知去寻找未能找到，派善于明察的离朱去寻找未能找到，派善于闻声辩言的喫诟去寻找也未能找到。于是让无智、无视、无闻的象罔去寻找，而象罔找回了玄珠。黄帝说："奇怪啊！象罔怎么能够找到呢？"

知只能找到人间的珠宝，却无法寻找到玄珠；同样，离朱虽然眼明能察，但却越察离大道越远，如何能够找到玄珠呢？喫诟所精通的是闻声辩意，但却越精明越会钻入人类的小聪明之中，与大道南辕北辙。只有象罔无象可求，无声可听，无智可得，无所作为之时，便与宇宙自然大道融为一体，自然能够得到玄珠。

什么是聪明？什么是愚蠢？

庄子回答：天下没有什么比秋毫的末端更大，而泰山算是最小；客观存在的一体加上我的议论和看法就成了"二"，"二"如果再加上一个"一"就成了"三"，以此类推，最精明的计算也不可能求得最后的数字，何况大家都是凡夫俗子！

國學智慧全書

道学智慧

年轻的华裔斯蒂芬·赵可谓功成名就,他从哈佛毕业后就在好莱坞施展宏图,不久便显露峥嵘,飞黄腾达,到36岁时已成为福克斯电视台的总经理。

然而,后来赵的顺风之船触礁了。在一次由总裁鲁伯特·迈都克主持的公司高层人士的会议上,当赵就新闻检查发表演说时,他别出心裁地安排一位演员在一旁脱衣以表现新闻检查之后果。可没想到这一弄巧成拙的噱头使董事们怒不可遏,迈都克只好将他解聘了。

为什么精明如斯蒂芬·赵的人也会做出如此蠢事?

在生活中人难免会有些不明智的时刻,因此,了解精明的头脑何以会乌云障目自毁前程,就会使我们避免重蹈覆辙。根据分析,聪明人做蠢事的原因有以下几种:

一是自负傲人。洛克菲勒集团的副总裁布雷特恩·塞克顿说:"聪明人总以为自己比别人知道得多,这离无所不知也就只有一步之遥了。"

约翰·桑诺智商颇高并常以此炫耀。这位好战的新罕布什尔前州长和白宫办公室主任在国会频频树敌,却又不愿斡旋化解。桑诺曾轻慢过密西西比州的参议员洛特,揶揄他"不足挂齿",可后来洛特成为共和党参议员主席,桑诺不免大为尴尬。

高智商的桑诺甚至会做出一些无异于政治自杀的蠢事,他使用军用飞机以个人名义到处视察,结果触犯众怒。正当他需要有人出面为之辩说时却后院起火,以往受够了桑诺呵斥的手下人纷纷倒戈,落井下石,桑诺的政治生命毁于一旦。

二是孤立偏狭。倾听建议对于成功者来说至关重要,但是,一些聪明人却没有耐心听取比他智商低的人的意见。一般来说,聪明人总爱与聪明人在一起。这也没什么不好,但如果他们画地为牢,自命不凡,排除异见,坏事就要发生了。这其中的一个危险是不愿承认随机应变。当一个小圈子里的聪明人都同意某个计划时,他们就会固执地坚持己见,即使在其他人有足够的证据显示其错误时也是如此。

IBM公司有过一个惨痛的教训。几十年来,该公司几乎垄断了整个电脑业。然而,当商用电脑市场衰退,顾客兴趣转向更轻便廉价的机型时,IBM的高层决策者们却对这一变化视若不见,对下层的建议也置之不理,结果却是个人电脑异军突起,IBM公司在过去几年中为此损失了70多亿美元。

三是无所不能。许多高智商者往往无视一个极简单的道理:在某一领域显露出的才华并不能确保你在其他方面也很成功。

维克多·加姆是哈佛商学院毕业生,靠推销小电器挣了百万巨款。1988年,加姆买下了"新英格兰爱国者球队",可要经营一个人事纷杂的足球队与推销电动剃须刀完全是两码事。果然,加姆接手球队后就频频失利,随后又因球员对一名女记者的性骚扰而闹得沸沸扬扬，球队因此名声大跌。等到加姆从中脱身时，他已经赔进了几百万美元。

那些卓有成就的人士和真正聪明的成功者都能明了这些失误所蕴含的教训。他们乐于倾听他人意见，寻找规律，决不自以为是，他们遇事深思熟虑，也深知自己才智的限度。

山姆·沃尔顿就是一位真正的商业才子，这位以 5 美元起家到如今拥有 550 亿美元的沃尔玛王国的商界大亨，从不满足于呆在他的公司总部里，而是坐着他的飞机到各地去考查他的那些为数众多的连锁店，他能耐心倾听各种各样的"同事"（他称雇员为"同事"）们的意见，甚至常常亲自站柜台将商品装在购物袋里递给顾客。

"我们并不精明，我们只是能根据意见善于变化而已。"这是老沃尔顿留下的一句箴言。

★ 大智若愚，用晦如明

堕肢体，黜聪明，离形去知，同于大通，此谓"坐忘"。

——《庄子·大宗师》

庄子肯定读过《论语》，他知道孔子最喜欢学生颜回，所以在他的笔下，颜回与孔子的对话非常多。有一次，颜回对孔子说："我'坐忘'了。"孔子惊奇不安地问："什么叫'坐忘'？"颜回答道："毁废了强健的肢体，退除了灵敏的听觉和清晰的视力，脱离了身躯并抛弃了智慧，从而与大道浑同相通为一体，这就叫静坐心空、物我两忘的'坐忘'。"孔子赞叹道："与万物同一就没有偏好，顺应变化就不执滞常理。你果真成了贤人啊！我作为老师也希望能跟随你学习而步你的后尘。"

在道家眼里，最聪明的人看不出聪明，因为他忘记了聪明，反而显得有些愚蠢，甚至是个蠢而无用的人。《庄子·人间世》中写到南伯子綦在商丘一带游乐，他看见长着一棵出奇的大树，即使车马连结一千辆，也可以在大树的树荫下歇息。子綦自语道："这是什么树呢？这树一定有特异的材质啊！"

他仰头观看大树的树枝，弯弯扭扭的树枝并不可以用来做栋梁；低头观看大树的主干，树心直到表皮旋着裂口并不可以用来做棺椁；用舌舔一舔树叶，口舌溃烂受伤；用鼻闻一闻气味，使人像喝多了酒，三天三夜还醒不过来。子綦感叹道："这果真是什么用处

也没有的树木，以至长到这么高大。唉，精神世界完全超脱物外的'神人'，就像这不成材的树木啊！"

在现实生活中，人人都想表现得聪明一些，装傻似乎是很难的。装傻需要有傻的胸怀和风度，既能够愚，又愚得起。《菜根谭》说："鹰立如睡，虎行似病。"意思是讲，老鹰站在那里像是睡着了，老虎走路时像是有病的模样，而这其实是它们猎物前的准备，是一种手段。所以真正有才德的人要做到不炫耀、不显露才华，这样才能很好地保护自己。

大将韩信是汉朝的第一功臣，在汉中献计出兵陈仓，平定三秦，率军破魏，俘获魏王豹；破赵，斩成安君，捉住赵王歇；收降燕，扫荡齐，力挫楚军，直至最后垓下消灭项羽，也主要靠他率军前来合围。

司马迁说，汉朝的天下，三分之二是韩信打下来的。但是韩信功高震主，又不能谦逊处世，看到曾经是他部下的曹参、灌婴、张苍、傅宽都分土列侯，与自己平起平坐，心中难免矜功不平。樊哙是一员猛将，又是刘邦的连襟，每次韩信访问他，他都是"拜迎送"，但韩信一出门，总要说："我今天倒与这样的人为伍！"韩信自傲到如此地步，全然没有当年甘受胯下之辱的情形，最终他一步步走上了绝路。后人评价说，如果韩信不矜功自傲，不与刘邦讨价还价，而是自隐其功，谦逊退避，刘邦再阴毒大概也不会对他下手吧。

孔子年轻的时候，曾经受教于老子。当年老子曾对他讲："良贾深藏若虚，君子盛德容貌若愚。"意思是善于做生意的商人，总是隐藏其宝货，不令人轻易见之；而君子之人，品德高尚，而容貌却显得愚笨。这是告诫人们，过分炫耀自己的能力，将欲望或精力不加节制地滥用，是毫无益处的。

俗话说，"满招损，谦受益"，才华出众而又喜欢自我炫耀的人，必然会招致别人的反感，吃大亏而不自知。所以，无论才能有多高，都要善于隐匿，即达到表面上看似没有，实则充满的境界。

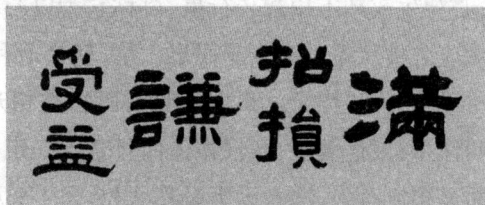

满招损，谦受益

1805 年，拿破仑乘胜追击俄军到了关键的决战时刻。此时，沙皇亚历山大见自己的近卫军和增援部队到来，便不想撤退而与法军决战。库图佐夫劝他继续撤退，等待普鲁士军队参加反法战争。此时拿破仑知道了俄军内部的意见分歧，害怕库图佐夫一旦说服沙皇，就会失去战机，于是装出一见俄军增援到来就害怕的样子，停止追击，派人求和，愿意接受一部分屈辱条件。这更加刺激了沙皇，以为拿破仑如果不是走投无路，这样傲慢的人决不会主动求和，因此断定现在正是回师大败拿破仑的时机，于是不听库图佐夫的意见，向法军展开进攻，结果落入了法军的圈套,被法军打得狼狈不堪。

所以说,聪明不露相,才会有任重道远的力量。这就是所谓的"堕肢体,黜聪明,离形去知",也即是"装傻示愚,用晦如明"。

★内心清楚,表面糊涂

知其愚者,非大愚也;知其惑者,非大惑也。

——《庄子·天地》

人是有聪明和愚昧之分的。庄子认为,知道自己愚昧的人,并不是最大的愚昧;知道自己迷惑的人,并不是最大的迷惑。最迷惑的人,一辈子也不会醒悟;最愚昧的人,一辈子也不会明白。

现实中为什么有些愚昧的人,却生活得不错呢? 俗话说:"傻人有傻人福。"难道真的是命运使然? 庄子注意到了群体对个人的作用,他说,三个人在一起行走其中一个人迷惑,所要去的地方还是可以到达的,因为迷惑的人毕竟要少些;三个人中有两人迷惑就徒劳而不能到达,因为迷惑的人占优势。如今天下人全都迷惑不解,我即使祈求导向,也不可能有所帮助,这不令人可悲吗?

人的聪愚,是性决定的,性清者明,性浊者愚。所以庄子希望人们以恬静来调养心智;心智生成却不用智巧行事,可称它为以心智调养恬静。心智和恬静交相调治,因而谐和顺应之情从本性中表露而出。德,就是谐和;道,就是顺应。德无所不容,就叫作仁;道无所不顺,就叫作义。义理彰明因而物类相亲,就叫作忠;心中淳厚朴实而且返归本真,就叫作乐;诚信著显、容仪得体而且合于一定礼仪的节度和表征,就叫作礼。礼乐偏执一方而又多方有失,那么天下必然大乱了。各人自我端正而且敛藏自己的德行,德行也就不会冒犯他人,德行冒犯他人那么万物必将失却自己的本性。

如果一个人内心本来很清楚,却要表面上装糊涂,这的确是件很困难的事,非有大智慧者不能办到。而做到了这一点,在处世中绝对是有妙用的,这就是所谓的"清楚之糊涂",跟庄子所赞赏的"知愚非愚"几乎如出一辙。内心本来是"清清楚楚"的,为了实际的需要,却要在外人面前表现出"含含糊糊"的姿态,也许更加有助于达到"圆通"的境界,这也是高层管理者常用的管理智慧。

在企业谈判中,有人运用这一套虚与委蛇的功夫,堪称炉火纯青。首先,我方的原则和底线是不能含糊的,必须"清清楚楚"地加以把握,在此基础上,"含含糊糊"地东拉西

国学智慧全书

道学智慧

扯,使对方弄不明白我方的真正用意,能把对方侃晕了最好。如此一来,往往容易达成目标。对管理者来说,这是一种常见的战术。

充分运用"清楚之糊涂"的技巧,会有许多意想不到的收获,也不失为一种保全自己的手段。例如三国时期的司马懿,本来是个老谋深算、绝顶聪明的人,却总喜欢装糊涂。当年他在五丈原,凭借一套大智若愚、软磨硬泡的阴鸷功夫,终于拖垮了老对手诸葛亮,居功至伟,权倾一时。正因其功高震主,终引起同僚的妒忌和朝廷的猜疑。在这种情况下,司马懿干脆装起糊涂来,以病重为由长期在家休假,给人制造一种他行将就木的假象。但他的对头们还是不放心,派了个人以慰问病情为由刺探司马懿的虚实。司马懿干脆将计就计、顺水推舟,真的装出一副日薄西山、气息奄奄、病入膏肓的样子,于是假戏真做,演出了一幕生动的话剧。在司马懿的策划下,来人果然被蒙骗过去了,回去就说司马懿病势沉重,将不久于人世,于是司马懿的政敌们放松了警惕。就在这个时候,司马懿暗中培植羽翼、广罗亲信,神不知鬼不觉地布置自己的两个儿子抓住了京师禁军大权。后来瞅准了一个时机,发动了"高平陵之变",几乎将曹家的势力一网打尽,至此魏国军政大权尽数落在司马氏手中。

古今中外,无论是政治、军事、外交、管理,都有不少人使用"清楚之糊涂"的招术。20世纪80年代,日本爆发了一场臭名昭著的洛克希德丑闻案,连前首相田中角荣也卷入其中,顿时他的声望在日本一落千丈。正当日本人充分鄙视田中角荣的时候,中国友人则相继前往慰问,还不断提及他为促成中日邦交正常化所做的贡献。对不明就里的人来说,也许中国人的这种做法相当不合时宜,但细细品味,这也未尝不是高明的政治智慧。中国人一向很鄙夷"落井下石",同时也大力宣扬"饮水思源",把"雪中送炭"作为美德,在这件事中,三者正好都得到了充分的体现。

田中角荣接受贿赂,是不正当的行为,这一点中国人心中当然是清楚的;但由于他作为中国人民的老朋友,我们不可能不表示关切,于是就"含含糊糊"地表示一下高度的关切,也清楚地表明了我们功过是非恩怨分明的态度,实在是一举多得,这就叫作"知愚非愚"。

★自作聪明会招来麻烦

非其事而事之,谓之摠;莫之顾而进之,谓之佞;希意道言,谓之谄;不择是非而言,谓之谀;好言人之恶,谓之谗;析交离亲,谓之贼;称誉诈伪以败恶人,谓之慝;不择善否,两容频适,偷拔其所欲,谓之险。

——《庄子·渔父》

庄子从所谓的聪明人身上发现了"八种毛病":

一是揽,不是自己职分以内的事也兜着去做;二是佞,没人理会也说个没完;三是谄,迎合对方顺引话意;四是谀,不辨是非巴结奉承;五是谗,喜欢背地说人坏话;六是害,离间故交挑拨亲友;七是慝,称誉伪诈败坏他人;八是险,不分善恶美丑,好坏兼容而脸色随应相适,暗暗攫取合于己意的东西。

有这八种毛病的人,外能迷乱他人,内则伤害自身,因而有道德修养的人不和他们交往,圣明的君主不以他们为臣。并且庄子还说了这八种毛病会带来"四种祸患":

一是喜欢管理国家大事,随意变更常规常态,用以钓取功名,称作贪得无厌;二是自恃聪明专行独断,侵害他人刚愎自用,称作利欲熏心;三是知过不改,听到劝说却越错越多,称作犟头犟脑;四是跟自己相同就认可,跟自己不同即使是好的也认为不好,称作自负矜夸。

还有一种自作聪明的人喜欢抬杠,搭上话就针锋相对,无论别人说什么,他总要加以反驳,其实他自己一点主见也没有。不过,当你说"是"时,他一定要说"否",当你说"否"的时候,他又说"是"了。这是一种极坏的习惯,事事要占上风。

即使你真的比别人见识多,也不应该以这种态度去和别人说话。说话和做事不为对方留一点余地的人,好像要把对方逼得无路可走才心满意足。这种不良习惯会使一个人自绝于朋友和同事,没有人愿意给他提意见或建议,更不敢向他提一点忠告。他本来是一个很好的人,但不幸染上了这种坏习惯,朋友、同事们都离他远去了。唯一改善的方法是养成尊重别人的习惯,首先自己要明白,在日常谈论中,个人的意见未必是正确的,而别人的意见也未必就是错的,把双方的意见综合起来,自己至少有一半是对的。

那么,为什么有人每次都要反驳别人呢?大概有这种习惯的人当中,聪明者居多,或者是些自作聪明的人,也许他太热心,想提出更高超的见解,他以为这样可以使人敬佩自己,但事实上却完全错了。一些平凡的事情,是没有必要费心做高深地研究的,既然不是在研究讨论问题,又何必在一些琐碎的事情上固执己见呢?

聪明人应该注意,在轻松的谈话中,不可太认真了。别人和你谈话,他根本没有准备请你说教,大家只是说说罢了。如果你硬要自作聪明,拿出更高超的见解,对方也决不会乐意接受的。所以,你不可以随时摆出像要教训别人的神气。

当你的同事向你提出建议时,你若不能立刻表示赞同,但起码要表示可以考虑,不可

马上反驳。假如你的朋友和你聊天,那你更应注意,太多的执拗能把有趣的谈话变得枯燥乏味。

如果别人真的犯了错误,而又不肯接受批评或劝告时,你也不要急于求成,不妨后退一步,把时间延长一些,隔几天再谈,否则,大家固执己见不但不能解决问题,反而伤害了彼此的感情。

因此,你要放弃"聪明",为人谦虚一些,什么事考虑一下别人的意见,不要做一个固执的人,而应让人们都觉得你是一个可以交谈的人。

大量事实说明,人们谈话时都有一个目的,想知道别人对某件事的看法是否和自己相同。他们希望别人也能和自己一样对某件事情有相同看法。如果别人的看法与自己的看法略有不同或大不相同,你也应该显得对此很有兴趣。

如果双方的意见一致,你就会感到一种同情的安慰;如果发现双方的意见有差异,你也会感到这是一种刺激,因而引起双方的争论。因而,当你听到别人的意见和你一样时,你要立刻表示赞同。不要以为这样做会被人认为你是随声附和,因而就不吭声了。不吭声,虽然不会被人误解为随声附和,却也容易使人认为你并不同意他的意见。

★ 聪明不等于圆滑

鱼相忘乎江湖,人相忘乎道术。

——《庄子·大宗师》

庄子有时会把孔子写成一个没有"悟道"的人。《齐物论》中写到瞿鹊子请教于长梧子,他说:"我从孔夫子那里听到这样的谈论:圣人不从事琐细的事务,不追逐私利,不回避灾害,不喜好贪求,不因循成规;没说什么又好像说了些什么,说了些什么又好像什么也没有说,因而遨游于世俗之外。孔夫子认为这些都是轻率不当的言论,而我却认为是精妙之道的实践和体现。先生你认为怎么样呢?"长梧子说:"这些话黄帝也会疑惑不解的,而孔丘怎么能够知晓呢!而且你也谋虑得太早,就好像见到鸡蛋便想立即得到报晓的公鸡,见到弹子便想立即获取烤熟的斑鸠肉……"

长梧子的话就是庄子的话,这分明是挖苦孔子无知,可转而孔子又成了一个"悟道"的人,如《大宗师》中子贡向孔子问"道"。孔子回答:"成为鱼在于水,成为人在于道。造于水的鱼,挖个池子养活,得到道术的人,就会无所事事而性情安定。所以说:'鱼相忘于江湖之中,人相忘于道术之中。'"

现在如果有人把孔子这样折腾来折腾去,一定被经院学者视为"恶搞"。

不管怎样,庄子是个很有风趣的人,他不像法家、墨家批评儒家,直接进行理论交锋,而庄子让孔子作为一个活生生的人,在自己的笔下既做学生,又当老师,让儒家代表人物受道家思想的洗礼,好不快哉!

也有人认为庄子的思想不是使人消极,而是使人从"顺应自然"变为"见风使舵"的圆滑。庄子时时用"圣人"与"真人"做对比,圣人实在过于聪明,而"真人"又太过于"愚蠢"了。太过聪明的圣人,运用手段,行使法术,玩弄愚蠢的"真人",还有谁敢做"真人"?

殊不知,庄子是要求人们用智慧的方法去保养天性的宁静,用天性的宁静去开启智慧的方法,合乎自然,而仁义礼智信三纲五常无所不在其中。人之生活无不自然而然,顺其本性,则天性不待修缮而自然完美。如果是强行礼乐教化,那么天下就不会安宁了,人类的本性也就丧失了,很多聪明人会变成圆滑的人。聪明不等于圆滑,真正聪明的人是按规律行事,不走歪门邪道。

现在精明的商人随处可见,举个例子,有个老板在某城做生意,针对当地消费者的精明特点,好打价格战。如果是新客户,第一次报价非常低,低得让顾客不回头都不行。结果,做成第一笔生意后,赚钱就从第二次的回头开始了。这个老板请客,在等菜上齐、开始喝酒之前,不是给客人上一盆开口羹或开口菜,而是先上一盆香喷喷的主食。对此,他有两种解释,一说是让客人吃饱肚子再喝酒,不伤身体;另一说是让客人吃饱,就不会出现菜不够吃的尴尬局面,撑足了主人的面子。这就是商人的精明。

不过,精明过头了就会让人觉得圆滑。而人际交往中,最怕被别人看出圆滑,因为谁也不愿意与圆滑的人打交道。

松下幸之助曾接到一封从北海道札幌市寄来的信件,内容大致如下:"我是一位眼镜商人,前几天,在杂志上看到了您的照片。因为您所戴的眼镜不大适合您的脸形,希望我能为您服务,替您配副好眼镜。"

松下幸之助认为这位特地从北海道写信给自己的人,必定是位非常热心的商人,于是便寄了一张谢函给他,后来便将这件事情忘得一干二净。由于应邀到札幌市演讲,松下幸之助来到北海道。在他演讲完毕之后,那位曾寄信给松下的眼镜商人立刻要求与他见面。商人的年纪大约在 70 岁左右,他对松下说:"您的眼镜跟那时候的差不多,请让我替您另配一副吧。"松下听了着实吃了一惊,被对方的热忱所感动,于是便说:"一切就拜托您了,我会戴上您为我配的眼镜。"

那天晚上,松下在旅馆的大厅跟四五个人洽谈商务,那位商人再度来找他,并且不断地找话题与他聊天。大约花了一个钟头,才完成测量脸部的平衡,戴眼镜的舒适感,以及检查现在所使用的眼镜度数等工作,并且言明 16 天之后将眼镜送来。临别时,他对松下说:"您所戴的眼镜好像是很久以前配的,说不定您现在的视力已经改变了。假如不麻烦的话,请您驾临本店一趟,只要花费 10 分钟的时间就可以了。"因为 10 分钟并不妨碍松下的行程,于是松下跟他约好在回大阪之前,去他的店铺拜访。

第二天,临去飞机场之前,松下来到了商人的店铺。

当松下走近一瞧,吓了一跳。那间店铺位于札幌市类似东京银座或是心斋桥的繁华街道上,站在店铺之前,宛如置身眼镜百货公司的感觉。当松下被招待进入店内之后,店里大约有 30 位客人正看着大型电视机,耐心地等待着。这里的一切检验装置,都是世界上最精密的仪器。这的确是一家不同凡响的眼镜行。

尤其让松下佩服的则是那些只有在 20 世纪二三十年代才看得见的年轻店员的举止。当时店内大约有 30 位客人,可是,他们那种敏捷的动作,以及待人周到的礼仪,的确让人信服,那位老板如松鼠般在店内四处穿梭不停。

不错,这的确是做生意必须具备的作风。松下的内心不禁对商人钦佩万分,于是走近他的身边说:"您的工作这么繁忙,竟然在看到杂志之后,马上写信给我,我认为您的用意不只是为了做生意,到底有什么原因呢?"

老板笑着说:"因为您经常出国,假若戴着那副眼镜出国,外国人会误以为日本没有好的眼镜行。为了避免日本受到这种低估,所以我才写信给您。"

听了这番话后,松下感到对方的铜臭味一扫而光,这位精明的商人的经商理念让他非常感动。后来松下写下这件事:"我更开阔了视野,提高了思考能力,直觉地认为他是世界一流的眼镜商。就这么回去,似乎说不过去,于是我将一架新型的手提收音机留下来当礼物。相隔 10 年才有北海道之行,却订制了三四年未曾改变的眼镜,而且怀着不得不馈赠礼物的心理,这种巧妙地突破常理的生意手腕,你认为如何呢?"

很明显的,松下"相忘道术",非常钦佩那位商人的坚定信念,没有认为对方圆滑,他已被对方那种处处为他人着想的观念和热忱所折服。

★巧妙地装傻是精明

夫不自见而见彼,不自得而得彼者,是得人之得而不自得其得者也,适人之适而不自适其适者也。

——《庄子·骈拇》

庄子说,我所说的聪明,不是说能听到别人什么,而是指能够内审自己罢了;我所说的视觉敏锐,不是说能看见别人什么,而是指能够看清自己罢了;不能看清自己而只能看清别人,不能安于自得而向别人索求的人,这就是索求别人之所得而不能安于自己所应得的人,也就是贪图达到别人所达到而不能安于自己所应达到的境界的人:贪图达到别人所达到而不安于自己所应达到的境界,无论盗跖与伯夷,都同样是滞乱邪恶的。

在庄子生活的时代,一群自以为很聪明的人,总是说些叫人不安的话,做些有损于老百姓利益的事,他们对国家、对社会和对人民的行为常常越轨,使人们讨厌他们。庄子冷眼旁观,然后说,一个没有了真正自我的人,一个丧失了生命原则的人,一个充满了欲望追求的人,可以称为世俗之人;在同样一个没有办法分辨真理与谬论的时代,一切事物都显得真假难辨,高明和愚蠢也往往颠倒了位置;飞黄腾达的人实在是些唯利是图的小人,雄心勃勃的人也大多是包藏祸心的野心家!

人们不管本身是机巧奸猾还是忠直厚道,几乎都喜欢傻呵呵不会弄巧的人,这并不以人的性情为转移,因此,要达到自己的目标没有既见己又见彼的目光是不行的。

现实生活告诉我们,在为人处世中要学会收藏锋芒,懂得藏巧,不为人所识破,也就是"聪明而愚"。

美国波士顿有一家颇有特色的饭店,凡来饭店就餐的顾客,都开具发票并记下顾客的地址、姓名,到了年底,老板再从顾客消费带来的纯利润中抽出 10% 作为回报,退汇给一些顾客,并附简单说明。已经到手的利润再拱手送还他人似是蠢举,但实际上这才是真正的高明。收到返汇回来的钱后,顾客们先是大感意外,继而又大受感动,便免不了把它当作新闻向亲朋好友传播,无形中充当了这家饭店的义务宣传员,这样,这家饭店又增加了新顾客,从而财源滚滚,这比花大价钱去登广告强多了。

在美国的亚特兰大石头公园,公示牌上显示的游览收费标准是坐缆车收费 12 美元,

游遍全公园所有 26 个景点和项目收费 8 美元。公园之所以定出这样貌似愚蠢的价格,是经过了极其科学和精密的计算:一位游客如果坐缆车从上到下约需 20 分钟,这类游客一般都不会在公园内吃饭、购物,所以,公园从这类游客身上并不能获得多少收益,故价格就定得高一些,目的是让游客望而止步;而游客选择游遍全园 26 个景点项目,就需要一天的时间,这样,就得在公园内吃饭,还会购物,公园的收入就会大幅度增长,所以才把此项价格定得特低以此来吸引游客。

有一个经营石头的商人,靠炸山石卖石头赚钱,每年的利润高达几百万美元。他把这些利润变成投资,逐年把石场周围的土地买下一大片,并一直让它闲置。而他买下土地的目的,是为了斩断房地产开发商在石场周围建房盖楼的念头。一旦石场周围建房盖楼后,就会住进许多住户,住户们就会联合起来投诉石场的爆破声扰民,石场便很可能被禁止开采,断了老板的财路,所以石场主才不惜投入重金以绝后患。

石场主看上去傻,实际上是精明。所以,为人处事要跳出某种思维定式,变换一下观察事物的角度,纵观事物的全貌,事物往往就会是另外一种模样,另外一种结果。

第六章 善用人：把有能力的人放在身边

★爱才之心要真实

贼莫大乎德有心而心有睫，及其有睫也而内视，内视而败矣。

——《庄子·列御寇》

庄子和老子一样，都认为"善用人者为之下"，怎样用人？庄子说："原天地之美而达万物之理。"用人，就得对人才进行观察。儒道两家观察人才的着眼点不同，孔子的着眼点是"忠、敬、能、知、信、仁、节、色"，他说："君子远使之而观其忠，近使之而观其敬，烦使之而观其能，卒然问焉而观其知，急与之期而观其信，委之以财而观其仁，告之以危而观其节，醉之以酒而观其侧，杂之以处而观其色。"

庄子显然不赞同这种观察法，因为如果观察者自身不忠、不敬、不能、不知、不信、不仁、无节、好色等怎么办？所以他认为，最大的祸害莫过于有意培养德行而且有心眼，等到有了心眼就会以意度事主观臆断，而主观臆断必定导致失败。

曹操、刘备等人由于善用人才而三分天下，历代有作为的从政者们，都是由于自身的谦下，而获得了无数英雄们的追随和拥戴，并为其竭尽全力。袁绍身边的人才也很多，可他只有爱才之名，而无爱才之实。对他来说，人才是一种摆设，当田丰为其出谋划策时，

曹操

他反而杀了他，听不进别人的意见，结果导致官渡之战惨败。企业竞争也是一样，领导者

是用能力不如自己的人,还是用能力比自己强的人,是用战略型人才,还是用专业人才,这些都取决于他的眼光和智慧,还有其内在的修养。

"德无私心",领导者最重要的特质是能容人,使人们愿意跟随他。领导者不在于强迫别人去执行自己的意志,而是让别人为了自己而努力,却又能协助完成领导想要他去做的工作。如果一个领导者样样都能干,下属却很无能,这样反而会累死领导本人。如果领导者能适当表现出"无能",或许能够让下属更好地发挥他们的能力。

有远见卓识的领导者,都深知选贤任能是领导者的第一要务。一个人做到爱才惜才,那么"天下乐推而不厌",都愿意接受他的领导。战国时期的齐威王,曾把人才誉为"国宝";美国钢铁工业之父卡内基则满怀拥有人才的自信,声称"即使将我所有的工厂、设备、市场、资金全部夺去,但是只要保留我的组织和人员,四年以后,我仍将是一个钢铁大王"。

1923年,美国福特公司一台大型电机发生故障,停止运转。公司召集所有工程师会诊都不能排除故障。经人推荐,一家小公司的职员——移居美国的德国人斯特曼斯排除了故障,使电机正常运转。公司总裁福特当即付给他酬金1万美元,并执意挽留他在福特公司工作。斯特曼斯说他的公司待他很好,不忍离开。福特立即说:"我把你整个公司都买下来。"为选到一个人才而愿买下一家公司,其爱才之心是何等感人!

庄子说,"贵以身于为天下,则可以托天下;爱以身于为天下,则可以寄天下。"用人,不能仅仅凭"第一印象"如容貌、资历、言谈等取人;要正确对待亲情关系的负效应,不可任人唯亲,搞小团体、小宗派,排挤异己;不可因某人是某领导的亲戚、朋友等,就对其不加考察而委以重任;不可因某人善阿谀奉承就盲目肯定,某人敢直言进谏就轻易将其否定;不可因突然做了一件好事就对一贯表现不好的人刮目相看,或者因突然犯了一个错误就将一贯表现好的人打入另册。

★对人才最大的支持是信任

不修之身而求之人,不亦外乎!

——《庄子·渔父》

庄子想,你孔先生不是说"三人行必我师"吗?好,我让你在《庄子》中老老实实地当学生!于是,许多人都教导起孔子,种菜的呀,打鱼的呀,等等。渔父对孔子说:"认真修养你的身心，谨慎地保持你的真性，把身外之物还与他人，那么也就没有什么拘系和累赘了。如今你不修养自身反而要求他人，这不是本末颠倒了吗？”

在任何一个组织内部，相互信赖是工作的基础；在任何组织与组织之间，相互信赖也是其合作的基础；对于一个领导而言，信任就是用人的基石。

领导者对所用之人充分信任，大胆地放手让他工作，使他独立地负起责任，这样就做到了“用人不疑”，从而使被用之人产生心理上的安全感，使其积极性得到充分发挥。同时，对下属的信任也培养了下属对自己的情感，从而产生一种向心力，使得上下和谐一致。

领导者用人而不予以相应的信任，处处猜忌，予以控制，很难想象被任用的人还会心情愉快地工作，还会有很高的积极性去完成工作。当他感觉到你的不信任之后，你也很难苛求他会对你很忠诚，会为你尽心尽力地办事。

《资治通鉴·唐纪》记载：有人向李世民告发魏征结党营私，李世民就派御史大夫去查办。几天后，魏征朝见老总时说：“您应当知道，国家的命运与你我是联系在一起的，您把相位交给我，是相信我会诚心诚意地治国，如果我们之间存有疑忌，那么，我们怎么能治理好国家呢？”李世民醒悟，承认了错误。可见，“用人不疑”是古今明哲共同的见解，可见信任在用人中是多么重要。

三国时的孙策，十几岁就统率千军万马，横扫江东，几年的时间干出了一番轰轰烈烈的事业，他在用人上最值得称道的就是信任。他以对下级的信任，换取了下级的忠勇。可以说，如果没有信任，他是不可能取得那么大的成就的。史书上记载：“策为人，美姿颜，好笑语，性阔达听受，善于用人，是以士民见者，莫不尽心，乐为致死。”

孙策对太史慈的重用，再清楚不过地表明了他对下属的充分信任，这信任产生了良好效果。当刘繇被孙策杀得大败，一万多兵马逃散四方的时候，孙策派太史慈去招纳刘繇的部下。这时身边的人都担心太史慈会恋旧主而一去不返，而孙策却说：“太史慈不是那种人，你们放心好了。”并亲自为太史慈设宴送行，握住他的手问：“何时能完成任务？”太史慈说：“不过两个月。”果然，过了 50 多天，太史慈就率领着浩浩荡荡的队伍回到了孙营。

可见，信任能换回下属对领导的忠诚，能促使他们死心塌地地工作，能最大限度地去发挥其才能。

李世民即位后，任房玄龄为宰相，晋爵邢国公，赐封 1300 户。李世民的叔父，淮安王李神通，对厚封房玄龄心中不服，他对李世民说：“刚起兵时，是我首先率兵相随的。今房玄龄之类刀笔吏，反而功居第一，臣心不服！”李世民回答道：“今计功行赏，玄龄等有筹谋

帷幄、定社稷之功,就如同汉之萧何,虽不冲锋陷阵,但能帮助朕指陈方向,把握重心,所以得功居第一。叔父您虽是皇亲,朕也不能因私照顾,滥与功臣同赏呀!"李神通词穷而退。

贞观十三年,李世民拜房玄龄为太子少师,三年后又进拜司空,令其监修国史。房玄龄上表辞官不就,李世民挽留他说:"过去张良让位,窦融辞官,是自惧盈满,知进能退,所以受到人们的赞美。您也想向他们学习,诚可嘉勉,然而您久居相位,为国辛劳,一朝忽无良相,如失两手。您若身体不衰,还是不要辞让吧。"房玄龄只好继续任职。

贞观十七年,李世民亲征辽东,令房玄龄留守京城。手诏说:"有分当萧何之任,朕无后顾之忧了!"房玄龄积极筹措作战装备、粮秣器械,保证了前方的作战需要。

松下幸之助说过:"用人的关键在于信赖。如果对同僚处处设防,半信半疑,则将会损害事业的发展,要得心应手地用人,就必须信任到底,委以全责。"

"修身"才能"求人",领导只有对所用人予以充分的信任,并让其感受到你对他的这种信任,你才能激发其积极性和创造性,从而才能达到努力获取最大人才效益的目的。

★用好没有"长处"的人

國學智慧全書

庄子

长者不为有余,短者不为不足。是故凫胫虽短,续之则忧;鹤胫虽长,断之则悲。故性长非所断,性短非所续,无所去忧也。

——《庄子·骈拇》

凫胫虽短,它本来就是那么短,如果人为地加长它,反而没有好处;鹤胫虽长,它本来就是那么长,如果人为地缩短它,反而是对鹤的伤害。这里,庄子用了"性长""性短"的说法,说明庄子所谓的"性"的确指的是事物的本来状态。

庄子揭示了事物的特殊性与矛盾性,没有绝对的长短、高下,正所谓"尺有所短,寸有所长",把一个人放在恰当的位置,会令他的短处变成长处,这就是领导者用人的智慧了。

惠子对庄子说:"魏王送我一种大葫芦的种子,我把它种在地里,成长而结出的葫芦有五石的容量;用来盛水,它的坚硬程度却不能胜任;把它锯开来做瓢,却又没有那么大的水缸可以容纳。它不是不大,我认为它没有什么用处,就把它砸碎了。"

庄子听罢,讲了一个故事:"这是你不会使用大的东西啊!宋国有一个人,善于制造不龟裂手的药物,他家世世代代以漂丝絮为业。有个客人听说了,愿意出百金收买他的药方。于是集合全家人来商量说:'我家世世代代以漂丝絮为业,所得不过数金;现今卖出这个药方,立刻可得百金,我看还是卖了吧。'这位客人得了这个药方,去游说吴王。这时越国正有困难,吴王就派他为将,率兵在冬天跟越国水战,因为有不龟裂手的药,大败越国;吴王就划分了土地封赏给他。同是一个不龟裂手的药方,有人因此得到封赏,有人却只是用来漂洗丝絮,这就是使用方法的不同。现在你有五石容量的葫芦,为什么就不想到把它作为舟而浮游于江湖之上?只是愁它大得无处容纳,可见你的心如茅塞一般没有开通啊!"

曹操在建安19年下了《敕有司取士毋废偏短令》,令中提出对于某些有缺点的贤能之士,也要同样予以任用,并强调说:"人有某些缺点,在所难免,能因此就不用他们吗?选官的人员如果明白了这一点,那么,有才之士被埋没的可能性就会大大减少。"曹操对那些"或堪为将军,负污辱之名,见笑之行;或不仁不孝,而有治国用兵之术"的人加以重用,如郭嘉等人的名声都不太好,杜畿这个人则是简傲少文,但这些谋略人物"皆以智谋举之,终各显名"。

汉初三杰之一的陈平在佐助刘邦定国安邦方面做出了重要贡献,但在他被刘邦封为都尉的当天,就有人告他受贿,刘邦开始对陈有疑虑,亏得魏无知及时解释:"现在楚汉相争,陈平是有利于决胜负的奇谋之士,怎么能因受贿的毛病,就不大胆地使用他呢?"刘邦给陈平位加一等,大胆使用,以大局为重,容纳小过。陈平后来"凡六出奇计,辄益邑,凡六益封",刘邦用他的计谋,战胜了项羽,建立了大汉政权。

时迁

清朝有位军事家叫杨时斋,就很善于用人之"短"。他认为,军营中无人不可用,聋者,宜给左右使唤;哑者,令其传递密信;跛者,令其守坐放炮。杨将军深知,聋者因耳塞少听可免漏军情,哑者守口如瓶可免通风报信,跛者艰于行走而善坐……杨将军明白"长兮短之所倚,短兮长之所伏"的道理,用人用出了名堂,把每个人都派上了用场。军队作为执行特殊任务的武装集团,尚无不可用之人,那么,作为一个单位、部门和企业呢?领导者应学会量体裁衣,量才录用。

《水浒传》上梁山108条好汉中,"鼓上蚤"时迁没有什么武功,如果仅凭打的本事吃饭,他小子只会被人揍扁,但

是当他落入敌营后，宋江积极营救，一表示他讲义气，大家都是兄弟，作为大哥，不能冷一个热一个；二是宋江知道时迁的"短处"正是他的长处，他会翻墙逾壁偷鸡摸狗——让他好好地发挥一下，去挖墙入室窃取情报，潜入敌营纵火烧城。

要想做到"短者不忧"，就得把一个人的"短处"用好了。有一家公司的领导，他在注重用人之长的同时，也千方百计用人之"短"，特意派那爱"吹毛求疵"的人担任厂里的质量监督员，让那"谨小慎微"的人当安全生产监督员，让"爱讲怪话"的人当厂纪检监察员，让"斤斤计较"的人当仓库验收员。这些平时被人瞧不起的人在企业里都有了自己的用武之地，他们各司其职，各负其责，发挥出不可估量的作用，使得工厂的效益大增。这位厂长感言："作为领导你可以不知道下属的短处，但不能不知道他们的长处。"他相信"人人都是人才"。

用人不在于如何减少人的短处，而在于如何发挥人的长处。作为领导者，不但要善于用人之长，而且还应善于发现和挖掘潜藏短处的优势，大胆取他人之"短"，用他人之"短"。

★ 选拔有能力的人才

官施而不失其宜，拔举而不失其能，毕见其情事而行其所为，行言自为而天下化。

——《庄子·天地》

谆芒向东、向东、再向东，快到东海的时候，他遇到了苑风。苑风问道："你打算去哪儿呢？"谆芒回答道："打算去大海。"苑风又问："去做什么呢？"谆芒说："大海作为一种物象，江河注入它不会满溢，不停地舀取它不会枯竭，所以我要到大海游乐。"

两个人聊了一会儿，谆芒准备离开苑风，却被苑风拉住了。苑风说："我有一个问题请教先生。您无意关心庶民百姓吗？希望能听到圣人之治。"

谆芒笑了笑，回答道："设置官吏施布政令但处处合宜得体；举贤任才而不遗忘一个能人，让每个人都能看清事情的真实情况去做自己应该做的事，行为和谈吐人人都能自觉自动而自然顺化，挥挥手示示意，四方的百姓没有谁不汇聚而来，这就叫圣人之治。"

"拔举而不失其能"，一个团队的发展离不开一帮有能力的人。能力比资历重要。物的变化，由生到灭是自然的规律，人"无可逃于天地之间"，也就是说人逃脱不了自然的法

则。一个人在某方面工作时间长了,自然就积累了诸如技术、管理等方面的经验。庄子认为什么事都是相对的,资历只是反映过去工作的经历,不能说明以后的发展。

联想从1990年开始大量提拔使用年轻人,几乎每年都会有数十名年轻人受到提拔,一直沿用至今。刚开始的时候,多数年轻人一般都在副职的岗位上,由一个资深的联想人担任正职,充当着师傅这样的角色。1990年,联想集团一共有10个大的部门,其中三个部门的主任经理由年轻人担任。在这三个部门里,分别有一至两位资格老一些的联想人担任着副主任经理。在另外七个部门,主任经理的职务皆由老资格联想人担任,但是在他们的身边会有一、二名年轻人担任副主任经理的角色。当时还有一些三级机构,也就是一些小的部门经理,70%以上由年轻人担任。

联想在1990年的组织结构是总裁室、大部门、大部门下的专业部这样三级。50名干部中有20名左右年轻人。从联想当时的情况看,人员的年龄结构存在着一个很大的矛盾,那就是出现年龄断层。它的创业一代联想人从人数上说当时约占总人数的40%,平均年龄在46岁以上,年龄最小的也有40岁以上。另外60%是清一色从学校和社会招聘而来,平均年龄在26岁左右,年龄最大的也不超过30岁。

五年之后,50多岁的老一代不能退居二线,但计算机界的竞争日新月异,柳传志意识到了这一点。因为他不断把年轻人推到前面,一些人派去香港把老的联想人顶替回来,全国各地的分公司总经理全部换上年轻人。他和李勤不断地与老资格的联想人召开各种各样的会议,征求他们对大量使用年轻人的意见。在1990、1991这两年里,关于年轻干部的使用问题,柳传志和李勤遇到了困难。尽管他们在大会、小会上不断地解释为了即将到来的竞争也必须大量提拔年轻人,但是这种声音并不能获得广泛的响应。年轻人没有取得令人信服的业绩,年轻人行为自律能力还不能取得大家的认可。柳传志多一半是运用了他的权威才保证了这一策略的顺利进行。

一个社会,一个组织,一个企业,如果任人只看资历,只看过去的业绩,论资排辈,那就会僵化和凝固,失去朝气蓬勃的生命力,从而停止前进的步伐。只有唯才是用、不拘资历,才能得到真正的人才。

地位、门第、资格不过是一个人的外在标志,反映不出一个人的实际才能,领导在选才时务必冲破门第、资历的误区,只要有才智,品质不错,不管其背景、资格和学历,都可委以重任。让能者先上,大胆提拔能力强、有实干精神的人才,把他们任命到重要的位置上。切忌无论遇到什么大事都是有资历者先上,而对其能力则不管不问的做法。有些领导把资历等同于能力,只相信有资历的人,以致年轻人才在等待中被浪费和埋没了。

庄子说,人性决定了人们对既得利益极为重视,轻易不放弃。一个人资历累积到一

定程度自然不愿放弃自己已有的位置,尽管他的知识已经老化,已不适应社会发展的需要。这使得年轻有为的人难以得到擢升,因为毕竟职位有限。有资历的人在工作中处处得到"关照",没资历的人才能得不到发挥,团队就少一分力量。久而久之,这些人也会另择高枝。

当然,更多领导者反对以资择人,大胆地任用有能力的人,例如,当刘备大军压境之时,孙权大胆地起用年轻有为的儒将陆逊,终使刘备败走白帝城。二战中,罗斯福总统任命艾森豪威尔为"诺曼底登陆战役"的总指挥,就资历而言,他的上面有近二百位职位比他高的将领,但罗斯福用人得当,为二战的胜利赢取了最关键的一战。

用人"不失其能",关键在于排除各种因素的干扰,使用了有才之人,即使自己没主动去选择人才,人才也会主动跑来相助,正如庄子所说的"公而不当,易而无私,决然无主,趣物而不两,不顾于虑,不谋于和,于物无择,与之俱往"。

★不要总是盯着人家的毛病

人而无以先人,无人道也;人而无人道,是之谓陈人。

——《庄子·寓言》

在庄子看来,一个人如果没有什么先于他人的长处,也就缺乏做人之道;一个人如果缺乏做人之道,他就被称作陈腐无用的人。用人者最怕有私心,有私心便瞻前顾后,遮遮掩掩。如果自以为是,刚愎自用,自己做不了反而诋毁别人,那必定是要败亡的。

每个人都有他的长处,也有他的不足之处,就看用人者怎么去看了,庄子说:"鸱目有所适,鹤胫有所节,解之也悲。"栋梁之材可以用来冲击敌城,却不可以用来堵塞洞穴,是由于器物的用处不一样;骏马良驹一天奔驰上千里,捕捉老鼠却不如野猫与黄鼠狼,是由于技能不一样;猫头鹰夜里能抓取小小的跳蚤,细察毫毛之末,可是大白天睁大眼睛也看不见高大的山丘,是由于禀性不一样。所以,领导用人,怎么可以只看人家不足的一面和小小的错误呢?

办大事的人,不计较小事;成就大功业的人,不追究琐事。

战国时卫国的苟变,很有军事才能,能带领五百乘兵,即 37500 人,那时能带领这么多兵,可说有大将之才了。子思到卫国会见卫侯时,向卫侯推荐苟变,卫侯说他知道苟变这人有将才,可是,他当税务官时白白吃了农民的两个鸡蛋,所以不用他。子思听了,要他千万别说出去,不然,各国诸侯听到了会闹笑话。子思指出卫侯这种思想是错误的,认为用人要像木匠用木材一样,"取其所长,去其所短"。今处于战国之世,正需要军事人才,怎能因白白吃两个鸡蛋的小事而不用一员大将呢?因子思的话说到点子上,卫侯的思想这才转过弯来,同意用苟变为将。如果没有子思的推荐和教导,有大将之才的苟变就因白吃两个鸡蛋而被卫侯弃置不用了。

任何事情有好的一面,自然也有存在问题的一面,但是我们应该看其主流。如果只是盯住别人的缺点和问题不放,怎么去团结人,充分发挥人才的积极性呢?金无足赤,人无完人,我们要用的是一个人的才能,不是他的过失,那为什么还总把眼光盯在过失上呢?

现在人们大多了解"木桶原理",而在张瑞敏看来,海尔集团这只"木桶",其他的木板他都可以少管甚至不管,但人才培养是桶底,必须抓住不放。张瑞敏对人才标准的判断是一种训练标准,是一种操作标准,他不太喜欢去衡量一个静止状态的人,因为不动的人虽然毛病不出现,但优点也体现不出,人只有在运动中才是真实的,人的能力在运动中才能展示。他给部下一定的自由,所以他的手下人只需用力去跑,而不必一边跑一边回头看老总的脸色,他只是在觉得手下人对自己的毛病确实没有觉察之后,才选择某个恰当的时机提醒对方,但绝不盯着人家的毛病不放。

庄子说:"世俗之人,皆喜人之同乎己而恶人之异于己也。"高明的领导广泛地招贤纳士,集合起天下有智慧的人为自己服务,进而完成自己的雄心壮志。相反,嫉贤妒能者,因为别人有一点小问题,就置人才于不用,实在很不聪明。

★ 用人要以德为首

勿已则隰朋可。其为人也,上忘而下畔,愧不若黄帝,而哀不己若者。以德分人谓之圣;以财分人谓之贤。以贤临人,未有得人者也;以贤下人,未有不得人者也。其于国有不闻也,其于家有不见也。勿已则隰朋可。

——《庄子·徐无鬼》

周襄王七年(公元前645年),为齐桓公创立霸业呕心沥血的管仲患了重病,齐桓公去探望他,询问他群臣之中谁可以接受相位。

管仲说:"国君应该是最了解臣下的。"

齐桓公："易牙如何？"

管仲："易牙烹其子讨好君主，没有人性。这种人不可接近。"

齐桓公："竖刁如何？"

管仲："竖刁阉割自己伺候君主，不通人情。这种人不可亲近。"

齐桓公："开方如何？"

管仲："开方背弃自己的父母侍奉君主，不近人情。况且他本来是千乘之封的太子，能弃千乘之封，其欲望必然超过千乘。应当远离这种人，若重用必定乱国。"

齐桓公："鲍叔牙如何？"

管仲："鲍叔牙为人清廉纯正，是个真正的君子。但他对于善恶过于分明，一旦知道别人的过失，终身不忘，这是他的短处，不可为相。"

齐桓公："隰朋如何？"

管仲："隰朋对自己要求很高，能做到不耻下问。对不如自己的人哀怜同情；对于国政，不需要他管的他就不打听；对于事务，不需要他了解的，就不过问；别人有些小毛病，他能装作没看见。不得已的话，可择隰朋为相。"

不久管仲病逝。齐桓公不听管仲病榻前的忠言，重用了易牙等三人，结果酿成了一场大悲剧。两年后，齐桓公病重。易牙、竖刁见齐桓公将不久于人世，就开始堵塞宫门，假传君命，不许任何人进去。有两个宫女趁人不备，越墙入宫，探望齐桓公，桓公正饿得发慌，索取食物。宫女便把易牙、竖刁作乱，堵塞宫门，无法供应饮食的情况告诉了齐桓公。桓公仰天长叹，懊悔地说："如死者有知，我有什么面目去见仲父？"说罢，用衣袖遮住脸，活活饿死了。

人人都喜欢亲近自己的人，更相信效忠自己的人，管仲却不是这样。"不以天下大器私其所爱，以杜祸乱之源。"他任人量才量德。齐桓公在用人方面，却以对自己如何为标准，结果导演了一场悲剧。易牙烹子，竖刁委身，开方舍千乘之封，不奔父母之丧，专心事君，看起来是忠臣，实际上，这后面藏有阴谋。人情莫爱于子，莫重于身，莫亲于父母，倘若连儿子、父母、自己都不要，还能有什么道德和良心事人呢？

当今社会，做官也罢，做企业也罢，都要防止易牙、竖刁、开方这种无德之人。

企业员工道德品质的好坏直接影响到企业的整体素质，一个员工有能力，但无德，迟

齐桓公

庄 子

早会给企业带来极大的损害。

某企业招聘了一位大区经理,并把这位大区经理派到内蒙古,让这位大区经理负责整个内蒙古市场。四个月后,这位大区经理却携带公司20多万元的现款消失,不但给企业造成了直接的经济损失,还给企业的声誉带来了一定的影响,该企业后来在内蒙古市场再也没有辉煌起来。

某白酒企业从1995年由一个白酒小作坊起家,发展成为一家中型白酒企业。员工人数从当初的5人发展到200人,因为坚信质量和诚信,生意越做越红火,年销售额从过去10多万元到现在6000多万元。

该公司销售中心经理聂经理是一个能说会道、很有办事能力的人,因和公司高层产生意见分歧,双方一直未能达成共识而提出辞职报告,可是就在辞职报告刚通过的那一刹那,聂经理开始了他的报复计划。

他把公司的机密文件和客户电话全部打电话及传真给各市场经销商,使得市场乱成一团,并引发很多纠纷,各地市场上电话几乎将公司电话打爆,使得该公司经过多方面的努力和付出了相当的代价才平息此次事件。

同时,聂经理又打电话给当地的工商及税务部门,告之其公司账目有某某嫌疑。一时之间这两个部门齐齐来到该公司进行调查,虽然最后查证无此嫌疑,但毕竟给公司带来了无形的伤害。

一个再有能力但缺乏良好道德的员工,会随时对企业构成威胁和伤害,是企业最难以容忍的。

在任何企业,总会同时存在四种人,他们分别属于有德有才、无才有德、有才无德、无才无德。企业在用人和评价人员优劣时要从德和才两个方面综合考虑,并坚持以德为首。按照下列标准来评价:有才有德是正品,无才有德是次品,无才无德是废品,有才无德是毒品。正品和次品按需选用;废品要慎重考虑,分析能否通过培训开发变废为宝;毒品是害群之马,万万不能用。才有大小,德分先后,如果连基本的道德品质都不具备,则必须毫不犹豫地予以清理,以保持队伍的纯洁。

企业用人的原则应该是:德才兼备。德是第一位的,因为这是一个人的素质和态度,不是培训等手段能够解决的;而如果一个人能力有问题,我们可以通过培训使之提高,或转换其岗位,使之达到公司要求。

有德有才是贤才,人才既要量才使用也要量德使用,好的领导应该善于发现贤才,知人善用。

★求才纳贤,真诚最重要

真者,精诚之至也。不精不诚,不能动人。故强哭者虽悲不哀,强怒者虽严不威,强亲者虽笑不和。真悲无声而哀,真怒未发而威,真亲未笑而和。真在内者,神动于外,是所以贵真也。

——《庄子·渔父》

真,是精诚的最高表现。不精不诚,就不能打动人心。所以勉强哭泣的人,表面看是悲伤的,实际上不够哀痛;勉强发怒的人,表面上看是严厉的,实际上不够威严;勉强表示亲热的人,表面看是有笑容,实际上不够和谐自然。真正的悲伤虽然没有声音也是哀痛的,真正的愤怒虽然没有怒形于色也是威严的,真正的亲热虽然不是笑意盈盈却是和谐自然的。真实的感情蕴蓄在心里,就会有神情自然流露出来,因此人们更珍视这种真挚的情感。

庄子这里的"精诚"指的就是一种发自肺腑的真诚。成语"精诚所至,金石为开"就出于此。其意是人的诚心所到,能感动天地,使金石为之开裂。对待人才,贵在"精诚",难也在"精诚"。刘玄德三顾茅庐请孔明,凭的是诚。以情感人是兴企招贤的重要手段,情到深处人才聚,古今中外,概莫能外。

中国台湾钢铁大王赵耀东网罗台湾财经奇才陈世昌的经过为世人称道。钢铁大王赵耀东由于要请陈世昌担任下属公司中钢的财务顾问,但陈世昌婉言拒绝了。赵耀东知道陈世昌理财的本领十分高超,非请之不可。

在一请二请不奏效的情况下,赵耀东干脆跪在这个奇才的面前。陈世昌大惊,

诸葛亮

慌忙下跪还礼。

赵耀东说:"你不肯应承,我就不起来。"

陈世昌说:"何必强我所难。"

如此对跪了整整15分钟,这两位均已年近花甲的老人终于握手大笑而起,陈世昌被赵耀东的真诚所打动,应允出山相助。赵耀东常说:"办中钢这样大的事业,最要紧的是选人才。"

赵耀东求才的故事,在企业界传为美谈。

要吸引人才,方法很多,但始终都摆脱不了两个字——真诚。真诚可体现在诸多方面,例如对自己孜孜以求的人才要保持耐心,始终不温不火,恭敬有礼,相信总有一天你会感动他的。

一天晚上,美国一家汽车轮胎公司的经理菲利斯通信步走进一家酒吧喝酒,看到一个喝得烂醉的年轻人摇摇晃晃从里面走出来。酒店领导者自言自语地抱怨说:"搞发明真是害死人了。"

"搞发明怎么能害死人呢?"菲利斯通经询问,明白了这个喝得烂醉的人叫罗唐纳,搞了个新式橡胶轮胎的发明,拿着专利证书找到橡胶巨子史道夫,希望他能购买他这项技术。没想到史道夫轻蔑地把专利证书本随手抛在地上,还说他是骗子,审查专利的都是外行。这极大地刺伤了罗唐纳的自尊心,发誓以后再也不搞发明了,并常常借酒浇愁。菲利斯通很为这位年轻人感到难过,决心去拜访一下他。

第二天,菲利斯通去拜访罗唐纳,见面后微笑着说:"您就是罗唐纳吧? 我今天特意来拜访您。"

正在干活的罗唐纳眼中露出警惕的目光,淡淡地说:"我跟阁下从来不认识,你找我什么事?"

"想跟你谈谈你的那个发明。"菲利斯通说。

一听"发明"二字,罗唐纳的气就上来了:"我没什么发明,你认错人了。"

"是酒吧领导者告诉我的。"

"你认错人了。没有就没有,你少跟我啰唆!"罗唐纳气呼呼地走了。

菲利斯通想,一个有才能的人辛辛苦苦搞个发明,却被说成骗子,心里有气是十分自然的,于是他第三天又去了罗唐纳家,不想罗唐纳不在家。菲利斯通整整等了一天,他又累又饿,几乎支持不住了,但求贤若渴的心情支撑着他坚持等下去。终于,罗唐纳回来了,菲利斯通喜出望外,正要迎上来,突然眼前一阵眩晕,罗唐纳赶紧把他扶住。

"你感到哪里不舒服?"罗唐纳的声音带有几分歉意。"没什么,我已经等你一整天

了,罗唐纳先生。"罗唐纳被感动了,之后,他们俩谈了很久。菲利斯通庆幸自己认识了这么一位有才华的人才,罗唐纳也有感于菲利斯通的诚意和慧眼,他们交上了朋友。菲利斯通按照罗唐纳的发明,制成了储气量很大而且不易脱落的橡胶轮胎,这种产品一打进市场,立刻就成了抢手货。罗唐纳的专利,成为菲利斯通事业的推动力,促使其公司迅速发展,最后成为美国最大的轮胎公司。

通过此例,我们的领导者应该有所感悟:诚到深处情自现,不见诚字不见情。人才竞争,说到底,是人心竞争。人毕竟是有感情的,谁能真正赢得人才的心,谁就能招来人才,留住人才!

★不拘一格,唯才是用

汤得其司御门尹登恒为之傅之,从师而不囿;得其随成,为之司其名;之名赢法,得其两见。

——《庄子·则阳》

登恒是商汤的车夫兼看门人。由于常有接触,商汤发现登恒很有才华。尽管有不少人在商汤的面前谆谆告诫,说登恒作为一个车夫,一个看门人,地位有多卑微,名声有多不好听,商汤一律充耳不闻,擢拔登恒,作为自己的辅佐大臣。

商汤认真向登恒学习,一点也不把登恒曾经是地位卑下的奴才这事儿放在心上,于是商汤水到渠成地学到登恒的治国之道。

后来,商汤又擢拔登恒当上了商朝的辅助,然而,登恒依然是登恒,一点也不把头衔放在心

商汤

上,也无心居功师法。商汤、登恒二人务实不务虚,在历史上留下了美名。

登恒的才,因为有商汤力排众议的缘故,而不受身份低下的影响,得以适当的发挥。登恒的实至名归,也许是每一个有才的人最期盼的结果。在历史上,有许多用人不论出身、唯才是用的典范。

春秋初期的秦国,由于地处西方,与狄戎杂处,国小地贫,立国又晚,因此常遭到中原诸侯的鄙视。秦穆公登基后,发誓要建立强大的秦国,使诸侯不再藐视秦国。为此,他十分注意用人。他用人不论出身,只重才德,他周围的文武将相如由余、百里奚、蹇叔、孟明视等大多出身低微,但穆公重用不弃,以礼待之。正是因为这些人的辅佐,才使他国力日强,兵力日盛,成为五霸之一。

拿破仑用人也不论门第,在选拔将领时,彻底废除了传统的以出身择人的门第观念。他公开宣扬"每个士兵的背囊里都有一根元帅的指挥棒"。他号召人人争当将军、元帅。拿破仑的士兵高兴地看到,许多杰出的元帅都是来自社会的下层,来自士兵。著名的内伊元帅是一个饭店领导者的儿子,拉纳元帅是一个士兵的儿子,贝尔纳多特元帅和勒费弗尔元帅都是出身普通士兵。这些人虽然出身卑微,经历各不相同,但有一点是共同的,那就是他们都具有敏捷的判断力和顽强的意志。

成功的企业用人不拘一格,英雄不问出处,只看重人才的能力学识,不看他的出身条件、学历、长相等方面。华润雪花啤酒(中国)有限公司是一家生产、经营啤酒、饮料的外商独资企业。华润雪花啤酒有独特的用人理念——用人不看出身。他们在招聘人才时,不看重年龄,不看重教育背景,不看重工作经历,看重的是员工的能力,员工的勤奋,以及面对困难从不放弃的决心和勇气。

一个成功的企业家说:"我认为只要能够给企业创造效益,不管地域,不论出身,不计文凭,全是企业的人才。"

时下社会中有这样一种不正常的现象,许多企业公司的领导者在招聘职员的时候,喜欢看人才的出身条件,动不动就非名牌大学毕业生不用。其实,学历并不是衡量一个人是否真正有才能的唯一标准。做领导的,千万不要被学历遮住了选拔人才的视野。

索尼公司的创始人盛田昭夫是一位世界闻名的企业家,他曾写过一本总结自己领导经验的书——《让学历见鬼去吧》。他在这本世界畅销书中这样说道:"我想把索尼公司所有的人事档案烧毁,以便在公司里杜绝在学历上的任何歧视。"不久之后,他就真的将这句话付诸实施,此举使一大批人才脱颖而出。

索尼公司有这样的宗旨:信奉唯才是用,而不是凭文凭而论。尤其是对科技和管理人员的考核录用,主要是看他们的实际才能怎么样,而不是仅仅注重其学历和出身。公司录用人员不管什么工种,无论职务高低,都要进行严格的考试。分配工作或提升职位时,主要依据他考试成绩的好坏和在实践中所表现出来的能力。

而正因为索尼公司能够抛开一切文凭标准,坚持不拘一格地选拔人才,才使索尼公司能够人才济济,逐步形成一支庞大的科技和管理人员队伍。

那些用人看学历的企业家,他自己就算不上是一个高明的企业家。他们为什么要看学历? 因为他们不具备鉴别人才的能力,无法鉴别人才,就只有借助学历来作为取舍的标准。

学历只是学习经历的证明,并不能真实地反映出一个人的实际能力,一个文科的毕业生有可能还是一个电脑高手。所以,作为领导者,你一定要擦亮眼睛,给你的下属找一个合适的位置,让他尽情发挥自己的才能。

第七章　合作之道:追求双赢最长久

★找到适合的合作伙伴

天地与我并生,而万物与我为一。

——《庄子·齐物论》

由空虚的变,归入于绝对的不变,是庄子的"理论大纲"。

人与自然的关系,是庄子极为重视的一个方面,也是庄子人生哲学赖以建立和存在的依据。可以说,庄子的人生哲学体系是从人与自然这个关系为基础而展开的,"若非自然,谁能生我,若无有我,谁禀自然乎?"在庄子的眼中,自然是以最温暖和谐的面目出现的,人和自然是非对立的。庄子极力否弃人对于自然的功利性目的,人不应该用功利的手段去毁灭自然存在着的世界。

庄子审视人与自然的关系,接着又审视人与人的关系,认为"天地与我共生,万物与我为一"。有这样的观点,就会把别人看作自己的另一面,"非彼无我",互相依存。

一个人要在事业上取得成功,就得找到可以合作的伙伴或支持者。科学家们研究发现,大雁之所以能够长途飞行就是因为群体协作的原因,成群的大雁"V"字形飞行,比一只大雁单独飞行能多飞出百分之十二的距离。人也一样,只要你能跟你的伙伴合作而不是互相干扰争斗,那么,你就可以发展得更快、更好、更远。

所谓合作伙伴,就是既要能"合",又要能"作",也就是说,既要能与你精诚合作,不起异心,又要有实际能力办成实事,而不是只说不"作",这两点缺一不可。

合作就像婚姻,它是你腾飞的起点,是你发达的基础。好的婚姻使人幸福有加,好的合作使人飞黄腾达。有好的合作伙伴是人一生的幸运,不相宜的合作伙伴则使人两败俱伤。

国学智慧全书——道学智慧

204

合作者的能力虽有高低，但对你有害的"有心人"，毕竟只是少数，切莫一竿子打翻一船人。你如何才能具备吸引合作者的魅力呢？

一是给予金钱的利益。切莫轻视利益的重要性，因为利益是吸引合作者助你一臂之力的要素，但是，过分重视利益也会破坏友谊的纯洁度。不给对方利益，会毁损你的魅力；给太多则可能适得其反。这之间的尺度，就靠你自己去掌握。

二是满足情感的需要。所谓情感需要，主要指友情与彼此的伙伴意识。满足对方对友情的渴求，对方自然乐意助你一臂之力。

三是提高自我重要感。在提高自我重要感方面，要明确地让对方知道，你多么需要对方的帮助，而且除了对方没有人有能力帮助你。这样能大大地满足对方的优越感，乐意为你效犬马之劳。

如能将上述三项秘诀铭记在心，你便会散发出无比的魅力，吸引优秀的合作者向你靠近，助你迈向成功之路。

选择合作伙伴，首先应选择"真人"——重承诺、守信用的人。信用和信誉是价值连城的无形资产，无论是在做人和做生意方面。一个不守信的人，是根本不可与之合作的。

船王包玉刚为争夺香港最大的码头——九龙仓控股权，在与英资财团展开的收购战中，以其在香港银行长期良好的信用记录以及与众多合作者建立起的彼此信任基础上，很快就调集了 20 多亿现金，从而赢得了这场号称世纪收购战的胜利。

如果合作中混入了虚伪的合伙人，那么事业的前途实际上已毁了一半。首先因为合作伙伴了解企业的内部情况，包括技术秘密、营销网络、人事档案，再加上他所处的地位和拥有的权利，一旦居心不良，后果不堪设想。其次是解除合作带来的危机。在合作的过程中，"狐狸的尾巴总要露出来"，合作伙伴的坏品质定会暴露无遗，那么你一定不会愿意与其继续合作下去，一劳永逸地解决问题的方式也只有选择散伙。当初合作的理想或目标此时已变成海市蜃楼，先前为筹办企业而付出的精力白费了。

最重要的是要选择可以"相忘乎道术"的人做合作伙伴。所谓合作伙伴在合作之初最直接的认同就是"道"相同。"术"指的是目标和动机。从广义上讲，"术"包含了合作人的动机、目标等许多复杂的内容，也可以是赚钱、扬名、实现理想。"道"就是实现"术"的前提。

其次是要选择"长者不为有余，短者不为不足"——能够取长补短、优劣互补的人做合作伙伴。《山海经》里有一则故事说，长臂国的长臂人和长腿国的长腿人，各有各的长处，也各有自己的短处。下海捉鱼，一个涉水深，另一个却够不着。可是当长臂人骑到长腿人的肩上时，就既能涉得深又能够得着了。这是说互相补充有机组合的道理。同样，合作伙伴有缺点,你也有缺点;合作伙伴有优点,你也有优点,如果能进行互补的话,合作的整体力量必会得到极大的加强。

合作是"万物并生"的良好态势。一个优秀的合作结构,不仅能够为合作伙伴的能力发挥创造良好的条件,还会产生彼此都拥有的一种新的力量,使单个人的能力得到放大、强化和延伸。最成功的合作事业是由才能和背景互不相同而又能相互配合的人合作创造出来的。

最后,要选择"至人无己"——有德亦有才的人做合作伙伴。合作人的才包括有用的和相关的知识、技术和能力,能帮助企业获利。德则包括重信守约,不见利忘义,团结合作,互谦互让等。挑选合作伙伴时要全面衡量,注重德才兼备,否则就会如人们所说"有德无才是庸人,有才无德是小人"。重德轻才,往往导致与庸人合作;重才轻德,往往导致与小人合作。无论是庸人还是小人,与之合作注定是要失败的。其中尤其要注意的是不可见财忘德。

★ 要让对方得到好处

不拘一世之利以为己私分,不以王天下为己处显。

——《庄子·天地》

庄子认为,人的德行应当效法与道为一的"神人"或"圣人"或"真人","将磅礴万物以为一",遨游于天地随着自然而运行变化,无牵无挂地神游于尘世之外。超世即是"不利货财,不近贵富;不乐寿,不哀夭;不荣通,不丑穷;不拘一世之利以为己私分,不以王天下为己处显"。超世精神既是一种"出入六合,游乎九州,独往独来""物而不物"的"至贵"的精神,或者说是一种我与天地万物相往来的"有我精神",同时也是一种"合乎大同"的"天地与我并生,而万物与我为一"的"天人合一"精神,亦即是一种"忘我而无己"的精神。

惠施在魏国当相国,庄子跑去要与他会面。惠施听人说,庄子这次来魏国的目的,是想取他相国之位而代之,所以十分紧张,命令官兵在都城搜捕了三天三夜,但还没抓到庄子。正当惠施坐立不安而又无可奈何之时,庄子却自己找上门来了,还对他讲了一个寓言:"南方有一种鸟,从南海出发,飞到了北海。不是梧桐树它不会栖身,不是仙果它不会吃,不是清冽的甘泉它不会喝。猫头鹰弄到了一只死了好几天,身体都腐朽了的老鼠,正

巧该鸟飞过,猫头鹰抬头看见了,以为这只鸟想吃它的老鼠,于是发出惊叫:'吓!'现在,你难道也要用魏国来'吓'我吗?"

在我们现代社会,像惠施与猫头鹰这样,"生怕对方得到好处"的人其实是大有人在。

对于竞争双方来说,独占与通吃,必对市场造成破坏,所以西方国家有"反拖拉斯"政策,禁止行业垄断。"通吃"是违反天道——游戏规则的,它的负面影响非常大。所以竞争的过程也是一个调节的过程,即资源共享,"利不私分",鼓励中小企业发展。而对于竞争者双方来说,落实到自己的行为,当以互利为原则。

有人问小巨人李泽楷:"你父亲教了你一些怎样成功赚钱的秘诀吗?"李泽楷说,赚钱的方法他父亲什么也没有教,只教了他一些为人的道理。李嘉诚曾经这样跟李泽楷说,他和别人合作,假如拿七八分合理的话,那么李家拿六分就可以了。

惠施

李嘉诚的意思是,他吃亏可以争取更多人愿意与他合作。你想想看,虽然他只拿了六分,但现在多了一百个合作人,他现在能拿多少个六分? 假如拿八分的话,一百个人会变成五个人,结果是亏是赚可想而知。李嘉诚一生与很多人进行过或长期或短期的合作,分手的时候,他总是愿意,自己少分一点钱。如果生意做得不理想,他就什么也不要了,愿意吃亏。这是种风度,是种气量,也正是这种风度和气量,才有人乐于与他合作,他的生意也就越做越大。

柯维有一句名言:"世界之大,人人都有生存空间,他人之得,不必视为自己之失。"我们想做一件事情,不要怕别人从中得到好处,只要考虑对自己是否有利就够了。

第二次世界大战后不久,战胜国决定成立一个处理世界事务的联合国。可是联合国设立在什么地方,一时间成了一个颇费周折的问题。按理说,联合国的地点应该设在一座繁华的城市。可是,在任何一座繁华的城市建立联合国总部都需要大量的土地来建造楼房,这些土地将花费大量的资金。可是刚刚起步的联合国总部却无力支付这样一大笔巨款。

正当各国首脑们商量来商量去的时候,美国的洛克菲勒家族知道了这个消息,立即出巨资 870 万美元在世界第一大城市纽约买下了一块土地,同时买下了这块土地周围的全部土地。在人们惊异的目光中,洛克菲勒家族把这块价值 870 万美元的土地无偿捐给了联合国,一些人觉得此举让人不可理喻。而洛克菲勒说:"与联合国总部的合作开始了,我不怕他们得到好处。"联合国大厦建成之后,周围的土地价格立即飙升数倍,没有人能够计算出洛克菲勒家族经营这片土地到底赚回来多少个 870 万美元,但人们从这件事上却切切实实感受到了什么叫"予人有利,自己有利"。

★努力达成双赢的合作

有机械者必有机事,有机事者必有机心;机心存于胸中,则纯白不备;纯白不备,则神生不定;神生不定者,道之所不载也。

——《庄子·天地》

"有机械的必然有投机取巧之事,有投机取巧之事的必然有投机取巧之心;投机取巧之心存在胸中,就不具备纯洁的品质;纯洁的品质不具备,就精神不定;精神不定的,道就不能和他相投合。"这是一位种菜老人的悟道之言。人与人相处,最怕为了利益,各怀心机,使内外失去平衡,伤人伤物,陷入"以邻为敌"的困境。

庄子认为孔子与他的弟子们就是"机心存于胸中"的势利之辈,所以处处受阻,活得很累。《庄子·山木》中写到孔子一行被困在陈蔡两国之间,七天没有吃上熟食,很可怜。一天,一位任先生来看望他们,并带来了道家思想,对他们进行"心理治疗"。

老任对孔子说:"东海里生活着一种鸟,它的名字叫意怠。意怠作为一种鸟,飞得很慢,好像不能飞行似的;它们总是要有其他鸟引领而飞,栖息时又都跟别的鸟挤在一起;前进时不敢飞在最前面,后退时不敢落在最后面;吃食时不敢先动嘴,总是吃别的鸟所剩下的,所以它们在鸟群中从不受排斥,人们也终究不会去伤害它,因此能够免除祸患。长得很直的树木总是先被砍伐,甘甜的井水总是先遭枯竭。你的用心是装扮得很有才干以便惊吓普通的人,注重修养以便彰明别人的浊秽,毫不掩饰地炫耀自己,就像是举着太阳和月亮走路,所以总不能免除灾祸。"孔子听说后,很难堪。

人跟鸟一样,贪多勿得。与其独吞某种利益,不如与他人分享。合作成功的谈判者,一般都把冲突当作是相互了解和成长的机会,而且认为妥协比胜利还重要。成功的谈判者能敏感察觉他人的需要,即使受到人身攻击,也不会有情绪反常,而且始终抱持正确态度,寻求双赢结果。

在双赢情境中,谈判双方都从谈判中或多或少得到他们想要的东西。即使没有达成

预期的结果,也不会有人空手而返。虽然不可能每个人都对谈判的结果感到满意,但每个人多少可从中获益,所以大家还是会努力促成谈判。一旦获得双赢的结果,谈判双方会更加努力地寻求更好的结果。

而达成双赢的秘诀则在于:寻求满足谈判各方需求的途径。换句话说,就是站在每一个谈判者的立场,从对方的角度来看问题。任何谈判要想达到双赢结果,应遵循下列几个策略:

1.目标明确

大部分人都知道他们想在谈判中获得什么,但是很少有人会考虑到他们愿意妥协的部分,还有对方的目标是什么? 只有尽可能了解对方的立场,然后估计各方资讯,找出一个对大家都有利的结果。

2.认清立场

彻底了解议题,并能清楚解释给他人听,这是非常重要的。有什么理由来说明你的立场? 如何提出这个理由,让对方了解你的立场,并设身处地为你着想? 谈判时对方对你的观点和看法如何? 在哪些观点上他们是正确的? 他们能正确了解你的哪些观点,而你又将如何回应?

3.需要和欲求的区分

要想达到双赢结果,就必须表示你可放弃哪些东西,以获取某些你需要的东西。所以谈判前,必须先了解自己的底线何在。另外也要知道,如果无法达到你的最低要求,有没有什么其他的变通办法。

4.莫把对手当"敌人"

许多没有经验的谈判者因为把对方当作"敌人",或把谈判对方视为对手,以至于谈判失败,从而使谈判变成一场你死我活的竞赛。最终的结果是,任何和你意见不同的人,不是笨蛋就是大坏蛋。

庄子说:"不蹷而后善博。"成功的谈判者会花时间、心思去了解谈判对手。他们很清楚,如果能和对方建立良好的关系,彼此会更容易沟通,也更容易找到双方共同的利益,以达到双赢结果。

所以,不要等到要谈判时,才急着与对方建立关系。要求在谈判前,和对方见个面,或是前一天晚上一起吃顿饭。这时可以先向对方说明,你不想在这里同他讨论任何有关谈判的事,你只是想认识他,想和他聊聊。如果对方还是心存怀疑,不妨直说你对即将进行的谈判所持的态度,希望双方的需要都能获得满足。所以,在谈判之前碰个面,也许有助于建立良好的谈判气氛。

5.点明主题

这是任何谈判的第一个步骤,可让双方有机会说明各自的立场。大家对问题的看法愈一致,就愈容易达到共同的解决方案。其实,如果双方都认为问题确定得够清楚的话,谈判就很容易有结果。同时,要善于倾听,要特别留意遣词用字、细节、音调等。对方是否一再重复某些观点? 对方的观点是否离题? 若能了解上述这些为什么重要的原因,可让你之后的谈判更为顺利。

6.妥善表达

说出你想要说的,但要和双方同意的问题界定一致。要让对方知道你的解决方式对双方都有利。焦点要放在现在和未来,若提起过去的不快,只会结下彼此的芥蒂。如果真的必须提到过去,你要先透出曾经成功运作过其他个案的解决方案或类似的办法。

必要时,对于不清楚的地方,要问清楚。通常让对方谈得愈多,他会愈尊敬你。然后等你真正开口说话时,特别强调对方的需要。以对方的需要为出发点,陈述你的立场。

如果对方态度迟疑,你可以把焦点转移到争议较小的问题上,或者是你比较能同意的范围。由一小部分一小部分的同意,逐步朝解决之道迈进,不必担心会遗漏主题(待一会还可以回过头来讨论),也不要害怕改变立场,你可以借此再度理清主题,或建议新的妥协方案。最重要的是让谈判继续下去,持续寻找双方意见的交会点。如果你的努力都徒劳无功的话,最后请问对方真正需要的结果是什么。然后把对方的回答加上你已同意的事项告诉对方,再问满足他的需要的最后底线是什么。

7.不要破坏谈判

谈判是非常细腻的过程,稍微一个差错,就可能前功尽弃。谈判时要注意的是:态度千万不可懦弱,不论你的立场多么有力,懦弱的行为只会削弱你的气势;千万不要没有耐性,否则会显得你狗急跳墙、容易摊牌;不要情绪失控,要不然别人会认为你只顾个人的立场,而没有合作的诚意;千万不要言过所需(别人会认为你没有用心倾听对方的需求);千万不要提出最后通牒,要不然可能会演变成不是你死就是我亡的结局;千万不要提高声调,大声叫嚷的结果,只会让人听不清楚你在说什么。

成功的谈判专家会努力得到自己想要的结果。但是,他们也知道,任何成功的谈判都必须有所失才能有所得。妥协几乎是无可避免的。坚持不妥协的立场,有时连需要的东西也失去了。

★懂得与人长期合作

且以巧斗力者,始乎阳,常卒乎阴,泰至则多奇巧。以礼饮酒者,始乎治,常卒乎乱,泰至则多奇乐。凡事亦然,始乎谅,常卒乎鄙。其作始也简,其将毕也必巨。

——《庄子·人间世》

以智巧相互较量的人,开始时平和开朗,后来就常常暗使计谋,达到极点时则大耍阴谋、心生诡计。按照礼节饮酒的人,开始时规规矩矩合乎人情,到后来常常就一片混乱大失礼仪,达到极点时则荒诞淫乐、放纵无度。无论什么事情恐怕都是这样:开始时相互信任,到头来互相欺诈;开始时单纯细微,临近结束时便变得纷繁复杂。

人为什么这样难以长期合作呢? 庄子认为:"把贪图财富看作目的的人,不会让人利禄;把追求显赫看作目的的人,不会让人名声;迷恋权势的人,不会授人权柄。掌握了利禄、名声和权势便唯恐丧失而整日战栗不安,而放弃上述东西又会悲苦不堪,而且心中全无一点鉴识,眼睛只盯住自己所无休止追逐的东西,这样的人只能算是被大自然所刑戮的人……"

一个人的才华总是突出在某一领域,越是专业化,他就越能在这个领域有所收获,但是也要考虑到整体,比如在团队的位置,这是由别人的位置决定的。没有别人的位置,也就没有自己的位置。有主管,就有具体的办事人员;有总裁,就有经理。不能因自己的突出,而认为别人不重要。

人们合伙创业,就是为了避免个人单打独斗,势单力薄,几个人在一起干,形成一个团队,力量凝聚起来,优势增加,竞争力增强。不管如何,合伙创业的根本原因在于集个体单独的力量,形成比原来更大的合力。这就是合伙人相处的基础。大家只有在一起,才能闯荡商海,搏击市场,才能在残酷的竞争中求得生存。在一定的环境和条件下,合伙公司存,则合伙人的事业就存;合伙公司亡,则合伙人的事业就亡。因此,合伙人在共同做事时,要注重大家的整体利益,注重与其他合伙人的关系。但是,作为合伙人之一的"我",又有自身的个人利益,在管理决策上又有个人的观点和意见,这又可能与其他人不一致,甚至有冲突。简而言之,就是个体与整体的关系,局部与全局的关系,人与我的关系,义与利的关系。可以说,任何一个合伙人在合伙做事时,脑海中必定思索过这一问题,这些问题甚至有时会困扰着他们。

单纯地讲整体的利益,讲合伙人应该如何维护别人的利益,先人后己是不现实的,也容易陷入说教的误区。因为作为商人的合伙人,谋利乃是其本质。他们不是宗教家,也不是救济者,他们不可能只讲求利人,而忘了自己。如果一定要他们这样做,必然压抑他们的创造性与积极性,但是,如果走向另一个极端,同样也是不行的。如果在合伙公司中,合伙人都只讲个人的利益,只想着个人如何争权夺利,合伙公司迟早会被搞垮。在合伙公司中,合伙人最容易犯的错误经常是后一种。这时,合伙人之间明争暗斗,勾心斗角,争权夺利,根本就不可能友好相处。

合伙人友好相处,就是要在人与我、义与利之间保持适度的平衡,人我两利,义利相济。此时,合伙人既不会放弃个人的利益,又不会损害其他合伙人的利益,会在个体与整体之间求得最佳平衡点。只有在这种状态下,合伙人就能友好相处。

所以,与人共同做事、创业,你要牢记住这样一个道理:合伙人的利益就是你的利益,只有通过合伙公司的发展,才有个人的发展,这样就能人我双赢。抱着与人长期合作的想法,有了这种心态,合伙人之间才能友好相处。

长期合作做事,首先要在思想上对人才有充分的认识,懂得怎样和有才华的人合作,这样才能打破选拔人才时的自私和功利,才会充分地尊重人才。领导者不能按自己的好恶选拔人才,选拔人才要依照人才能力高低和品质好坏来进行,而不是依照个人私念。选择真正的人才为团队服务,就能网罗大量的精英人物,建立起一个巨大的能源库,提高人力资源的价值。同时,还会向外部传达出注重人才的信息,从而吸引更多的优秀人才。

美国钢铁大王卡内基说,他本人对钢铁的制造和钢铁生产的工艺流程知道得并不多。但他手下有300名精兵强将在这方面都很精通,他正是善于任用这些聪明人,才能够将能力比自己强的人聚集在自己周围,从而取得了事业上的成功。

IBM大中华区董事长兼执行总裁周伟说:"作为一位高级主管你如果不能容人,只喜欢提拔那些想法、做法和你一致的人,就会在你的周围聚集一批与你的思维相似的人,那时,这个主管就很危险了,因为当你江郎才尽时,你周围的人并不能帮助你,因为你们的想法和做法都几乎是一个模式。所以作为一位高级主管一定要能容忍那些与你的想法、做法、教育、背景都不一样的人。"有容人之量者才能够很好地与那些才华出众的人一起合作。

选择那些真正的聪明人、而不是狡猾的人合作,才能够推动事业的发展。你有尊重人才、重视人才的意识,才能够和他人进行更好的沟通,耐心听取他人的意见,为他人提供更好的发展空间。一个懂得与人合作的人一定要有爱才之心,而不能嫉贤妒能,这样才能在自己的周围聚集起更多的聪明人,抱成一团,更好地共同做事。

★ 建立互信的合作

静而圣,动而王,无为也而尊,朴素而天下莫能与之争美。

——《庄子·天道》

庄子并不否定儒家一切观点,而常常进行引申,成为道家思想的组成部分,使得道家思想的包容性更大,在《庄子·人间世》中,孔子对叶公子高说:"凡是与邻近国家交往的,一定要用诚信使相互之间和顺亲近;与远方国家交往,则必定要用语言来表示相互间的忠诚。"

庄子认为,地有地道,人有人道。天是真实的本性,人也有真实的本性。人道对天道的护卫,莫过于做诚实守信的"真人"。人际社会不讲诚信,那一定会出现社会行为障碍,人们无法实现真正的合作。天地自然之所以没有出现问题,正说明其道是正确的。人来自自然天地,所以一定要遵循自然天地的规律和道路,否则一定会遭到自然的报应。

透过庄子的观点,我们完全可以这样认为:信任是一种有生命的感觉,信任也是一种高尚的情感,信任更是一种连接人与人之间的纽带。你有义务去信任另一个人,除非你能证实那个人不值得你信任;你也有权受到另一个人的信任,除非你已被证实不值得那个人信任。

人生存的任何环节都需要与他人合作,如果他人乐意为你效劳,这里面必包含着信任。这是一个立志干一番事业者必须学会的本领。无论你从政从商,还是治学做事,都必然需要支持者、合作者,你不仅对他们要有诚意,并且还要相信对方也有诚意。

20世纪80年代,日本富士现代办公用品公司决定进入东南亚市场,为此进行了周密的市场调查和准备。一切准备就绪后,公司派藤野先生为业务代表,赴东南亚某国签订代理合同。

富士公司在该国物色的合作伙伴是泰恒公司,这是一家办公用品经销商,在当地有一定实力,此前,双方已经进行过多次洽谈,泰恒公司对复印机产品也十分看好,认为国内经济的迅猛发展,新公司大量成立为复印机市场提供了强有力的支撑,只要订立购销代理合同,泰恒公司将取得富士产品的独家代理权。

当雄心勃勃的藤野先生走下飞机时,他惊讶地发现,泰恒公司并没有如约派人来接

他，他心里不由得犯起了嘀咕：难道对方工作疏忽，记错了日子？可两家公司签约这么大的事怎么能忘记呢？藤野先生自我安慰说，也许是车子在路上抛锚了吧？一种不祥的预感油然而生。藤野先生在商海中摸爬滚打数十年，开发过不少新市场，接触过形形色色的合作者，直觉告诉他，事情可能有变。他来不及细细思考，叫了辆出租车匆匆赶往泰恒公司，想尽快弄个水落石出，找到问题的答案。

当心急火燎的藤野赶到泰恒公司，对方冷冷地说："对不起，藤野先生，我公司已有新的打算，不准备签订这项合同了，很遗憾。"面对这迎面而来的打击，藤野先生黯然神伤。想到临行前公司的嘱托，藤野先生果断决定，不能再沮丧、抱怨下去了，唯有冷静头脑，振奋精神，查清事实真相才能解决这个问题。

藤野先生马上向总部进行汇报，经过调查发现，原来，国内另一家复印机厂商从中作梗，说富士公司向来与人合作没有诚意，并表示愿意向泰恒公司提供性能更优越、价格更低的另外一种型号的复印机，于是泰恒公司改变初衷，放弃了同富士公司的合作。

为了表示自己的诚意，第二天，藤野先生再次出现在泰恒公司，他直截了当地对公司老板说："您好，总经理阁下，您要相信我们的诚意，就像我们相信您的合作诚意一样。鄙公司同样也可以提供那种型号的产品。"

"哦!"对方惊讶地看了藤野一眼，没有表态。藤野诚恳地说："而且，我们的供货价格将会低百分之三十，你觉得如何呢？"泰恒公司很满意，同藤野签订了进货合同，富士公司的产品终于进入了东南亚市场。

诚意是合作的前提，要相信对方是有诚意的，这样才不会受其他因素的干扰，而失去合作机会；在合作中要彼此信任，心诚则灵，诚可格天。庄子说："以利合者，迫穷祸患害相弃也；以天属者，迫穷祸患害相收也。"实现双赢的真诚合作，才合乎天道之自然，也就是"天乐"，与天同一快乐，是愉快的。

合作反对私念，私念多，人就浮躁。庄子说，清静而成为玄圣，行动而成为帝王，无为方才能取得尊尚的地位，保持淳厚素朴的天性天下就没有什么东西可以跟他媲美。明白天地以无为为本的规律，这就叫作把握了根本和宗原，而成为跟自然和谐的人；用此来均平万物、顺应民情，便是跟众人和谐的人。跟人和谐的，称作人乐；跟自然谐和的，就称作天乐。

第八章　团队：无有偏私方可凝聚人心

★ 让团队成员产生归属感

> 上法圆天以顺三光，下法方地以顺四时，中和民意以安四乡。
>
> ——《庄子·说剑》

现代社会，人的社会属性不断挤压自然属性。庄子希望人类多保留一些自然属性。人不可逃离于人间，有了人的形体，所以与人结成群体。结成群体之后，由于每个人的认识和境界不同，和谐相处非常不容易。庄子以"无情"作为社会"博弈"原则。所谓"无情"，就是大家不藏偏私之心，这样，群体才能按规律有序地生存和发展。

团队的生存与发展，人是根本的因素，正如宝洁公司的前任主席兼CEO欧文·巴特勒所概括的："生产率的提高靠人，而不是靠机器。"那些标榜"岗位比生命重要"的说法，是要不得的，因为它忽略了人，忽略了作为人的生命价值。

一个公司如果没有人才，没有高素质的员工，不可能为顾客生产高品质的产品，也不可能为顾客提供高质量的服务，这样的公司必定失去顾客，丧失利润，没有能力跟其他公司竞争，更不能承担社会责任。

庄子对赵国的老总赵文王说："上法圆天以顺三光，下法方地以顺四时，中和民意以安四乡。""中和民意"，就是在要求领导关心团队，能够与下属同心同德，在对团队尽职尽责的同时，让员工分享团队成长所带来的好处。只有在这种氛围下，员工才能树立积极的工作价值观，才能真正感受到成功的乐趣，才能体会出人格的被尊重，也才能表现出敬业敬职的精神，公司才能真正被员工所热爱。

一个团队要想确保稳定发展，就得将目标定为创造一个满意的、全身心投入的员工

215

队伍。团队的产品、服务、技术、方法、工具以及战略都是可以模仿的,但是要去复制一个有凝聚力的劳动力队伍却不是一件容易的事情。这是因为,团队的劳动力——人,作为团队文化的一部分,团队文化能创造忠诚而不能创造满意度。文化为团队将自己的价值观输出给客户和员工,它可以创造出客户和员工对团队的忠诚。

1996 年,《财富》100 强团队西诺乌斯金融公司曾经对员工们进行了一次问卷调查。结果,许多员工的回答都是"不满意"。公司的管理层对于这个结果十分震惊。通过反思,他们认识到,虽然当时公司获得了高速发展,但对员工还是有所忽视的。

公司为实施"以人为本"的理念制定了计划。第一步,通过沟通来实现通畅的意见交流体系。公司认为,必须与员工之间实行"足够的意见交流"。最高管理者大力推行的理念是:"只有通过意见交流使员工们得到满足感,生产力才能提高,消费者才能满意,公司的利润才能增加。"

为此,公司的管理者们通过言语和行动,以及各种可以想象的方式,将有关团队的信息与员工们进行沟通。

因为良好的沟通,可以使员工无论是对自己还是对团队都更有自信。在此基础上,团队就可以放心大胆地对员工进行职业培训。通过最全面、最系统地服务培训和技术培训,更新一切不符合服务行业的行为,使最佳服务的形象自然而又轻松,使团队更具竞争力。

为使优秀员工感到其受公司重视,公司还绝不放过每一名优秀员工,为此,他们实施了"天才管理"计划。这个计划可以使优秀员工时刻感觉到自己已经得到了承认。对于那些没有得到认可的员工,公司会派直属的主管和员工一起查找原因,解决问题。在这种以员工为中心的团队文化下,员工们当然会感到极大的满足。

如今,在西诺乌斯金融公司办公室的每个角落都可以发现对员工的关心。员工们的座位被设置在举目便能够观赏到窗外景致的位置,称呼员工的时候使用"成员"这一字眼儿等。虽然这只是一些小小的关爱,却使员工们得到了无比的满足感。

在"中和民意"的团队管理理念中,以"所有一切都从正确地对待人出发"的精神,是西诺乌斯金融公司对员工们无微不至关爱的集中体现。

到了冬季,他们走进大厅前台的女员工,也许会发现为了御寒而藏在她们脚边的电暖气。如果以尊重的心态进行思考,就能理解这种行为。

比如,一些高级酒店从关爱员工角度出发,在门童站立的位置悬挂了电暖气,以便他们取暖。一些聪明的管理者,在一些游乐园的出入口处,就设放了御寒用的电暖气。门童在保持身体温暖的同时,心里也会感到温暖,对待顾客自然也就会更加热情亲切。

这些明智的管理者知道,只有首先让员工满意,这些满意的员工才能服务好客户,才能有满意的客户,满意的客户会给团队带来长久而丰厚的收益,团队的发展才能长久。

在《庄子·说剑》中,庄子对赵文王说:"有天子的剑,有诸侯的剑,有庶人的剑。"赵文王问:"天子之剑怎么样?"庄子回答:"天子的剑,用燕溪石城当作剑锋,把齐国和泰山作为剑刃,把晋国和卫国当作剑脊,把周朝和宋国作为剑环,把韩国和魏国当作剑把,用四方民族包着,用四时环绕,以渤海作为控制区,以常山作为纽带,根据五行来治天下,根据刑德赏罚来驭百姓,行动以阴阳为根据,用春夏之气来持剑,用秋冬之气来施行。这种剑,使用起来一往无前不可阻挡,举起来不知道有多高,按下去不知道有多深,运动起来旁若无物,向上可以决断浮云,向下可以断绝地下的根基。这种剑一旦使用,就可以匡正诸侯,统服天下。这就是天子之剑。"

团队领导使用"天子之剑",必须塑造"中和民意"的组织文化。因为只有优秀的团队才能够给个体营造一个良好的氛围和环境,提高个体的满意度和归属感,满足个体自我价值实现的愿望。

首先,优秀的团队有良好的团队文化,并带来一个信誉卓著的团队形象或者团队品牌。这样的品牌或形象,会给每个员工带来许多的益处。良好的团队文化必然以良好的人际关系为支撑。团队的团结精神和积极向上的敬业精神,以及实事求是的办事作风都给员工一个宽松的工作环境。在这样的集体中工作,是非常让人满意的。

事实证明,一个健康的、有竞争力的团队,可以使全体员工相信自己是在世界上最好的机构中工作,产生由衷的自豪感和归属感,还可以使员工和领导成为并肩作战的伙伴,共同渴望成功,创造奇迹。

★ 形成共同的价值取向

夫揭竿累,趣灌渎,守鲵鲋,其于得大鱼难矣!

——《庄子·外物》

《庄子·外物》借任公子钓大鱼的故事,讽刺眼光短浅好发议论的浅薄之士,比喻治理世事的人必须立志才有所成就。

任公子用巨绳大钩做成钓具,以50头犗牛做钓饵,蹲在会稽山上,垂钓东海之鱼。

整整一年时间,没有钓到一条。后来有一条大鱼吞了饵物,牵动大钩沉下水去,带鳍扬须,翻腾跳跃,白波如山,海水震荡,声如鬼神,惊骇千里。任公子得到这条鱼,把它剖肠破肚,加工晾干。浙江以东、苍梧以北的人,都饱饱地吃了一顿。后世浅浮之徒,只看到任公子钓到大鱼的结果,便惊诧不已,奔走相告。庄子说,真是愚昧透顶!要知道,拿着小钓竿,到小水沟里去瞎折腾,想钓到大鱼,难啊!粉饰浅见以求功名,与大道相差远了。不懂任氏钓鱼风格的人,要想经邦济世,也差得远了。

一个团队要钓得大鱼,大家必须志同道合,价值取向一致。领导发现下属或员工看不到希望,没有信心时,就要告诉他们希望之所在,拨开迷雾,让其看到路在脚下,看到清晰的目标,这样,他们的信心之火又会重新燃起。

人们对于一件很难完成的工作缺乏干劲,主要是由于潜在心理中,没有一股强烈的"达到欲望",而当这种强烈的欲望起作用时,他本能地就会想办法促使这项工作完成。你能把大家的目标引向一致,是提高整体工作效率的重要手段之一。可以进行"提前暗示",例如开会时,如果没有一个强硬的反对者,你只要轻松地说一声:"已经决定好了,大家的看法一致。"事情就可以顺理成章地决定了。

有一个经营汽车买卖公司的朋友,他在开会时就常利用人的潜在心理,可以说他是一位非常卓越的心理诱导者。他在每一次会议开始时,就先提出大纲,然后告诉职员们:"这是我的意见,剩下的就让你们自己去讨论了。"说完他就打瞌睡,让开会的职员们自己去讨论,直到归纳出结论时,他才又说:"那么大家就努力朝这个方向前进吧!"等他讲完,会议就结束了。

这样做的目的是使职员们认为,事情好像是他们自己决定的,他们会有一种成就感,而职员们归纳出来的结论,事实上就是按照他所提出的大纲讨论出来的,所以说根本就是他自己的构想,因为一开始,他预先提出了大纲,并将这个大纲作为"暗示情报",留有小部分修正的余地,就留下来让职员们提出咨询和信息,再加以改正和讨论。

员工希望知道你让他们向哪里前进,并要知道为什么要这样做。所以领导应对团队或组织的生存目的、前进方向和理想状态有一个清醒的认识。有明确的目标和方向,个人就能够寻找自己所扮演的角色,就会感觉到自己是重要的,因为他们不再是盲目听从指挥的机器人,而是一个有创造力和有目标的个体。

个体成员希望打破神秘感,而不是身处其中不辨东西。可见,及时、相关、有意义的和真实的信息对个体成员是必需的。你的员工需要知道组织代表着谁的利益和组织相信什么。随着企业的不断发展,要治理好公司,要解决好企业和员工的关系,就必须回答一个基本命题:公司是谁的公司?什么是真正重要的?做哪些事情才符合企业的要求?

做什么会对企业不利？员工并不希望看到公司冗长而繁琐的规章和法则,也不希望公共关系部和人力资源部发出长篇大论,他们只需要朴实无华的事例。

例如,强生公司声称,在强生公司中没有认知危机。为什么呢？因为该公司对企业特征与员工进行沟通方面一直是清晰的和连贯的。公司的信条只有几百字,它有效地概括了员工需要知道的一切:公司代表了谁的利益和公司中什么才是重要的。

公司招纳员工后,如果没有询问员工的事业目标,没有告诉他们公司对他们的工作有何打算,也没有与他们保持有关他们事业发展的对话,这是管理层的失职。

一个人最大的动力,并不完全是来自于物质的诱惑,而是来自精神上执着的追求,包括思想、信仰、宏伟的事业目标等。

优秀的员工以他所在的公司享有美誉而自豪。比如,可口可乐公司的员工为可口可乐公司工作,并不是为了谋生,而是召唤,是去遵从一种信仰而工作。而这种信仰追求所给予的动力大小,又来自于员工内心的忠诚度。员工越忠诚于心中的追求,就越会全力以赴。

要钓大鱼,远见固然重要,有目标只是领导行动的一半,另一半则是要大家明白领导的远见和目标,还必须沟通使团队成员的价值取向趋于一致。

惠普电脑公司的总裁约翰·杨就根据这项原则设立了自己的印刷厂。他自筹款10万美元,购买设备,训练操作人员,找厂址,前后共花了45天的时间。他全靠和下属充分沟通,让他们和他有一致的价值取向,事情竟然就办成了。他的看法是:"一个秘密的目标,无法得到参与者和其他的助力。而将目标解释清楚,让参与者全部都明白了,可以激发他们的热忱,使得他们发挥最大的力量,这是靠压迫所得不到的无限力量。"

事业目标是团队对成员的一种利益吸引,也是对大家行为方向的一种界定。在一个团队中,必须会有一系列的个人目标和团队目标共同存在。在人的一生中,对个人职业生涯影响最大的是他们的工作组织。

团队还应设法引导这种个人目标与组织的需要相匹配,从而使组织与个人双方合作努力,组织需要与个人职业发展相符合。团队的最终目标是通过全体成员的努力工作,使组织与成员都获得相应的利益回报,达到双赢。

★ 把员工当作"合伙人"

夫民,不难聚也;爱之则亲,利之则至,誉之则劝,致其所恶则散。

——《庄子·徐无鬼》

许由告诉啮缺,百姓并不难以聚合,给他们爱护就会亲近,给他们好处就会靠拢,给他们奖励就会勤勉,送给他们所厌恶的东西就会离散。

庄子认为,一个群体,根本之处在于上位,末梢之处在于下位;纲要之事在于领导,详细之事在于大家。

一个高明的团队领导,应是庄子所说的"不以人之坏自成也,不以人之卑自高也,不以遭时自利也"的人,这样的领导把员工装在心里,无偏私地依靠他们、爱护他们。领导者正视了员工在团队中的重要作用之后,就会突破那种把人当作赚钱工具的观念,从而更好地发现人,将员工看作是自己的合作伙伴。毋庸置疑,合作伙伴的利益与团队的利益自然是一致的。当领导者致力于和员工建立良好的合作伙伴关系时,员工就成了团队重要的、不可或缺的人。不会轻易解雇员工,而且会创造出最适合员工发展的工作环境,领导者会重视员工,关心员工的利益,满足员工多方面的需要,从而使员工感受到尊重,并充分调动员工的积极性和创造性。

反过来,员工感受到自己被老板当作合作伙伴,就会产生归属感和集体荣誉感,也会负起自己作为一个"合作伙伴"的责任来,积极主动去工作,为集体的事业发展出力献策,工作效率也会提高,从而创造更大的价值。

事实证明,一个领导者能够和员工建立良好的合作伙伴关系,那么上下就形成了利益共同体,团队的战斗力自然就增强了。

麦肯锡曾对数千名经理人做过一个调查,想了解这些企业精英们的离职原因。结果发现,这些人离职的前三条原因是:工作和成绩得不到公司充分的认同和肯定;在公司里得不到充分的沟通和信息;在公司或所在的岗位上没有发展的机会。

领导者一旦把员工看作是合作伙伴,就会将人作为团队中的第一要素来对待,将人的主观能动性发挥到最大。这一点在福特汽车公司的兴衰史上体现得十分明显:

亨利·福特是美国汽车业的一面旗帜,可以说,福特改变了美国人的生活方式,他是

美国人民的英雄，被誉为"20世纪最伟大的企业家"。但福特在管理上的独断专行和他与员工之间的对立状态，却使得他的企业惨遭失败。

在福特的观念里，员工无异于商品，对于不服从命令的员工可以随时扔掉，反正只要出钱随时能够再"买进"新的员工。从1889年开始，福特曾经两次尝试创办汽车公司，但最终都因为管理不善而失败。1903年，福特与其他人合作创办了美国福特汽车公司，后来，他聘请了管理专家詹姆斯·库茨恩斯出任经理。在詹姆斯的非凡管理下，1908年，独霸天下的福特T型车诞生了。随后，T型车迅速地占领了汽车市场，而福特汽车公司也一举登上了世界汽车行业第一霸主的宝座。

成功和荣誉让福特变得更加独断专行，他认为自己的所有员工都只是花钱雇来的，所以员工必须绝对服从自己，否则就只能离开。直到20世纪20年代，福特公司在长达19年的时间里，只向市场提供单一型号、单一色彩的T型车。他的销售人员多次提出增加汽车的外观色彩，但福特的回答是："顾客要什么颜色都可以，只要它是黑色的。"因为不愿改动自己的汽车设计去适应市场需求，福特公司就这样停止了前进的脚步。因为福特听不进不同的意见，员工纷纷离职，最后连库兹恩斯也只得另觅他处。在1928年，福特公司的市场占有率被它的对手通用汽车公司超越。亨利·福特为他的独断专行付出了巨大的代价。

在亨利·福特晚年时，福特汽车公司已经风雨飘摇。他的孙子从祖父的手里接过了掌管公司的任务。为了挽救这个摇摇欲坠的公司，福特二世聘用了一大批杰出的管理人才，如原通用汽车公司副总经理内斯特·布里奇、后来担任过美国国防部长的麦克纳马拉等。福特公司在这些人的大力改革下重新焕发了生机。"福特王国"又一次迎来了它事业的顶峰。

但是，福特家族固执的血液又一次发作，福特二世继承了老福特的独断专行，他开始嫉贤妒能，为福特的再次辉煌立下功劳的布里奇、麦克纳马拉等人纷纷离开公司。福特二世还接连解雇了三位与他意见不合、功勋卓著的总经理。失去了人才的福特公司再次开始败落，最后只得把整个公司的经营权转让给了福特家族以外的人。

《庄子·天道》说："中心物恺，兼爱无私，此仁义之情也。"庄子主张放弃"仁义"，是怕人不懂仁义，或利用仁义，而造成更大的偏私。如果员工只是被当作商品，当作用钱雇来的打工者，那他们自然没有义务和公司同发展共命运。当员工不被尊重的时候，他们自然没有积极性，企业也不会取得好的发展。在独断专行的企业环境中，员工更倾向于消极抵抗，甚至是掉头而去，而不是努力去执行领导者的命令。

★共同分享激发人心

天下有道,则与物皆昌;天下无道,则修德就闲。

——《庄子·天地》

圣王无欲,所以天下富足;圣王无为,所以天下自化;圣王沉静,所以天下安定。这就叫作无心而得,大公无私,所以神鬼钦敬,天地归心。因为心与道合,心在道在。

大道之大,在于无私无党,无天无德,无仁无大,无宽无富,无纪无立,无备无完。这十种德性都是站在人自己的立场上所认为的,虽然很好,但不是最好。最好的角度应该是埋却金玉,断去货财,否定贵富,一同寿夭,平等穷通,忘却人我,去掉分别念头,万物便可混而归一,死生更无差异了。这样的人还会有什么烦恼与痛苦,岂不就是道的化身!

庄子特别注意智慧的不同层面或者层次,不同的层次有不同的目标,最高的层次是"与物皆昌",拥有这种智慧的人胸怀天下。

对于一个团队来说,不同层次和境界的人处在一起,如果不以"与物皆昌"激励大家,那么各怀私心,明争暗斗,必陷入混乱。领导者主动与下属分享,下属会产生一种参与感,同时,分享也能让人感受到一种良好的团队力量。参与分享的人认为自己是团体中的一员,油然而生一种自豪感和成就感。在单位、组织与企业里,领导与下属一起分享工作后的成果,分享工作中的权力,会让大家感到一种自我成功的成就感,同时也增加了他们对团队的忠诚。

领导者在自己的团队中,树立伙伴意识,莫不是激励大家努力工作的一个有效途径。让下属认识到自己在本团队中不仅仅是一个普通的职员,更是整个事业发展的伙伴,这将极大地激发其责任心和增强其成就感。

树立伙伴意识,最重要的就是要懂得分享,分享成果、分享价值、分享义务和权利。不要等到某件事成功之后才让下属们一起分享成功的喜悦,而要在工作过程中与下属们一起分享工作的艰辛,一起分享决策的权力。通过与下属分享艰辛与成功,使得下属们体验到一种与领导者和同事亲密的伙伴关系,这会从他们的内心激发出工作热情。

所以,团队领导首先要创造与员工的共同立场。所谓的共同立场,就是团队成员之间达成一种默契:上下一心朝着相同的目标奋进;遇到困难时,风雨同舟,互相支撑,共渡

难关。如何达成共同立场呢？第一步就是给予利益，可以说，利益是大家心系组织、公司或部门的一条纽带。人人都趋利而动，领导者及时提供奖赏，下属们必然会凝聚到领导者的身边，愿意接受命令指挥。第二步就是要明确提出团体的共同利益，从而上下达成共识，团结一心，为实现共同的目标而奋斗。同时，领导者还可以通过寻找与下属们的共同点，让他们产生一种"自己人"的意识，从而与其建立一种彼此信赖的关系。可以说，共同点愈多，关系就愈亲近，效果也就愈好。

美国人寿保险公司的创始人罗伯特·W·麦克唐纳说："公司不应该以通常的方式对待员工，那是不对的，是低效能的。"在美国人寿保险公司里，每名员工都以获得股票买卖权的形式，取得公司所获利润。这种方式使他们比其他同类公司的员工工作效率高、工作效果明显。麦克唐纳说："我们做的业务比其他同类公司大约多98%，而我们的人手却比他们少。这是因为我们的员工都是公司的所有者，他们的利益和公司的利益息息相关，他们经营着公司。"该公司的职工股超过了180万股，即每个员工有4500股。同时，为了提高股价而工作，公司还举办了季度财务简况会，称为"分享财富"会议，并聘请高级职员讲授市场营销等内容的课程。

成员的离开会使团队在人才方面蒙受不小的损失。对于当今的年轻人来说，工作择业的范围扩大了，对工作各方面的要求也变得越来越挑剔，比如工资、住房、人际关系、福利待遇等等。他们对单位的依赖感和亲近感远不如老员工，他们最看重的往往是收入的高低，而不像中年人那样偏向稳定。他们往往在获得了一定的工作经验和能力之后，就会跳到条件更优越的单位去，谋求更好的发展机会。

而对于企业来说，"跳槽"则会带来人才、信息、公关以及正常工作秩序方面的重大损失。反过来想，是不是由于团队"无道"，造成了"修德就闲"？一些貌似有"仁义"的举措，实际上是制造偏见、离散人心的东西。因此，如何留住人才，并激发他们的积极性，让他们融于团队，便成为团队领导都需要解决的重要问题。

一般来说，受过良好教育的年轻人自尊心强，争强好胜，自我感觉良好，敢于突破各种权威和规章制度的束缚，积极参与和自己有关的各项决定。针对他们的这种特点，激发他们一直为团队工作的关键，就是通过分享满足他们的需求，进而使他们愿意为团队发挥最大的能量。

可见，"与物皆昌"的前提是"天下有道"，这个"道"，就是团队的原则和措施符合人心。实行上下同分享的激励策略，可以让团队成员增强责任感和心理满足感，激发大家更主动、更富有激情地去完成工作。

★让每个人觉得自己重要

汝游心于淡,合气于漠,顺物自然而无容私焉,而天下治矣。

——《庄子·应帝王》

在《论语》中被孙叔夸为"贤于仲尼"的子贡,在《庄子》中却被一个浇灌园圃的老人批评了一番:"你不就是以那渊博学问处处仿效圣人,以夸诞矜持来超群出众,自唱自和哀叹世事之歌,以周游天下卖弄名声的人吗?"弄得子贡满脸羞愧。

庄子认为,天地之大,但却运化均等,无所偏私,就因为其无所作为而顺其万物自然之作为,与道为同类,所以万古而不坏,无终亦无始。那么人君统治天下,也应该效法于天地自然之法则,不是哪一个人重要,而是每个人都重要。

一个团队,能力强的员工当然会让领导觉得"你办事,我放心",但在团队内,每个人的能力有大小差别,这是一种正常的现象,客观事实是,在所有人员中,能力强的人毕竟是少数,你越重视那几个人,另一些人的能力就越差,整体力量也越会下降。并且,这对公司人际关系也有害,不被重视的人内心是失落的,会产生失落、怨恨和妒忌心理。

子贡

某公司每次开会,都是"有头有脸"的人参加,小李产生一种不被人重视的感觉,自尊心隐隐作痛。一天,经理喊住了小李。小李不知道经理要他干什么。经理说:"下午有个重要的会议,我请你参加。我想听听你的意见。""我有什么意见?"小李虽然嘴上这么说,心里却激动起来,奇怪的是,他立即对公司有种归属感。"公司是大家的,你的意见当然重要。"经理说,笑了笑,然后说了声"两点半,不要迟到"就离开了。小李在下午的会议上,真的提了个人的意见和看法,这些意见和看法,让经理感到了一种新鲜,经理愈加感到诱导员工参与的意识,可以起到凝聚人心的作用。

作为团队领导,如果能以这种方法顺利地诱导对方,对方必然会感到他是重要的。

往往是一个人被人看重,他就会感到自己重要。

团队领导要做到"顺物无容私",就得相信每个人都有能力完成某些重要的事情,但这种态度是装不出来的,你必须真正相信每个人都是重要的才行。首先,要聆听大家的意见,让其知道你尊重他们的想法,让他们有机会表达自己的意见。有一家零售公司的老板告诉他的经理说:"你不可能告诉我任何我没想过的问题,所以除非我问你,什么也不要告诉我,明白吗?"想想那位经理会丧失多少自尊,必定浇熄了他所有的销售热忱,大大地影响他的表现。当一个人的自尊受挫时,活力也会降低。反之,当你让一个人觉得重要,他就会精神倍增。

当人们被赋予责任时,他们也会觉得重要,但徒有责任没有权力也会摧残一个人的自尊。

一位律师在博客中写道,他的事务所人员如何安排他们和当地银行的会议。这些午餐会原先是他的一位合伙人负责,其人每次总是到附近的餐厅买冷盘,使得这家事务所未能留给当地银行深刻的印象。后来,有几位事务所的合伙人开始抱怨,于是几个礼拜之后,由一名女职员负责这项工作。她有权安排与另一家银行的午餐会,并有较高的预算。

在了解午餐会对事务所的重要性后,这名女职员感到了以担任此项工作为荣。于是,她前一天晚上便在家里准备了开胃小菜,并定了一些当天直接送到会场的熟食。这名女职员成功地扮演了女主人的角色,和每一位参加午餐会的银行家寒暄致意。她之所以能将工作做得如此完美,正因为大家赋予她主持午餐会的重大责任,她觉得自己很重要。那次会议十分成功,当时就接到多位银行家赞美精致午宴的贺条,不久之后,这家银行便开始将某些法律事务交给这家事务所处理了。

《应帝王》上写到天根请教无名人"治理天下的方法",无名人回答:"只要你心情恬淡,意气平和,顺应自然,排除杂念,天下就可以治好了。"作为团队领导,"顺物自然而无容私",就要经常让下属知道你的心是公正的,赏识每一个人。联想集团原总裁柳传志曾说,我们的一切都是第一流的,尽管设备很昂贵,却很值得,因为我们的人员会因此觉得重要。一开始,我们就确定我们的员工要的是第一流的东西,如果那样东西实在太昂贵了,我们就干脆不用,也不会用二流的东西来替代。柳传志说:"我想每位领导者都必须记住那个看不见的讯号:让我觉得重要!"

第九章　和谐：上下级相处的基础

★ 感情投资，心灵沟通

使之和、豫、通，而不失于兑；使日夜无郤，而与物为春，是接而生时于心者也。

——《庄子·德充符》

孔子多谈人际社会的和谐，庄子利用这部分资源，多谈人与万物的和谐，我之外都是物，包括他人，也是物的内容。

庄子写到鲁哀公问孔子什么叫才智完备？孔子说出了庄子的思想，事物的变化都是自然规律的运行，万物不可搅乱本性的和谐，人与人相处不可侵扰心灵。要使心灵平和安适，通畅而不失怡悦，要使心境日夜不间断地跟随万物融会在春天般的生气里，这样便会接触外物而萌生顺应四时的感情。

如果上下级之间经常心灵侵扰，上情怎么下达？下属怎么会心悦诚服地接受领导？所以，和谐是上下级关系的基础。上下级要进行感情沟通，使心灵得到共振而不是侵扰。上下级之间想得到对方的理解、尊重、信任、支持，首先自己应懂得怎样理解、尊重、信任、关心、爱护和支持对方。

有一个老板，他把大部分的时间花在公司里和他的雇员一起工作。一次发生的偶然事件，虽然问题不大，却让他认识到，和员工建立良好的关系多么重要。

这天，他在公司注意到一个名叫晓东的员工工作懒散，他生气地骂起来："你在干什么？振作起来，笨蛋！"骂完之后，他还咆哮了一声。"好的，老总。"晓东平静地回答道，不过，他还是奇怪地看了老板一眼。这让老板莫名其妙。不一会儿，老板了解到晓东有手伤。晓东本来可以到医院看医生，但因为今天的工作任务重，他想，自己能做一些就做一些，于是留了下来。老板得知这个情况后，走到晓东身旁，说："抱歉！我刚才不应该发

火。我开车送你进城找个医生看看你的伤手。"听到老板这句话,晓东和他的伙伴久久地看着老板,然后他们笑了。

从表面上看,这件小事没有多大意义,然而它却藏有上下级相处的秘诀。身为老板,未事先查明真相便乱发脾气犯下错误,使下属产生了抵触情绪,造成工作效率下降,在所难免。幸好,这个老板一发现到自己的过错,便立即向员工真诚地道歉,而且提出合理的、适当的补救方法,这样,上下级又重新建立了良好的关系。

作为上级一定要有"和、豫、通"的意识,高度重视向自己的下属进行心灵沟通和感情投资。凡是人,都希望别人能尊敬重视自己,关心体贴自己,理解信任自己。这种需要,是属于心理和精神上的,是比生理与物质需要更高级的。这种需要如果得不到满足,他就不会有真正的动力和持久的积极性。物质只能给人以饱暖,精神才能给人以力量。

人与人之间的感情不是单向的,而是双向的,双方互相影响。庄子打了一个比方:一个人身上有许多的骨节和脏腑器官,人应该对什么地方亲近一些,对什么地方疏远一些呢?一旦我们对自己身体的部位有了偏爱或者偏恨,我们的健康就会受到威胁,也就不是一个健全的人了。"投之以桃,报之以李","你敬我一尺,我敬你一丈","人心换人心"等等,都是对感情的双向关系的最朴素的说明。

上级向下属进行感情投资时,有几点是需要注意的:

第一,感情投资必然有收获,但这种收获不应当是别的,而只能是上下级的心贴得更紧了,对工作更加支持和热爱了。如果领导者要求人家感恩戴德,从私人利益方面报答,那就大错特错了

第二,感情投资必须是自觉地、一贯地、一视同仁地,而不应当是消极地、偶尔地,也不应该对张三一样,对李四又一样。对先进人物和骨干分子需要进行这种投资,对后进人物和犯错误的人更需要这种投资。

第三,对于感情投资的反应,要有一个正确的认识。有时能够立竿见影,有时则需要较长的时期才能结出果实。因为人是各种各样的,对事物的反应方式也不尽相同,有的时候,你对他百般关心,他对你横眉竖目。但你应当坚信,只要功夫下到了,误解消除了,对方总会破颜一笑的。

第四,感情投资包括语言上的赞赏、慰藉和物质上的帮助,但却与吹捧、讨好、拍马、行贿、拉拢完全是两码事。

★ 不要对人指手画脚

坚则毁矣,锐则挫矣。常宽容于物,不削于人,可谓至极。

——《庄子·天下》

《论语》中,子产是个"惠人也",孔子对他颇有好感。据说子产去世时,孔子流着泪赞叹他是"古之遗爱者",可子产在《庄子》中却是个指手画脚、自以为是的家伙。

申徒嘉是个被砍掉了一只脚的人,跟子产一同去拜伯昏无人为师。子产对申徒嘉说:"我先出去那么你就留下,你先出去那么我就留下。"第二天,子产和申徒嘉同在一个屋子里同在一条席子上坐着。子产又对申徒嘉说:"我先出去那么你就留下,你先出去那么我就留下。现在我将出去,你是留下呢,还是不留下呢? 你见了我这执掌政务的大官却不知道回避,你把自己看得跟我执政的大臣一样吗?"

申徒嘉说:"伯昏无人先生的门下,哪有执政大臣拜师从学的呢? 你津津乐道执政大臣的地位,把别人都不放在眼里吗? 我听说这样的话:'镜子明亮,尘垢就没有停留在上面;尘垢落在上面,镜子也就不会明亮。长久地跟贤人相处便会没有过错。'你拜师从学追求广博精深的见识,正是先生所倡导的大道。而你竟说出这样的话,不是完全错了吗?"

子产冷笑了一下,说:"你已经如此形残体缺,还要跟唐尧争比善心,你估量你的德行,受过断足之刑还不足以使你有所反省吗?"

申徒嘉回答道:"自个儿陈述或辩解自己的过错,认为自己不应当形残体缺的人很多;不陈述或辩解自己的过错,认为自己不应当形整体全的人很少。懂得事物之无可奈何,安于自己的境遇并视为是命运安排的,只有有德的人才能做到这一点。一个人来到世上,就像来到善射的后羿张弓搭箭的射程之内,中央的地方也就是最容易中靶的地方,然而却没

子产

有射中,这就是命。用完整的双脚笑话我残缺不全的人很多,我常常脸色陡变怒气填胸,可是只要来到伯昏无人先生的寓所,我便怒气消失回到正常的神态。真不知道先生用什

228

么善道来洗刷我的呢？我跟随先生十九年了，可是先生从不曾感到我是个断了脚的人。如今你跟我心灵相通、以德相交，而你却用外在的形体来要求我，这不又完全错了吗？"

子产脸唰地红了，深感惭愧，他不好意思地说："你不要再说下去了！"

人是有自尊心的，没有人愿意承认自己不如对方高明。不让对方的光环遮住自己，这是每个人最起码的自尊心。无论是在言语还是在行为方面，向人暴露自己的优越心理，都是令人反感的，所以智者会尽量保持甘居人下的谦逊姿态，结果他们反而受到大家的景仰，被人们举得高高的。

李先生在某地区人事局调配科工作，手上有权，可是现在他在同事中几乎连一个朋友都没有。因为他正春风得意，对自己的机遇和才能满意得不得了。他每天都使劲吹嘘他在工作中的成绩，说每天有多少人找他请求帮忙等等，得意得不得了。同事们听了之后不仅没有人分享他的"成就"，而且还极不高兴，有意无意地跟他疏远。李先生不明白那些同事为什么冷落自己，他并没有得罪他们呀！

法国哲学家罗西法古说："如果你要得到仇人，就表现得比你的朋友优越吧；如果你要得到朋友，就要让你的朋友表现得比你优越。"

苏格拉底则告诉门徒们："我只知道一件事，就是我一无所知。"

人人都有虚荣心。有的人为了一点虚名，什么事都干得出来；有的人为了一点小面子，不惜捋起袖子拼老命。反过来，如果你满足了别人的虚荣心，让他觉得有面子，就是对他最好的赞美，他一定会对你心存好感，并回报于你。

这个世上没有人愿意承认别人比自己高明。某一个有特长和能力的人，他的事业却难以成功。为此，他孤独痛苦，思想彷徨，后来心理医生听了他的陈述，一语点破造成他困境的原因，他这才意识到问题的症结到底在哪里，从此他很少谈自己如何高明，而多听同事说话，因为同事也有很多事情要吹嘘，而夸耀自己的成就远比听别人吹嘘更令他们兴奋。他与同事闲聊的时候，总是先请对方滔滔不绝地把他们的欢乐炫耀出来，与其分享，而只是在对方问他的时候，才谦虚地说一下自己的成就。这一来，他的人际关系越来越好，无论上司、同事还是下属，无不乐意与他交往。当他从科长升副局长时，没有一个人说他的闲话。

你高明不高明，不能故意做给别人看，实际上，人们心明眼亮，会看出谁高明，你不在意自己的高明，而"常宽容于物，不削于人，可谓至极"。你确实比别人高明，别人是看得到的，但你不必试图证明你的高明。

★妥善处理与上司的冲突

心如涌泉,意如飘风,强足以距敌,辩足以饰非,顺其心则喜,逆其心则怒,易辱人以言。

——《庄子·盗跖》

庄子意识到,一个人虽然德行纯厚诚实笃守,可未必能和对方声气相通,一个人虽然不争名声,可未必能得到广泛的理解。而勉强把仁义和规范之类的言辞述说于暴君面前,这就好比用别人的丑行来显示自己的美德,这样的做法可以说是害人。害人的人一定会被别人所害!

庄子想把这个道理告诉世人,并且具有现场震撼力,于是他像写好台词让孔子背一样,由孔子对颜回说:"假如说卫君喜好贤能而讨厌恶人,那么,哪里还用得着等待你去才有所改变?你果真去到卫国也只能是不向卫君进言,否则,卫君一定会紧紧抓住你偶然说漏嘴的机会快捷地向你展开争辩。你必将眼花缭乱,而面色将佯作平和,你说话自顾不暇,容颜将被迫俯就,内心也就姑且认同卫君的所作所为了。这样做就像是用火救火,用水救水,可以称之为错上加错。有了依顺他的开始,以后顺从他的旨意便会没完没了,假如你未能取信便深深进言,那么一定会死在这位暴君面前。"

在现实生活中,上下级之间难免发生一些不愉快的事情,产生一些摩擦和碰撞,引起冲突。这时候,作为下属如果处置不当,就会加深鸿沟,陷入困境,甚至导致双方的关系彻底破裂。那么,一旦与上司发生冲突后怎么办?常言道:"冤家宜解不宜结。"通常情况下,缓和气氛,疏通关系,积极化解,才是正确的思路。具体来讲,主要有以下一些方式方法:

第一,引咎自责,自我批评。责任在自己一方,就应勇于找上司承认错误,进行道歉,求得谅解。如果重要责任在上司一方,只要不是原则性问题,就应灵活处理,因为目的止于和解,下属可以主动灵活一些,把冲突的责任往自个身上揽,给上司一个台阶下。人心都是肉长的,这样人心换人心,极容易感动上司,从而化干戈为玉帛。

第二,丢掉幻想,主动搭腔。作为下级遇到上司,特别是有心理隔阂后,就更应及时主动地搭腔问好,热情打招呼,以消除冲突所造成的阴影,这样给上司或公众留下一种不

计前嫌、大度处事的印象。不要有侥幸心理,见面憋着一股犟劲不搭腔不理睬,昂首而过,长期下去矛盾就会像滚雪球般越滚越大,势必形成更大的隔阂,如此再想和好就晚了,困难会更大。

第三,不与争论,冷却处理。不争论,不扩散,把此事搁置起来,埋藏在心底,工作中要一如既往,该汇报仍汇报,该请示仍请示,就像没发生过任何事情一样地待人接物。这样随着星移斗转,岁月流逝,就会逐渐冲淡甚至忘掉以前的不快,冲突所造成的副作用也就会自然而然消失了。

第四,请人斡旋,从中化解。找一些在上司面前谈话有影响力的"和平使者",带去自己的歉意,以及做一些调解说服工作,不失为一种行之有效的策略。尤其是当事人自己碍于情面不能说、不便说的一些话,通过调解者说明白,效果极明显。

第五,避免尴尬,电话沟通。利用电话解释,可以避免双方面对面的交谈可能带来的尴尬和别扭,这正是电话沟通的优势所在,打电话时要注意语言应亲切自然,不管是由于自己的鲁莽造成的碰撞,还是由于上司心情不好引发的冲突,不管是上司的怠慢而引起的"战争",还是由于下属自己思虑不周造成的隔阂,都可利用这个现代化的工具去解释,或者利用上网的方式去谈心,把话说开,求得理解。

第六,把握火候,寻找机会。为了日后自己能更好地工作,须放低姿态,消除与上司之间的矛盾,当上司遇到喜事受到表彰或提拔时,作为下级就应及时去祝贺道喜,此时上司情绪高涨,精神愉快,适时登门,上司自然不会拒绝,反而会认为这是对其工作成绩的共享和人格的尊重,当然也就乐意接受道贺了。

第七,宽宏大量,适度忍让。对有些事情可以大度一些,能让则让;宰相肚里能撑船,不要小肚鸡肠,斤斤计较,不妨暂时先委屈一下自己,适度地采取忍让的态度,既可避免正面冲突,同时也保全了双方各自的面子和做人的尊严。但对于某些有原则的事,必须坚持自己的态度。

★批评时要让对方诚服

君为政焉勿鲁莽,治民焉勿灭裂。

——《庄子·则阳》

长梧地方守护封疆的人对子牢说:"你处理政事不要太粗疏,治理百姓不要太草率。"

庄子听了这句话后,很兴奋地加以评点:"逃避自然,背离天性,泯灭真情,丧失精神,这都因为粗疏鲁莽所致。所以对待本性和真情粗疏鲁莽的人,欲念与邪恶的祸根,就像萑苇、蒹葭蔽遮禾黍那样危害人的本性,开始时似乎还可以用来扶助人的形体,逐渐地就拔除了自己的本性,就像遍体毒疮一齐溃发,不知选择什么地方泄出,毒疮流浓,内热遗精就是这样!"

有的人由于权力意识强,对手下人很"卤莽",不问青红皂白,就臭骂一通。上下级之间显然失去了"和、豫、通"。即使是批评,如果批评不当,也会导致关系紧张,影响下属工作热情。相反,如果你对下属宽容地一笑,说:"没关系,这次失误可以原谅,但是不要有第二次。"或者首先肯定他在工作中的成绩,然后指出他的问题和责任,尽管态度严厉,想必他也会心甘情愿地接受,发誓今后努力工作,不要再犯同样的错误,工作更加仔细勤勉。

当员工犯下不可原谅的错误时,身为领导无可避免地要对其加以批评。胡乱批评起不了任何作用,且极易使下属产生逆反心理,认为上司性情暴戾,动辄发怒。

美国某公司有一位高级负责人,曾由于工作严重失误造成了500万美元的巨额损失。为了此事,他心里十分紧张。许多人向董事长提出应把他革职查办,但董事长却认为一时的失败是企业的"副产品",如果能继续给他工作的机会,他的进取心和才智有可能超过未受过挫折的常人。因为挫折对有进取心的人是最好的激励剂。第二天,董事长把这位高级负责人叫到办公室,通知他调任同等重要的新职。这位负责人十分吃惊:"为什么没有把我开除或降职?""若是那样做,岂不是在你身上白花了500万美元的学费?"后来,这位负责人用坚强的毅力和智慧为公司做出了卓越的贡献。

下属犯错误时,不少领导人对此的反应常常是凶狠的训斥甚至责骂。这样做并无助于问题的解决。既然错误已经犯了,就只能在如何减少错误的损害程度和避免重犯上下功夫,使错误成为通向成功之路的铺路石。批评是一门艺术,如何有效地利用它呢?

1.注意场合

批评时考虑时间、场合和机会。假设一位管理者带着部下到顾客那里去访问,当管理者发现部下在言谈举止上存在问题时,就不能当着顾客的面提出批评。这时候,最重要的还是要用高明的谈话方法,把部下的缺点掩饰过去。当没有旁人的时候,在车上或回程的路上对部下提出批评,是绝妙的时机。

2.对事不对人

恰当的批评指正的话,还应做到对事不对人。当发现不良苗头,由于某种原因又不便正面对责任者提出批评时,便可通过"点事不点人"或"点单位不点名"的方式提出警

告。这样就可以既点出问题，令对方受到震动，又维护对方的面子，给他改正的机会。

有人批评人时总是说："从你做的这件事就能看出你这个人怎样！"这是批评之大忌。批评时，只能针对事情，而不能针对个人的人格、品性，拿事来说人。

3.先赞扬，后忠告

批评的最终目的不是要把对方压垮，不是整人，而是为了帮助他成长；不是去伤害他的感情，而是帮他把工作做得更好。有的领导之所以善于运用批评，就是他们能采取先扬后抑的方式，比如："小张，你的调查报告写得不错，你肯定下了不少功夫。同时，还有一个重要的问题你要注意……"

如果对方需要得到忠告批评，要从赞扬其优点开始。这种方式就好像外科医生手术前用麻醉药一样，病人虽然有不舒服的感觉，但麻醉药却能消除痛苦。

4.缩小批评的范围

人犯错后，受不了的是大家对他群起而攻之，因为这伤害了他的自尊，他也许会承认错误，但无法接受这种批评方式，这将使他对领导、对同事充满敌意，一旦有机会，将以牙还牙。如果我们希望自己的批评取得效果，就决不能使别人反对自己。即使你的批评动机是最高尚的，是真心诚意的，也要记住，对方的感觉也在起作用。当其他人在场时，哪怕是最温和的方式也可能引起被批评者的怨恨，不论是否辩解，他已感到他在同事或朋友面前丢了面子。对于一些过失，只要他认识到错了，就没有必要当着他人面要求他做出公开检讨。

5.不要翻旧账

批评别人时，宜就事论事，不要旧账新账一起算。如果提起过去不愉快的事，或改头换面地重谈对方过去犯的错误——揭人疮疤，会令对方不舒服，那么除非他又重犯类似的错误，否则，无缘无故地挑刺儿，他就会认为老板对他抱有成见，或者别有用心。总是翻阅别人的老账，唠叨个没完，于做事没有丝毫的帮助。在交谈结束时，说几句："我相信你会从中吸取经验教训的。"诸如此类勉励的话，就会让人觉得这不是有意打击，而是变失败为成功之母，不失为一次有益的经验。这样想过之后，他会鼓起精神，更加踏实地投入工作。

★ 与人说话避免情绪伤人

势为天子而不以贵骄人,富有天下而不以财戏人。

——《庄子·盗跖》

同样是看山,各人站立的角度不同,便会有各种各样的观感和见解,自然不会有一个共同的解释和认识。那么怎么办? 庄子认为,最好的办法,只把它看成是山就行了,不要去追求或者争执什么高低大小了。同样,对于事物的理论认识或者名相概念,也都是相对的。而相对的事物都可能走向自己的反面。

庄子思考后,得出结论:真正觉悟了的圣人,决不分别事物的是非彼此,高低大小,而是顺依事物的自然去认识和理解。"势为天子"与"富有天下",此一时也,彼一时也。根据人类的标准或者概念,事物一定会长期处在变化之中,所以标准与概念也在不停地调整与变化。那么,这标准与概念,认识与理论,到底是不是真理呢? 如果不是真理,那么人类为之而争夺和执着,也就非常滑稽可笑了。

现实生活中的上下级之间、同事之间,有的人或因权势、或因财富,或因名誉、或因才能,自以为了不起,说话总是黑着脸,语气硬邦邦的,好像对方欠了他几百元钱没有还似的,或把对方当作冤家仇人一样。说话硬邦邦的人,不会讨人喜欢。正如一位与说话硬邦邦的同事打交道的人所言:"这年头,谁怕谁呀!"

小张是个心直口快的人,有啥说啥,所谓的含蓄婉转,向来不会,所以经常得罪同事。这不,刚才饮水机没水了,他对同事小刘说:"帮个忙换桶水吧,就你闲着。"小刘一听不高兴了:"什么叫就我闲着? 我在考虑我的策划方案呢。"小张碰了一鼻子的灰。

小张跑到销售部,对小吴说:"吴经理,你给我把这个月的市场调查小结写一下吧。"吴经理头也没抬,冷冷地说:"刚当上管理员,说话就是不一样。"很显然,小吴生气了。

小张心想,我也没说什么呀。他顺手拿起打印机旁的一份《客户拜访表》,问道:"这是谁制的表? 打制表人干什么,有没有搞错?"吴经理的助理夺过表格:"你什么意思?"

当天,几个同事在一起谈话,让小张说一说对公司管理的看法。于是小张竹筒倒豆子,噼里啪啦一吐为快:"我认为目前我们公司的管理非常混乱,有令不行、有禁不止,简直一个农民企业。"大家不爱听了,认为小张话里有话,好像同事们都是坏蛋,就他一个人

是好蛋。

一会儿,同事小汪问小张,某某事情可不可以拖一天,因为手头有更重要的事在做。"有这么做事情的吗?"小张声色俱厉地说:"你别找理由了,这可是你分内的事,又不是给我做,你看着办!"小汪也不甘示弱,说:"喂,请注意你的言辞。你以为你是谁呀?我就是没时间。"小张气得发抖,他说:"我怎么了?本来就是这么回事嘛,我不过实话实说。"他正在生气的时候,副总经理走进来对他说:"你知不知道,大家私下里都叫你西伯利亚寒流。"小张一听笑了,问:"为什么呀?"经理回答:"因为你说话总是冷冰冰、硬邦邦的,掷地有声,不注意措辞,经常令人难堪。"小张一下子把头低下了,难怪大家都不喜欢他。而在此之前,他还以为自己工作出众,同事们在妒忌他呢。他这才认识到自己没有修炼好说话功夫,说话像是吃了"火药",一冲一冲地,杀伤力太大,伤害了大家。

上下级之间以及同事之间,为了避免带情绪说话,得注意以下几点:

1.用语要恰当

说者无意,听者有心。作为一个成熟、得体的职业人,你必须时刻注意你的措辞。工作场合不能用不文明词语、粗俗词语;表达意思的时候,尽量多用中性词或褒义词;说不同的意见或批评要委婉表达,切忌直接否定或嘲讽。注意语言的细节,比如"请你……"就比"你给我……"好得多。

2.语速要适中

过快的语速容易让人产生压迫感,强制感,或是让人不知所云;过慢的语速要么使人着急,要么让人昏昏欲睡。语速必须适中,这不但有助于意思的表达和对方的理解,还可以使信息的接受者产生舒适感、愉悦感,从而有助于拉近与谈话者之间的心理距离。

3.语调要明朗

很多人不注意说话时的语调,不是音调平平,就是任情绪波动随心所欲。其实,语调对语言的效果影响非常大,显而易见,明快的语调比有气无力的语调更能让人容易接受。并且,语调反映了一个人的性格特点,语调高昂的人一定是个自信、开朗的人。

4.语气要平和

公司里的职位分三六九等,但人与人之间的地位是平等的。没必要低三下四,也不要盛气凌人。别人对你的认同或是尊重,靠的是你人格的魅力,而不是语气。无论什么时候,都要保持心平气和,说话的语气稍稍偏离平和,各种是非就会应运而生。

★说说笑笑融洽关系

强哭者虽悲不哀，强怒者虽严不威，强亲者虽笑不和。真悲无声而哀，真怒未发而威，真亲未笑而和。真在内者，神动于外，是所以贵真也。

——《庄子·渔父》

开玩笑的前提是培养感情，和睦关系，而不是讽刺挖苦，伤害对方。

齐桓公在草泽中打猎，管仲替他驾车。由于坐车颠簸，加上打猎紧张兴奋，桓公神情恍惚，好像看见了鬼。他拉住管仲的手问："仲父，你见到了什么？"管仲回答："我没有见到什么。"

齐桓公打猎回来，疲惫困怠而生了病，好几天不出门。他问侍候在身旁的皇子告敖："有鬼吗？"告敖是个非常幽默的人，他对老爸说："有鬼。水中污泥里有叫履的鬼，灶里有叫髻的鬼；门户内的各种烦攘，名叫雷霆的鬼在处置；东北的墙下，名叫倍阿鼪蛙的鬼在跳跃；西北方的墙下，名叫攻入阳的鬼住在那里。水里有水鬼罔象，丘陵里有山鬼峷，大山里有山鬼夔，郊野里有野鬼彷徨，草泽里还有一种名叫委蛇的鬼。"

齐桓公接着问："请问，委蛇的形状怎么样？"告敖回答："委蛇，身躯大如车轮，长如车辕，穿着紫衣戴着红帽。他作为鬼神，最讨厌听到雷车的声音，一听见就两手捧着头站着。见到了他的人恐怕也就成了霸主了。"

齐桓公听了，开怀大笑，说："这就是我所见到的鬼……"于是整理好衣帽，跟皇子告敖坐着谈话，不到一天时间，他的身体就不知不觉好了。

现实生活中，下属通过幽默可以博得领导的好感，特别是在遇到那些没必要争执的事或者不值得争论的问题时，说说玩笑话，能收到好的效果。另外，作为领导要有大度的情怀，可以接受下属对自己开玩笑。

上下级之间开几句玩笑话，可以缩短人际关系的距离，不仅包括和同事的关系，也包括老板与下属的关系。难怪有人说，最好的沟通办法是让上司和你一起笑。假如你遇上了一位富有幽默感的下属，你可以说："我已经快被压扁了，不是肩膀碰了别人的车轮，就是脑袋碰上了别人的长矛。谁愿意在那个位置上工作？"

对方可能这样答复你："好吧，我俩换一下位置，希望你在这最后的半个月工作中感

到满意。"

在说玩笑话的时候,常常用反语来表示真正的含义,所以玩笑往往是夸大其词。如果你是一位领导者,应该注意:

首先,当别人向你开玩笑或取笑你的时候,尽量和大家一道笑,以此表现一位领导者所具有的幽默风度。如,一个老职员说:"经理已经同意在我的金婚纪念日那天放一天假。他可真是慷慨,甚至提醒我注意,不要每隔 50 年就麻烦他一回。"这时,你要开怀大笑。

其次,在下属笑自己的时候,不要以自己为中心,要运用幽默的方式表现对下属的体谅与关心,从而鼓励他们的乐观态度。"经理可真行,他要求我们准时上班不要迟到,办法就是给 75 位职员只提供 50 个停车位。"你回答:"谁先到谁先停。"

第三,就是对玩笑要有适当的节制。为了工作的正常进行,你和下属都不可能把大量时间花费在无休止的玩笑中。玩笑多了也会使人感到懈怠和厌烦。总的来说,上级与下级之间的玩笑应当有利于工作的进展,否则就是无聊的玩笑了。

让我们再看一个明智的人用幽默促进工作的小例子。有个推销员在向上司汇报推销成绩时说:"我们的销售数量在图表中上升到了前所未有的高度,不过这图表是倒过来看的。秘书小姐说我这个人过于固执。因为我说过每个字只能有一种写法。我不知她一分钟能打多少字,只知道她一分钟之内能擦去 30 个字。"

推销员的这番"神侃"巧妙地转移了话题,并表现出幽默的才能,因而受到上司另眼相看。上司也是人,每个处于领导位置的人,都需要和下属打交道。在明智的上司眼里,下属的成就也就是他的成就。如用幽默鼓励下属,这样可以把重大的责任托付于人,减轻自己的负担,以使对方更主动、更自由地发挥自己的创新精神,在事业上有所建树,取得更大的成就。

任何人在工作中都会发生失误,而许多失误在于墨守成规和失去进取的冒险精神。反过来看,正是失误和过错,才能使我们更准确地了解自己,因而产生更强的自信感。只有那些能够意识和接受自己所犯错误的人,才算是真正地认识了自己的能力。承认自己的过失也许是个冒险,很多人不愿意或不可能这样做。可是这冒险是值得试一试的,比别人早一步承认自己的过失,有可能使你失去一些东西,但你得到的也许更多一点。因为承认自己过失的举动会证明你是个诚实的人,尽管有的人认为这种做法是"犯傻",但更多的人对你的批评或指责反倒会理解。假如用幽默的方式显示出自身的缺点和过失,或者工作中的矛盾,就可能在你和同事之间形成一种轻松亲切的感情交流,在相互理解、礼貌友好的交谈之中,建立起良好的工作关系。

当工作环境发生重大变化时,尤其需要这种感情交流和协调的关系。也许部门要改组,人员要增减,个人的工作量要加重,这一切变化尚未成定局的时候,人们的情绪可能最易激动,甚至发生不必要的争执和对抗。这时,调动你的幽默细胞,用它来影响自己和别人共同接受这变动的挑战,便是当务之急。如果你已有一个较好的形象,别人认为你是个值得信任的人,那么就能帮助他们适应这变动。你必须牢记,首先是让他们了解你,然后是喜欢你,最后才是相信你。

★巧用方法,解除上司误解

为人臣子者,固有所不得已。行事之情而忘其身,何暇至于悦生而恶生!夫子其行可矣!

——《庄子·人间世》

叶公子高请教别人很有技巧,他先把对方说过的话背诵一遍:"您说过,事情无论大小,很少有不通过言语的交往可以获得圆满结果的。事情如果办不成功,那么必定会受到国君惩罚;事情如果办成功了,那又一定会忧喜交集酿出病害。事情办成功或者办不成功都不会留下祸患,只有道德高尚的人才能做到。"

被请教者是在《庄子》中"客串"的孔子。孔子对叶公子高说:"注重自我修养的人,悲哀和欢乐都不容易使他受到影响,知道世事艰难,无可奈何却又能安于处境、顺应自然,这就是道德修养的最高境界。做臣子的原本就会有不得已的事情,遇事要能把握真情并忘掉自身,哪里还顾得上眷恋人生、厌恶死亡呢? 你这样去做就可以了!"

孔子教给老叶的应对领导的方法,现在只能用在特定环境与特定场合,因为现在是民主社会,人权社会。"何暇至于悦生而恶生"是错误的,但下属被领导误解时,"行事之情而忘其身",是可以做到的。

例如,在某机关就出现过这样的事,部里下达了一个关于质量检查的通知,要求各省、地区和市的有关部门届时提供必要的材料,准备汇报,并安排必要的检查。某市轻工局收到这份通知后,照旧是先经过局办公室主任的手,再送交有关局长处理。这位局办公室主任看到此事比较急,当日便把通知送往主管的某局长办公室。

当时,这位局长正在接电话,看见主任进来后,只是用眼睛示意一下,让他把通知放

在桌上即可。于是，主任照办了。然而，就在检查小组即将到来的前一天，部里来电话告知到达日期，请安排住宿时，这位主管局长才记起此事。他气冲冲地把办公室主任叫来，一顿呵斥，批评他耽误了事情。

在这种情况下，这位主任深知自己并没有耽误事，真正耽误事情的正是这位主管局长自己，可他并没有反驳，而是老老实实地接受批评。事过之后，他又立即到局长办公室找出那份通知，连夜加班、打电话、催数字，很快把需要的材料准备齐了。这样，局长也愈发看重这位忍辱负重的主任了。

为什么他明明知道这件事不是他的责任，而又闷着头承担这个罪名呢？很重要的一点就在于，这位主任知道，必要的时候必须甘心为上司背黑锅。这样，尽管眼下自己会受到一点损失，挨几句批评，但到头来，自己仍然会有相当大的好处，事实证明他的想法和做法是正确的。

消除上司的误解，要从以下六个方面努力：

第一，极力掩盖矛盾。如果上司误解了你，与你产生了矛盾，你在其他同事或上司面前，要尽力掩盖这件事，不要让所有人都知道你与某个领导有矛盾，以免他们把这件事传得沸沸扬扬，使事态扩大化。

第二，在公开场合注意上司。即使上司误解了你，在公开场合仍要尊重他。见面要主动打招呼，不管他的反应如何，你都要微笑着和他讲话，使他意识到你对他的尊重。这样，他对你的误解便会慢慢消除。

第三，背后注重褒扬上司。《庄子·天地》说："孝子不谀其亲，忠臣不谄其君。"虽然上司的误解使你不舒服，但为了搞好与他的关系，在背后不应讲他的不是，而应经常在背地里对别人说他的好处。这样可以通过别人之口替自己表白真心。假若对方知道了你在背地里褒扬他，肯定会高兴的，这样更利于误解的消除。

第四，上司遇到困难的时候帮他一把。谁都有遇到困难的时候，如果此时你不是隔岸观火，看上司的笑话，而是挺身而出，帮他一把，使他摆脱困难，一定会令他大为所动的。

第五，找准机会尽释前嫌。待上司对自己慢慢有了好感之后，可以找一个合适的机会，请教上司在哪些方面对自己有看法。弄清了上司误解的原因后，你可以耐心向他做解释，证明你并不是有意的。只要你是坦诚的，上司不会不接受你的解释。

第六，经常加强感情交流。误解消除后，并不是就万事大吉了。如果刚消除掉上司的误解，你对上司的态度就变得不冷不热，会使上司认为你仍是在欺骗他，反而更加深了他对你的误解。这时，你不能掉以轻心，而应趁热打铁，经常找理由与上司进行情感交流，培养你们之间的友谊。

★ 宽待他人就是善待自己

菑人者,人必反菑之,若殆为人菑夫。

——《庄子·人间世》

害人的人一定会被别人所害,你恐怕会被别人所害呀!

庄子认为做人不可有害人之心,这样才不会害怕被他人所害,否则每天都将处于绷紧神经,提心吊胆,畏首畏尾。

人与人之间的关系能和睦相处是因为之间存在着一样极其重要的东西,那就是宽容。宽容是一种给予,不是索取。我们必须先学会宽容他人,这样日后我们犯错的时候才能得到他人的宽容。

作为一名统帅,威信是非常重要的,建立威信并不一定要通过权利做一些"杀鸡吓猴"的事情,以德服人建立起的威信更能提高军队的战斗力和向心力。被法国人民视为骄傲的近代史上著名军事家和政治家拿破仑正是把这一点和军事上的战术互相结合,才让自己的部队成为横扫欧洲的一支劲旅。

在与意大利的一次战斗中,士兵们都已经累得筋疲力尽了。拿破仑晚间巡岗查哨。在巡岗过程中,他发现一名站岗士兵倚着大树睡着了,他走了过去拿起士兵的枪替这名士兵站起了岗,大约过了一个小时,瞌睡的士兵从梦中醒来,他发现站在他身边的正是军队统帅拿破仑,立即下跪认错,心里责怪自己不应该打瞌睡。

拿破仑一脸平和地对他说:"让我深感自豪的勇士,你们为部队付出了一切,从法国来到了意大利,这一段漫长的路程给你们带来的疲劳我能体会到,你打瞌睡是可以理解和宽容的,但是以现在的情况,敌人一定正在等待我们松懈的时机发动攻击。正好我不困,就顶替你一会儿,拿好你的枪,下次一定要小心。"

瞌睡的士兵没有被唤醒,更没有惩罚,不是因为拿破仑的部队没有纪律,是拿破仑有着一颗无比宽大的内心。不以统帅的架子训斥责怪士兵,而是以宽容的心去原谅士兵的错误,试问跟随着这样深明大义的统帅,士兵们又怎么会不勇往直前呢?

古代有一位大将军接到皇帝挥军远征北方的命令。一天,他带领着军队在坎坷不平的山路上前进,走着走着,发现有个布袋似的东西拴在他的脚上,影响着他的步伐,使得

他很不自在,他恼火地恨恨踩了那东西一脚,谁知道"布袋"不但没有被踩破,反而正在慢慢地"长大",像一个钟鼎大小,这下大将军是无法前进了。"布袋"的如此"叫嚣"让大将军大为恼火,拔起手中的宝剑对准"布袋",一刺!接下来的现象变得更加不可思议,"布袋"竟然一瞬间"长"成了一座大山,唯一的道路被完全封死了。

军队不得不停下来歇息一段时间,等待大将军的指令,可是大将军要是有办法就不会把"布袋"越弄越大了。正在大将军头痛的时候,山下走来一位圣人,对他说:"这个'布袋'是神仙遗落在凡间的一件宝贝,叫作仇恨袋,你若不犯它,它便小如尘埃,你若侵犯它,它便大如泰山,阻挡你的去路,与你抵抗到底。只有停下你现在对它所做的一切粗暴行为,不再仇恨它,忘记它,那么它自然会消失离去。

其实在每个人的生活中都有一个仇恨袋,你若犯人,人必犯你。人生在世,相处之间难免会产生冲突、摩擦。如果凡事都咄咄逼人,怀恨在心,仇恨袋便会在心中悄悄生根发芽,怨念成了滋润它成长的沃土,一颗狭窄的内心很快就会被它填满,阻挡了自己成功之路,远离了各界的真情感。我们应该为自己的内心装载宽容,当我们的内心满是宽容的时候,试问仇恨袋又如何有存在的位置呢?更不会害怕它膨胀到如何地步了。

法国 19 世纪的文学大师雨果说:"世界上最宽阔的是海洋,比海洋宽阔的是天空,比天空更宽阔的是人的胸怀。"

日常生活中,宽容他人的同时也是在善待自己的一种表现,一个人的抱怨越少,烦恼也就越少。

第十章 捍卫权利:坐稳领导的位子有方法

★领导要有威慑力和感召力

夫圣人之治也,治外乎? 正而后行,确乎能其事者而已矣。

——《庄子·应帝王》

徒步下海开凿河道,让蚊虫背负大山,是愚昧的表现。庄子最担心这样的人当领导。

接舆对肩吾说:"圣人治理天下,难道去治理社会外在的表象吗? 他们顺应本性而后感化他人,听任人们之所能罢了。鸟儿尚且懂得高飞躲避弓箭的伤害,老鼠尚且知道深藏于神坛之下的洞穴,逃避熏烟凿地的祸患,而你竟然连这两种小动物本能地顺应环境也不了解!"

接舆传达了庄子的观点,一个领导者做到"正而后行",才有威慑力和感召力,否则人们就会像鸟儿和老鼠一样选择逃避。

能否成为一个高明的领导者,带好一个团队,没有威慑力是不行的,一方面是要有卓越的工作能力和竞争意识,努力使自己的愿望变为现实;另一方面则要有高超的驾驭下属的能力,这样使每一个下属都人尽其才,才尽其用。没有下属的功劳和成绩作根本保证,领导者的工作等于零。

你有很多下属,每个人都有不同特点,或性格有内向外向之别,或学历有高低之分。他们组合成了一个芜杂繁乱的集体,你就是这个集体的领导。要想使这个集体出成绩,你一方面需要激发每个人的创造力,另一方面还要实施统驭才能,使其有团结一致的合力。那么,如何进行有效的统驭呢?

诸葛亮具有非凡的治军才能,马谡大意失街亭之后,西蜀屏障全无,诸葛亮当即决定

将马谡斩首示众。而到临刑之际,诸葛亮却又痛哭流涕,细数马谡的长处,感动得马谡也痛哭失声,他为诸葛亮对他的公正评价感到舒心,而后毫无怨言平心静气地赴死,众将士也都为诸葛亮的执法如山和体恤下属所感动,自当效死捍卫蜀国。这是诸葛亮的高明之处。如果马谡失街亭之后,他先是大哭一通,而后再冷脸斩马谡,那么情形就不一样了。估计有很多人会认为他这是在猫哭耗子假慈悲,军心也必然会由此涣散。

高明的领导者要做到赏罚分明,先要严明纪律,然后再讲人情味,这样才会使威慑力和情感良好地结合起来,形成感召力。不能一味地讲严,也不能一味地求人情味,更不能本末倒置,否则就会失去领导者应发挥的作用。

下属都希望自己的领导不但要有威慑力,更要有一定的感召力,这样,出色的决策才能落实。感召力表现了一种大将风度,责人宽、责己严,不偏袒,不紧揪别人错处不放,要有人情味,更要起到工作中的表率作用。而且,领导者对下属的赞扬和认可常常会产生意想不到的效果。如果你曾经对一个下属批评指责过无数次,那么你的一句肯定,一次赞扬会使以前的批评指责荡然无存,他会带着你的这份认同毫无怨言尽心尽力地去工作。

作为一个领导者,要掌握苛责和感情输入的良好运用,达到威慑力与感召力的完美结合。对人苛责过分,下属会认为你不近人情,缺乏理解,从而产生逆反心理,消极怠工,不愿干出成绩;感情输入过分,会使你显得比较软弱,缺乏应有的威慑力,下属也会对你的命令或指示执行不力,甚至是置若罔闻。那么领导者如何才能更好地把握这个尺度呢?

1.要记住赞扬是必要而且有效的。哪怕下属只是有了一点小小的进步,也不要忘记对他表示你的赞扬和认可。

2.要成为言出必行、言而有信的人。这样的领导者更容易产生威慑力,制定的规章制度一经形成就能得到下属的认可,从而产生效力,一切都按制度办事。当然,领导者自己应当首先遵守。

3.赞扬要简短,不要说起来不停,那样就会失去赞扬的应有作用。

4.某些自己可以做的事情就尽量自己去完成,不要总是麻烦你的下属。

5.沟通和交流同等重要,整天板着面孔并不能增加你的领导魅力。

6.给下属以惊喜。你可以在大家都想不到的时刻请大家吃顿饭,为某个下属开个生日聚会,甚至以私人身份突然敲开下属的家门。但注意这些行动不要过多过滥,否则下属会以为你是在刻意收买人心。

7.不要以为自己是全知全能的,你可以从下属身上学到很多东西。

8.工作之余，下属们难免会聊上几句，谈论一下大家关心的问题，你也可以参加，但不要忘记你是领导者，这样的"小型座谈会"应该由你首先决定在恰当的时候结束。

9.不要因为两次类似的失误而完全否定个别下属的能力，大家都有过犯错误的经历，而且相同的错误并非不会再犯第二次。时机允许的情况下，你可以把任务交给他一个人去完成，这样他会更加谨慎小心地完成这项他认为来之不易的工作。

《庄子·天地》说："君原于德而成于天。"如果你交给下属的工作非常多，或许你没有更多的精力——过问，下属该完成的工作任务往往并不与你预想的相一致，遇到这种情况，不要一味地对下属大加责难。只要事情有所成而没有搞砸，那么你就有必要进行赞赏。

该强硬的时候必须强硬，该温情的时候也必须温情。下属的潜能究竟有多少，有时连他自己也弄不清，而能够使其尽情发挥的原动力就是你的正确而有效的方法，使其感到尊严的存在却又承认你的领导地位，同时让他明白工作不单是为他个人，也是为了整个集体，这样就能使下属更好地努力工作。

★用多种面孔亲近下属

凡圣人之动作也，必察其所以之与其所以为。

——《庄子·让王》

大凡智者有所动作，必定要仔细地审察自己所追求的方式以及行动的原因。卫国有个面貌十分丑陋的人，名叫哀骀它。男人跟他相处，常常想念他而舍不得离去。许多女人见到他便向父母提出请求，说："与其做别人的妻子，不如做哀骀它先生的妾。"这是为什么呢？

哀骀它的魅力在于懂得顺应人情，常常附和别人。他面貌丑陋使天下人吃惊，又总是附和他人，他并不十分聪明，但接触过他的人，无论是男是女，都乐于亲近他。

鲁哀公以为哀骀它一定有什么不同于常人的地方，就把他召来看了看，果真相貌丑陋足以惊骇天下人。鲁哀公与哀骀它相处不到一个月，便对哀骀它的为人有了了解，不到一年时间，就十分信任他。国家没有主持政务的官员，他便把国事委托给他。

哀骀它善于与不同的人打交道，赢得别人的亲近。作为领导，平时接触的人很多，不

得不周旋于各种人、各部门与各种场合之间，与形形色色的人打交道，如果不具备一套行之有效的应付办法，是很难做到面面俱到、得到很好的回报的。

这就要求领导具备不同的面孔来对付不同的人。对于集体或组织内部的成员，可以摆出多种面孔，每种面孔适应不同的场合，就如同京剧的脸谱一样，每种类型的脸谱代表一定的性格。当领导，不能让人一眼望去就知道是什么性格，不然岂不是很容易上当受骗？领导可以看情况的需要，先选一张合适的脸谱戴在脸上，再向员工讲话。

这样，凭着领导当时是哪一种面孔，员工就知道领导在想些什么，要说些什么话，做些什么事。而实际上，员工所观察出来的，却只是领导希望他们看到的，至于领导真正的意图是不会轻易让别人知道的。一句话，不能让人家摸清底细。

领导可以摆出一张微笑的面孔，点头对大家说："可以，很好。"不时地感谢一下员工。也可以说几句："辛苦了，谢谢，谢谢！"使大家工作起来更有劲头，更加高兴。然后，领导也可以摆出一张严肃的面孔，用来指挥全局，上下共同奋斗。你可以用一种无可置疑的口气向员工们讲"你去那里"，"让他来这里"，"就这么办"，"加一把力"，"马上就要成功了"，现场指挥有条不紊，工作更有效率。

领导摆什么样的面孔，摆在什么时间，完全要看当时的情况，事情是灵活多变的。有的领导坚持只用一副面孔，说什么"是就是，否就否"，这就将一切事物简单化了。庄子说："凡人心险于山川，难于知天；天犹有春秋冬夏旦暮之期，人者厚貌深情。"人心难测，所以，领导应清醒冷静地认识自己所处的境地，由此选择该出现的面孔。摆出笑容，对下属赞扬和感谢固然很好，自己也落得轻松自在，但要看准时机，看准场合。

某大公司的总经理，因一桩大生意赔了本，使公司蒙受了重大的损失。这个总经理深知责任很大，于是向董事会递交了辞呈。但董事会并没有批准他的辞呈。董事长握住总经理的手，深情地说："我们已为你的学习交了这么多的学费，不希望你就这样走了，学了不要白学。"总经理立刻被感动得热泪盈眶，觉得为挽回自己的过失即使粉身碎骨也在所不惜。果然，在以后的工作中，总经理发奋图强，拼命苦干，为公司赚取了一笔又一笔的巨额资金，这就是董事长适当地换了一副正确的面孔，让总经理感恩戴德。

设想一下，如果董事长当时大发脾气，一脚将总经理踢出门去，换一个新手从头干起，那么今天这个公司未必会有那么好的业绩，企业股东也不能获得那么多红利了。

庄子强调一个"顺"字，顺应自然，顺应人心。各种面孔的使用都很重要，关键是看在什么时候、什么场合用哪一种适合的面孔。绝不是用与不用的关系，而是用得巧和用得不好的区别。

★ 兼听不同的意见

贱而不可不任者，物也；卑而不可不因者，民也。

——《庄子·在宥》

庄子提出了"十不可"：低贱然而不可不听任的，是万物；卑微然而不可不随顺的，是百姓；不显眼然而不可不去做的，是事情；不周全然而不可不陈述的，是可供效法的言论；距离遥远但又不可不恪守的，是道义；亲近然而不可不扩展的，是仁爱；细末的小节不可不累积的，是礼仪；顺依其性然而不可不尊崇的，是德；本于一气然而不可不变化的，是道；神妙莫测然而不可不顺应的，是自然。

所以，万事万物均不可强为，但又不可不为，不明白自然的演变和规律，也就不会具备纯正的修养；不通晓道的人，没有什么事情可以办成。可是，有些手上有权的人喜欢一意孤行，除了自己的意见外，根本就听不进别人任何有益的进言。而当别人有意见的时候，他也常常命令别人保持沉默。在组织的环境里发生质疑的时候，出面发出质疑的人就很有可能会被贴上"不忠"的标签，甚至被视为是制造麻烦的人。到底什么才是判断反对和不同意见的最佳方式？应当鼓励勇于发表不同意见甚至是反对意见的人，并注意倾听。

战国时期，一位君王曾下过一道求谏旨令："群臣和百姓能当面指责寡人之过的，受上赏；上书规劝寡人的，受中赏；能在公共场合议论寡人的过失而被我听到的，受下赏。"这道旨令一下，收到了极好的效果。一年之后，人们想再进直言，已无话可说了。而这个国家在很长一段时间内，国泰民安，社会稳定。

自古以来，一意孤行、刚愎自用的领导人必定要垮台。这是历史经验的总结。

人们常说关羽"大意失荆州"，其实，关羽并不是疏忽大意丢了荆州，而是丢在他不能兼听不同意见的弱点上。关羽守卫荆州时，东吴吕蒙做了大都督，吕蒙早就有抢回被刘备骗去的荆州的打算，但他心知强攻硬取只会使自己吃亏，于是想办法从关羽的弱点上开刀。正巧，关羽没有亲自守荆州，正在外面带兵攻打樊城，吕蒙一见机会难得，便表面上主动与关羽搞好关系，暗中用计蒙蔽关羽。他诈称有病，让东吴书生陆逊代替自己都督的职位。陆逊刚上任，就以友好的言辞写了一封信，并备了厚礼，遣使拜见关羽，关羽听说后，警惕性一下子放松下来，他还嘲笑孙权说："孙权见识短浅，竟用孺子为将！"他丝

毫没把陆逊放在眼里，认为陆逊奈何荆州不得，反而把荆州守兵抽出攻打樊城。关羽的副将司马王甫等人却不这么看，他们认为东吴必有阴谋，苦劝关羽不要轻易撤走荆州守兵。而关羽对东吴近日一系列的行动与迹象没有认真分析研究，只是知其然而不知其所以然，狂妄地认为东吴胆怯，放心大胆地撤走了荆州守兵。但后来事实是，东吴军队渡江夺取了荆州城。

直到此时，关羽对荆州已失守的消息仍不相信，当军中有人私下传言荆州失守时，他听后愤怒地制止道："此是敌方讹言，以乱我军心！东吴吕蒙病危，孺子陆逊代都督之职，不足为虑！"这是何等的目空一切。后来探马报知实情后，他才相信荆州真的丢失了，大惊失色，不得已投奔荆州属地公安，岂知公安也已被吕蒙夺取了。在这进退无路时，关羽似乎有一丝觉醒，他对身边的司马王甫深深叹道："悔不听足下之言，今日果有此事！"

关羽

如果说，荆州是关羽大意才丢失的还说得过去，那么，关羽败走麦城则是不听下属建议所致。当困守麦城，内无粮草，外无援兵之际，关羽决定抛弃麦城，突围去西川。可是去西川如何取道他又拒绝了王甫的正确建议。去西川本有两条路可走，一条是大路，一条是偏僻小路，关羽打算从小路去西川，王甫听后唯恐吴魏在小路设下埋伏，建议部队取道大路。这时，关羽又犯下了一意孤行的老毛病，他固执地不肯听王甫的话，还自信地扬言："纵有埋伏，有何惧哉！"坚定不移地要走小路。王甫料定关羽此去凶多吉少，纵百般劝阻仍无济于事，结果呢？关家父子双双遭擒身死。一代英雄豪杰因不能兼听不同的意见而酿成重大的历史悲剧。

庄子反对"与己同则应，不与己同则反；同于己为是之，异于己为非之"的做法，作为一个领导，应该具有从谏如流的雅量，能够听取不同意见，并鼓励下属敢于讲不同意见。

李世民问魏征："历史上的国君，为什么有的明智，有的昏庸？"魏征回答说："兼听则明，偏信则暗。"接着，他列举历史上的人与事说："秦二世只听赵高的，隋炀帝偏信虞世基，结果耳目闭塞，导致国家灭亡。国君如果能听取各方面的意见，采纳正确主张，下情

上达,就会明智;如果只听单方面的话,就会被蒙蔽,就昏庸。"李世民听了魏征的话,连连点头称好:"明主思短而益善,暗主护短而永愚。"

★身边需要有经验的人

故丘山积卑而为高,江河合水而为大,大人合并而为公。

——《庄子·则阳》

少知向大公调请教什么是"丘里"之言,大公调告诉了他:

所谓"丘里",就是聚合头十个姓,上百个人而形成共同的风气与习俗;组合各个不同的个体就形成混同的整体,离散混同的整体又成为各个不同的个体。如今指称马的上百个部位都不能获得马的整体,而马就拴缚在眼前,只有确立了马的每一个部位并组合成一整体才能称之为马。

山丘积聚卑小的土石才成就其高,江河汇聚细小的流水才成就其大,伟大的人物并合了众多的意见才成就其公。所以,从外界反映到内心里的东西,自己虽有定见却并不执着己见,由内心里向外表达的东西,即使是正确的也不愿跟他人相违逆。各种官吏具有不同的职能,国君没有偏私,因此国家得以治理;文臣武将具有各不相同的本事,国君不做偏爱,因此各自德行完备;万物具有各自的规律,大道对它们也都没有偏爱。时序有终始,世代有变化。祸福在不停地流转,出现违逆的一面同时也就存在相宜的一面;各自追逐其不同的侧面,有所端正的同时也就有所差误。就拿山泽来比方,生长的各种材质全都有自己的用处;再看看大山,树木与石块处在同一块地方。这就叫作"丘里"的言论。

领导的工作需要大家的支持。有人在做事中摔了跟头、吃了亏,叹息自己缺少经验。其实,在做事时可以借鉴学习别人的经验,生活中总有一些做事经验丰富的人,你可以与他交朋友,不时地请教,得到他的指点,这样你就会减少与避免碰壁。历史上的一些著名军事家,个人的智商是很高的,他何尝不是一个处世的高手,但是尽管这样他还要招纳贤士来为自己出谋划策。如果刘备不"三顾茅庐"把诸葛亮请出来,那么天下就不可能有他蜀国的位置了。诸葛亮就是刘备身边一个有经验、有智慧的人。

相反,那个昏庸的袁绍,就不善于利用有经验的人,田丰主动出谋划策,他不仅不领情,反而还杀了人家。这样对待有经验有谋略的人,袁绍不败才怪哩。

与有经验的人相处,方法也要恰当,不要事无巨细都去问。有些得失利益不大的问题,最好不要去请教,毕竟自己也要培养积累处事的经验。请教时要虚心,注意力集中,否则让人感到你是假请教,或者误以为问题不重要。毫不保留地谈事情的经过或存在的问题,这样便于对方思考与拿主意。你可以对他的指点提出自己的看法,让他进行修正。最后把对方指点的话牢记于胸。赵子龙如果不是不折不扣地执行诸葛亮三个锦囊妙计,他是不可能从吴国把沉湎于温柔乡的刘备救出来的。

通用汽车总经理斯隆曾说:"把我的财产全拿走,但只要把我的人才留下,五年以后,我将使被拿走的东西失而复得。"这句话极其深刻地表明了借用他人之力的重要性。

一个人是否有实力不要紧,只要他善于利用别人的智慧,照样能干成一番大事业。

理查德·西尔斯原先是一个代客运送货物的小商人。后来他开起一家杂货店,专做邮购业务,即顾客通过邮件订货,他通过邮寄的方式发货。由于资本太少,只能提供有限的几种商品,他做了五年,生意仍无起色,每年只能做三四万美元的业务。他想,必须与人合作,借助他人的力量,才能把生意做大。

说来凑巧,当他萌发出合作的念头后,不久就遇到了一个理想的合伙人。那是一个月色皎洁的晚上,西尔斯到郊外散步,突然远处传来了马蹄声。不一会儿,一个骑马赶夜路的人来到西尔斯跟前,向他问路。此人名叫罗拜克,想到圣·保罗去买东西,不料途中迷了路,此时的他已是人困马乏。

西尔斯将罗拜克请到他的小店中住宿。当晚,两人谈得很投机,遂决定合伙做生意,并成立一家以他们两人的名字命名的公司,即西尔斯·罗拜克公司。西尔斯有五年经验,罗拜克实力雄厚。两人联手,可谓相得益彰。合作第一年,公司的营业额达到40万美元,比西尔斯单干时增长了10倍。

西尔斯和罗拜克都不懂经营管理,做点小生意还能凑合,生意大了就招架不住,两人都有了力不从心的感觉。他们决定寻找一个有经验的总经理,代替他们进行管理。

他们费心搜寻人才,终于找到了一个合格的总经理人选。此人名叫陆华德,在经营管理方面很有一套。他们把公司大权全部授予陆华德,自己则退居幕后。

陆华德接受任命后,果然不负重托,兢兢业业地为公司效劳。他发现,做邮购业务与传统生意不同,一旦顾客对购买的商品不满意,调换很困难。如果不解决这个问题,很多顾客就会放弃邮购这种方式,公司的发展将受到很大阻碍。为此,陆华德严把进货质量关,决不让劣次品混进公司的仓库,以保证卖给顾客的每一件商品都"货真价实"。

那些厂商认为陆华德对质量的要求过于苛刻,竟联合起来,拒绝向西尔斯·罗拜克公司供货。这是一个决定公司前途的大事,陆华德拿不定主意,赶紧去找两位老板商量。

西尔斯从内心深处赞赏陆华德的做法,给他打气说:"你这些日子太辛苦了,如果能少卖几样东西,不是可以轻松一下吗?"

陆华德受到鼓舞,更加坚定了严把质量关的决心。那些厂商见抵制无效,担心生意被别的供货商抢走,最终不得不接受陆华德的质量标准。

陆华德刻意追求质量的经营策略,使西尔斯·罗拜克公司因此声誉日隆,10年之中,它的营业额增长了600多倍,高达数亿美元。

西尔斯作为一个外行,能够在短短十几年间,从一个微不足道的小商人,变成一个全美国知名的大富豪,得益于他能够借助比自己更有管理经验的人,并真心真意地信赖他,然后授予全权,使自己的生意能够做大做强,可谓"积卑为高"。

★为人领导,切忌"越俎代庖"

尧让天下于许由,曰:"日月出矣,而爝火不息,其于光也,不亦难乎!时雨降矣,而犹浸灌,其于泽也,不亦劳乎!夫子立而天下治,而我犹尸之,吾自视缺然。请致天下。"

许由曰:"子治天下,天下既已治也。而我犹代子,吾将为名乎?名者,实之宾也。吾将为宾乎?鹪鹩巢于深林,不过一枝;偃鼠饮河,不过满腹。归休乎君,予无所用天下为!庖人虽不治庖,尸祝不越樽俎而代之矣。"

——《庄子·逍遥游》

在中华民族的历史传说中,有一位杰出的领袖叫唐尧。在唐尧的领导下,人民安居乐业。可是唐尧很谦虚,当他听说隐士许由很有才能的时候,就想把领导权让给许由。唐尧对许由说:"日月出来之后还不熄灭烛火,它和日月比起光亮来,不是太没有意义了吗?及时雨普降之后还去灌溉,对于润泽禾苗不是徒劳吗?您如果担任领袖,一定会把天下治理得更好,我占着这个位置还有什么意思呢?我觉得很惭愧,请允许我把天下交给您来治理。"

许由说:"您治理天下,已经治理得很好了。我如果再来代替你,不是沽名钓誉吗?我现在自食其力,要那些虚名干什么?鹪鹩在森林里

许由

筑巢,也不过占一根树枝;鼹鼠喝黄河里的水,不过喝饱自己的肚皮。天下对我又有什么用呢?算了吧,厨师就是不做祭祀用的饭菜,管祭祀的人也不能越位来代替他下厨房做菜。"

越俎代庖,就是说各人要干好本人的事,不要超出本分,去代理别人的事务。俎是肉案,庖是厨师,你本来是捧祖先牌位的人,却超越你的职责,到肉案去代理厨师的工作,当然要受到别人的指责。现实中,这种事其实还真不少,所以有人老觉得自己好心无好报,或者奇怪为什么他瞎忙活半天,人家反而不领情。其关键就在于他应想想自己是否做了超出本分的事。

美国通用电气公司前 CEO 杰克·韦尔奇总是告诫经理人:"经营和管理并没有你想象的那么复杂,你只要记住,千万不要被细枝末节的小事所牵绊。也就是说,领导者最应该做那些真正属于领导者该做的事,而不是越俎代庖,包办下属的工作。"

在企业中,时常有这样一种现象,很多领导者看到下属做工作不如自己,总是忍不住要加以指点,甚至越俎代庖。其结果是,一方面领导累得一塌糊涂,甚至积劳成疾,另一方面他们的下属却整天无所事事,变得消极、怠惰,唯命是从,失去主观能动性。

有一家企业,接连有中层管理者辞职,这让企业的老总很是不解,因为企业对这些管理者各方面都很好。为什么会出现这样的情况呢?

原来,这位老总喜欢越俎代庖,本该是由中层审批的文件,有时这位老总直接审批了。久而久之,基层员工认为中层审批,最后拍板的还是老总,还不如直接找老总审批。这让中层管理者很是不满,认为自己是个摆设,故而辞职。而老总到最后才意识到这一点。

领导者不要越俎代庖,包办代替应由下属履行的职责,不要干涉员工如何执行他分内的工作。给他指示,提供工具,并且训练,但不要自己去做这份工作,也不要胡乱批评。不要请了广告公司,接着又自己写文案;不要雇了工厂经理,却又自己写生产计划;不要带着业务员去拜访客户,结果又自己来交涉一切。

如果事无巨细你统统包办代替,下属也会因此而事事依赖你,难以发挥整体的才能。要改变这种被动状况,你必须学会妥善地向下属布置工作,明确哪些是该你亲手做的,哪些是该下属做的,要相信下属并给下属以锻炼的机会。

同时,应注意做到三点:一是信任而不包办。在工作上要充分依靠和相信下级,充分发挥其积极性、创造性和协作精神。凡属下级职责范围内的工作,应放手让下属去做,凡是自己认为应该做的事,启发下属说出来,鼓励并支持他们去做,让他们有职有权,不包办代替,越级干预。

★堵截不如疏导，切忌对人才"关、卡、压"

墨子称道曰："昔禹之湮洪水，决江河而通四夷九州也。名山三百，支川三千，小者无数。禹亲自操橐耜而九杂天下之川；腓无胈，胫无毛，沐甚雨，栉疾风，置万国。禹大圣也，而形劳天下也如此。"

——《庄子·天下》

尧在位的时候，黄河流域发生了很大的水灾，庄稼被淹了，房子被毁了，老百姓只好往高处搬。时间前后持续了20多年，人民苦不堪言。

尧曾命鲧治水，鲧花了九年时间治水，没有把洪水治好。因为他只懂得水来土掩，造堤筑坝，结果洪水冲塌了堤坝，水灾反而闹得更凶了。

舜接替尧当部落联盟首领以后，亲自到治水的地方去考察。他发现鲧办事不力，就把鲧杀了，又让鲧的儿子禹去治水。

禹改变了他父亲的做法，用开渠排水、疏通河道的办法，把洪水引到大海中去。他和老百姓一起劳动，戴着帽，拿着锹，带头挖土、挑土，累得磨光了小腿上的毛。

经过十三年的努力，疏通了四夷九州岛，大川三百，支流三千，小沟无数，终于把洪水引到大海里去，地面上又可以供人种庄稼了。这场空前绝后的大水灾被制伏了。

后代的人都称颂禹治水的功绩，尊称他是大禹，并立了禹王庙来纪念他。

鲧采取堵的办法治理洪水，结果导致洪水更加泛滥。后来，禹吸取了教训，采取疏河导水的办法，结果治水获得了胜利，解救了黎民百姓。大禹治水之所以成功，是因为他采取了正确的方法——宜疏不宜堵。大禹治水，是对水的流动的一种管理。在企业人才流动的问题上，道理是同样的，堵截不如疏导，要把人才当成河流来管理。

人才的频繁流动是每一个企业面临的困惑。仅凭借公平对待员工、奖励出色表现、

尧

國學智慧全書

道学智慧

提供良好环境、创造升职机会等措施留住公司里最有价值的员工,也始终是一项艰苦而长期的工作。更何况任何公司都避免不了竞争者袭击,高素质员工总是会有工作机会找上门来,而且任何人都会抱有"人往高处走"的心态。一些知名企业对人才的流动不是采取"关、卡、压"的方式,而是鼓励人才流动,只不过将这种流动限制在企业内部进行,这样不仅留住了人才,而且大大提升了企业的劳动生产率。

日本索尼公司倡导"内部跳槽"式的人才流动方式,原则上每隔两年便让职员调换一次工作,特别是对于精力旺盛、干劲十足的职员,不是让他们被动地等待工作变动,而是主动给他们施展才华的机会。另外,每周出版一次的内部小报,经常刊登各部门的"求人广告",职员们可以自由而且秘密地前去应聘,他们的上司无权阻止。这种"内部跳槽"式的人才流动为人才提供了一种可持续发展的机遇,可以激发员工的热情,从而留住一些想跳槽的优秀员工。

索尼公司的这种"内部跳槽"流动方式源于索尼公司盛田昭夫曾经经历的一件事情。有一段时间,盛田昭夫几乎每天晚上都和中下级主管一起吃晚饭,有说有笑,一直聊到很晚。

在聊天的过程中,盛田昭夫注意到一个小伙子心神不安,闷闷不乐,就走上前去耐心询问,让他把心里话讲出来听一听。

小伙子看了看盛田昭夫,喝了几杯酒后,开口说道:"在我加入索尼公司以前,我一直认为这是一家了不起的公司,也是我唯一想进入的公司。但是由于我职位低下,我只觉得是为某某上司卖命,而不是为索尼公司工作,这样,我的上司就是上司,他也就代表了公司本身了。这本来也没什么,但偏偏这人没有能力。我所做的每一件事,我提的每一个建议,都要由他来决定。因此我对自己在索尼公司的前途感到失望。"

这番话令盛田昭夫十分震惊,他想,类似的问题在公司内部恐怕不少,作为管理者,不应该压制年轻人,堵塞他们的上进之路,而应该关心他们的苦恼,了解他们的处境。

于是,盛田昭夫就产生了改革人事管理制度的想法,后来,就逐步形成了著名的"内部招聘制度"。在索尼公司实行内部招聘制度以后,使得一些有跳槽倾向的有能力的员工可以在索尼公司内部找到适合自己的位置,而不用四处奔跑去找别的公司。另一方面,公司也留住了人才,避免了人才流失,保证了公司的稳定。最可贵的是,还可以通过内部人才的流失,检验出哪些上司所管辖的区域经常"流出"人才,从而发现一些深层次的问题。

对人才的流动和流失,济南钢铁集团有着独到的见解:人才只有在内部得到合理的流动,才能避免和减少向外部的流失;人才只有在流动中,才能找到合适位置,不断增值。

从 1999 年开始,济钢就建立了内部人才市场,引导和鼓励人才的有序流动。缺员岗位一般都通过内部人才市场面向集团公司公开招聘,人才资源首先在集团各二级单位之间实现了共享;专业人员可根据自身实际,选择合适的岗位,经有关部门同意后进行交流调整;研究生、高级职称人员可不受限制,自主选择工作单位和工作岗位。

当人才愈来愈像河流自由流动之际,企业再也无法像水库般将人才储存起来了,企业人才管理的重点是宜疏不宜堵,把人才当成河流来管理。

★ 适时无为,则无不为

故君子不得已而临莅天下,莫若无为。无为也,而后安其性命之情。

——《庄子·在宥》

所以,君子不得已而居于统治天下的地位,那就不如一切顺其自然。顺其自然方才能使天下人保有人类自然的本性与真情。

无为,然后能无不为;无为,然后能有作为。

《庄子》中有一段阳子居与老子的回答。有一次阳子居问老子:"假如有一个人,同时具有果敢敏捷的行动与深入透彻的洞察力,并且勤于学道,这样就可以称为理想的领导者了吧?"老子摇摇头,回答说:"这样的人,只不过像个官吏罢了!只有有限的才能反被才能所累,结果使自己身心俱乏。如同虎豹因为身上美丽的斑纹,才招致猎人的捕杀;猴子因为身体活泼,猎狗因为擅长猎物,所以才被人抓去,用绳子给捆了起来。有了优点而招至灾祸,这样的人能说是理想的领导者吗?"

阳子居又问:"那么,请问理想的政治是怎样的呢?"老子回答:"一个理想的领导者功德普及天下,但在一般人眼中一切功德都和他无关;其教化惠及万物,但人们却丝毫感觉不出他的教化。当他治理天下时,不会留下任何施政的痕迹,但万物都具有潜移默化的影响力。"这就是庄子主张的理想的领导者形象。

顺应客观,无为而治,并非完全听天由命,任人摆布,而是在顺应客观的同时,主动地、策略地、乐观地、自觉地去驾驭现实环境中所遇到的矛盾,并制定合理的方针、策略。所谓"无为而治",其实是指大有为而无为,貌似无为,实则有为,眼下无为,长远有为的一种为政策略。

俗话说："润物细无声。"有时候，人在许多场合并不需要太多的言行表现，只要默默无言，就足以使对方慑服了。就像诸葛亮布下空城计，看上去空空荡荡，反而给敌人一种受到包围的不祥预感，只得夹着尾巴溜走了。"欲擒故纵"，"大智若愚"，"大巧若拙"，其意思是遇事不慌，镇定自若，挥洒自如。这是在个人为人处世或企业经营或谈判中都可以动用的高招，也是一种智慧人生。

庄子继承《道德经》政治论的精髓，一言以蔽之，即"无为"。"以无事而治天下，吾何以知其然哉？以此：天下多忌讳，而民弥贫；朝多利器，国家滋昏；人多技巧，奇物滋起；法令滋彰，盗贼多有。"其理由是，禁令越多，人民越贫；技术越进步，社会越混乱；智慧越增加，人民越不幸；法令越完备，犯罪者越滋生。为此，他奉劝领导者们要"无为而民自化，好静而民自正。"

这种"无为"包括三个方面。第一，领导者应尽量少施行命令或指示；第二，不要实行使下属负担过重的政策；第三，对下属的各种活动尽量避免介入或干涉。那么，这是不是说领导者对一切都不管，而无所事事呢？事实绝非如此。聪明的领导者要随时留心下属的动向。口出怨言或者发牢骚、自叹倒霉的领导者并不称职。因为无论工作多么辛苦，都是自己应负的责任，所以表面上不应显出痛苦的样子，而要以悠闲自在的精神状态面对下属。就像鸭子若无其事、轻轻松松自由地划进水面一样的自然。以"无为"与"清静"为宗旨的政治哲学又称为"黄老之道"或"黄老之术"。据说老子之后接受其思想的人们为了让这种主张更加具有权威性，而抬出传说中的黄帝名号，冠在老子前，称为"黄老"。而实际上这种哲学更多的是反映在庄子的思想中，因为老子作为旧贵族势力代表其"无为"常有消极、自保的色彩，而庄子作为寻求出路的新势力，其"无为"带有积极进取的色彩，只是因为老子是道家鼻祖，故这种"无为"被称为"黄老之术"而非"黄庄之术"。

"有为而治"和"无为而治"符合辩证法的原理。"有为"是手段，"无为"也是手段，"治"才是目的。表面看来，"有为"和"无为"似乎是不相容的，但作为工作方法来看，它们能够殊途同归，共同达到"治"的目的。

随着社会生产日益向深度和广度发展，生产规模的扩大和部门层次的增多，一个高层（相对来说）的领导者即使精明强干，能力超群，也是无法事必躬亲，样样"有为"的。他必须忽略可以忽略的东西，做到大事"有为"，小事"无为"。

有的事情，只需高层领导者在开始阶段表现出"有为"来。实践证明：很多事情不必高层领导者躬亲其过程，而只需要在开始表示一个态度就可以了。这种表态可叫"拍板"，也可叫"决策"。高层领导者在这种决策前的调查研究及其在此基础上所做出的这种决策，算是"有为"的举动。高层领导者仅在工程之始参加的"奠基仪式""开工动员"

國學智慧全書

庄子

等亦属于此类性质。

有的事情，只需高层领导者在中间环节上表现出"有为"来。在这一环节他表现"有为"，是为了引导、完善群众运动，促使高潮的到来。而当高潮形成后，他应当奔向新的目标，在新的领域开始自己的"有为"。

有的事情，高层领导者的"有为"只需要在两头有所表现就够了，意在表明一件事的开始和完结，以便把群众的思路引向一个领域和转向新的领域。同时，也表明领导者对有关事情的态度和此事在全局中的地位。

还有的事情，高层领导者有意识地扮演"旁观者"的角色，自始至终都在表现着自己的"无为"。但这种"无为"的目的在于给其下属提供"有为"的锻炼机会。

需要说明的是，高层领导者的"有为"，不应是直接指向目的的活动，而应是直接指向被领导者的活动。对一个高层领导者首先的和基本的要求，应该是他能够组织别人"为"什么，而不是单纯他个人能够"为"什么。一个高级军事指挥员，如果放弃组织战役、调兵遣将的战略任务，而去直接参与肉搏或冲锋，那么他就不是一位优秀的指挥员。原因是，他的"有为"和"无为"正好颠倒。中国古代项羽弃剑学兵的故事，就是一个自觉更正"有为"和"无为"前后颠倒的例子。这说明他已经懂得钻研攻敌万兵之术是自己应该"有为"的职责，而攻敌百人之术则应弃之于"无为"之例。

对于一位成功的高层领导者来说，什么"有为"，什么"无为"，何时"有为"何时"无为"至关重要。不该"不为"时有所作为，不仅会限制下属的主动性、积极性，而且还会妨碍、干扰下属的工作。这样长期下去，会使下属不能独立处理自己分内的事，养成照抄照搬的依赖心理，即我们说的"有靠头"。

不该"有为"时有所作为，必然会破坏整个领导机构的系统功能，影响各级领导者在"管理场"中的固定位置，导致工作秩序紊乱。一个领导者，如果越俎代庖，干了下属的事，难免顾此失彼，势必疏于职守，"金字塔式"的领导系统的发散性和收敛性功能必然不能兼备运行。

不该"不为"时有所作为，还容易将不成熟的意见强加于人，从而造成失误，降低组织的威信。在实践中，一些高层领导者用自己不成熟的意见支配组织，给革命事业造成损失的例子，是屡见不鲜的。人们在总结经验教训时，往往习惯用组织的失误或不成熟来为领导者开脱"罪责"，这样的评判未必准确。因为，赖以组建组织的材料，是人而不是物。组织的思想、行为是受人（领导及其成员）支配的。因此，组织的人尤其是高层领导者成熟与否直接表现为组织的成熟与否。从这个意义上讲，只有不成熟的个人，没有不成熟的组织。同是一个组织，为什么有的人担任高层领导者，工作就做得好，而另外的人

却做不好呢?

不该"有为"时而有所作为,即使高层领导者的用心是良苦的,也必然如前所述,因小失大,祸害无穷。一个高层领导者只有真正站在社会实践系统所赋予他的固定位置上考虑全面,掌握方向,出主意,用干部,而在具体事务上则较为超脱,当"甩手掌拒",那他才算是高明的高层领导者。有所不为,才能有所为,历史的辩证法就是如此。

北欧航空公司董事长卡尔松大刀阔斧地改革北欧航空系统的陈规陋习,就是靠充分放权,给部下充分的信任和活动自由。开始时,他的目标是要把北欧航空公司变成欧洲最准时的航空公司。但他想不出该怎么下手。卡尔松到处寻找,看到底由哪些人来负责处理此事,最后他终于找到了合适的人选。于是卡尔松去拜访他:"我们怎样才能成为欧洲最准时的航空公司? 你能不能替我找到答案? 过几个星期来见我,看看我们能不能达到这个目标。"几个星期后,他约时间见卡尔松。卡尔松问他:"怎么样? 可不可以做到?"

他回答:"可以,不过大概要花 6 个月时间,还可能花掉你 160 万美元。"

卡尔松插嘴说:"太好了,说下去。"因为他本来估计要花 5 倍多的代价。

那人吓了一跳,继续说:"等一下,我带了人来,准备向你汇报,我们可以告诉你到底我们想怎么干。"

卡尔松说:"没关系,不必汇报了,你们放手去做好了。"

大约四个半月后,那人请卡尔松去,并给他看几个月来的成绩报告。当然已使北欧公司成为欧洲第一。但这还不是他请卡尔松来的唯一原因,更重要的是他还省下了 150 万美元经费中的 50 万美元,总共只花了 100 万美元。

卡尔松事后说:"如果我只是对他说,'好,现在交给你一件任务,我要你使我们公司成为欧洲最准时的航空公司,现在我给你 200 万元,你要这么这么做'。结果怎样,你们一定也可以预想到。他一定会在 6 个月以后回来对我说,'我们已经照你所说的做了,而且也有了一定进展,不过离目标还有一段距离,也许还需花 90 天左右才能做好,而且还要 100 万元经费等'。可是这一次这种拖拖拉拉的事却不曾发生。他要这个数目,我就照他要的给,他顺顺利利地就把工作做好了。"

可见,"有为"与"无为"结果大不相同。

企业领导者要部下担当一定的职责,就要授予相应的权力。如果领导者对部下不放权,或放权之后又常常横加干预、指手画脚,必然造成管理混乱。另一方面,部下因未获得必要的信任,也会失去积极性;这也会使部下产生依赖心理,出了问题便找领导,领导者也会疲于奔命,误了大事。

高层领导对于自己分内的事情,并不是什么时候都应"有为",也不是什么时候都"无为"。该"有为"时有为可以使自己的文韬武略付诸实践,成为促进事业成功的动力。该"无为"时无为,不但可以使自身从繁重的事务中解脱出来,以便审时度势,保持清醒的头脑,而且还可以通过下属的"有为"来弥补自身的精力与才能之不足。能做到这一点的高层领导者,才是理智的领导者,否则是个糊涂官。

"无为而治"和"有为而治"兼而有之的领导方法对人们来说,并非生疏。它在实践中早被广泛地应用着,只不过是,有的被自觉应用,有的被不自觉应用,有的被正确应用,有的被不正确应用罢了。

"有为"和"无为"兼而有之,以求达"治",确实是一种高效的领导方法。如果说,高层领导者的"有为"能够沁出牡丹的芳香,那么高层领导者的"无为",则是为了让下属"有为",以显示绿叶的清馨。两者兼而有之,方能收到牡丹绿叶之效。

★决策之时方显领导魄力

上诚好知而无道,则天下大乱矣!

——《庄子·胠箧》

庄子认为君主如果想拥有天下,必须在圣知大道之间做选择,懂得取舍,才能真正坐拥天下。

随着 IT 产业迅速兴起,开创了微软帝国的比尔·盖茨已成为人们心目中了不起的英雄,特别是他在机遇面前敢于选择和放弃的勇气更让许多青年人佩服不已。

雅虎公司的创始人杨致远,就是在比尔·盖茨成功之路的感召下成长并取得成功的青年人。

1998 年,这是雅虎公司发展史上最为辉煌的一年。雅虎网站的日平均点击量超过7000 万次,雅虎成为世界最知名的品牌网站之一,同年 9 月,雅虎公司市场值达到将近250 亿美元,市盈率达到 41.6%。在同一时期,这令信息产业界一枝独秀的"龙头老大"微软公司的市盈率相形见绌,同时也创造了连续两年进入福布斯(Forbes)排名前 500 家企业的惊人纪录。

然而,几年前雅虎产业的全部内容还只是杨致远一台电脑中的网络资料搜索手册而

已。

雅虎公司的成立充满了戏剧性。

1993年底,正在美国斯坦福大学电机研究所攻读电机工程博士学位的杨致远,开始率先使用全球网络来协助自己科研项目的完成。但在复杂网络的使用当中,他和课题组同学大卫·费洛都觉得目前的国际网络内容包含非常广泛,但是要找一个相关题目往往需要耗费很多时间。

因此,他们想,如果能建立一套可供搜寻的软件,有系统和分门别类地将所有资料加以组织,那么使用网络资料时便会很方便,所花费的时间也会大大减少。于是,经过一段时间的酝酿,从1994年开始,年仅25岁的杨致远便时常利用一台名为"睹"(AKEBO-NO:日本有名的美裔相扑手名称)的电脑,借助学校的工作站,着手在互联网上发布自己编写的网络搜索软件,并开始建立属于自己的雅虎网站。

"雅虎"(Yahoo)一词,源自英国作家斯威夫特的小说《格列弗游记》中一群野人的名字。至于为何以此来命名自己的公司,杨致远说:"我是从一本旅游手册中看到这个名词的,我们觉得'雅虎'这个词代表了那些无经验的现代社会中的外来游客,与我们这群初涉IT业的电脑人非常相近,所以,我们就用了'雅虎'(Yahoo)一词来作为这个网站和相关软件的名称了。"

由于雅虎网站及其软件的内容生动有趣,集中了一些当下热点话题和文化焦点问题,加之它所收集并公布的资料分类详细,网民们很快发现并喜欢上了这个网站,许多网友纷纷进入斯坦福大学电机系的工作站,来使用这套软件。但是,校方的正常科研秩序开始受到干扰,许多利用网络才能实现的科研项目无法正常展开。为此,校方大为恼火,毫不留情地将他们的代理服务器"请"出了学校网站。

为此,杨致远开始积极寻找其他潜在的合作者和投资者。

他来到美国西部的硅谷地区,抱着碰运气的心理找到当时成功的企业家、国际购物网络的创始人亚当斯。当亚当斯看完杨致远的求助计划和关于"雅虎"网站及相关软件的文字说明后,立即被它吸引住了。

凭借多年的经营经验,亚当斯断定这将是一个具有巨大潜力的开发项目。因此,他不仅帮助雅虎网站横空出世,还将雅虎公司介绍给硅谷的风险投资公司"硅谷高科技投资风险公司",由这家公司直接协助运作雅虎公司的全部上市工作。

此时,杨致远与费洛一致认为,在这个推出自己公司及软件的黄金时机,继续开发雅虎公司的商业潜力及其软件工作,要比最后完成博士研究的全部课程更为重要。于是,他们毅然放弃即将完成的博士学位,携手成立了"雅虎"(Yahoo)软件公司。

就这样，在 IT 产业的巨子中，除了早期放弃大学学业的比尔·盖茨、史蒂夫·鲍尔默之外，又多了杨致远和费洛，他们虽然都暂时放弃了自己的学业，但同样在自己的领域内开拓了无比成功的事业。

成功的人往往有一双敏锐的眼睛，在机遇面前能抓住稍纵即逝的关键时刻，及时取舍，凭借这一新的决策改变他们未来的整个人生。

國學智慧全書

道学智慧

国学智慧全书

禅宗智慧

马肇基◎主编

导　语

　　读禅,享受一分清凉,开阔自我胸襟。禅,正是为了一份真正的自在逍遥。反观生活的种种,才发觉"道"赫然就在眼前。云卷云舒,水流叮当,都是随缘自在。

　　禅的语言简捷直接,再无分别。对禅的觉悟而言,顺也宜,逆也当。由此,我们对生活的顺境逆境打成一片,达到了超越常人的达观。幽默,最接近禅的品格,那么,何妨在会心一笑里,心领神会禅的真谛。

　　本质上,禅其实是极其简单的,只要放下知见分别,远离价值判断取舍贪著,浑然一片地指认事物本身,切入本然法尔如是,就可以明心见性。一切如空花水月,不可求、不可得,无住、无求、无为,当下就可以返璞归真,回归心的本源寂静安然,毫无难处。只要我们肯放下,悟道不过是本分事。

　　品禅读禅中,一花一净土,一沙一如来;参禅悟禅时,一念心清净,处处莲花开。

　　感悟禅宗智慧,看透生死名利红尘俗世多纷扰,体会人生哲理,知晓苦乐幸福进退从容即为禅。

　　这不是晨钟暮鼓边的清谈,而是立意聪慧洒脱让生命获得顿悟的圣哲教诲;这不是古佛青灯旁的玄讲,而是禅意拙朴盎然让人生获取开悟的智慧启迪;这不是枯藤老树下的参悟,而是哲理生动细腻让你我享受人生的醍醐甘露。

　　聆听圣哲教诲,汲取人文涵养,感受生命关怀,获取智慧启迪,当你为人生的种种烦恼所困时,当你为生活种种不平怨恨时,请读一点儿禅的故事吧!凝聚着东方智慧的禅宗以其对个体生命和心灵的关注,对真实人生的追求,空前绝后。

　　生活的道理与禅意一脉相承,禅的淡泊,禅的宁静,启发我们对人生进行最深入、最细微、最独到的品味。本篇图书精选了一系列生动活泼、意趣盎然的禅理故事,通过解读生死、剖析名利、慎察处世、参悟苦乐与阐释幸福,以灵动的感悟,将禅的智慧融入我们生活的各个方面,精要地展示了禅理智慧的精华和风采。在日常的闲暇里,燃一炷悠悠兰香,读一则禅意故事,馨香绕怀时,你享受的将是本书带给你的无上的菩提智慧和畅快的心灵洗涤。

第一篇 《金刚经》智慧通解

导读

佛法的主要精神就是大乘佛教。大乘以深入世间、自利利他为本,自利利他以六度为本,六度以般若为本。般若是大乘佛法的纲要,一切大小乘教义皆从此出。《大智度论》云:"般若波罗蜜为诸佛母。诸佛以法为师,法者,即是般若波罗蜜。"佛陀一生说法四十九年,其中就有二十二年谈般若。当《大般若经》传入中土以后,玄奘大师在唐高宗显庆年间奉旨翻译此经时,曾感"桃开六度"(桃花一年开六次),足证此经之殊胜。后世学佛者多,而悟道者少,就是因为不能深入般若,有的望而生怖,有的无知妄谈,虽尽知种种教义,尽学种种法门,但都是寻枝摘叶,舍本求末。因为一切大小乘经义,三藏十二部典籍,最终都要归于般若性海,故不领悟般若即不得解脱成佛。《大般若经》以扫相、破执、显中道第一义谛为纲要,共有六百卷、四处、十六会、二百六十五品。

《金刚经》是佛在第二处给孤独园的般若会中第九会所说。全经五千余字,不但文字简洁,而且义理深邃。它综括了《大般若经》的纲要和佛之言教的全部精微实谛,专谈见道与究竟道的无分别智的无相境界,从头至尾都是在扫除妄执。众生之所以在生死中流转,根本原因就是受了妄见的驱使。要想解决生死大事,必须破除自性妄见。虽说一切佛法都能破除妄见,但唯有《金刚经》说得最直接了当,有如金刚宝剑,若依此而行,当下即可断除。纵观全文,句句都在说理说修,每一句都能贯通全经,语语都能入门悟道,是人生最高的大智慧,是入世、出世间最胜妙的法宝,是诸佛传心之秘、大乘闻道之宗、众生明心见性之机栝。经文所诠,虽是佛家修学的理论,但也实属世人安身立命的处世哲学和修身正己的为人之道。

第一章　做领导就要身先士卒

★领导就要身先士卒,为人表率

如是我闻:一时,佛在舍卫国祇树给孤独园,与大比丘众千二百五十人俱。

尔时,世尊食时,著衣持钵,入舍卫大城乞食。于其城中次第乞已,还至本处。饭食讫,收衣钵,洗足已,敷座而坐。

——《法会因由分第一》

我是这样听说的:有一次,释迦牟尼佛在舍卫国祇陀太子所施建的给孤独长者所买的园林中,与菩萨、罗汉以及僧众一千二百五十人在一起。

那时,普世之尊的佛陀在午前乞食的时间,穿上了僧伽之衣,端起梵王所献之钵盂,进入舍卫国大城去乞讨饭食。他在城中依照次序乞讨完毕,便回到本来的住处。吃过饭后,收起僧衣和梵钵,并将双足洗过,铺开座垫开始打坐。

这一段所说,只是在描述佛祖的日常活动,以及讲经说法前的准备工作。

短短几句话,便交代了即将说法的地点、时间、情景等。由此,我们也可以看出当年佛祖的生活起居,没有丝毫的特殊。

他能够以身作则,严格要求自己,坚持乞食的传统,为后世佛教的传播奠定了基础。

不过,任何一个教团或者组织,如果还想发展和壮大,这领袖人物首先就得身先士卒,为人表率。否则,自己都做不来,反而去要求别人持戒守纪,结果一定会很糟糕。

释迦牟尼佛祖的目的,只是要传道授徒,把自己所觉悟到的真理传播给更多的人,让他们一起过上自由幸福的生活。

正是出于这样的目的,他也就会跟大家一样,不会觉得自己有多么地高贵,并且应该得到更多的享受。

他已经觉悟了人生的真谛,所以也就没有什么享受与不享受的概念了。一切的一切都随缘去做,只要能够通过自己的传经讲法,让人们明白人生的真理,那也就足够了。

这就是佛祖!

★降服自己的心者,才能成佛

时长老须菩提在大众中,即从座起,偏袒右肩,右膝着地,合掌恭敬而白佛言:

"希有世尊! 如来善护念诸菩萨,善付嘱诸菩萨。世尊! 善男子、善女人发阿耨多罗三藐三菩提心,云何应住? 云何降伏其心?"

佛言:"善哉! 善哉! 须菩提,如汝所说,如来善护念诸菩萨、善付嘱诸菩萨。汝今谛听,当为汝说:善男子、善女人发阿耨多罗三藐三菩提心,应如是住! 如是降伏其心!"

"唯! 然。世尊! 愿乐欲闻。"

——《善现启请分第二》

这个时候,德尊年高的须菩提就在这群大众之中,他当即从座位上站了起来,向一边袒开了自己的右肩,用右膝跪在地上,两手合十,恭恭敬敬地向佛表白道:

"举世罕有的世界之尊啊! 如来佛善于护持关心各位菩萨,善于付托告诫诸位菩萨。世界之尊啊! 善心的男子和善心的女子,发下了无上正等正觉的心愿,应当怎样把握自己? 应当怎样控制和调伏自己的凡心呢?"

佛回答他说道:"好啊! 好啊! 须菩提,依照你的说法,如来善于护持关心各位菩萨,善于付托告诫各位菩萨。你现在仔细地听着,我会给你讲一讲:善心的男子和善心的女子发了无上正等正觉的心愿,应当这样把握自己,这样控制和调伏自己的凡心。"

"噢,是了。世界之尊,我很高兴能听你讲解啊!"

释迦牟尼佛作为教祖,传法授徒,自然会因材施教,因问而发。凡教书之人都有体

会,只要有那能够提问的好学生,的确会使老师讲出很深刻的道理的。老师因为学生的提问而受到启发,往往会生出灵感,从而精彩纷呈;学生会因老师的解答而得开窍,自然大有收获。

这就是一个教学的环境问题,环境好了,老师和学生都会发挥到最佳的状态。如果没有会提问的学生,那么再好的老师,往往都无法正常地发挥出来。

须菩提是释迦牟尼佛的大弟子,"须菩提"三字的意思就是解悟空性,所以他被称作解空第一。大乘般若部的许多经典,都是由他发问,而由佛解答出来的。正因为他的境界高,很多问题都能够明白,所以才会提出问题。也就是我们常说的,好学生才能提出问题来。

学生能够提出问题,老师又能够正确地给予解答,这师生的境界也都可以了。所以,在还没有提出问题的时候,须菩提便站起来先把佛祖赞叹一番。因为他知道佛的境界,怎么去赞叹都是不过分的。因为是在大众之中,佛又为的是向大众说法;所以须菩提所做的一切,既要表现自己的心理,同时还要让大众都能够从中得到启发。

他对佛祖的恭敬,既表现了自己对于老师的崇拜,又为这一场法会营造了一种气氛,使得大众都能够心生恭敬而进入境界。如此一来,效果自然会加倍地好了。所以,从某种意义上说,须菩提与释迦牟尼佛祖师徒俩是在演一场戏,为的是让大家都能够从中领悟出真理来。真可谓是用心良苦了。

正是因为须菩提真正领悟了佛祖所讲的真理,所以被人称做是第一离欲阿罗汉。而且中国人对他也非常偏爱,以至于把他塑造成为美猴王孙悟空的老师。老师是解空第一,他的徒弟也就是悟空第一了。这里的悟空就是解空,真正地解悟了四大皆空的真理。

孙悟空是心猿,象征着我们人的心灵。可见,真正能够领悟诸法空相这一条真理的,应该是我们大家的心灵。修道悟真,修的就是一颗心,悟的就是一个真。而这一切,都出自自己的一颗心中,所以说万法唯心。

既然心在修道中的地位非常重要,那么这部《金刚经》所要解决的问题便就从心开始了。

三界之中,芸芸众生;人各一面,面而各异。但却人人有心,心同此理。所以,要想沟通万物,就得打开此心扉,让心心相印,然后才能与宇宙同体而与道合真。

佛祖有心,所以才会用心地去想念爱护着诸位菩萨和众生,才会耐心地教导天下,让

人们觉悟真理,悟透人生。

而诸位菩萨与众生也有心,他们明白了佛所讲的真理,而且也发下誓来要拥有那无有再上端正平等正大觉悟的菩提心。菩提即是觉悟,天下人谁不想得到觉悟而摆脱蒙昧和愚蠢吗?

但是,要进入那种觉悟的真如境界,应该通过什么方法呢? 而且应该怎么样把自己的凡夫之心降伏下来呢? 因为只有降伏了凡夫心,才能够得到这觉悟心。

也就是说,既然佛有心,菩萨有心,而且三界众生有心,那么该怎么样来把握这个心呢? 依照佛法所讲,四大皆空,心相亦空,那么这佛祖怎么还能够护念诸位菩萨呢? 如果真的能够护念了,那么他还能够叫作佛吗?

这个问题的确很尖锐,也肯定关系到当时的所有弟子的心态。如果解释不清,说不明白,弟子们的心上也一定会有疑团。所以,一听到须菩提所提的这个问题,佛祖便很高兴地赞叹起来了。

你既然提到了我善于护念诸位菩萨、教导诸位菩萨的事情,那么我就跟你说说吧。你可要好好地听着,这里边有无穷的奥妙! 至于说到那善男子与善女人,他们发了那无有再上端正平等正大觉悟的心愿,那么就应该这样地来进入那个境界,而且这样地降伏自己的心灵。

也就是说,人皆有心,就看你怎么对待自己的这颗心了。从中便有了佛与菩萨和众生的区别,可见区别这三者的根本原因,不在于别的什么,而在于我们自己对待这个心的方法。所以我们一直说,这方法就是智慧。

★大私无私的人,才能得到大自在

复次:"须菩提,菩萨于法,应无所住行于布施。所谓不住色布施,不住声、香、味、触、法布施。须菩提,菩萨应如是布施,不住于相。何以故? 若菩萨不住相布施,其福德不可思量。须菩提,于意云何? 东方虚空可思量不?"

"不也,世尊。"须菩提,南西北方,四维上下虚空可思量不?

"不也,世尊。"

"须菩提,菩萨无住相布施,福德亦复如是不可思量。须菩提,菩萨但应如所教住。"

——《妙行无住分第四》

再接着说:"须菩提,从法理上讲,菩萨应该没有任何执着地施行布施。即是所说的不执着于形象地去施行布施,不执着于声音、香气、味道、感触、意识去进行布施。须菩提,菩萨应当这样去布施福德而不执着于物相。为什么呢? 若是菩萨不执着于物相去布施。他的福德就无法去揣测和衡量。须菩提,这是什么意思呢? 东方的虚空境界可不可以去揣测和衡量呢?"

"不可以啊,世界之尊。"

"须菩提,南方、西方和北方四隅,再加上上方和下方,它的虚空境界可以揣测和衡量吗?"

"不可以啊,世界之尊。"

"须菩提,菩萨如果不执着于物相去做布施,他的幸福和功德也是如此没有办法去揣测和衡量的。须菩提,菩萨应当依照佛所教诲的去做。"

这一章的题目叫作"妙行无住",意思就是说,实现那最奥妙的行为,却又不加执着。可以说,这里提出了一个新鲜的"无住"理论。

依照上一章的说法,菩萨应该心中无牵无挂,不能有我、人、众生、寿者四相,然后才能去灭度三界无边无量无数众生。正因为菩萨心中没有了四相,才有可能去帮助那些四生六道的众生脱离苦难。怎么才能够没有四相呢? 怎么才能去灭度众生呢?

这就是布施。布是广泛散布,施是施舍给予。能够广泛地施舍给予,说明自己必须首先具有。你自己都没有,却又怎么能够施舍给别人呢? 你自己得有了那种境界,才能让别人感受到那种境界,并且进入那种境界。所以,菩萨普度众生,其根本的方法就是布施。

菩萨所应做的事情,叫作六波罗蜜或者六度:一是檀波罗蜜,即是布施;二是尸波罗蜜,即是持戒;三是羼提波罗蜜,即是忍辱;四是毗梨耶波罗蜜,即是精进;五是禅波罗蜜,即是禅定;六是般若波罗蜜,即是智慧。这六种波罗蜜或者行为,都是菩萨的必修课。持戒、忍辱、精进、禅定、智慧等后五种波罗蜜,主要指的是自我的修行和完善。只有第一布施波罗蜜,才是菩萨普度众生时所做的事情。也就是说,只有布施一法,才能够普度众

禅宗智慧

生。

但是,六度之中,缺一不可。做不到后五种,自然也就不可能真正地做到布施。必须把自己完善了,你才能去布施给人。你自己都是一个穷光蛋,又怎么能够去资助其他的穷人翻身呢?

当然,有人会说,我虽然没有钱财去帮助穷人,但我有智慧财富去帮助他们走上富裕的道路。其实,这个智慧才是真正的财富哩! 真正要想帮助人富裕,并不是支援他一些钱财,而是布施给他真正能够富裕的方法。这就是牵扯到给人以猎物与给人以猎枪的命题了。

由此可见,菩萨既然不能够执着于我、人、众生、寿者四相,那么在布施的时候,也就更不能有布施相了。一旦说了布施,一定会包括布施者、受施者与所施物这三个方面的问题。菩萨如果是布施者,那么众生就是受施者了,也就一定有那所布施的东西了。一旦执着了相,则菩萨不是菩萨,众生也不是众生,所施物也就不是所施物了。必须去掉了这三个施相,也才能够真正做到布施。

从我们能够理解的角度讲,布施能够包括三个方面的内容:财施,无畏施与法施。在商品的社会里,没有钱财是活不下去的。能够给那些需要钱财的穷人以钱财,让其能够生活下去,也就是财施了。但财施往往有个问题,因为人们的惰性,他有了钱就会挥霍一空,于是又会再次堕入穷困的境地。所以施财,不如教他真正的生活方法。

无畏施,就是无所畏惧的人格教育。人是生活在社会中的,各位菩萨也照样生存在四生六道之中度化众生。要让这四生六道中的所有生命,都能够认识和理解真正的幸福生活,这菩萨们就应该以身作则,让众生能够看见那个榜样,才好去追赶和效法。无私才能无畏,生活得光明磊落,大公无私,就会感化众生自己的人格,从而心生向往。这就是无畏施。

法施是最高的布施,也就是真正教导众生彻底摆脱痛苦的智慧方法。当众生学会了超越痛苦与烦恼、斩断无明的智慧方法时,自然也就得到了解脱,生活得与佛菩萨一般无二了。所以,要想度化众生,这法施是至关重要的。

而这法施还有最重要的一点,那就是菩萨自己不能够有施者的想法,而不能以施者自居;接受你布施的众生也绝不能够有受施的想法,更不能以受施者自居;自然,也就不能把那个法当作是法了。也就是说,一旦在这施受的两边有了妄想和执着,就会生出烦恼与贪婪。对于涅槃境界的执着与贪婪,也照样是更大的烦恼与痛苦。只要有一点点的痛苦与烦恼,也就无法到达那涅槃的境界。

所以,菩萨的任务虽然是普度三界众生,但却绝对不能有任何普度众生的想法和念头。一旦有了这样的属于色、声、香、味、触、法的境相,这菩萨也就不是菩萨了。就比如说,那太阳每日里一定会照耀全球,但却绝对没有这样的想法,所以他才是太阳。

菩萨不执着于布施的境相,才能够真正地实行布施的计划。他有利于一切众生,但却没有让众生感到有什么利益,只是让众生去发现自己的本来面目,从而觉悟成佛。

如果说,菩萨让众生感到是他在度化大众,他是多么地辛苦,那么就一定会有这么两种效果。一种是大家知道自己的幸福生活都是那菩萨所赐给的,所以无限地感戴景仰菩萨,传神写照,不朽纪念,反而执着了表相而忽略了根本。因为爱戴菩萨并不是根本,也绝不是菩萨的本愿;而成就佛果进入涅槃才是所有众生的根本使命。所以,在崇拜菩萨的时候,反而影响了自己的解脱和成就。这应该说是菩萨的罪过,当然也就绝不是真正的菩萨所做的事情了。

二种是,那些所谓的“菩萨”自己的心中还有“我”在,时时处处都把我字放在前头,自然在心中会生起无限的烦恼与痛苦。自己尚且无限痛苦与烦恼,又怎么能够去度化众生呢?

因为我们必须切记这痛苦与烦恼两个概念,这就是魔鬼,是与佛教相对立的存在物。没有了魔鬼,也就没有了佛教;所以是不是佛,就看你的心里还有没有烦恼与痛苦,有没有四相与布施。

再说,所有的形象都是有限的,执着有限的时候,也就只能得到有限的报应。凡夫俗子所执着的境界是有限的,有缺陷的,所以会有痛苦与烦恼。菩萨所拥有的境界是无限的,就是布施也是无相的,所以才能够万灵万应。

就如那东方的虚空是不可思议的,东西南北方以及上下六合的虚空都是无法思量的。前些年科学发现的宇宙是150亿光年,现在又发现了200亿光年的宇宙,随着科学的不断发展,这个宇宙展现在我们面前的历史还会在不断地延长,将会没有一个终点的。

宇宙是浩无边际的,不可思量的。如果菩萨不住相布施的话,那么他所得到的幸福和功德将也会如宇宙一样地不可思量。因为有相就是有限,无相才能永恒,永恒才是涅槃。菩萨的目的是涅槃,普度众生的目的也在于涅槃。所以,菩萨就必须保持无相的态

度,才能进入无限的境界,从而得到涅槃。

因此,菩萨如果真要执着的话,那就应该像佛祖说的,执着于无相去进行布施。当然,菩萨行布施,本身并不求福德。如果要求福德,也就是在住相布施了。不过真要执着的话,那就去住在虚空之中,一切都顺其自然,不求福德而福德自来了。

也就是说,菩萨也要求福德而入涅槃,不过他们不像凡夫俗子那么自私就是了。他们的自私是大自私,是如虚空一样的自私,叫作大私无私。因为只有到了这个大私无私的地步,菩萨才能进入涅槃而得到大自在。

★摆脱人间的一切障碍

"须菩提,于意云何?可以身相见如来不?"

"不也,世尊。不可以身相得见如来。何以故?如来所说身相,即非身相。"

佛告须菩提:"凡所有相,皆是虚妄。若见诸相非相,即见如来。"

——《如理实见分第五》

"须菩提,这话怎么讲?可不可以用色身的形象相去见到如来佛呢?"

"不可以啊,世界之尊。没有办法通过色身的形相来见到如来佛的。为什么呢?如来佛所说的色身形相,就不是色身形相啊。"

佛告诉须菩提说:"凡是一切有色相的,都是虚幻荒诞的。若能看见一切色相不是色相时,也就见到如来佛了。"

这一段释迦牟尼又以身体相貌为例,说明无相的道理。

从佛教的原理来说,释迦牟尼的外在容貌身相乃是一种色身,即血肉之躯,如果仅看到他的外在的身相,就无法认识他的真实本质(法身)。释迦牟尼以自己的身体形象为例,进一步指出世界上的万事万物都是虚幻的,如果能认识到所有的现象都是虚妄不实的,那就能认识到宇宙的真实本质。至此,释迦牟尼实际上已完满解答了须菩提的问题,后面的内容只是进一步反复详细地加以论证。

"如来"一词的含义有两种：一是释迦牟尼佛的尊称，因他已达到自由的境地，故称其为如来佛；另一含义指宇宙的真实本质。在这段文字中，如来一词兼有以上两种意思。

虚空不可思量，而菩萨布施也一定要如虚空一样，不能拖泥带水有所着相。只有不着相了，才能够得到大的好处，即是涅槃自在。

如来佛的境界，已经超越了菩萨，而进入了无所从来、无所从去的境界。不仅没有了身相，就连概念与对待都已经没有了。也就是说，所有三界中的规律对他来说都是不适应的了。他也只有超越了三界中的束缚，才能够称其为佛的。既然成就了佛身，那么也就不会再受三界的约束了，就如中国古人说的那样：跳出三界外，不在五行中。

佛祖在讲完了菩萨应该不住于相而行布施之后，又把话题转向了自己所觉悟的境界。也就是说，不仅菩萨不应该住相布施，就是佛如来也不应该执着于色身形相的。

在所有的宗教中，几乎都有过偶像崇拜的历史，叫作像教。但是，释迦牟尼在世时，佛教刚刚成立，根本就不需要像教，所有的只是言传身教。他只是一个导师，并没有把自己看成是多么高贵的如来佛。而且，在他的眼里，如来只是一种境界，并不是指自己的色身形象。

所以，他问须菩提，能不能够用色身的形象来见到如来佛呢？如来是超越了一切三界形象和规律的一种涅槃境界，根本没有人们所谓的形相可言。如来是一种永恒的无限，是摆脱了无明糊涂所证得的一种境界，已经泯去了概念和对待，超越了人们的语言表述的范围，所以无法去认识和把握的。

须菩提早已解空，所以会回答说，不可以用身相去认识和把握如来的。因为如来佛所说的身相也就不是我们人一般所谓的身相，也就好比说，一个站在山中的人来看山，与一个站在地球外的人来看地球，或者一个站在宇宙之外的人来看宇宙，结果是完全不一样的，也是没有办法进行沟通的。

人类认识世界，必须借助于概念和判断，所以便有了三维甚至四维的说法，我们只能凭借着我们自己的感觉器官来进行我们的认识活动，所以永远是有限的，也永远也无法穷尽无限宇宙的真理。而生活在无限中的佛菩萨到底是怎么来看待我们的，这就不得而知了。但至少有一点，我们是无法用现实的观点去进行认识的。

也就是说，我们是无法用高低胖瘦、美丽丑恶、男女阴阳等人间的标准来见识如来佛的。因为在他看来，什么都不是什么，无牵无挂，无有分别。你怎么能够看到他的形象和

身体呢？一旦看到了，那就不是如来了。如来不执着于自己的形象，才成为如来；众生执着了他的形象，所以就不是如来。

佛在肯定了须菩提的回答之后，再深入说道：从如来的角度讲，所有的形象都是有限的，都是暂时的，不能够得到永恒，不属于自己，所以都应该是虚妄的。见到虚妄的人，本身也就虚妄境界中的生命；只有超越了虚妄，看见了所有的形象都不是形象的时候，也才能够看得见真正的如来。

如来是涅槃境界中的生命，他们所感受到的一切与我们人间所能够感觉到的一切，是完全不相同的。必须摆脱了人间的一切障碍，觉悟到我们靠六种感觉器官所感觉到的一切都是虚妄的，才能够进入涅槃境界而真正见到那如来佛的形象。

正如《老子》说的："大象无形，大音希声。"真正的涅槃境界是无形无声的，能够见到那无形无声的境界，才会见到那真正的如来。

由此可见，菩萨不应该住相布施，如来也不能够住相涅槃，众生也不能够住相见如来。

★大道无道，大福无福

须菩提白佛言："世尊，颇有众生，得闻如是言说章句，生实信不？"

佛告须菩提："莫作是说。如来灭后，后五百岁，有持戒修福者，于此章句能生信心，以此为实。当知是人不于一佛、二佛、三、四、五佛而种善根，已于无量千万佛所种诸善根。闻是章句，乃至一念生净信者，须菩提，如来悉知悉见。是诸众生，得如是无量福德。何以故？"

"是诸众生无复我相、人相、众生相、寿者相，无法相，亦无非法布目。何以故？"

是诸众生，若心取相，即为着我、人、众生、寿者；若取法相，即着我、人、众生、寿者。何以故？

若取非法相；即着我、人、众生、寿者。是故不应取法。不应取非法。

"以是义故，如来常说：汝等比丘，知我说法，如筏喻者。法尚应舍，何况非法！"

——《正信希有分第六》

须菩提向佛表白说:"世界之尊,很多的生命能听到这样的言语说法,会不会产生真实的信心呢?"

佛告诉须菩提说:"不要说这样的话。如来佛入灭清净自在以后,再过上五百年,有行持戒律、修炼福德的人,对于这样的说法会产生信心,并把它当作真理。应当知道这个人不仅仅在一个佛、二个佛、三个、四个、五个佛前播种过善良的根基,已经在无可估量的千千万万个佛地播种过各种善根了。听到这样的说法,以至于一念之间能产生清净的信心来,须菩提,如来佛就会全部知道、全部看见了。因此,这一切的众多生命,就能得到这样不可估量的幸福和功德了。为什么呢?"

这些生命不再抱有自私贪爱的意识、分别人我的意识、愚蠢痴顽的意识、长生不老的意识,没有了法理的意识,也没有不是法理的意识。为什么呢?

这一切众多生命的心中抱有了法理的意识,就是执着了自私贪爱、分别人我、愚蠢痴顽、长生不老等意识的人;若抱有不是法理的意识,就是执着了自私贪爱、分别人我、愚蠢痴顽、长生不老意识的人。所以说,不应该抱有法理,也不应该抱有不是法理的意识。

"因为这样的一个缘故,如来佛常对人说:你们这些大和尚,知道我说法理,曾经用筏子做比喻。法理都应该抛弃,更何况那不是法理的东西啊!"

在这里,佛祖已经给大家讲了几个大的命题与观点,许多都是振聋发聩的。比如说,一是菩萨要普度三界众生,度尽了无边无量无数众生,但却没有一个众生得到度化。因为一旦菩萨有了普度众生的念头,也就执着了我、人、众生、寿者四相,也就不是菩萨了;二是说,菩萨应该不住相布施,其所得的福德仿佛如虚空一样不可思量;三是说如来无相,凡是有形相的事物,都是虚妄的。

这些观点,与当时流传的小乘教法的确大相径庭。小乘的教法,是要次第见谛,一步步修来,持戒修福修慧。它的目的就是修证阿罗汉果,叫作"自了汉"。小乘是小车子,载的人自然很少,只是自己而已。所以,他们只知道自己个人去持戒,去修定,去证阿罗汉果。不管别人,自然也没有想自己也能够成佛。

但是,到了大乘般若部经典出来之后,却提出了完全新鲜的观点和见解。不能自己管自己,要让天下的众生都得到解脱和成就;而且不仅是只有一个佛,过去、现在、未来三世中,佛已经是无数无量了;更重要的是每一个众生都有佛性,都可以成佛做祖,即使包括那些十恶不赦的坏蛋。

像这样的观点和见解,在那些小乘人看来,是完全接受不了的。所以,许多修持小乘的地方,到现在还不承认大乘佛教,甚至还说什么"大乘非佛说"的观点,从而拒不接受。既然这些观点不能被当时的小乘人所接受,那么大乘的经典自然也不会被人相信了。

邪魔外道要与佛教斗争,佛教的内部也在发生着争论,所以大乘的观点要想被人接受,难度相当大。须菩提预见到了这一点,便问佛祖说:如果众生听说了这样的经典内容,会不会生出真正的信心来? 或者是反对不信呢?

佛祖之所以讲说这样的经典,自然是从中得到了利益,所以才要传播给众生,让大家都得到解脱和觉悟。所以,不仅是听了佛所讲说的大乘法理的人能够得到好处,即使是如来佛祖灭度涅槃后五百年,只要有人能够听到这样的经文内容,而且坚信不疑,以此为真理的话,那么这个人可真正是了不得的。

他之所以了不得,是因为他在一、二、三位佛前,乃至是千万亿佛前种下了善良的根基。这些根基为让他自己与千万亿佛保持联系,所以才会对这样的经典产生信心,接受行持。而且,他一旦行持了,或者明白了这经文中的内容,甚至只是懂得了其中的四句偈子,那么历代的佛祖都会知道他、见到他的。自然而然,他也就会得到无量无边的幸福和功德了。

不过,又有多少人在那千万亿佛前播种过善良的根基呢? 所以,大部分的众生还是不会相信的,凡夫俗子自然还是不能够一下子都彻底解脱的。由此可见,这佛说这大乘般若的经典不容易,那些能够相信这大乘经典的就更不容易了。

为什么呢? 就是因为能够相信这大乘经典的人,首先就得要去掉我、人、众生、寿者四相。没有我成就阿罗汉得解脱的想法,也没有接受我布施的人;普天之下都是佛菩萨,没有需要我度的众生;众生平等,没有长生不老与不长生不老的概念。

在他的眼中,以上四相都已不会执着,自然也就没有了方法或者道路的概念与实施了。因为心中既已没有四相,也就没有修行与不修行的必要了。宇宙的规律就是无相,就是诸法空相,佛菩萨的境界也是心无挂碍,进入空相。

一旦心中有了色相,便会陷入到我、人、众生、寿者四相的分别对立当中;如果要摆脱四相而修正道,还是心中有那四相的系缚;即使是心中不要正道去修,那也还是心中有四相的存在。一旦有了四相的存在,就永远得不到解脱。

佛教的目的是为了解脱烦恼和痛苦,从而得到自在幸福。宇宙的规律则是四大皆

空,无所执着。我、人、众生、寿者四种色相,仅仅是生命过程中的一个环节,绝不是目的。因为人是自然中的一员,一切的一切都受着自然规律的支配。迄今为止,在二百多亿年的宇宙时空中,所有的生命都是微不足道的。

也就是说,所有的生命,包括人类,都是宇宙自然的一部分,应该与自然的规律保持一致;当你想与自然抗衡的时候,就将被自然力所转化。然而,人类自后天所接受到的教育,便是要人违背自然的规律,执着于我、人、众生、寿者四相。与自然规律不相符合,自然就会生出烦恼与痛苦。

如果你想超越水深火热而得到自由,那么就需要有一定的正确的道路和方法,才能做得到。如果走了一条错误的道路,难免会前功尽弃,也许还会走火入魔。道路和方法尽管重要,但那只是手段,而不是目的。目的是与自然的规律相符合而为一体,自然也就不会有什么痛苦与烦恼的感觉了。

这是解脱痛苦与烦恼的唯一一条道路,就叫做法。在到达目的地的时候,这路也一定得舍去。否则,总站在那路上,是没有任何意义的。所以,佛祖说法,总是用筏子做比喻。渡河需舟楫,到岸不需筏。在水中需要筏子,但到了岸上的时候,自然就要舍舟而登岸。

在到达目的地的时候,正道尚应该舍去,更何况那些外道邪门呢?

总之,《金刚经》说的就是如何舍筏的问题。那些有真正善根的人,才会明白这样的大道理,也才会得到大福德。因为大道无道,大筏无筏,大福无福。

第二章　无为才能无所不为

★无为才能无所不为

"须菩提,于意云何? 如来得阿耨多罗三藐三菩提耶? 如来有所说法耶?"

须菩提言:"如我解佛所说义,无有定法名阿耨多罗三藐三菩提,亦无有定法如来可说。何以故? 如来所说法,皆不可取,不可说,非法,非非法。所以者何? 一切圣贤,皆以无为法,而有差别。"

——《无得无说分第七》

"须菩提,这话怎么讲啊? 如来佛得到了无上正等正觉吗? 如来佛有所说的法理吗?"

须菩提回答道:"依我对佛所说教义的理解,没有一个固定不变的法理叫作无上等正觉,也没有一个固定不变的法理可以由如来佛去讲说。为什么呢? 如来佛所说的法理,都是不可抱有的,不可解说的,不是法理,却也并非不是法理的。为什么会这样呢? 所有的圣人贤达,都依照着无为的法理,但却是各有差别的。"

佛教在本门内,把自己称作正道,而其他宗教都称作外道;自己所讲解的法门称作正法,而把所有其他宗教所讲的道理称作非法。

不过,佛教敢以正法自居,也一定会有其过人之处。就拿这第一点来说,它敢于超越自己,否定自己。这就是百尺竿头,更进一步的意思。否定了自己,也才会成佛做祖;他们否定的是小我,而得到的是大我。这就是他们的智慧。那些外道却很难做到这一点,对于法,那是丝毫也不能含糊的。

所谓的正法，当然是由佛祖讲说的。他就像导师一样，通过自己对于前途人生的探求，要把自己所得益的方法传播给更多的人，让大家都得到解脱痛苦而生活幸福。这样的方法或者道路，只是在大家还没有到达目的地的时候能够管用。一旦到达了目的地，这样的方法也应该像对待筏子那样，舍掉才对。

法是由佛说的，可现在法也应该舍去，更何况佛呢？因为在自然规律的诸法空相中，是没有佛、没有法，也没有修法之人的。所以，不仅要舍掉法，就是佛也不能够执着的。

称之为佛，是从我们众生的眼里看到的。既然已经没有了众生，没有了我，没有了人，没有了寿者，佛也就不存在了。如果说佛能够说法，那是因为他自己得到了法，得到了无上正等正觉。当然，这都是站在众生的角度上去看待和理解的；如果站在佛自己的角度看，那宇宙的诸法空相中，哪里还有什么法、什么正等正觉、什么佛呢？

也就是说，要想真正地觉悟，就必须知道：自然的规律就是自然而然地，没有任何人为的定准，所以没有什么叫作固定不变的觉悟正法的，也没有什么可以让如来佛去得到的，也自然没有什么定法让他去讲说传播的。

然而，在现实中，佛祖的确讲了法，说了道，这是谁也否认不了的。但是，他所说的，也只是他自己的一种理解而已。如果我们执着了他给我们的所讲的法门，那么我们就永远解脱不了了。因为宇宙那个空相的真理是无法讲解明白的，越说越让人糊涂。导师的意义就在于通过自己的探索

佛法无边

与理解，给人以启发，但真正的路还得自己去亲自走一走。叫作如饮杯水，冷暖自知。

人类的语言是对自己思想的表达，是对境界的描述，也就是说，语言本身并不是目的。语言是有，而那个空相是空，有是无法表现空的，而且这样的理解也只能是有限的，表象的。所以，如来佛所讲说的法才不能执着，不能讲说；不是正法，也不是非法。

就因为我们不能去从文字的表面上进行理解，而要理解或者认识他所讲说的文字语言

后面所要表现的东西。那才是主要的。因此,谁执着了文字语言,谁就永远也得不到那真正的真理;谁不执着文字与表面上的文章,超越一层,也许就得到了那最深层的真理。

执着了文字语言,就会有法门去修行,就会有违背客观规律的妄想与烦恼,自然也就成就不了圣人贤哲。如果还有什么大法的话,那就是"无为法",即依无为为法,就仿佛《老子》说的"道常无为而无不为"。

从宇宙规律的本身讲,他的确没有任何有意人作为;但从众生的角度来看,宇宙什么事情没有做啊。这就是无为而无不为的道理。你坐在我们的地球上不动,结果一天一夜却行走了八万里,因为地球自己绕自己转了一圈;如果一辆汽车在高速公路上奔驰了一公里,但站在太阳上的人观察到那汽车已经跑了1800公里,因为地球在绕太阳公转。

由此可见,这为与不为只是一个角度和理解的问题。不为是自然的观点,为是人的观点。佛祖所谓的涅槃极乐,无非就是与自然融为了一体。而自然规律的最大标志,就是无为与空相。要得涅槃自在,就得要无为而空相。

佛教有四果,即须陀洹、斯陀含、阿那含、阿罗汉,都称作圣贤。他们能得到这样的境界和地步,就都是依靠的无为之法。也就是说,判定他们成就的标志,就是与自然规律吻合的程度。彻底无为了,完全与自然一体了,也就是佛陀;还不能完全无为而与自然彻底吻合的,就是其他四果。虽然有着等级程度的差别,但都是依照无为法来修行的。

其实,这种无为绝不是一种懒惰的无所事事,而是泯掉自己的一切妄想欲望,与自然界活泼泼的生机融为一体。说无为,其实并非无为,而是大有为!

★放下一切执着和牵挂

"须菩提,于意云何? 若人满三千大千世界七宝以用布施,是人所得福德宁为多不?"

须菩提言:"甚多。世尊。何以故? 是福德,即非福德性,是故如来说福德多。"

"若复有人,于此经中受持乃至四句偈等,为他人说,其福胜彼。何以故? 须菩提,一切诸佛及诸佛阿耨多罗三藐三菩提法,皆从此经出。须菩提,所谓佛法者,即非佛法。"

——《依法出生分第八》

"须菩提,这话怎么讲? 若是有人用充满了三千大千世界的七种宝物来做布施,这个人所获得的幸福和功德到底多不多啊?"

须菩提回答道:"很多很多。世界之尊。为什么呢? 这样的幸福和功德,就不是幸福和功德的本性,所以如来佛说幸福和功德多。"

"如果再有人,在这部经文中接受并执行了哪怕是四句的偈颂等段落,并且为他人讲说,那么他的幸福要胜过前面那位了。为什么呢? 须菩提,所有一切佛以及各位佛的无上正等正觉的法理,都是由这部经文中产生的。须菩提,所说的佛的法理,就不是佛的法理。"

宇宙万物的规律就是一个空字,所有修行的人也就应该修持这样的空境,才能得到无边无量的福德。正因为是空境,所以没有语言可以形容,没有方法加以描述,自然也没有法去得、去说了。

不过,佛祖觉悟之后,在鹿野苑初转法轮,至少是有法可说,也一定是有法可得了。否则,别人是不会相信他的。但是,只要是法,就没有什么绝对的,都在随着时代和潮流发展着,变化着,没有一成不变的事物,自然也包括佛法在内。

释迦牟尼佛祖高明的地方,就在于他并没有把自己所讲说的法门当作是最高的真理,而是把一切正确美好的言论都纳入了佛法之中。这无疑就给后人留下了很大的余地,从而使佛教得以正常地发展。

我们不敢说这部《金刚经》就是释迦牟尼佛祖当时在世时所讲说的,因为它的确是在佛祖灭度后数百年才出现的。但从其中所讲述的真理来说,我们又不能怀疑它就不是释迦牟尼佛祖所说的。这就是大乘佛教出现以后,敢于对自我进行反思和否定,然后便有大的超越,也使得佛教得到了大大的发展。

而《金刚经》所讲说的,正是对于小乘佛教,或者说是佛教自身的超越,是要破除掉一切我执与挂碍,从而得到大解脱的法门。因此,这部经书的功用和效应确实是超乎寻常的,它已经接触到了万事万物的根本。

所以,佛祖打了一个比方,说如果一个用遍满了整个三千大千世界的七色珍宝来布施给天下人,所得到的幸福和功德应该是多得不能再多了。但是,一旦有了多的概念,自然也就离不了少,终究是相对待的,还可以加以描述,毕竟不是究竟,所以佛祖才会说是福德多。

但是，如果一个人能够真正地领会《金刚经》中所说的大乘道理，认识了诸法空相，其实也就得到了真正的大道了。得到了真正的觉悟，那岂不是最大的幸福和功德，以至于没有什么功德与幸福可言了。

不要说把这部经典全部理解悟透了，只要能够理解并且持行那四句偈子，再给他人去讲说，他所得到的幸福，要比那个用满三千大千世界的七宝布施所得来的幸福和功德大得多得多。

原因很简单，就因为这部经典讲说的是宇宙人生的根本大法和唯一道路，所有的诸佛菩萨都是从这部经典中产生出来的。就是那些佛菩萨所讲说的佛法，也都是由此经演化出来的。

而这部经典里所讲的佛法，也就不是什么佛法。就因为它连佛法都否定了，所以才会让真正的大道展现眼前，无法可法，无道可道了，便入仙佛之列而得自在逍遥了。

历代注家都在这"四句偈"上做文章，认为不在这《金刚经》中，在于经外，或者说在于身上，或者说在于自心等。这些说法都不是没有道理，因为佛法就在自己的身上，佛祖就在自己的心中，所以完全可以说那四句偈就在自己的身上或者心中。

不过，佛祖明明说"于此经中受持乃至四句偈等"，可见这四句偈就在此经中。而经中有两个四偈，一处是《法身非相分第二十六》中所说的：

若以色见我，以音声求我，

是人行邪道，不得见如来。

一处是《应化非分第三十二》说的：

一切有为法，如梦幻泡影，

如露亦如电，应作如是观。

而这两首偈句，却已经把此经中的主要内容都表现清楚了。

千说万说，无非是要人们放下执着于佛、法、僧的心理，直认自己的心性，便可证空悟佛了。在佛教中，佛的形象至高无上，所以受到人们的崇拜。但崇拜的过分，将会失去自己的本性，却又违背了佛祖的教训了，所以必须破除掉这个佛执。于是，佛祖便讲说了第一首偈句。

不仅佛教如此，其他一切东西都是这样的，都是不应该执着的。因为只要我们稍稍地执着一下，我们的心灵就会被牵挂，烦恼与痛苦也就都产生了。所以，智慧的人，应该

认识到宇宙万物的根本规律,也就不会再烦恼了,便有了六如观:如梦、幻、泡、影、露、电。

其实,整个一部《金刚经》,讲的道理无非就是这两首偈句所概括的内容。因而,只要真正地理解和体认了这两首偈句,也就可以说是觉悟了。修行人也大可不必去经外寻觅,只要放下一切执着和牵挂,连佛祖都不执着的时候,佛教的真理也就得到了。

偈是梵语 Gathar 的音译,又译作偈陀、伽陀等,汉意是颂。以三字、四字乃至八字为一句,但每首一定是四句,所以称作四句偈。就好比是中国的格言警语,来高度概括人生的真理和感受的。如释迦牟尼佛某世为求半偈而舍全身的那首偈句,便是:

诸行无常,是生灭法。

生灭灭已,寂灭为乐。

而在佛所讲说的经教中,往往有不少这样的四句偈。有时,是提醒大家一个真理,有时是对自己所讲道理的一个总结,有时还要调整一下听众的气氛。

总之,不要拘泥于经中的四句偈,也不要执着于其他地方。《金刚经》的目的,就在于让我们去掉一切牵挂,所以也一定不会让我们执着于其中的文字与教理了。

★没有挂碍的心灵,就是真正的心灵

佛告须菩提:"于意云何? 如来昔在然灯佛所,于法有所得不?"

"不也。世尊。如来在然灯佛所,于法实无所得。"

"须菩提,于意云何? 菩萨庄严佛土不?"

"不也。世尊。"

"何以故? 庄严佛土者,即非庄严,是名庄严。是故,须菩提,诸菩萨摩诃萨应如是生清净心。不应住色生心,不应住声、香、味、触、法生心,应无所住而生其心。须菩提,譬如有人身如须弥山王,于意云何? 是身为大不?"

须菩提言:"甚大。世尊。何以故? 佛说非身,是名大身。"

——《庄严净土分第十》

佛告诉须菩提说："这话怎么讲？如来佛过去曾住在然灯佛的国土,对于法理有没有获得过什么呢？"

"不能啊。世界之尊。如来佛在然灯佛的国土上,对于法理实在没有获得过什么啊!"

"须菩提,这话怎么讲？菩萨能够使佛的国土庄严清净吗？"

"不能啊。世界之尊。

为什么呢？庄严清净佛的国土的,就不是庄严清净,所以才叫作庄严清净。因此缘故,须菩提,一切心量广大的菩萨,应该这样去生发清净的心。不应该执着于色相生心起念,不应该执着于声音、香气、味道、感触、法理而生发心念,应该在没有什么执着的地方生发自己的心念。须菩提,譬如说有一个人,他的身体大如须弥山的主峰。这话怎么讲？这样的身体是不是壮大呢？"

须菩提回答说："很壮大啊。世界之尊。为什么呢？佛说的不是身体,所以才叫作壮大的身体。"

须菩提讲了他自己的情况和境界,也许还有人会产生疑问,所以佛祖便用自己的经历和体会来讲解。这就是所谓的现身说法。

因为佛祖已经具有了五眼六通,所以能够知道自己的过去世,也讲出了很多,叫作佛本生故事。他有一世,曾在然灯古佛所教化的世界里,听佛说法,而得开悟。所以然灯佛会给他授记,说他未来应当做佛,号做释迦牟尼。

那么,他在然灯古佛跟前是不是得到过大法呢？如果没有得到过大法,他又怎么能够得到觉悟呢？可见他一定是得到过佛法真理的。如果说他得到了真理,或者大法,这只能是我们这些凡夫俗子的观点或者说法。而对于如来佛自己来说,他是不能有这种见解的。

须菩提是个明白人,所以讲如来在那然灯佛所是没有得到什么法的。因为佛法度化的是众生,而不是佛自己,所以对于佛来说是无法可说,也无法可得的。

再比如说,菩萨的使命就是要辅佐佛祖弘法普度,庄严佛土。但是,如果他们自己心中有了这种庄严的意识,也就与凡夫俗子差不多了。正是因为他们心中没有这种概念,所以才能够真正地庄严佛土而辅佐佛祖普度大千世界的众生。

由此可见,真正的菩萨是应该清净自己的心灵,丝毫不能有杂念,不能对任何事物或者法理执着的。因为一旦执着了,也就不是菩萨了。

色、声、香、味、触、法是六种外在的法相,都是有为的,有漏的,有限的。靠这些东西,是永远也得不到解脱与成就的,所以不能执着。这就是"应无所住而生其心"的道理,没有办法把自己的心灵记挂在这些有限的事物上而得到成就的。所以,我们常说,任何人,包括那些宗教的领袖们,如果说真正解脱了,那也不是依靠着他们本身的宗教达到的。因为觉悟的境界是没有法门的,只有一个解脱的心灵,所以这颗心不能够牵挂在任何地方。

没有挂碍的心灵,就是真正的心灵,因为他无所牵挂,所以也就无所不在了。须弥山应该就是那喜马拉雅山,须弥与喜马音近,是依照梵文音译的。如果说一个人的身体如那须弥山顶峰那么高大,当然是最大的身体了。然而,是人就没有这么大的身体,所以说不是身体。正因为不是身体,所以才是最大的身体。

须菩提领会了佛祖的意思,菩萨应该无所执住而生起自己的心理,所以佛祖所说的大身体在须菩提看来,也就不是什么身体。菩萨不住心,也就是无所谓,你说它是什么就是什么,丝毫不会在须菩提的心中生起分别。所以,你说它是大身,那就是非身;你说它是非身,也就是大身。要做一个真正的菩萨,那就要随他去,不执着于任何概念和分别。

★把自己本身的价值也要否定

"须菩提,如恒河中所有沙数,如是沙等恒河。于意云何? 是诸恒河沙,宁为多不?"

须菩提言:"甚多。世尊。但诸恒河尚多无数,何况其沙!"

"须菩提,我今实言告汝:若有善男子、善女人以七宝满尔所恒河沙数三千大千世界,以用布施,得福多不?"

须菩提言:"甚多。世尊。"

佛告须菩提:"若善男子、善女人于此经中,乃至受持四句偈等,为他人说。而此福德,胜前福德。"

——《无为福胜分第十一》

"须菩提,比如恒河里所有沙的数量,与这样多的沙的数量相等的恒河,这话怎么讲?

这所有恒河中的沙数到底多不多？"

须菩提说道："很多很多。世界之尊。但只说那些恒河就已经多不可数了，何况其中的沙呢！"

"须菩提，我现在把实话告诉你：如果有善心的男子、善心的女人，用七种宝物遍满了刚才所说的恒河沙数般的三千大千世界，来作为布施，那么获得的幸福多不多呢？"

须菩提说道："很多很多。世界之尊。"

佛告诉须菩提说："如果善心的男子、善心的女人，在这部经书中哪怕是接受行持四句偈颂等，为他人讲解说明，那么这种幸福和功德，远胜于前边通过布施所得到的幸福和功德。"

慧能大师

既然真正的菩萨是不应该执着于任何有形、有漏、有限的东西，也不应该因此而去修行或者布施，那么就应该心中无所牵挂。《坛经》所说，六祖慧能大师听人讲诵《金刚经》，就是由那句"应无所住而生其心"而得到觉悟的。可见，只要真正能够领会了这句话的意思，也就得到这部经典，或者是佛教三藏大法的奥义了。

其实，只要心中没有了牵挂，也就不会有烦恼或者痛苦了。痛苦或者烦恼的根本原因，就是因为心中有所牵挂，什么都放不下，都要挂在心上，叫作操心思念。操心思念，藕断丝连，自然会忧愁熬煎，受尽折磨，仿佛是那地狱之苦。这就是凡夫俗子。

那么，怎么才能够放弃这些执着于牵挂呢？这就是要把宇宙中的一切都看得淡一些，不再起执着心，包括那成佛心也不再现起的时候，也就真正地得到了解脱与自在。达到成佛的道路，也就是我们所讲的智慧。

《金刚经》一部之所以伟大而宝贵，而且还有着不可思议的能量，就是因为它讲说的就是如何放弃自己的心理与烦恼，从而达到清静无为与自在幸福。因此，领会了这部经典，也就具有那种不可思议的能量而得到成就了。

佛祖怕人不信,所以再次提出来讲解。在人们的理解中,只要你做了好事,帮助了别人,就一定会有好报的,会积累幸福的。当然,印度恒河里的沙子一般多的恒河里的沙子,算起来自然是多得不能再多,以至不能数算了。因为恒河沙子般多的恒河就已经无法计算了,更何况这所有沙子般的恒河里边的沙子呢!

如果有人用这么多得无法计算的沙子般的三千个大千世界里的七宝珍品,来做布施,那么得到的福报也一定是多得不能再多的了。因为这的确是无法想象的,所以也是毫无意义的。

但是,若是有人能够明白这部《金刚经》中所讲的道理,甚至是懂得了那几篇四句偈子,并且依此而行,或者为别人讲说自己的心得体会,那么他所得到的福报或者功德,却是比前边说的那位布施无量无数七宝的人所得到的,要大得多得多!

这一方面说的是,经中讲的是真理,是无相的真相,只要能够悟入,那种福德是无量的。对于那些追求福报的人来说,这是最大的,以至于大到无法计算估量的幸福了。这种大到不能再大的福德,其实也就不是什么福德了,因为已经没有了任何的意义。

既然已经没有了任何意义,那就不应该有任何的执着了。不应该执着于恒河沙数恒河沙数大千世界里的七宝的布施,更不应该执着于受持《金刚经》所得到的超过了前边功德的所谓功德!

因为真正的意义并不在于福德的获得,而在于烦恼与痛苦的解脱!《金刚经》的最大妙处,就在于把自己本身的价值也否定了。到了那时,真得就如前人说的:"渡河需舟楫,到岸不须船。"

★完善人格,不要死记文字

复次:"须菩提,随说是经,乃至四句偈等,当知此处,一切世间天、人、阿修罗皆应供养,如佛塔庙。何况有人尽能受持读诵!须菩提,当知是人,成就最上第一希有之法。若是经典所在之处,即为有佛,若尊重弟子。"

——《尊重正教分第十二》

再接下来说："须菩提,随处讲说这部经书,乃至于那四句偈语等,应当知道,在这个地方,一切世界里的天神、凡人和天魔地鬼等,都应该供奉敬养,就像供养为佛建立的塔、庙一般。更何况有的人,居然还能够全部接受、行持、阅读、背诵呢! 须菩提,应当知道这个人,会成就最为高尚的第一流的绝无仅有的法理。像这样的经典著作的所存在的地方,就会有佛和他的大弟子的存在。"

《金刚经》的功德,就在于让人们破除掉一切执着,而进入自由自在的境界。

佛教讲六道轮回,说天、人、阿修罗、畜生、地狱、饿鬼等六种生命方式,就存在在这欲界、色界与无色界的三界里。他们互相轮回不息,投出投没,不能自主,所以痛苦不堪,一直想冲出去,争取能够自己做自己的主人。

即使是最高的天神,只是依靠着自己的福报而生在那幸福的天上,一旦幸福的能量用尽了,也就会掉入其他的生命方式去再次受苦。也就是说,生活在六道里的任何一种生命方式,都是不能够自己主宰自己的,都有着缺陷。而没有缺陷的生命,也就是超出了六道的佛。

佛因为已经无心,自然无有牵挂,与整个宇宙融为了一体,也就不再有生灭心,不再有对错,不再有轮回了。这样的结局就是一劳永逸,不再有麻烦了。

正因为如此,六道中的一切生命方式都会把成佛看作是最根本的幸福之路,都会恭敬信奉的。而《金刚经》讲的,正是那成就最高境界的大法,自然也就会得到天、人等六道的敬仰与信奉的。所以,只要谁能够讲解这部经典里的四句偈,或者是讲述其中的道理,都会得到各种生命的供养与爱戴的。当然,你如果能够理解全部的经文以及背后所表现的真理,那么所得到的福德或者供养也就不知道有多少了!

能够讲解《金刚经》的人,一定首先得懂得经中的内容和真髓,然后才能用最方便的方法讲解给众生听,这里边自然会有那消化的过程,也是自己得益的过程。得益而觉悟,自然也就成就了第一世间稀罕的大法了。这说没有法却有法,说有法却又没有法,充满了辩证的关系。

正因为这部经书所讲的道理非常高明,所以不能够轻慢忽视。佛是无处不在的,真理也是无处不在的。只要讲说的是真理,那就是真理的载体或者化身,与真理一般没有两样,自然应该像对待真理那样去对待的。所以,对待《金刚经》,也应该像对待佛祖和他的那些大弟子一样的。

其实，依照慧能的说法，佛教讲的是真理，与那文字又有什么关系呢？古人讲得象忘言，得意忘象。真正的学习目的，是完善自己的人格，并不是死记那些文字。不过，作为佛教的祖师，强调对于经文的尊重，对于那些一般的弟子来说，还是有好处的。

國學智慧全書

禅宗智慧

第三章 到现实实践中去修行自己

★实践的人得到的幸福是不可思议的

尔时，须菩提白佛言："世尊，当何名此经？我等云何奉持？"

佛告须菩提："是经名为《金刚般若波罗蜜》，以是名字，汝当奉持。所以者何？须菩提，佛说般若波罗蜜，即非般若波罗蜜，是名般若波罗蜜。须菩提，于意云何？如来有所说法不？"

须菩提白佛言："世尊，如来无所说。"

"须菩提，于意云何？三千大千世界所有微尘，是为多不？"

须菩提言："甚多。世尊。"

"须菩提，诸微尘，如来说非微尘，是名微尘。如来说世界非世界，是名世界。须菩提，于意云何？可以三十二相见如来不？"

"不也。世尊。不可以三十二相得见如来。何以故？如来说三十二相，即是非相，是名三十二相。"

"须菩提，若有善男子、善女人以恒河沙等身命布施，若复有人于此经中，乃至受持四句偈等为他人说，其福甚多。"

——《如法受持分第十三》

这时，须菩提向佛表白说："世界之尊啊，应当以什么名字称呼这部经书呢？我们应当供奉行持什么呢？"

佛告诉须菩提说："这部经书叫作《金刚般若波罗蜜》（金刚智慧到彼岸）。用这样的

名义,你就可以供奉行持了。为什么是这样的呢？须菩提,佛说的智慧到彼岸,就不是智慧到彼岸,所以才叫作智慧到彼岸。须菩提,这话怎么讲呢？如来佛说过什么法理没有啊？"

须菩提向佛陈述说:"世界之尊啊,如来佛没有说什么法理。"

"须菩提,这话怎么讲？三千大千世界中的所有微小尘粒,算多不多呢？"

须菩提说道:"很多很多。世界之尊。"

"须菩提,这么多微小尘粒,如来佛说不是微小尘粒,所以叫作微小尘粒。如来佛所说的世界,就不是世界,所以才叫作世界。须菩提,这话怎么讲？可以用三十二种色相来见到如来佛吗？"

"不可以啊。世界之尊。不可以通过三十二种色相来见到如来佛。为什么呢？如来佛所说的三十二种色相,就是不是色相,所以才叫作三十二种色相。"

"须菩提,如果有善心的男子、善心的女人用与恒河沙数量相等的身体和性命来做布施的话,如果再有人在这部经书中乃至于接受行持四句偈颂等,来为他人解说,他的幸福会很多很多。"

须菩提就像说相声里边的逗角一样,一直在给佛祖出难题。难题解决了,境界也就提高了,听众的境界与思路也就得到了升华。所以,他的任务就是要把问题提到绝对的险处,让佛祖来化险为夷。通过这样的论辩过程,使得听众受到启发和感悟。

他问起佛祖:这部经该叫作什么名称？他们大家该怎么奉行与实践呢？因为佛祖翻来覆去在讲这部经如何如何好,如何如何有功德,很明显是要想让大家都去实践的。

佛祖明白,如果给大家讲出了经书的名称,大家一定会去实践的,这是毫无疑问的。但是,很有可能大家却又把他的话当成了圭臬,就变成了法执,反而违背了他的初衷。他必须既讲出此经的名字,却又不能让大家执着法相经体,所以他说这部经书叫作《金刚般若波罗蜜》。

"金刚",金的意思是宝贵如金,刚的意思是坚刚不弯。金是胜过一切,刚是无坚不摧。这两个字本身就包含着矛盾的意义,金是宝贝,可以执着;刚是利器,可以破除。也就是说,随执随破,舍舟登岸;羚羊挂角,不留痕迹。

般若的意思是智慧,智慧就是达到目的的最简便方法、最有效途径,因而决不会拖泥带水,不会有所牵挂。

波罗蜜的意思是到彼岸，或者彼岸到，即达到目的地。因为人类是有目的的，或者说宇宙间的所有生命都是有目的的。他们的生一定是要达到某个目的，走向某个境界。照佛教的说法，六道是目的，四果也是目的，佛境解脱也是目的。不入六道，也自然进入了四果或者佛境；不入佛境，也自然在于六道之中。而佛境却又不是超越了六道的一种独立存在，并不是说上帝就在那所有的时空之外又再建立一个极乐世界。

也就是说，佛的境界以及极乐世界本身就在六道三界之中，或者说与三界为一体而没有分别。只不过你必须放下心地，去掉了分别，六道也就是极乐了。放不下心地，极乐也就会变成六道了。所以，这金刚般若波罗蜜，说的就是金刚智慧到彼岸。

彼岸与此岸本来就是一体，不过中间有一条苦海横在路上就是了。身在苦海而能用金刚之法破除一切分别，则此岸立即成为彼岸，这就是智慧！

因为佛说的智慧到彼岸，就是要你连这个智慧也放下，不要生起妄想。因为有了智慧的概念，自然也就有了愚痴的分别，如何才能够到达彼岸呢？彼岸就是此岸，此岸也就是彼岸；般若波罗蜜就是非般若波罗蜜，非般若波罗蜜也就是般若波罗蜜。

在这里，佛祖所强调的，就是要让所有的听众不起智慧与愚痴的分别，不起此岸与彼岸的妄想。没有了是非的区别，也就是心无挂碍，也就是极乐世界了。

他还怕大家不信，还怕大家再执着于自己所讲的《金刚般若波罗蜜》，所以要再次破除，连自己说过的话都要否定了。于是，他问须菩提说："如来有所说法不？"

须菩提明白，佛祖是在破相，怕大家执着了自己的说法，于是他回答说："如来无所说。"

这一句话非常关键，可以说，一下子把佛祖四十九年传法所讲说的，全部否定了。因为他们知道，真正解脱的时候，是赤条条地来而赤条条地去，带不得半点牵挂的。执着于佛祖，执着于佛法，都是最终解脱的障碍，都要彻底破掉！

佛祖既然四十九年没有说一个字，那么信徒们又何必再加以执着于佛说魔说呢？真正放下了一切的时候，就连自己最亲爱尊敬的佛祖也能够放弃的时候，那么大道也就在自己的眼前了。我们知道，那些宗教家或者是领袖人物，哪一个不愿让自己的形象永远留在人们的心中呢？哪一个人不愿让人崇拜自己呢？还怕别人记得不牢，所以还要塑出大像，要念名号！

只有佛祖慈悲，为了让众生都得到解脱，才不惜破除掉自己的形象，让大家都不要执

金刚经

着于佛像或者佛说。没有一切外来干扰的时候，自己的本性面目也就见识到了。

然而佛祖明明说了那么多年的法，你是不能矢口否认的，所以必须有一种解释的角度。所以佛又说到了三千大千世界里的微尘小粒，那真是多到不能再多了。因为它的数字已经无法再计算，所以也就没有什么意义了，而且说也没有用。你说它是微尘，不过是一种假名而已，所以如来佛所说的微尘就不是那么多真正的微尘，所以才叫作微尘。

正如《老子》所讲的："道，可道非常道；名，可名非常名。"能够说是微尘的，就不是那真正的微尘。因为说是微尘，这是从我们时空有限的凡夫俗子的角度讲的；但从微尘的本身来说，根本就没有任何概念和分别，而且它自己也不知道自己叫作微尘，也不知道自己是多是少。也就是说，我们所说的一切都是外行话。即使是自诩为无所不能的描述真理的科学，也对宇宙有着无限的未知，所以一切对于宇宙真理的描述都只能是外行话，都只是一种假名而已。

就如我们所称呼的这个世界，到底是怎么一回事，我们也不能够完全准确地描述下来，更不要说那三千大千世界了，更不要说那佛所讲说的极乐世界了！所以，佛祖给我们讲述的一切世界，都不是那个所谓的真正世界，都只是一个假名。被称作世界的，自然就有了许多的限制，自然也就得不到那个真正的世界。

也就是说，释迦牟尼佛祖要让人们明白一点：他所讲说的一切法门，或者说一切世界的情况，都只是一个虚假的名称而已，不是那个真正的境界，所以不能执着，必须彻底否定。

接着，他又拿自己来比喻。人说佛祖身上有三十二种好相，这三十二种好相都不是正常的人所具有的，所以都安在了佛祖的身上。但是，即使是这三十二种好相，也都是有形的，有限的，有漏的，有时空的，所以也就不是真正的，清净的，无限的，永恒的。谁如果执着了这三十二相来看如来佛的话，那么他见到的一定就不是真正的如来佛了。

常听现在的学佛者，或者是什么气功大师们说，他们自己见到了释迦牟尼佛祖，甚至是然灯古佛，或者说自己的果位比那释迦牟尼佛祖还要高！释迦牟尼当年曾授记说弥勒菩萨多少多少亿万年以后才能成佛，也就是说人间在这一个阶段是没有什么大佛出世的。而自称为佛教徒子徒孙的人，竟然敢称说自己是某某古佛转世，而且竟然还有那么多的信徒去崇拜他！看看释迦牟尼佛祖这里讲的这些话，那些骗子们可以休矣！如来是一种无所不在的境界，不能把这种境界庸俗化！

因为如来佛是无所从来,无所从去,没有任何形象、时空的限制,所以这三十二相的说法只能是凡夫俗子的角度所看到的,只能是一个虚假的名称而已。由于人类的思维活动,必须要有语言概念,才能够进行分析、判断、归纳、认识等,所以就必须把一个事物切割、定位、解剖和整合。这样一来,那个事物也就变得面目全非了,这就是人类认识事物所存在的局限性。要成佛的人,首先就得认识到这一点,并且加以改变,才能够真正进入那个被描述的境界。

正因为《金刚经》讲说的,是要把一切成见,包括佛在内的一切认识活动都进行了彻底的否定,这就是舍筏登岸的过程,所以其功德不可思议,实践的人所得到的幸福也是不可思议的。

★不要为了得到才去"布施"

尔时,须菩提闻说是经,深解义趣,涕泪悲泣,而白佛言:"希有世尊,佛说如是甚深经典,我从昔来所得慧眼,未曾得闻如是之经。世尊,若复有人得闻是经,信心清净,即生实相。当知是人,成就第一希有功德。世尊,是实相者,即是非相,是故如来说名实相。世尊,我今得闻如是经典,信解受持,不足为难。若当来世,后五百岁,其有众生得闻是经,信解受持,是人即为第一希有。何以故?此人无我相,无人相,无众生相,无寿者相。所以者何?我相即是非相,人相、众生相、寿者相即是非相。何以故?离一切诸相,即名诸佛。"

佛告须菩提:"如是,如是。若复有人得闻是经,不惊、不怖、不畏,当知是人甚为希有。何以故?须菩提,如来说第一波罗蜜,即非第一波罗蜜,是名第一波罗蜜。须菩提,忍辱波罗蜜,如来说非忍辱波罗蜜,是名忍辱波罗蜜。"

"何以故?须菩提,如我昔为歌利王割截身体。我于尔时,无我相,无人相,无众生相,无寿者相。何以故?我于往昔节节肢解时,若有我相、人相、众生相、寿者相,应生嗔恨。须菩提,又念过去于五百世作忍辱仙人。"于尔所世,无我相,无人相,无众生相,无寿者相。

是故，须菩提，菩萨应离一切相，发阿耨多罗三藐三菩提心。不应住色生心，不应住声、香、味、触、法生心，应生无所住心。若心有住，即为非住。是故佛说菩萨心，不应住色布施。须菩提，菩萨为利益一切众生故，应如是布施。如来说一切诸相，即是非相。又说一切众生，即非众生。

须菩提，如来是真语者，实语者，如语者，不诳语者，不异语者。须菩提，如来所得法，此法无实无虚。须菩提，若菩萨心住于法而行布施，如人入暗，则无所见；若菩萨心不住法而行布施，如人有目，日光明照，见种种色。

须菩提，当来之世，若有善男子、善女人能依此经受持读诵，即为如来以佛智慧.悉知是人，悉见是人，皆得成就无量、无边功德。

——《离相寂灭分第十四》

这时，须菩提听说了这部经书，深刻地理解了它的意义和趣旨，涕泪交流，悲心哽咽，向佛表白道："世界罕有的至尊，佛所说的这么样深刻微妙的经典，我在过去就已经得到了智慧之眼，但也未曾听说过这样的经典啊。世界之尊，如果再有人能听说这部经典，相信本心而清静无为，就会证得真实本相。应当知道，这个人成就了第一流的世界罕有的功行和福德啊。世界之尊，这种真实的本相，就是不真实的本相，因此缘故，如来佛说它就叫作真实本相。世界之尊，我现在能听说这样的经典，而且加以相信、理解、接受、持行，并不算什么难事。若是到了未来的世代，此后五百年，一定有众生能听说到这部经典，而且相信、理解、接受、持行，这个人就是第一流的世界罕有啊。为什么呢？这个人没有了自私贪爱的色相，没有了人我分别的色相，没有了愚蠢痴顽的色相，没有了长生不老的色相。为什么会这样呢？自私贪爱的色相，就是不是色相；分别人我的色相、愚蠢痴顽的色相、长生不老的色相，就是不是色相。为什么呢？脱离了一切色相的，就被称之为佛了。"

佛告诉须菩提说："是这样啊，是这样啊！如果再有人能够听说部经典，还不惊讶，不恐怖，不畏惧，应当知道，这个人实在是世界上罕有的了。为什么呢？须菩提，如来佛说第一流的到彼岸，就不是第一流的到彼岸，所以才叫作第一流的到彼岸。须菩提，忍受耻辱到彼岸，如来佛说不是忍受耻辱到彼岸，所以才叫作忍受耻辱到彼岸。"

为什么呢？须菩提，就像我当年被歌利王割解我的身体一样。我在那个时候，没有

自私贪爱的色相，没有人我分别的色相，没有愚蠢痴顽的色相，没有长生不老的色相。为什么呢？我在过去被一节一节地肢解割截的时候，如果抱有了自私贪爱的色相、分别人我的色相、愚蠢痴顽的色相、长生不老的色相，肯定会产生愤怒和怨恨的。须菩提，再回想起过去在五百世前做忍受耻辱的仙人。在那一世里，没有自私贪爱的色相、没有分别人我的色相、没有愚蠢痴顽的色相、没有长生不老的色相。

菩萨

因为这个缘故，须菩提，菩萨应该抛弃一切色相，发下无上正等正觉的心愿。不应该执着于物质而生发心愿，不应该执着于声音、香气、味道、感触、法理而生发心愿，应该生发没有执着的心愿。如果心中有所执着，就是不是执着。因此缘故，佛说菩萨的心愿，而不应该执着于物质色相去做布施。须菩提，菩萨为了使一切有生命的生灵都获得利益的缘故，应该这样来布施。如来佛说，所有一切色相，都是不是色相。又说所有的一切生灵，都不是生灵。

须菩提，如来佛是说真话的，说实话的，说真理话的，不说谎话的，不说废话的。须菩提，如来佛所证得的法理，这法理既不真实，也不虚妄。须菩提，如果菩萨的心愿执着于法理而施行布施，就好比人走进了暗处，就什么也看不见了；如果菩萨的心愿不执着于法理而去做布施，就好比人有双眼，在阳光明朗地照耀下，会看见各种各样的形相。

须菩提，到未来的世代，如果有善心的男子、善心的女人能够依照这部经书来接受、行持、阅读、背诵，就会让如来佛以智慧之眼完全知道这些人，完全看见这些人，都能证得成就无可估量、无有边际的功行和福德。

佛所讲说的道理，真是透彻，连自己过去或者将来的一切说法都加以否定。因为那都是一种假名或者借喻而已，不是那个真正的究竟，所以必须彻底否定。

就好比是那火箭一样，要想往上升起，就必须有强大的后座力向下爆发。向下是否定，向上是肯定，没有向下也就没有了向上。所以必须否定了过去，也才有未来的肯定。

就好比是，过去佛祖说法使大家明理，都已经站到了梯子的最上端，手已经抓住了目的地的边缘，可就是不愿把脚从梯子上拿开，所以也就总是到达不了目的地。

这个时候，佛祖便讲说这《金刚般若波罗蜜经》，把脚下的梯子彻底打碎。人们的脚下一松，心中一震，两手往上一扳，正是那百尺竿头，更进一步，自然也就脚踏彼岸，而一得永得了。渡过苦海的时候，不能没有梯航；到了岸边，就要舍舟登彼岸。《金刚经》的意义，就在于让人们舍舟登彼岸，真正得解脱。谁要执着于佛说，谁也就永远到达不了彼岸；放下一切的时候，也就无处不是彼岸了，所以《金刚经》叫作智慧到彼岸。

《金刚经》的标准很高，层次很高，是专门为大乘人说的，是为上根人说的，是为那些历劫修行的人说的，是为那些有了一定的根基而且升入了高年级的学生说的。所以，须菩提会倍受感动，顿悟真谛，涕泪交流！说他自己从古到今，用慧眼遍观时空，也没有听人讲说过这样的经典，以至于连自己所说的经典也要否定的！这才是那真正的说法！

不仅是须菩提可以得到觉悟与解脱，就是所有的人，只要能够领会得了这其中的真正含义，生出正信，便能够见到真实本相，自然能够成就第一稀有的功德，那就是觉悟成佛了。后来六祖慧能的例子，就是最好的证明。

因为照《金刚经》说来，这里所谓的实相，也就不是那真正的实相，所以如来才会说那假名的实相。须菩提在场，而被佛祖耳提面命，所以说能够信解受持而不难。难的就是那些没有亲耳听过佛祖亲说的人，而且在五百年后，时空都已有了很大的改变。他们能够信仰这部经典，并且身体力行，那就是不得了的了。

因为《金刚经》讲的是破除一切法相，甚至是实相，所以，相信这部经典的人一定是没有了一切法相和执着的人。他没有了人、我、众生、寿者等四相，也就能够进入真实的本相了。因为四相都是一种假名，不是真正的法相，所以不能执着。只有离开了一切的执着与法相，才叫作真正的佛。一旦执着了任何法相，也就不是佛了。

佛祖一听，便立即给予肯定说，是这样的，是这样的。这部经典不同于以往的任何经典，并且是对于所有经教等有为之法的彻底否定，在迷信执着人的眼里来看，是根本接受不了的。他们会恐怖、惊慌，以为大逆不道、数典忘祖，所以是很难相信的，甚至会起来进行反对的。所以，能够不恐怖惊畏的人，才真正是世间罕有的啊！

为什么佛祖要否定自己所说的法或者所创的教呢？他又接着讲说道：因为如来佛所讲说的第一波罗蜜，就不是那真正的波罗蜜；真的境界是没有办法去讲说的，所以才用一

个虚假的名词来讲说,就叫作第一波罗蜜。如果你执着了这个第一波罗蜜,那也就永远也得不到那个真正的第一波罗蜜了。因为文字或者说法并不是真正的真理,就好像手指和月亮的关系一样。手指可以指出月亮的所在,但手指却不就是月亮。眼睛离不开手指,也就看不见真正的月亮。离开了手指,顺着手指所指示的方向去看,也才能看得到那个真理的月亮。

就比如说那忍辱波罗蜜,的确是一大法门,但也是不能执着的。佛祖便讲说自己过去生以前,曾经被那个歌利王截割过自己的身体。如果他心中有了人、我、众生与寿者的念头,那么他一定会心里生出许多的痛苦、愤怒、恚恨等感受,也就成就不了了。正是因为他心中早已没有了四相的牵挂,所以任由他节节肢解,心中无所恚恨,也就没有什么痛苦了。

这种例子生活中也有不少,就说那个关云长。华佗为他刮骨疗毒的时候,他心在棋上,或者说早已不把痛苦放在心上,所以不会感觉到怎么疼痛。一旦心中有了这个疼痛的概念,那么不疼也会感觉到疼的。这也就是精神与物质的关系。

佛祖又说起他五百世辈以前,曾经做过忍辱仙人,专门修行忍受耻辱的功夫。因为耻辱是人们都有的,也是谁都不愿意忍受的,这是人类从小所受到的教育。正是因为如此,所以匹夫见辱,会拔剑而起,挺身而斗,结果造成许多痛苦与烦恼。一个人如果连耻辱都能够无动于衷,无故加之而不怒,猝然临之而不惊,平等心对待一切。这才叫作真正的忍辱。

佛祖做忍辱仙人,就是要不着我、人、众生、寿者四相,没有了分别,一切平等,也就能够忍受得了耻辱! 正是古人说的:“是可忍,孰不可忍!”

所以,修行的菩萨必须要离开一切法相,不应该执着一切,心中应该无所牵挂。无牵无挂的心,才能无所不在。一旦心中执着牵挂了,也就不是菩萨所就该具有的境界,就不是真正的执着。真正的执着,就是不加执着,才能自由自在。所以,菩萨帮助人的时候,千万不能有任何帮助他人的想法。只要有想法,就会受到限制,就不是究竟,就不会有利益。

如果真正菩萨想为众生好,那就不应该有分别念。有了为众生的念头,自然就有了菩萨的念头,分别心一起,于自己于众生都没有好处。因为一念起处,自己也就不是菩萨了。我们所说的菩萨,也就不是菩萨了;我们所说的众生,也就不是众生了。总之,我们所说的一切，都不是那真实的本相，所以都不应该执着。

这样的说法，佛祖还怕听众不能够领会，所以再接着说道：如来佛所说的都是真话，是大实话，是真理，绝不是胡说哄人的，不是前言不对后语的。他之所以这样说，就是考虑到了人们会生起疑问，以前的话也是你自己说的，今天的话也是你自己说的，而前后如此矛盾，怎么能够让人相信呢？

佛祖得没有得到法呢？不能说没有，但他所得到的大法，却是没有真实，也没有虚妄。以前为了度人的方便，所以不得不用那蹩脚的语言去讲述；现在大家都有了基础，应该是明白真正的道理的时候了，所以就把真正的奥妙讲了出来，自然也就把过去的，甚至是眼前讲的都否定了。

既然大道清虚，无法可说，那么还有什么好说的、好执着的呢？菩萨如果把自己的心念都挂在那法上，或者是佛祖自己以前所讲说的大法上，去修行，去布施，那就完了！就好像人从太阳地里走到那阴暗的地方，什么东西都看不见了。因为你的心一旦执着在某一个事物上，其他的事物也就看不见了。这就是一叶障目而不见泰山的道理。

菩萨如果心中无牵无挂，修行布施，一任自然，那就像是人自己有眼睛，在那太阳地里，光明无限，什么也都可以看得见了。这就是那无在而无不在，无为而无不为的道理。

不要说眼前了，就说未来世界，有那真正的明白此经的人，能够修行实践这部经法，那么如来完全可以预见到，那人能够成就无量无边的幸福和功德。道理很简单，不相信《金刚经》所讲道理的人，自然是不能够依此修行和实践的。

★ 做好事不难，难的是做无量无边的好事

须菩提，若有善男子、善女人初日分以恒河沙等身布施，中日分复以恒河沙等身布施，后日分亦以恒河沙等身布施，如是无量百千万亿劫以身布施。若复有人闻此经典，信心不逆，其福胜彼。何况书写受持读诵，为他人解说！

须菩提，以要言之，是经有不可思议、不可称量无边功德。如来为发大乘者说，为发最上乘者说。若有人能受持读诵，广为人说，如来悉知是人，悉见是人，皆得成就不可量、不可称、无有边、不可思议功德。如是人等，即为荷担如来阿耨多罗三藐三菩提。

"何以故？须菩提，若乐小法者，著我见、人见、众生见、寿者见，则于此经不能受持读诵，为人解说。须菩提，在在处处，若有此经，一切世间天、人、阿修罗所应供养。当知此处即为是塔，皆应恭敬，作礼围绕，以诸华香而散其处。"

——《持经功德分第十五》

须菩提，如果有善心男子、善心女人在早晨时用与恒河沙数量相等的身体去做布施，中午时再用与恒河沙数量相等的身体去做布施，下午时也用与恒河沙数量相等的身体去做布施，像这样在不可估量的百千万亿劫数里用身体去做布施。如果再有人听说了这一部经典，相信本心，不违真理，他的幸福超过了前边讲的那位。更何况加以誊抄、传写、接受、持行、阅读、背诵，替他人讲解说明呢！

须菩提，从根本来说，这部经典有着不可思想议论、不可称道衡量的无穷无尽的功绩和福德。是如来佛给发了大乘心愿的人们所说的，给发了最上乘心愿的人们所说的。如果有人能够接受、持行、阅读、背诵，广泛地为别人解说，如来佛会完全知道这个人，完全见到这个人，都能够成就不可估量、不可称道、没有穷尽、不可思想议论的功绩和福德。这样的人们，就可以跟如来佛共同担当起宇宙人生的无上正等正觉的。

佛祖既然讲说了《金刚经》的功德，以及奉行实践《金刚经》的人会得到什么好处，可还嫌不够，于是再接着讲下去，说开去。

当然，反反复复讲这个道理，一个是起强调的作用，而另一个就是如注家们讲的，是为了照顾那些后来者。因为讲经法会没有一个固定的场所或者人数的限制，所以就得不停地重复那些重要的地方。

于是，佛祖又强调说，如果有哪些善男信女们为了求得修来福报，便早上起来就用如恒河里的沙子一般多的身体去进行布施，中午也用这么多的身体来做布施，下午也同样用如此多的身体去做布施，而且经过了千百万亿无量的劫数来做这样的布施，那么他所得到的福报应该说是无穷无尽了，不可思议了。

当然，一个人做上一件好事不难，布施一天不难，难的就是像佛祖所说的这些做下了无量无边好事的人。即使是如此，他所得到的福德还不如听说了《金刚经》而能生起信心的人所得到的。如果说再加以书写奉行，再为人讲解说明，其功德也就更加广大无边无量了。

原因也很简单,修福报总是有形的,而《金刚经》所讲是无形的,是究竟的,是根本的,是破除了一切有限的执着,而进入到无限的宇宙真理之中的一条大道。修福是为了得,此经是为了舍。要得所得到的只能是有限,要舍所能得到的却是无限。方法不同,结果自然也就完全不同了。所以,《金刚经》的最大妙处,就在于

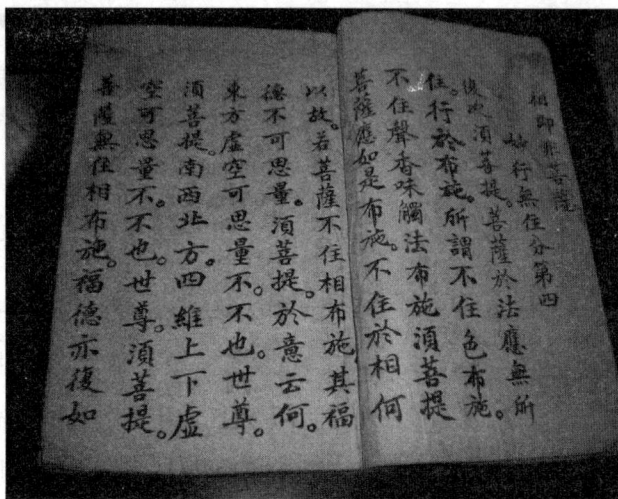

《金刚经》书影

让我们能够换上一个角度来审视一下佛与众生的同和异。

《金刚经》所具有的不可思议的功德,正因为不可思议,所以一般的凡夫俗子才不可能思议,也才不可能领会,甚至还要进行诋毁。因为人们追求的目的不同,所以选取的道路也不同。修小乘教法的人,便只能按照那些八正道或者戒、定、慧等去奉行,决不会相信你《金刚经》中所讲说的这种持经的道理和福德。截至目前,那些信奉小乘佛教的国家,还不承认大乘佛教是佛祖亲口讲说的!原因就在于此。

所以,因材施教,对症下药,历来都是祖师传教布道所采取的方法。对于大乘人当然得讲大乘理,对于小乘人也只能去讲小乘理了。所以,小乘人没有办法了争大乘法门的,那些大乘人也不会同意小乘法门的。但是当时佛祖度化,却必须有所分别。至于谁得多少,那就要看各自的根基和智慧了。

《金刚经》既然是为了那些曾经发过大乘心愿的人讲的,是为了那些发下了最上乘心愿的人讲说的,那么目标也就确定了。你要想成佛而进入真正的自在,那就得以此经为本,才能成就无上大道。并且真正的菩萨道和大乘法,是要让六道三界的所有众生都得到解脱,所以就得为他们讲说这部伟大的不可思议的《金刚经》。

由这些具有不可思议功得的人,把这部具有不可思议能量的经书传播讲说开来,让更多的人知道,佛祖说了,这些人也会同如来佛自己一样,会成就不可估量无有边际和不可思议的功德。因为他们所干的事情与如来佛祖所干的事情一样,所以他们就是如来佛

了,或者至少可以说是跟如来佛共同担当起了宇宙人生的无上正等正觉。

为什么呢?若是那些以小乘之法为安乐的人,自然会有人、我、众生、寿者四相的区别的执着。放不下自己,也就走不进大乘佛教的殿堂,对于大乘般若的经典自然也就不能听讲、接受、阅读、背诵并且为他人解说了。

但是,正因为这部经书是佛祖的根本法门,所以只要有这部经书在,那些一切世间的天、人、阿修罗等,都会给予供养的。所以,有经的地方,就仿佛有佛的塔庙,大家都应该恭敬礼拜,而清净心地来供养的。也就是说,佛祖把《金刚经》与自己或者宇宙的根本真理相等同了。

★ 世人都被眼前的利益所迷

复次:"须菩提,若善男子、善女人受持读诵此经,若为人轻贱,是人先世罪业应堕恶道。以今世人轻贱故,先世罪业,即为消灭,当得阿耨多罗三藐三菩提。须菩提,我念过去无量阿僧祇劫,于然灯佛前,得值八百四千万亿那由他佛,悉皆供养承事,无空过者。"

"若复有人于后末世,能受持读诵此经,所德功德,于我所供养诸佛功德百分不及一,千万亿分乃至算数譬喻所不能及。须菩提,若善男子、善女人于后末世,有受持读诵此经,所得功德,我若具说者,或有人闻,心即狂乱,狐疑不信。须菩提,当知是经不可思议,果报亦不可思议。"

——《能净业障分十六》

再接着说:"须菩提,如果善心男子、善心女人接受、行持、阅读、背诵了这部经典,若是为人地位下贱轻微,那是因为此人在上一世所造罪行和恶业应该堕落于最痛苦的生命方式。因为这一世为人轻微下贱的缘故,上一世的罪行和恶业便被消除灭绝,肯定会获得无上正等正觉。须菩提,我追忆起过去不可估量、不可穷尽的劫数之时,在然灯佛以前,得以遇见八百四千万亿那由他(一亿)的各位佛,全都供奉给养,顺随服事,没有一位是空手走过的。"

"如果再有人在以后的末落时代,能够接受、行持、阅读、背诵这部经典,他所获得的功绩和福德,就我供奉给养各位佛的功绩和福德来说,也比不上他的百分之一、千万亿分之一,以至到了用所有的算术的数字和比喻也是不能赶上他的。须菩提,如果善心男子、善心女人在以后的末落时代,有能接受、行持、阅读、背诵这部经典,他所获得的功绩和福德,我如果一件一件地讲说,也许有人听了心中便会生出狂妄和昏乱,满腹怀疑,而不相信。须菩提,应当知道这部经典的宗旨含义是不可思量和议论的,道果和福报也是不可思量和议论的。"

佛祖讲法,尽管有所针对,但众生都可以进入佛法大海中,所以只要能够依之修行,便可以得到福德或者功绩。于是,佛祖又讲说了一般的人所持经而能得到的功德。没有办法,世人都是以眼前的利益为目标的,所以必须有利益他们才会去做。

就比如说,能够读诵奉行《金刚经》的,如果被人轻视欺侮了,那也是因为先世上的罪业本应该堕入恶道的,结果由于这一世被人给轻视看贱了,也就抵消了。不仅抵消了,而且还会得到无上正等正觉的!

为什么呢?就因为佛祖说自己在那无量的劫数以前,曾经在那然灯佛的跟前,遇到过八百四千万亿那由他数量的佛祖,都对他们供养尊敬,没有从一个跟前空手过过。那由他是梵文的音译,是一万万,为一亿。这佛的数量会是 804 乘上一个 10 的 25 次方,在如此多的佛祖跟前种过福田,那么该要得到多大的福德呢?

但即使是如此,以后有人能够在末法时世里接受、奉行、阅读、念诵这部经典,所得到的功德比他供养那么多佛所得到的功德还要大得多得多。他所得到的那点功德,比起这持经的功德来,还是百分不能赶上一分,差得是千万亿分,甚至是差得无法估量计算的,也是无法比喻的。如果他再要讲说这部经的功德,或者奉行实践者所得到的功德,一条条地说下去,恐怕那些小乘人听了会心中狂乱,狐疑不信,反而大生诽谤的。

就因为这部经中所讲的才是真正的宇宙人生真谛。他当年在然灯佛所供养了那么多的佛祖,但结果还是没有得道成佛,就因为没有人给他讲过《金刚经》的大道理。而《金刚经》是他成佛觉悟所采用的道路,也是他的独特的心得体会,是他的经验之谈,所以宝贵。他从中得到了好处,所以也想让所有的众生都得到益处,因而才不遗余力地讲这部经典的好处。那真是不可思议的,结果和报酬也是不可思议的。

★要修佛眼，才能无所不知，无所不晓

"须菩提，于意云何？如来有肉眼不？"

"如是，世尊。如来有肉眼。"

"须菩提，于意云何？如来有天眼不？"

"如是，世尊。如来有天眼。"

"须菩提，于意云何？如来有慧眼不？"

"如是，世尊。如来有慧眼。"

"须菩提，于意云何？如来有法眼不？"

"如是，世尊。如来有法眼。"

"须菩提，于意云何？如来有佛眼不？"

"如是，世尊。如来有佛眼。"

"须菩提，于意云何？如恒河中所有沙，佛说是沙不？"

"如是，世尊。如来说是沙。"

"须菩提，于意云何？如一恒河中所有沙，有如是沙等恒河，是诸恒河所有沙数佛世界，如是宁为多不？"

"甚多，世尊。"

佛告须菩提："尔所国土中所有众生若干种心，如来悉知。何以故？如来说，诸心皆为非心，是名为心。所以者何？须菩提，过去心不可得，现在心不可得，未来心不可得。"

——《一体同观分第十八》

"须菩提，这话怎么讲？如来佛有照见色身的肉眼没有？"

"是这样，世界之尊。如来佛有这样的肉眼。"

"须菩提，这话怎么讲？如来佛有照见大千的天眼没有？"

"是这样，世界之尊。如来佛有这样的天眼。"

"须菩提,这话怎么讲？如来佛有照见因果的慧眼没有？"

"是这样,世界之尊。如来佛有这样的慧眼。"

"须菩提,这话怎么讲？如来佛有照见法理的法眼没有？"

"是这样,世界之尊。如来佛有这样的法眼。"

"须菩提,这话怎么讲？如来佛有照见觉性的佛眼没有？"

"是这样,世界之尊。如来佛有这样的佛眼。"

"须菩提,这话怎么讲？比如说恒河中所有的沙粒,佛说是不是沙呢？"

"是这样,世界之尊。如来佛说是沙。"

"须菩提,这话怎么讲？比如说一条恒河中的所有沙粒,再有与这些沙粒相等数量的恒河,这些恒河所有沙粒数量的佛的国土世界,照这样说算不算多？"

"非常多了。世界之尊。"

佛告诉须菩提说："那些个国土世界中所有的一切众生,有无数种种的心愿,如来佛全都知道。为什么呢？如来佛说过,各种各样的心,都叫作不是心,所以才叫作是心。这是什么缘故呢？须菩提,过去世的心愿不可获得,现在世的心愿也不可获得,未来世的心愿更不可获得啊！"

这里讲的是一体同观,也就是说,如来佛只有一个身体,但却能够遍观一切世界。这是什么缘故呢？

如来佛与须菩提相互对答,谈论如来佛的眼睛。因为要想看见世界,自然就得有眼睛。要想看见三维空间里的事物,就得具有我们人类的肉眼,才能够做到;要想看见全天下的事情,就得要具有天神的天眼,才能做到;要想看见过去未来的事情,就得要具有智慧的眼睛,才能做到;要想普度三界的众生,就得拥有方法的法眼,才能做到;要想得到佛光普照、礼义圆明的最高境界,就得要具有佛眼,才能做到。

参拜佛祖

这五眼，佛祖都具备了，就能够看见整个宇宙的过去、现在和未来的所有一切。就比如说，印度的恒河是最大的河流了，其中的沙子当然是多得难以数计了。就与这一个恒河中的沙子数量相等的恒河里的所有沙子的数量相等的佛土世界，这样多的世界里边的所有众生的所有心理活动，如来佛都能够全部看见、全部知道。这就是佛祖五眼所能够做到的功能。

为什么会有这样的功能呢？就因为如来佛所说的心理，就不是真正的心理，所以才叫作心理，也只是一个名词而已。过去的心理、现在的心理和未来的心理，都是无法得到的。一旦你想得到这三界三世众生的心理，那么你就根本无法做得到。然而只要你不把这三界三世的心理当做心理，那么也就能够得到这种心理了。当你与天地宇宙融为一体的时候，也就不会有任何心理上的分别，也就无所不能知而无所不能见了。

知与见的前提，就是不知而不见，当然这都是从我们凡夫俗子的角度上来理解的。而一旦进入佛的境界，那的确是不可以用语言和逻辑来进行思维的。这时所说的，无非是说菩萨心中没有布施的概念，所以才能进行真正的布施；如来心中没有要见三界三世众生的心理，所以才能进行真正的关照。

第四章　真正的福德靠自己的觉悟

★ 福德不靠布施靠觉悟

"须菩提，于意云何？若有人满三千大千世界七宝以用布施，是人以是因缘得福多不？"

"如是，世尊。此人以是因缘，得福甚多。"

"须菩提，若福德有实，如来不说得福德多。以福德无故，如来说得福德多。"

——《法界通化分第十九》

"须菩提，这话怎么讲？如果有人把充满了三千大千世界的七种宝物拿来布施，这个人因为这样的因果缘分，所获得的幸福多吗？"

"是这样，世界之尊。这个人因为这样的因果缘分，所获得的幸福非常多啊。"

"须菩提，如果幸福和功德有一个实体，如来佛就不会说获得的幸福和功德多。因为幸福和功德虚无不实的缘故，如来佛说获得的幸福和功德为多。"

如来佛因为已经进入那个永恒无限的终极境界，所以他所看到的境界与我们众生所看到的境界是不一样的。也就是说，他的角度与我们众生的角度是完全不一样的，所以看到的境界也自然不会相同的。

所以，在他看来，有人为了求得福报，所以便用那布满了三千大千世界上的七宝珍品来进行布施。因为有求，而且布施的很多，所以得到的幸福报酬也一定会很多。这是世间的因果律所决定了的。

如来佛说道，如果说这种幸福和功德是真实的，那么如来就不会说这是真正的福德，

因为真正的本相是无法用语言来表达的。正是因为这种福德是不真实的,所以如来才会讲说这布施所得到的福德是多的。

因为真理不可说,可说不真理,所以如来佛所讲说的东西也不是那最真实的根本。可见,这再怎么做布施,再怎么多地做布施,都不是真正的福德。也就是说,真正的福德不是靠什么布施得到的。真正的福德需要真正的觉悟,才能得到。

★真正解放和超越的人,不为自己的肉体而奋斗

"须菩提,于意云何?佛可以具足色身见不?"

"不也,世尊。如来不应以具足色身见。何以故?如来说具足色身,即非具足色身,是名具足色身。"

"须菩提。于意云何?如来可以具足诸相见不?"

"不也,世尊。如来不应以具足诸相见。何以故?如来说诸相具足,即非具足。是名诸相具足。"

——《离色离相分第二十》

"须菩提,这话怎么讲?佛可以通过圆满无亏的肉身色相看见吗?"

"不可以啊,世界之尊。如来佛是不应该通过圆满无亏的肉身色相看见的。为什么呢?如来佛说,圆满无亏的肉身色相,就不是圆满无亏的肉身色相,所以才称作圆满无亏的肉身色相。"

"须菩提,这话怎么讲?如来佛可以通过各种圆满无亏的色相看见吗?"

"不可以啊,世界之尊。如来佛是不应该通过各种圆满的无亏的色相看见的。为什么呢?如来佛说,各种色相圆满无亏,就不是圆满无亏,所以才叫作圆满无亏。"

不仅布施不能够得到真正的福德,就是那如来佛也是不可以以有形见的。

对于小乘佛教来说,布施是非常大的功德,而且佛祖也是至高无上的,具有各种美好的色相的,叫作三十二种好相。

但是,对于佛祖自己来说,或者说是对于那些大乘菩萨来说,他是没有任何一种好相的,是没有任何形象的。就如《老子》说过:

吾所以有大患者,为吾有身。及吾无身,吾有何患!

我们众生的一切烦恼痛苦的根源,就在于我们有这么一个身体,我们得不停地努力来糊口裹腹,挣衣蔽体,所以会感到艰难和祸患。所以,真正得到解放和超越的人,绝对不会再为这个肉体的臭皮囊而奋斗和挣扎了。

正因为如此,佛祖是不可以用色身来看得见的。因为再好的色身,也是个色身,是有限的,不可执着的,所以就不是真实的。因此,你所能看见的肉体就不是佛祖,佛祖自己也不认为他自己就是这个肉体色身,所以众生也不应该用色身去看待佛祖的。

不过,麻烦的是,释迦牟尼佛祖即是肉身的释迦牟尼,又是宇宙真理的化身和载体,所以他看问题就有了两个完全不同的角度。而且他要让这些自己的肉身同类,明白那个法身方面的奥妙,肯定不能够使用同一种语言或者同一种角度。所以,他一直在尝试着能够让这面的人能够采用他自己的角度去看问题。

佛自己所说的一切,能够为我们众生听得懂的东西,都只是我们这个世界的事物,无法与那个世界的事物得到合。如果说,这个世界与那个世界是相对的,叫作阴阳相对,或者虚实相立,那么在这个世界上的角度正好与那个世界的相反,或者说这个世界中的实恰是那个世界上的虚。我们只有学会了这种方法,也许能够对那个世界有所了解,或许能够得到真正的解脱哩!

我们不能用那具足的色身去见如来佛祖,是因为佛所说的具足色身就不是那个世界中的具足色身,这具足色身只是一种说法

师徒出行

而已。自然,如来也是不应该用具足的各种形象去看见的,因为各种具足的形象,只是我们这个世界上的人所熟悉的和能够理解的,绝不是那个世界中的真正具足,所以还是一种假相。

既然是假象,就不应该执着。因为佛祖的境界是离开了色身,离开了诸相的,所以谁要想通过肉身色相去得见如来,那简直是痴心妄想。真正的肉身色相都不是真正的如来佛祖,那么庙堂里所塑造的佛祖如来形象也自然不是真正的佛祖菩萨了。有位禅师写的那首诗说得好:

泥塑木雕兼彩绘,涂青抹绿又装金。

若言此是如来相,笑煞南海观世音!

★待人不要有分别心

"须菩提,汝勿谓如来作是念:'我当有所说法。'莫作是念,何以故?若人言如来有所说法,即为谤佛,不能解我所说故。须菩提,说法者,无法可说,是名说法。"

尔时,慧命须菩提,白佛言:"世尊,颇有众生于未来世闻说是法,生信心不?"

佛言:"须菩提,彼非众生,非不众生。何以故?须菩提,众生众生者,如不来非众生,是名众生。"

——《非说所说分第二十一》

"须菩提,你莫要说如来佛有这样的念头:我应当有法理去说。不要有这样的念头。为什么呢?如果有人说,如来佛有法理去说,便是诽谤佛,是不能了解我所说法理的缘故的。须菩提,解说法理的,本来就没有法理可说,所以才是解说法理。"

当时,悟慧无生的须菩提,向佛表白说:"世界之尊,有很多生灵在未来的世界里,听说了这种法理,会不会生发信心呢?"

佛说道:"须菩提,他们不是生灵,也不是不是生灵。为什么呢?须菩提,凡是一切有生命的生灵者,如来佛说就不是生灵,所以才叫作生灵。"

如来佛的肉身色相都不是真正的色相,自然不能执着,不能相信,那么他口里所说出来的东西难道能够相信吗?

依照佛祖的意思,他的肉体都不是肉体,形象也不是形象,因为在他的那个终极的境界里,什么都不是什么,没有任何东西是可以执着的,可以当真的。那么,他所讲说的佛法,也一定不能够执着的,因为那个觉悟了的境界中是没有佛法与世法的。

一旦有了佛法的概念,必然无法进入那佛的境界。就是因为放下了一切,心中没有任何的牵挂,所以才能够进入佛的境界而悠游自在。佛祖自然明白这个道理,所以他也想让他的弟子们能够觉悟到这个真理,能够放下一切,包括对于自己所讲说的佛法的执着与迷信。

首先,从如来佛的角度来说,他从来也不会有什么念头说,自己要去讲什么佛法或者大道的。所以,众生也不要想着说什么佛祖在说法的念头。一旦有人说佛祖在说法了,那就是在诽谤佛祖了,根本没有理解佛祖自己所讲经的意思。

因为那个境界中,是无法用什么方法来进行描述和讲说的,所以从那个角度上说,佛祖的确什么也没有说。但从这个角度上说,他佛祖的确讲了不少的法,从鹿野苑开始,一直讲了几十年。没有说法是从那边说的,说法是从这边说的。这边的人能够有了那边的角度,或者没有了任何的角度,没有了这边与那边的区别,那个境界会是个什么样子的呢?

佛祖反复地强调《金刚经》的妙用,就在于想启发大家都能够进入那样的境界。就像一个明眼人看着一个糊涂人在做蠢事一样,你想让他明白,的确是一件很不简单的事情。所以,有时候是干急没有办法,也只能慢慢地加以开发启导。

既然佛祖没有说法,这在这个世界看来,简直是睁着眼睛说瞎话!那么对待任何事物都得要有一个不同的角度来看待了,也许这就是佛祖的目的。所以,须菩提会问:像你这样莫名其妙的说法,让后世的人听到了,会不会相信呢?就因为这样的理解完全超越了人之常情。

佛祖这个时候仍然是站在他的那个角度来看问题的,所以在他看来,须菩提所说的众生,就不是真正的众生,也不是不真正的众生,因为他早已没有了人、我、众生和寿者四相的差别了。

他为什么会说他们不是众生,也不是不是众生呢?就因为那些众生的心里如果一直抱有着众生的想法,如来就会说他们不是真正的众生,所以才叫他们做众生。

说来说去,无非是一个角度的问题。佛心不起分别,所以他没有四相的概念;但在人间就不同了,必须有个概念,所以就叫做了众生!

★学佛祖全面看待问题

須菩提白佛言："世尊,佛得阿耨多罗三藐三菩提,为无所得耶?"

佛言："如是,如是。须菩提,我于阿耨多罗三藐三菩提,乃至无有少法可得,是名阿耨多罗三藐三菩提。"

——《无法可得分第二十二》

须菩提向佛表白说："世界之尊,佛获得无上正等正觉,难道什么也没有获得吗?"

佛说道："是这样,是这样。须菩提,我对于无上正等正觉,以至于一点点法理也没有得到,所以才叫作无上正等正觉。"

须菩提向佛表白说："世界之尊,佛获得无上正等正觉,难道什么也没有获得吗?"

佛说道："是这样,是这样。须菩提,我对于无上正等正觉,以至于一点点法理也没有得到,所以才叫作无上正等正觉。"

既然佛祖是无法可说,而且也没有说法,那么依此而推,也就无法可得了。对于佛祖来说是无法可得,但对于众生来说,却不能说是无法可得。

所以,须菩提便问佛说:对于无上正等正觉,那佛祖是得到了还是没有得到呢? 这又是更深一层的问题,让听众能够加深理解佛所说的意思。

佛祖回答说,对于无上正等正觉,他是没有一点点法理可得的。这是从他佛的角度来说的,因为他一旦见到有一点点法理可得的话,他也就不是什么佛祖了。

但是对于众生来说,渡河毕竟还需要楫航。所以还得建立一个无上正等正觉的名目来,让众生有所依托。这又是从众生的角度上看的。

众生的角度是片面的,有限的,虚假的;佛祖的角度是全面的,无限的,真实的。或者可以说,众生有的是角度,而佛祖根本就没有了角度,连一切的概念都已经不复存在了。众生如果能够连一切的概念都不会有了,也就是所谓的开佛知见了。

第五章　要得到什么，就不去想什么

★要得到什么，就不去想什么

复次："须菩提，是法平等，无有高下，是名阿耨多罗三藐三菩提，以无我、无人、无众生、无寿者。修一切善法，即得阿耨多罗三藐三菩提。须菩提，所言善法者，如来说即非善法，是名善法。

——《净心行善分第二十三》

佛再接着说道："须菩提，这些法是平等不二的，没有高、下的分别；所以叫作无上正等正觉，是因为它没有自私贪爱、没有分别人我、没有愚蠢痴顽、没有长生不老的概念。只要修行一切妙善的法理，就是获得了正等正觉。须菩提，所说的妙善之法理，如来说就不是妙善的法理，所以才叫作妙善之法理。"

不过，佛祖坐在这里说法，毕竟得有法可说。因为他所面对的是众生，是有语言和思维活动的高级动物，所以他就不得不同他们进行交流，从而对他们进行诱导，并使他们进入自己所拥有的境界。所以，他还得用人间的语言来进行描述和表达，尽管这件事情很艰难。

那么无上正等正觉到底是什么呢？佛祖接着讲道：所有的法相都是平等的，没有什么高与下的分别，这种境界就是无上正等正觉的境界。与庄子所说的齐物论差不多，就是心无分别，万物一齐。

对于世间之人来说，只要没有四相的执着，放弃了一切概念，去修行一切微妙的善良法门，也就会得到那无上正等正觉的。但必须记得，这里所说的善良法门，从如来佛的角度来说，就不是什么善良的法门；说是善良的法门，那是从人间的角度上说的。

所以，修行的时候，不妨有那正等正觉的概念。到了那关键时刻，却是万万不能有任何正等正觉的概念的。也就是说，要得什么，就不能去想什么。不去想什么了，却什么也都就得到了。这就是真正佛法的不可思议处。

★ 要进入"无我"之境，才无争

"须菩提，于意云何？汝等勿谓如来作是念：我当度众生。须菩提，莫作是念。何以故？实无有众生如来度者。若有众生如来度者，如来即有我、人、众生、寿者。须菩提，如来说有我者，即非有我。而凡夫之人，以为有我。须菩提，凡夫者，如来说即非凡夫，是名凡夫。"

——《化无所化分第二十五》

"须菩提，这话怎么讲？你们不要说如来佛会产生这样的念头：我应当度化生灵。须菩提，不要有这样的念头。为什么呢？实在没有生灵得到了如来佛的度化。如果有生灵得到了如来佛的度化，那么如来佛就有了自私贪爱、人我分别、愚蠢痴顽、长生不老的概念。须菩提，如来佛说有自私贪爱的，就不是有自私贪爱的。然而那些凡夫俗子们，却认为有自私贪爱的概念。须菩提，凡夫俗子的，如来佛说就不是凡夫俗子，所以才叫作凡夫俗子。"

否定了行善布施得觉悟的说法，还是要强调心无挂碍的境界。

从众生的角度来说，如来说法布道，教化启发，目的就是为了普度四生六道里的众生，所以这佛祖一定会有那普度众生的念头。

但从佛祖的角度说，他什么念头也没有，自然也就没有什么众生得到他的普度了。因为一旦有了众生被那佛祖所度化，那么这如来便立即染上了我、人、众生与寿者的四相分别了。

如果有了众生被度化的想法，那么自然就会出现人我的对立。我能够度化，别人需要度化；我的生活多幸福，众生是多么痛苦；我怎么能够让他们脱离苦海，都能够万寿无疆而永远幸福呢？种种想法也都会蜂拥而起，烦恼亦会随之而来了。

所以，如来对人们所说的有我，也就只是一种假名而已，并不是说真正地有我。但是

那些凡夫俗子却一定执着于有我，什么事情都想去努力拼搏一番。

即使是这些凡夫俗子，佛祖也说他们不是凡夫俗子，在他的眼里是没有凡夫与佛祖的区别的。说是凡夫，也是从语言上设立的一个假名而已。

★ 要认识庐山，就要走出庐山

"须菩提，于意云何？可以三十二相观如来不？"须菩提言："如是，如是。以三十二相观如来。"佛言："须菩提，若以三十二相观如来者，转轮圣王即是如来。"须菩提白佛言："世尊，如我解佛所说义，不应以三十二相观如来。"尔时，世尊而说偈言：若以色见我，以音声求我，是人行邪道，不能见如来。

——《法身非相分第二十六》

"须菩提，这话怎么讲？能以三十二种色相观看如来佛吗？"

须菩提说道："是这样，是这样，能以三十二种色相观看如来。"

佛说道："须菩提，如果能以三十二种色相来观看如来佛的话，那么转轮圣王也就是如来佛了。"

须菩提向佛表白道："世界之尊，依照我所理解的佛所说的核心宗旨，不应该通过三十二种色相来观看如来佛的。"

当时，世界之尊便说了一首偈颂：若以色见我，以音声求我，是人行邪道，不能见如来。

参拜佛祖

如来已经提出了凡夫与如来的角度差别，而凡夫与如来都不过是一种假名而已，只是为了认识与描述的方便而已。所以，他还想让须菩提再深入一层，便问他道："可以三十二相观如来不？"

如果说如来也是一个假名而已，那么自然也就可以用那三十二相去观看如来的，因

國學智慧全書

禅宗智慧

为这是以假即假，都只是一种方便而已。所以须菩提便回答说："以三十二相观如来。"

如来一旦能够用那三十二相去观见到，这说明如来与凡夫俗子也没有什么两样，只不过长得好看一些。有时候在正常的人类看来，像那三十二种形相长在一个人的身上，简直是一种怪物！

如果说只要有三十二相便是如来，那么这三十二相便成了判断如来的一个标准。而转轮圣王本身也有那三十二种好相，那么也一定应该是如来了！然而他并不是！这就说明三十二相并不是判断或者认识如来的标准。

须菩提一听，赶紧回答说：那么依照自己所理解的佛所讲说的意思，就不应该用三十二种好相去观看如来佛的，因为如来佛并不是什么三十二种好相。如来就是无所从来，无所从去，不应该有任何人间所能判断的形象。

于是，佛祖便讲出了那四句偈来。要是用色相来观见如来，或者用声音来追求如来，可见这个人是在奉行歪门邪道，根本就见不到真正的如来！

如来只是一种境界，绝不会有我们人间所能够看见的形象。一旦我们把佛限制成了我们自己的形象，那么我们也就无法得到那种真正的境界了。佛无形象，因而任何执着都不能成佛。要说看到了佛的形象，那么这个人一定是中了邪。就如西天路上取经的唐僧，见到佛像就下拜，结果所有的佛却都是魔。怎么能够说他不是在行邪道呢？因为真佛在此心，无形亦无相。

前些年，在气功界里，常听人说见到了某某佛祖，或者在对他说话，或者在教他练功，或者在给他讲经说法。这些年接触了一些佛教的信徒，更是说什么佛祖现形，如何如何！把这些行为与《金刚经》中佛亲口说的真理一对比，其中的真真假假也就明白了。

所有见到有形有像的佛，都是幻觉，是精神不正常的表现。因为行正道的人是根本见不到佛的形象的，佛的形象是随顺自然而变化，无形无相的。

我们修行佛法的目的，是为了摆脱烦恼而得真正的解脱。如果还被那佛相给束缚住了，又如何能够得到解脱与自由呢？

而且这里最关键的地方，在于须菩提回答的角度，是站在了凡夫俗子的角度上。而佛祖所说的又是站在了佛的角度上，讲的又是法身，不是现实中的肉身。须菩提说的是肉身，佛祖讲的是法身；角度不同，所描述的对象也不同，得到的结果自然也不会相同。但有一点，要想成佛，那就得站在佛的角度上看问题，法身是没有形象的。因为无所不在的东西是没有形象的，这正如《老子》所说的："大音希声，大象无形。"

的确，宇宙中间那个最大的形象，是任何人都无法进行观察或者描述的。除非是你能够站在那个宇宙的外面，才能够对宇宙有所认识，也就是说你要用人类的方法去认识宇宙，就必须建立一个参照物。因为生活在宇宙之中，永远也不可能真正地认识到宇宙的样子。这就叫作：

　　不识庐山真面目，只缘身在此山中。

第六章　要随缘，让一切自然而然

★人有分别，但理无分别；人有缺憾，但法无断灭

"须菩提，汝若作是念：'如来不以具足相故，得阿耨多罗三藐三菩提。'莫作是念。如来不以具足相故，得阿耨多罗三藐三菩提。须菩提，汝若作是念：'发阿耨多罗三藐三菩提心者，说诸法断灭。'莫作是念。何以故？发阿耨多罗三藐三菩提心者，于法不说断灭相。"

——《无断无灭分第二十七》

"须菩提，你如果产生了这样的念头：'如来佛不因为圆满无亏的色相的缘故，才获得了无上正等正觉。'不要有这样的念头。如来佛不因为圆满无亏的色相的缘故，所以获得了无上正等正觉。须菩提，你如果产生了这样的念头：'发了无上正等正觉的心愿的人，所以才讲说所有的法理都是断绝灭亡的。'不要有这样的念头。为什么呢？发了无上正等正觉的心愿的人，对于法理是不说断绝灭亡的色相的。"

依照上面的说法，如来佛是没有形象的。他正是依靠着没有形象，所以得到了无上正等正觉。如果有了这样的想法，也是不对的，因为有了断灭的见解。

宇宙无相，法身自然也是无相的，因为在我们众生的眼里是无法真正认识那个宇宙或者法身的，因为我们的一切描述都是蹩脚的。但却并不会因此而说没有了法身或者宇宙，只是我们众生无法真正地认识他们就是了。

科学前些年发现了一百五十亿光年前的宇宙，近两年又突然发现了二百亿光年前的宇宙，其间的差额竟然是五十亿光年！也就是说，随着科学的发达，也许我们观察到的宇宙还会寿命更早更长。即使是这二百亿光年的宇宙，我们也是无法进行描述和探测的，就更不要说那更加遥远的早期的宇宙了！

比如说我们的一个太阳系也就够大的了，而一个银河系里便可能有几百亿颗太阳，几百亿个太阳系！设想一下，这是个什么样的情形，怎么能够去认识，去用我人的思维进行想象呢？而一个银河系在整个宇宙中也不过是九牛一毛而已，那么宇宙到底有多大，到底是个什么样子，都不是我们这些生存在有限的空间里的人物能够用有限的语言来描述的。

虽然不能描述，但却并不等于他们不存在。既不能用那形象去认识，因为我们所能看到的形象是有限的，是虚假的，是不能够描述那个真相的；但又不能说没有，因为在我们的眼里，他明明是一种存在。所以，最好的办法，就是既不做有想，也不做无想，与他成为一体也就没有分别与烦恼了。这就是佛的知见。

同样，如来佛真正觉悟了宇宙的真理，那真理一定是有序的，一定是存在的，不能说没有。但生活在其中的人，却是无法对那个真理进行描述的。就比如说，住在庐山上的人，他只能见到各个山峰的情况，却无法看到整体的庐山，因而无法进行描述，可我们并不能说庐山没有形状啊！

同样，生活在我们世间的人也无法真正地描述我们生活的世间，生活在真理之中的佛也无法真正地描述那个真理。这就是生于其中却不识的道理。必须有了距离，有了参照，我们才能够进行

彻悟之佛

观照和认识。但我们的语言由于充满了缺陷，所以又不能够真正地对那种境界进行描述，于是就出现了遗憾。

语言上的遗憾，并不能说真实的不存在，或者说那个真理的缺失。这就是说那些真正地发下了追求无上正等正觉的人，是不应该讲佛法与真理是不存在的，不应该讲什么断灭相的。

人有分别，但理无分别；人有缺憾，但法无断灭。只有进入真理的人，才会体味到法

的滋味,但却还是不能用语言进行描述的。这就叫作只可意会而不可言传,甚至连意会也落入了障碍,因为真理是无意的。

★对福德都不能贪

"须菩提!若菩萨以满恒河沙等世界七宝布施;若复有人知一切法无我,得成于忍,此菩萨胜前菩萨所得功德。须菩提!以诸菩萨不受福德故。"须菩提白佛言:"世尊!云何菩萨不受福德?""须菩提!菩萨所作福德,不应贪著,是故说不受福德。"

——《不受不贪分第二十八品》

"须菩提,假如菩萨用装满恒河的沙粒那么多的世界七宝用来布施;假如又有人懂得一切法都是无自我相状的,而得以生成无生法忍的境界。那么后者所得的功德要比前者的多。"

"这是什么原因呢?""因为诸位菩萨都不接受福德。"须菩提对佛说:"世尊,为什么菩萨不受福德?""须菩提,菩萨所作福德就是要无形相,不执著,当然不应贪恋福德,所以说菩萨不受福德。"

既然法不断灭,那是不是应该说有呢?或者说应该执着于有呢?

佛祖接着说道:菩萨布施,如果把多如整个恒河沙数量的世界里七宝珍品都拿来去布施,得到的福德应该是很多的,这还是从人间所谓的因果律来说的。但是,如果有人真正明白了佛法或者一切法都是无我的,都是自然而然的,强求不得的,并且因此而成就了无生的法忍,不再生起任何心念,那么,他所得到的福德要比那位布施的菩萨所得到的多得多。

为什么呢?因为真正的菩萨是不追求福德的,他知道那所谓的福德都是有限的,有遗憾的,所以也就不再去贪婪了。

菩萨的实质,就是于法不信于相,布施而不求福报,所以任何福报对于他们来说是没有任何意义的。说他们得福德多,也只是世人眼中的事情。也就是说,一旦心里有那福德的想法,也就只能是一个世间的凡夫俗子而已。

要想成为一个菩萨,首先就不应该执着于任何福德的妄想,所以也就没有什么福德

好接受的了。一旦执着于什么福德，无论是布施的功德，或者是无生法忍的功德，稍加贪婪，也就不是菩萨了。

★一切随缘，自然而然

"须菩提，若人言：'如来若来若去，若坐若卧。'是人不解我所说义。何以故？如来者，无所从来，亦无所去，故名如来。"

——《威仪寂静分第二十九》

"须菩提，如果有人说：'如来佛有来的地方，有去的地方，有坐相，有卧相。'这样的人不理解我所讲说的妙义。为什么呢？如来的意思，就是没有来的地方，也没有去的地方，所以才叫作如来佛。"

如来的意思，从字面上解，这如字有若的意思，好象是来了。既然有来，也就一定有去；有了去来，便可以再设想有那坐卧行住了。那与一般的人也就没有什么两样了。

如果照这样的理解，那只是凡夫俗子的眼光和境界，因为他们也只能这样去理解事物。但从佛的角度来说，他们也就没有真正地理解佛祖的意思。

为什么呢？如来的真正意思，就是无所从来，无所从去，自然而然，不假人为，所以才叫作如来。这又是从那佛的角度来认识的。

菩萨

没有什么分别，的确又无法分别。本来就是这个样子，也不需要去解剖分析，去言语辩论。说寂静不移，只是说自己的心里没有任何分别，一切都随着宇宙的规律做就是了。到了那个时候，就连随着也是自然而然的，没有任何分别或者选择的。

照我们现在的理解，那宇宙的确是永恒无限的，其中的奥妙也的确不是我们人类能

够认识的。然而，宇宙的运行却又一定是遵循着一定的规律进行的。真正的修道，就是修入这种规律，与之成为一体而不加分别，便能够得到永恒与涅槃，也就是如来。

★ 真正的事物是不可言说的

"须菩提！若善男子、善女人，以三千大千世界碎为微尘，于意云何？是微尘众宁为多不？""甚多，世尊！何以故？若是微尘众实有者，佛则不说是微尘众，所以者何？佛说：微尘众，即非微尘众，是名微尘众。世尊！如来所说三千大千世界，则非世界，是名世界。何以故？若世界实有，则是一合相。如来说：一合相，则非一合相，是名一合相。须菩提！一合相者，则是不可说，但凡夫之人贪著其事。"

——《一合理相分第三十品》

"须菩提，假如有善男善女把三千大千世界粉碎为微尘，你想一想，这么多的微尘，难道还不多吗？"须菩提回答说："很多，世尊。""什么原因？""如果真有那么多微尘，佛就不会说微尘多了。""那是什么道理呢？""佛说微尘多，就是非微尘多，只是叫作微尘多，世尊。""所以我说三千大千世界，也就是非世界，是称作世界。"

"这是为什么呢？""如果真有世界的话，那么世界就不过是一个物质的集合体。我说的一个物质集合体，也即一个非物质集合体，只是叫作一个物质集合体。须菩提，所谓一个物质集合体的意思，是无法用言语理解的，可是凡人却硬要执着地去认识研究这个物质集合体。"

说过如来之后，还怕听众再执着于这样的理解，所以还要随即破除。

如果把那三千大千世界粉碎成为微小的尘粒，那微尘的确是多得多了。但是，如果这些微尘是真实就有的，那么如来佛则不说它是微尘众多。原因是什么呢？

因为佛如果用语言说出来的微尘众多，就不是真正的微尘众多，只不过是一种名词概念上的微尘众多而已。因为说出来的，就绝对不是那真正的事物了。这就是古人为什么会说"言语道断""张口必错"的道理了。

依此类推，如来佛所讲说的三千大千世界，也不是那个真正的三千大千世界，只不过是一个名词概念上的三千大千世界罢了。也就是说，真正的三千大千世界，是无法用语

言来表达或者说明的。

因为如果那三千大千世界是真实不虚的，那么就一定会是一种整体结构，没有办法分析解剖的，就叫作一合相。如来佛如果要用语言来描述这个一合相，那就不是真正的一合相了，只不过是一个名词概念上的一合相而已。

人们所认识到的事物，首先是由外在的感觉器官加以收集信息，再传给大脑神经中枢；中枢给出指令，运用语言参照进行分析、解剖、判断等一系列的抽象活动，最后才能够得到一个抽象的认识，形成一个新的概念。

这一活动，就是我们的心相思维活动，决不等于那个一合相的真正实际。而那个真正的实际上的一合相，的确是不可以用言语来讲解说明的。但是那些凡夫俗子们却喜爱你去给他们讲说分明，而且要把你所讲说的贪婪起来，执着下去。所以，这如来佛所讲说的有限的东西，却又成了众生成道的真正障碍了。

再依此类推，那个所谓的如来，也是不应该贪婪和执着的。因为佛祖用语言所讲述出来的，就不是真正的如来佛，是不能执着的。因为真正的事物是不可以言说的。

★ 教条主义要不得

"须菩提！若人言：佛说我见、人见、众生见、寿者见。须菩提！于意云何？是人解我说义不？""不也，世尊！是人不解如来所说义。何以故？世尊说：我见、人见、众生见、寿者见，即非我见、人见、众生见、寿者见，是名我见、人见、众生见、寿者见。""须菩提！发阿耨多罗三藐三菩提心者，于一切法，应如是知，如是见，如是信解，不生法相。须菩提！所言法相者，如来说即非法相，是名法相。"

——《知见不生分第三十一品》

"须菩提，假如有人说佛说过自我、他人、众生、寿者的道理。那么你想一想，此人理解了我所说的佛的义理了没有？""没有，世尊。此人没有理解佛所说的义理。"

"为什么呢？""因为世尊您所说的自我、他人、众生、寿者的道理，也即非自我、他人、众生、寿者的道理，所以叫作自我、他人、众生、寿者的道理。""须菩提，想要生成至高无上、大彻大悟大智慧的人，对一切佛法，都应当如此去认识，去理解，即不执着于佛法的相

状。须菩提,我所讲的佛法相状,也即非佛法相状,只是称作佛法相状。"

既然佛祖说的如来都不是真实的,那么他所说的人、我、众生与寿者等四种见解是不是真实的呢? 这自然也会成为当时听众的心理活动,也就是说,佛祖必须解决这个疑惑。

于是,他问须菩提说:依照前边所说的类推下来,有人说佛祖说过我的见解、人的见解、众生的见解和寿者的见解,这个人理解不理解佛祖的真实意图呢?

须菩提回答说:这个人是不理解佛所说的意思的。因为佛用语言所说的一切,都不是那真实的事物,只是一个抽象的名词概念而已。那么,佛所说的四种见解,也就不是那真实的四种见解,所以才用一个名词上的四种见解来表现。

不仅如来的知见应该如此理解,就是那众生的四种知见也应该如此理解,对于一切法理也应该如此理解,如此认识,如此见解,如此信奉,不应该生起任何法理的形象概念。

因为人们所说的法相,如来说它就不是真正的法相,所以才叫作名词概念上的法相。当然,名词概念上的法相是不应该执着与贪婪的。

第二篇 《心经》智慧通解

导读

《心经》虽然是佛教的经典,可它流传至今,早已翻译成为世界各种文字,成为全世界共同的宝贵文化遗产。

《心经》是佛经里面最短的一部经,却是佛法里面智慧最高的一部经!般若经典浩繁,而《般若波罗蜜多心经》由浅入深地全部概括了般若经典的义理精要。六百部的《般若经》可以浓缩为一部《金刚经》五千字,五千字的《金刚经》可以浓缩为一部《心经》二百六十字。所以这一部《心经》就代表了六百卷的般若,是释迦牟尼佛法的精华,义无不尽。

般若,佛法之母;《心经》便是般若之母!《心经》的智慧超越了信仰和国界,无论你是谁,无论你遇到了什么烦恼和困难,《心经》都能够帮助你获得解决问题的方法和力量!

《心经》是生命沙漠中的一泓清泉!《心经》是人在旅途中的一位挚友!《心经》将给你带来吉祥,带来永恒的快乐!

让我们一起大声朗诵《心经》,让古老的经声梵呗,不再是寺庙的晨钟暮鼓,让尘世的人们沉浸在古老的智慧中也能够享受文明世界外的另外一种禅悦!

第一章　正思维：人的智慧由此产生

正思维＝智慧功德＝悟以性为本

学习体会——性以宽容为本

正思维是具有智慧的思考和意念。谁都想获得智慧,谁都想提高能力,因为有了智慧就有了一切,所以人们非常看重智慧。那么获得智慧的关键是什么呢? 要从何处入手呢? 大菩萨说,悟性是根本,就是说,若想获得智慧必须从悟性上下功夫。悟什么性呢? 性分两种:无性和有性。无性是高贵、文雅和美德;有性是低贱、粗俗和祸根。

1.无性——宽容。什么是宽容?

宽是宽宏大量,宽恕慈悲;容是容忍包含,心平气和而站得高看得远。宽容的范围包括柔顺、适度、果断、忍辱等。实行宽容的首要是柔顺。什么是柔顺? 温柔和顺。柔是柔和温情、善良可亲;顺是顺其自然、顺应客观规律。

2.有性——狭隘。什么是狭隘?

狭隘是心胸小、见识浅、易嗔怪、眼光短。狭隘的范围包括:暴躁、虚荣、武断、小气等。暴躁就是狭隘的典型特点。什么是暴躁? 暴是火暴粗糙、庸俗放肆;躁是急躁肤浅,难以安宁和难以心安理得。

什么是性? 性是心的思维活

正思维

动特征和表现方式。性的质量决定着智慧的大小多少。无性是生长智慧之母,有性是抵消智慧之障。

在中国著名的古典小说《西游记》中,菩提老祖(佛陀在世时的十大弟子之一须菩提)向美猴王问话说:"你姓什么?"美猴王说:"我无性。人若骂我,我也不恼;若打我,我也不嗔,只是赔个礼就罢,一生无性。"这一段打岔的对话,透露的是孙悟空的先天佛性根器,并告诉人们,无性是极其宝贵的智慧根源,修性,对于修行者来说,是至关重要的。猴王这番话,为其后来成为大智大勇、无所不能、神通广大的孙大圣埋下了伏笔。初看小说看热闹,深看小说看哲理,神话故事也不例外。

可见,无性是获得智慧的关键,是完善人生的最重要标准。无性之人一生平安,修炼能至无性时,必有大成。《西游记》里有句名言:"温柔天下去得,刚强寸步难移。"这句话也是赞美无性的。相反,有性就是人生之大敌,是修炼之大敌,暴躁给人们所带来的危害,可以说要多大就有多大,它可以造成无穷恶果而害己害人。

★像对待仇敌一样谴责自己

人海茫茫妖鬼呈祥,

容以为贵怒气成殃,

天伦之乐人人向往,

善恶有份自己酌量,

一旦得逞自己遭殃;

谁无琐事善事终祥,

海底捞月空亡一场。

——《谴》

解释题目《谴》:修行者应该像对待仇敌那样来谴责自身存在的有性和邪恶之念。

第一句人海茫茫妖鬼呈祥:人间是个大染缸,思想意识中的贪欲、嗔怪、痴情(即贪、嗔、痴)会时不时地充分进行自我表演,这种邪恶所呈现的泛滥现象,被妖魔鬼怪视之为吉祥。

第二句容以为贵怒气成殃：能容是贵人君子之风，易怒是下贱小人之相，炼容制怒、拓宽治怒，才能免除祸殃。

第三句天伦之乐人人向往：人们最向往的是全家和美。天伦之乐包括尊长、妻女、儿孙、兄弟，也包括菩萨与弟子、师父和徒弟等。行天伦之乐是人的天性和亲情所至。

第四句善恶有份自己酌量：非善即恶不能含糊，行者在体察自身的善恶中才能觉悟而获慧。

第五句一旦得逞自己遭殃：抑恶扬善、改恶从善和解除邪恶杂念等才是自救；否则，邪恶一旦得逞，或因邪念使人陷于野心膨胀等的险境，那都将是自毁江山。

第六句谁无琐事善事终祥：谁能以善为本，主动将闲杂琐事排除到身体意念之外，那就会招来吉祥。

第七句海底捞月空亡一场：否则，一旦邪恶得逞，那就等于异想天开地将水中的月影当作实有，而痴心去操作打捞，到头来，也只能落得个一无所获、抱恨终生、悔之晚矣。

从这首充满深情厚谊的经文中，不但使弟子领略到人间大爱，而且因心灵受到震撼，备感能接受佛祖伟大教诲，是多么的幸福和荣耀。盼星星盼月亮，众生企盼聆听到佛祖伟大法音的心愿已太久太久了，然而今天，庄严神圣的时刻突然竟应运从天而降，这个幸福的际遇属于广大众生，更属于那些追求真理的智者。

在中国，民间有一句这样的谚语："千日打柴一日焚。"这就是用一种生活现象，来比喻和形容人在修性的过程中，因火暴所导致的惊心动魄而毁于一旦的场面和严重情形。

修炼是从日常生活中一点一滴做起的，就像樵夫天天到山上去打柴一样，把千日里所打来的柴薪垛在一起，数量和体积已相当可观了，可以说是用辛勤劳动换来了显而易见的巨大成果，但一根火柴划着了，就可以引起大火，顷刻之间就能将硕大的柴火垛化为灰烬。这个火柴就是我们的暴躁，怒火就是有性的体现，可见有性的危害是多么的可怕。譬如一个小家庭经历了几十年的积累和经营，一旦被一把火将财产房屋付之一炬，那将是怎样一种令人心碎的情景。然而，心灵上的创伤、损害将更令人痛心疾首。

新中国成立以来首屈一指的，唐山健身疗养院院长刘大师，是全国著名的德高望重的一流养生气功大家，据报道，六十多岁时只因一场暴怒和气恼，在很短时间内就失散功能而撒手人寰，且震惊了气功界。这就是有性之火灭却人生慧命的一个例子。刘大师的情况有其特殊性，他本人善良，功夫比较强，也只因功夫好，再加上烦心恼怒，就等于火上浇油，其势更烈。所以说，越是修炼得好，悟性就更加至关重要；功夫越深，有性的危害就越大。

千日打柴犹如行善事，一日焚烧犹如作恶行；一个是千辛万苦，一个是毁于一旦。可见行善是多么艰难，而破坏善果是多么容易。所以，修身养性、闻过则喜才是人的美德，这个美德是需要虚心学习和自我细心培养才能成就的，宽容和柔顺，做起来虽然不容易，但难行而行才是难能可贵而益处无穷的。

无性之宽容是科学的正向思维习惯；反之，有性之狭隘是违背科学的邪向思维习惯。有性破坏心态，影响体态，许多病源来自有性而人不自知；还有些人不情愿通过自治去切断这个病源，而心中茫然或怨东怨西；甚至其中有人还只想帮别人改性、改毛病，实行"以其昏昏、使人昭昭"之术，造成天下大乱。真若如此做下去，必然会破坏"天下本无事"的人生秩序，从而不利于调整心态和解除病态，增进免疫力则无从谈起。

在人生中，修性是首要的，应该逆流而上不能躲闪。请看一首含义深远的菩萨之经文《逆》：

天塌下来也敢闯，东躲西藏无胆量，

站得高来看的远，不怕泥浆打身上。

如果我们能以此首经文作为指导思想去对付自身的有性，人生将自动步入美好的光明大道，从而真正领略菩萨大德的一番教导苦心，同时将体悟并尝试到佛陀教法的甘美甜头。

善是必有善报的，所以人们才追逐她；恶是必有恶报的，所以人们才摈弃它。"火烧功德林"就是形容那触目惊心、不堪设想、前功尽弃之恶果的，这一警世名言，是需要我们时刻牢记的。

菩萨大德还说过："生活之中有苦也有难，坎坷的道路用泥修。"

这个"泥"字是反映性情柔顺的形象化语言，也可以简单地解为"和稀泥"三个字。如果真能懂得并会运用这个泥字，人生一世的苦难至少能减半，因为这个"泥"字相当于"禅"和"空"字，也相当于宽容。所以说，如能真正掌握、运用一句佛经，往往也会因觉悟而达彼；只要能达彼，即使一时还当不上菩萨也无关紧要，先做一个菩萨的小学生、小弟子总还是可以的吧。（菩萨的弟子就像军队中的战士，有列兵、上等兵、下士、中士、上士五等）只要照"泥"字去修，就会自觉地顾全大局、收敛有性、抑恶扬善，而这些信息都会自动印记在自我生命本体之电脑磁盘上，这叫作苍天不负苦心人，这个苍天就是大自然之科学规律。

有人问证严菩萨说："我的脾气一直改不了怎么办？"菩萨说："脾气不好不但自己痛苦，也惹人讨厌。脾气好，不但自己快乐，也讨人喜欢。气质和修养的好坏，全看一个人的脾气，脾气不好，所有的修养都报销了。"

菩萨讲得特别透彻，也可以说，有性、脾气不好的根源在于缺少智慧而来自狭隘。俗话说：动辄发脾气、恶语相加，是无能的表现。能是能量，能量就是智慧。

《禅说》里讲过一个故事叫《天堂之门》：有一位将军向白隐禅师问道："真有天堂地狱吗？"禅师反问道："你是做什么的？"将军说："我是一名将军。"白隐禅师听了大笑一阵后说："是哪个笨蛋请你当将军的？你看来倒像个屠夫。"将军听了勃然大怒，边抽刀边怒吼："看我宰了你！"禅师即指向将军道："地狱之门由此打开！"将军猛然醒悟，扔了刀向禅师施礼道："实在对不起，请原谅我的失态。"白隐禅师指着跪在地下的将军道："天堂之门由此敞开！"将军顿觉豁然开朗，便连连叩头不止。

这个故事告诉人们，天堂地狱不在死后的将来，而是现在，善恶之门是随时开着的。狭隘、暴躁就是有性，它是人们自身最危险的大敌，其危害是无穷的。所以说：我们的仇敌，不是最恨我的人，不是我最恨的人，而恰恰是我们自身的"有性"。

★把拓宽心胸放在思想意念的首位

> 江水易挑，佛水难要，
> 云彩能踩，圣经难带；
> 做事心胸要宽，
> 看问题不要狭隘，
> 佛门大开。
>
> ——《迷》

解题《迷》：有了佛学水平，才能解开那些因凡俗见识而产生的迷惑。

一、江水易挑，佛水难要：江水喻此岸，佛水喻彼岸。就是说，人间的事容易求也好做到；而用佛学水平来修道、涅槃、达彼，是需要运用大智慧才能获取的。

二、云彩能踩，圣经难带：认识佛理提高自己，或是跟随菩萨老师进入佛门，都是可能

做得到;然而,若想把佛经理论悟得深透,并将其落实在自己的言行中,就比较难了。何谓圣经? 佛陀与众菩萨集体智慧的经文才能因圆满而神圣,合于道的真理方为神圣经典。

三、做事心胸要宽:唯有向胸怀宽广的人学习,在自己的言语行为中,时刻把拓宽心胸放在思想意念的首位,才算抓住了人生要点。

四、看问题不要狭隘:为了能站在高处从大局角度看问题,那就要多学习和留心多增长见识,以便能客观地看待自己和看待别人,久而久之,肚量便可慢慢增大,眼界也可慢慢地宽阔起来;总有一天,狭隘会被迫退出历史舞台。

五、佛门大开:一个人思想修炼得成熟时,佛家大道好似变得更宽敞了,这时,不但身入佛门了,而且思想觉悟也同时进入佛门之内了,此时才算是彻底脱离了门外汉的身份。

佛陀经文自然而然,直指人心,明明白白,令人痛快,真不愧是深入浅出的大文采和大手笔之佳作。第三句透露出无性的最大特点是宽容。第四句指明了有性的最大特点是狭隘,真理往往就是这样直白,不用遮也不用盖。

然而"江山易改禀性难移"。正因为难移,才要难移能移、难行能行、知难而进,这就是转烦恼为菩提,变阻力为动力的修悟。对于根除有性,人们往往有时还需要主动接受强制性的改造过程。

《西游记》里的孙悟空,虽然具备了基本上已达到无性的优点,但是继续彻底修性的任务仍然很严峻。只因还保留了一点野性,所以在菩提老祖那里学到了真本事后,孙行者便野心膨胀、目无王法、无法无天、大闹天宫而闯下大祸,因为他已经悟空了,所以具有很大能量,天兵天将也制服不了他,最后,天上的最高长官玉皇大帝,不得不恭敬地请出"悟空"的祖师如来佛,结果孙悟空被制伏后,压在了五行山底下的石匣中,一压就是五百年,野性也磨得差不多了,才允许他保护唐僧去西天取经。然而,秉性毕竟难移,孙行者在取经的路上,时不时在师父面前还要耍性子,作了恶事也不让师父说,受点委屈或听了逆耳之言就闹着要返回花果山。观音菩萨为了挽救孙悟空,授给了唐僧一顶金箍帽,骗得孙悟空戴上,只要念上"紧箍咒"孙行者便头痛难忍,这样才制服了他的野性,方肯死心塌地保护师父取经,又经历了十几年的千辛万苦和种种磨难,最后才功德圆满获得正果。当然,他们师徒之间也是在互相磨合中而共同得道的。

现在大家已经明了,虽然悟性是获得智能的关键,然而修性往往还需要带有强制性,为此,作为我们修行者,是否人人都该搞一顶金箍帽来戴戴呢? 否则又如何能达自治呢?

这顶帽当然用不着唐僧骗我们去戴,而应自己主动戴,这不是自我折磨,而是自己对自己提出严要求,自己给自己定个高标准,在吃苦忍辱方面狠下功夫,把有性修成无性,作为我们人生觉悟的第一根本、第一大事,这就是我们自制自戴金箍帽的所求目标,那些胸有大志者不妨试试这个办法。

大文豪托尔斯泰有句符合佛法的名言:"宽恕原谅别人是最好的养身之道。"

大作家高尔基也有句符合于佛法的名言,他说:"智慧的宝石,如果用谦虚镶边,就会更加灿烂夺目。"

以上两段作家的话都与修

修善念

性有关,也体现出他们的佛性程度。它反映了一个共性的问题,即凡是具备较高佛性者,必定同时也具备较高智慧;而凡是能对人类做出较大贡献者,他往往也必定具备较高佛性。如本书提及的几十位名人、伟人和科学家,都是属于上述那种情况的。有了佛性,才能在思想理论、学术著作和科学研究等方面取得显著的成果。佛性、智慧和成功是相通的,只要人们稍加思索,就不难发现这一事物的客观内在规律和其原理。

性情柔顺的人必能宽容,懂宽恕的人便可做大事,能做大事便识大体顾大局,才不会因小失大。而这种愚昧少、智慧多的善良美德正是源于性情的宽容柔顺。宽容柔顺就是无性,如果悟性达到宽容柔顺程度时,智慧便生生不息、源源不断,人的思想境界便会得到飞跃、升华、突变、质变。

台湾林新居先生曾讲过一个故事叫《慈悲与智慧》:

日本的白隐禅师,是位生活纯净的修行者,因此受到乡里居民的称颂,都认为他是个

国学智慧全书 心经

331

可敬的圣者。

有一对夫妇,在他住处附近开了一家食品店,家里有一个漂亮的女儿。不意间,夫妇俩发现女儿的肚子无缘无故地大起来。

这种见不得人的事,使得她的父母震怒异常!好端端的黄花闺女,竟做出不可告人的事。在父母的逼问下,她起初不肯招认那个人是谁,但经过一再苦逼之后,她终于吞吞吐吐说出"白隐"两字。

她的父母怒不可遏地去找白隐理论,但这位大师不置可否,只若无其事地答道:"就是这样吗?"

孩子生下来后,就被送给白隐。此时,他的名誉虽已扫地,但他不以为然,只是非常细心地照顾孩子——他向邻居乞求婴儿所需的奶水和其他用品,虽不免横遭白眼,或是冷嘲热讽,他总是处之泰然,仿佛他是受托抚养别人的孩子一般。

事隔一年后,这位没有结婚的妈妈,终于不忍心再欺瞒下去了。她老老实实地向父母吐露真情:孩子的生父是在鱼市工作的一名青年。她的父母立即将她带到白隐那里,向他道歉,请他原谅,并将孩子带回。

白隐仍然是淡然如水,他没有表示,也没有乘机教训他们;他只是在交回孩子的时候,轻声说道:"就是这样吗?"仿佛不曾发生过什么事;即使有,也只像微风吹过耳畔,霎时即逝。白隐超乎"忍辱"的德行,赢得了更多、更久的称颂。

想想我们所遇到的挫折或耻辱,比之白隐,又算得了什么?白隐泰然自若,淡然处世的情怀,真不愧为一代禅师!

"就是这样吗?"无数的干戈,都化成了片片的玉帛。

"就是这样吗?"短短的一句话里,蕴含了无限慈悲与智慧。

只要你细心留意就不难发现,许多伟人、名人,有学识、有修养、心地善良的人,几乎个个都是谦虚、和蔼、宽宏、柔顺、幽默、乐观而有风度。为什么会出现这种情况呢?究其根源而说到底,这还是受那些完美菩萨的有形和无形影响所致,而菩萨则是受观自在菩萨这位最高榜样的直接影响。以上道理对于那些善于思索的明眼人,是无须多加解释的。

國學智慧全書

禅宗智慧

332

★解开人生的迷惑,有窍门可寻

路遥遥,静悄悄,
江山本是众人造,
泥流河,风雨浇,
雾大把天空绕。
靠师父指,靠师父照,
一切事还得从头学,
悟得深来悟得高,
不要怕别人见笑,
心领神会万人学。

——《迷路窍》

解释标题《迷路窍》:对于人生,迷惑是必然的;然而,解除其迷惑之心路,也是有窍门可找的。

第一句路遥遥,静悄悄:人的生命年轮是漫长的,修行也是默默进行的,甚至是孤零零的,根本无法占尖取巧。

第二句江山本是众人造:修佛靠自悟自塑,佛家大业靠众人打造,每个人都要在群体中经受磨炼;江山喻功果、能量和佛学水平。

第三句泥流河,风雨浇:污染的社会环境,精神的压力、肉体的痛苦,使人生的危难加重。

第四句雾大把天空绕:迷惑和引诱弥漫于整个时空,并遮蔽了双眼。

第五句靠师父指靠师父照:怎么办呢？靠佛经指引,靠菩萨教导,靠老师和能者领路。

第六句一切事还得从头学:然后在灵魂深处的打磨上下功夫,进而领悟佛经的奥秘。头:即从善事做起,独善其身和善待他人。

第七句悟得深来悟得高:不能只从字面上和浅表层去解释经文,应举一反三、触类旁通,把经文全方位地悟透悟准而便于行在当下。

第八句不要怕别人见笑:有时候,有人会把以善为本、吃亏常在等行为,当傻子一样去看待而笑话修行人,有时识神也会对元神善念善行不以为然地讽刺和耻笑,但元神还是要坚持和珍视佛性的领先地位。

第九句心领神会万人学:等到学习佛学能达融会贯通、炉火纯青、运用自如而使人的整个气质达到突变时,人人都会拱手合十向你致敬、学习了。

经文的前四句是说迷路之状,后五句是说解决迷路之窍门所在和其美好前景。

因为道和真理的化身就是无价之宝,所以佛祖老人家的话语,才真是字字值千金,他老人家的经文,本来就句句是真理。一个人在修行中,如能坚持学悟当头、理论领先、言行一致,就能尝到学佛的甜头。假如对佛学道理领悟的不深不透,只是像"雨过地皮干"也似的粗知一二,那说明学佛学得还不到位。

另外,在"悟以性为本""智慧功德"和"正思维"中,忍辱是其中极其重要的内容。中国文字是世间最有学问和最讲究的思想语言表达工具,这个忍字的结构组合很生动形象而饱含深意。"忍"由两个字组成,上边是刃字,下边是个心字,刃同于刀,忍字就是在心上插了一把刀;心上插了刀,不但能承受住,而且有定力,就叫作忍,能忍辱才算得上是大丈夫。

性的最大特点就是难忍。佛经上有忍辱波罗蜜理论,意思是说能行忍辱,是到达彼岸的一个重要先决条件。作为全宇宙众生最高光辉榜样的佛陀,之所以能够成就为人天最高师,就某种意义来看,完全是佛陀能特别实行忍辱的结果。

有一个放下屠刀立地成佛的故事,是描写佛陀收伏、教育、感化恶人的典故,在法国著名的一行禅师笔下大致是这样写的:

有一个杀人狂名字叫央掘摩罗,杀了无数人且杀人不眨眼,有一次曾经杀了一百人。他武功非凡,曾一个人打退了四十个人的围攻,其中大部分都被他杀死,仅几名落荒而逃。还有一次,二十个武装警卫围捕他,最后也只侥幸逃生两个。如今央掘摩罗已来到城中,闹得人心惶惶、鸡犬不宁,街上很难看到有行人。佛陀听说后,天天照旧挨家化缘。一天佛陀正在大道上稳步行进,被杀人狂看到,从后面追了上来,边追边喊:僧人止住!佛陀一直徐徐前行,央掘摩罗终于追了上来,站在佛陀前面问道:"僧人,我叫你停住,为什么你不停下来?"佛说:"央掘摩罗,我很久以前已停下来了,是你自己没有停下。"佛陀异常的回答使央掘摩罗愣住了。

佛陀面对他,将目光射入他的眼里,央掘摩罗从未遇到过一个人眼里散放着如此安详自在的光芒。平时所有见到央的人都会大惊失色、慌忙逃走,为何僧人一点没有惧怕?佛陀的眼神就像望着一个朋友或兄弟那般,并把自己当作正正常常值得尊重的人。他问明了确实是佛陀后便说:"真可惜我没有早些遇上你,我现在已在毁灭之途上走得太远,来不及回头了。"

安详的佛陀

佛说:"不,央掘摩罗,做善行是永远不言迟的。"

"我可以做什么善行?"

佛说:"停止在憎恨和暴力的路上走,便是最伟大的善行了。央掘摩罗,大海虽无涯,回头却是岸啊。"

"乔达摩,就是我想这样做,现在也回不了头。以我有过的暴行,今后有谁还会让我安宁过活呢?"

佛陀握着他的手说:"我了解你以前的遭遇和所经历的痛苦,如果你立愿放弃心中的嗔怒而一心修行大道,我一定会保护你,你无疑是个智者,我肯定你在大道的证悟上,必可成就。"

于是,央掘摩罗跪在佛面前,把背上的剑除下放在地上,俯伏在佛的脚下。他双手掩面啜泣起来。良久,他望上来说道:"我誓愿放弃恶行,我会追随你学习慈悲,求你接纳我为徒吧。"

皈依佛门后,大家都称他为"不害。"

有一天不害尊者从外面乞食回来,满身鲜血,几乎不能步行。原来他被人在乞食时认出,便被围殴。不害完全没有还击,反而合掌如莲,由他们发泄心头之愤。最后被殴至吐血。

佛陀知道后说:"你今天所受之痛苦,可以使你以往的痛苦涤除。在觉查中忍受痛

335

苦,可以抹掉千世的嗔恶。"

还有一次,不害遇上一个分娩妇女,难产很痛苦,不害吓坏了,回来找佛陀。

佛说:"跑回去告诉她说:太太,自出生以来,我都从未蓄意伤害过任何的生命。凭此功德,我祝愿你和孩子都能平安。"

不害抗议道:"如果我这样说,便犯了妄语。我事实上是伤害过无数生命的。"

佛说:"那么你就告诉她,太太,自我生于正法后,我便没有蓄意伤害过任何生命,凭此功德,我祝愿你和你的孩子平安。"

不害跑回林中对妇人说了这番话,不到几分钟,那妇人便平安的生了孩儿。

这个故事讲述了佛陀用慈悲、智慧和定力,挽救了一个杀人狂的经过。佛陀的高尚品格和完善功德是教育人感化人的强大动力,佛法的伟大是多么的令人信服而又多么不可思议。这个故事对于忍辱和悟己等美德也做了生动的描述。

从以上故事中可以反映出,哪里最艰难、最危险,佛陀便出现在哪里,任何疑难问题都可以迎刃而解。无数铁的事实证明,追随佛陀的每个弟子,只要你有决心、能放下身段、肯按佛陀教导去做,佛陀便保证你能觉悟得道,成为罗汉、菩萨也没问题,许多类似的事实,都展示了佛的现身说法、佛法无边的无比威力和魅力。佛陀在人间传播佛法的49年中,用慈悲和心血培养出了千万个觉悟而得道的人,同时在世间留下了无数可歌可泣的生动感人故事,还为全人类奉献出无比亲切的关爱和至高无上的神圣经典。

佛陀身教重于言教,身教和言教有机并用。佛家无戏言,说得到做得到,跟随佛陀信心无比、幸福无比,佛法为人们开创了一条离苦得乐的光明大道。佛能包容一切,宇宙众生都在佛陀的心上。我们几乎全都比不害的自身条件优越,不害能做到的,我们也应该能做得到。

一位菩萨在经文《引》中教导说:

人间善事都是佛祖教导所致,

要想修炼有成,必须笃信佛祖教诲,

勤于修炼,心诚志坚。

为什么说人间善事都是由佛祖教导的呢? 理由大致有三:

1.佛陀大彻大悟后,亲自证实了一个平凡而伟大的真理,即大道的本质就是一个字"善"。可以说佛陀在人间讲了四十九年的善法,从各个不同角度将"善道"宣说得淋漓尽致。

2.总结了人类和佛家有史以来的善道理论,并将其升华为可以遵循的神圣经典,这是前无古人后无来者(到目前为止)的伟大壮举。两千五百多年来,圣典在影响和教育着全人类。

3.是佛陀完善了人类的道德标准,即八功德理论,并以自身大慈大悲的行为现身说法,为宇宙众生树立了一个可以学习的光辉榜样。佛陀在世时,首次提出了"孝为百善之首"的理论,为人类建立了生动的道德规范。

菩萨大德又说要笃信佛祖教诲。笃信就是忠实诚恳地信赖,一心一意地去实践,只有这样不间断地学悟佛经,才能在心中扎下道根而成就大道。

佛陀来到人间,从某种意义来看,也可以说是为善而来、完善而去:一是将自己的修悟达到至善——大彻大悟;二是将善道变成神圣经典——普度众生。使自己达到尽善尽美;使众生得到慈悲拯救。这就是佛陀来到人间的两大宏愿。

以上是菩萨大德给予我们的宝贵启示和指引。下面,让我们怀着诚挚的心情,拜读一下佛陀他老人家的圣经妙语《如来如去》:

你做经,我念经,

念来念去把经行;

谁为长,谁为兄,

分不出大小悟不清。

经文里面有奥秘,

易解做起来可不容易,

你们大家慢慢悟,

先学小步后放行。

解释标题《如来如去》:运用自如、了如指掌的意思。

第一句你做经,我念经:你是指心、元神,我是指体、识神;心是主、体是仆;人可以分为两个部分:心态、体态。

你做经:以佛性来当家的心,负责主持制定思想原则——做经。

我念经:为了理解执行心神这个主人的指令,我(肉体)作为仆人,要念念不忘主人的意图,按原则办事——念经。

第二句念来念去把经行:要想身体力行地去做善事,非得心体高度合一不可。只有经历了对佛理的反复学、反复用、反复实践、反复体悟的过程,才能获得一个循序渐进的

第三句谁为长,谁为兄:假如分不清谁是主、谁是仆,谁是君、谁是臣,谁是兄、谁是弟,那就等于不识数了,有些人长进慢的症结就在此,君臣轮流坐庄怎么行呢?

第四句分不出大小悟不清:没有合理的名分和大小次序,则思想中可能出现二神互相争斗或推诿的现象,进而将会导致行为的混乱,那将如何是好?

第五句经文里面有奥秘:别急,佛法专能医治这种毛病,经文的教导已一清二楚,准能帮你分清大小主次;人心虽多变,佛法却无边,如能找到解决思想问题的窍门和秘诀,那就是悟性得以提高的过程。

第六句易解做起来可不容易:佛学理论并不太难懂,实施起来难度却不小,这就是'理可顿悟,事需渐修'的道理。

第七句你们大家慢慢悟:修悟佛法应体现、落实在生活和工作的一言一行上,运用锲而不舍的精神是非常必要的。

第八句先学小步后放行:可不要幻想一口吃个胖子、一锹挖口井,急于求成则欲速不达;踏踏实实地注重积累经验,却反而能助长觉悟的进程。

经文前四句主要讲了学悟佛法的要领:主次分明。

经文后四句主要讲了学悟佛法的窍门:重在实践。这首《如来如去》的精彩佛理,为我们正确领悟八正道(八功德),指明了方向;修身养性是永远的人生主题和主要矛盾。一般地来说,肉体欲望多,而心神无所求,人的思想斗争,往往从二者的不同认识中而产生。这个问题,我们还要在后面进行步步深化地探讨。

英国《大不列颠百科全书》中记载:"佛法的可信,是因为从佛陀时代直至如今,一直有佛弟子以亲身修行体验,证明着佛经的正确。"可见这个百科全书具有极强的透视能力和权威性。

中国现代科学家尤智表说:"佛教不但不是迷信,而且是破除迷信最彻底的学理。佛教不是神道设教,不是精神痛苦时的麻醉剂,乃是宇宙人生的真理,处世接物的实用之学。佛教是理智的、平等的、自由的、客观的、彻底的、积极的、入世的、实用的宗教。"

在马克思眼里,佛学就如同哲学。他说:"宗教是整个世界的总理论,它是包罗万象的。"

英国著名学者克里说:"佛教所开示的法,是一种心与意共同满足的思想法规,她所包含内容的广大与深奥确实是无与伦比的。"

能量统治宇宙,智慧统治人类,这是历史和大自然规律的趋向。人们若想获取智慧之功德,就得学用正向思维方式,搞好心性的修悟,使之能达宽容柔顺;这样做,就会自觉地以佛陀为最高榜样,也才会平安进入佛陀指引的正确觉悟轨道,并有希望成为一个觉者,这难道不是人人梦寐以求的理想目标吗?

第二章　正语:人生立足的关键一环

正语＝不疲倦功德＝道以根为本

学习体会:根以悟己为本

正语就是说好话、说话有理;说好话而戒说坏话、恶语,是行者时时处处、天天月月、年年岁岁都要一直不知疲倦地坚持做下去的事,因为这样就可以获得功德(美德),所以又叫作不疲倦功德;语言不正、说话无理是永远要禁忌的佛家戒律。那么,正语要靠什么来支撑呢? 我们菩萨老师的"道以根为本"正好抓住了要害,一针见血地指出:修道要以扎根为根本,不能做一个无根之苗,那种根底浅的树苗是长不成大树的。那么,扎道根的关键又是什么呢? 言下之意就是悟己——修悟自己。

★ 人的根底在修道

悟己根生,失而难得,

得而悟徒,言而失约。

功法无量,悟岐生悔,

悟明得道。

——《根》

解释题目《根》:根基,根深树大能成材;人的根底在修道。

1.悟己根生:自己觉悟自己,自己解剖自己,才能扎下道根而高瞻远瞩。

2.失而难得:失去了这个悟己的原则,难以获得智慧和进步,难以扎根。

3.得而悟徒:假如从其他方面得了什么别的东西,那也肯定是徒劳无益的。

4.言而失约:这就叫作失去了佛法的约束,偏离了正道。

5.功法无量：修悟自己是无止境的,而那无边之佛法若能运用得好,修行者究竟会达到功德圆满。

6.悟岐生悔：侧重悟别人、修正别人或修悟方式有误,就会走入歧途而导致悔恨和懊恼。

7.悟明得道：只要坚持永远以悟己为重点的大方向、且方法对头,是可以觉悟、得道而成佛的。这是此段经文传授的天机秘诀。

以上提示仅供参考,一切经文都需要经过自我解悟的过程,将悟、道、行三者并用,这样做,对于深入理解佛法是非常必要的。

以上这首经文不论从她的思想高境界、结构的干练、语言的优美、韵律的通达等方面看,都已达到至高禅境,同时显示出佛陀教法的无比光辉。事实上,众多的佛、菩萨、罗汉以及众弟子,就像众星捧月一样地紧紧围绕在佛祖身边,同心同德地在经营着关爱一切众生的佛家大业。书中百十首佛菩萨经文,充分生动地证明了这一点。

许多人常常自觉不自觉地习惯于念念不忘别人的毛病,不习惯悟自己的毛病,而悟人又必定会产生怨气,如怨妻子怎么怎么不温柔啊! 不能按照古训去做到夫唱妇随呀;反过来女人埋怨丈夫:怎么不体贴、不宽宏、没能耐无真本事呀! 或怨儿女不争气、不刻苦、不孝顺! 或怨亲朋不懂事、不够意思、不能善解人意等。诸如此类不胜枚举,如果就是一个劲儿的看别人的不是、毛病,这就叫作悟人不悟己,这是人生和修行之大敌。这也叫作怨字当头,有怨必有求,二者不可分,怨求当家便可以导致人生无数烦恼的产生,这样一来,失去修悟自己,心性便无法端正。

修修炼炼应无求,

正语

苦苦折磨几时休，

人间的情债何时了？

渡过大河小河流。

学习经文用实处，

一心向上才有头。

——《化》

解题《化》：弟子走投无路，幸亏佛陀点化。

一、修修炼炼应无求：修炼的目的是消除怨求心，否则修炼难免流于形式。

二、苦苦折磨几时休：有了患得患失的怨愁，将饱受苦痛、备受折磨而永无宁日。

三、人间的情债何时了：在人情、亲情方面，不要小肚鸡肠地被情感所纠缠；如果语言、行为、意念再出差错，就又造了恶因，那将负债累累而无了期啦！

四、渡过大河小河流：大小挫折交替出现，那可怎么得了？

五、学习经文用实处：唯一补救的办法是，应用经文来指导实践，增加悟己的本事。

六、一心向上才有头：能自强不息、乐观向上、好自为之，且不动摇、不泄气，就能有希望了。

谁能得到佛陀的点拨，哪怕是一针见血，甚至是当头一棒，那才是幸福到家了，令人眼馋、羡慕。那个被批评过的弟子，据说他果然没辜负佛陀的一片慈爱，欣然领受了佛所给予的动力，痛改前非地跟了上去。说起来也怪，凡是受过佛陀点化或训诫的人，都有一种回去后偷偷乐和深深被打动的感觉，越是被严格训斥过的人，改过后其出息越大，这已经成为弟子们见怪不怪的殊胜现象。在运用开导典型启发大家的特别手法中，体现出了佛陀得心应手的伟大思想工作艺术匠心。这正是：大医医身更医心，名不虚传令人钦。

那么，下面出一道思考题：即什么是心正？如果按人们正常思维方式，对这道题可以做如下回答：心正就是正派、正直、心向正义和真理，它的反义词是心邪等等。如此解释心正，应该说大致上是对的。但若用高标准衡量、细细品味所答，还是会感觉到答案有点空洞、呆板而缺乏生动活泼，没能一针见血地抓住其要害。

如来佛曾在一首经文中一语破的地说道："心正悟己多，空静无邪念，太乙参天坐。"

"心正悟己多"是心的正确思维方式。"空静无邪念"是创造养心的最佳环境。"太乙参天坐"（太乙同太极），是说把自身融入宇宙阴阳之和合中；就如中国一位大政治家在美国讲演中所说的"天人合一"一样，这四个字体现了科学和佛学的高度统一。

心正悟己多，反过来可以说心邪悟人多。心正不正，修悟方式对不对，只看悟己还是悟人，悟己多就是心正，悟人多就是心不正，这是自修、自悟、自磨、自炼的试金石和分水岭。

有一位菩萨老师则更明白地说道："办事要心正，说话要温情。"一句话就形象地道明了佛陀教法重点，这也是我们所应该拥有的人生基本原则。

★ 自修自炼，不要靠别人帮助

佛开道，佛光照，

自修自悟天天叫，

自身的病何时了？

解剖自己先洗澡；

佛经能理解，

自己把毛病找，

自修自悟站得高。

——《自弊自利》

解释标题：《自弊自利》：学佛经修身养性，有时也会遇到阻碍，佛陀大讲利弊之间的利害关系而相机说法，一下子起到让人惊醒和引起重视的作用，从而唤起行者抓紧自修自炼的紧迫感。

第一句佛开道，佛光照：经常用佛的教导开辟前进道路，经常用佛法的光辉照射心灵，这是利。

第二句自修自悟天天叫：嘴里高喊自己修悟自己，却又不见诸于行动，这是弊。

第三句自身的病何时了：常常着急自己的毛病要尽快改掉的这根弦，如能时时绷紧，这是利。对自身毛病无动于衷，不知要推到猴年马月才能改，这是弊。

第四句解剖自己先洗澡：能自我解剖摘除毒瘤，能随时洗涤自我心灵中的污垢才是利。

第五句佛经能理解：能深入理解佛法是利，如果理解得肤浅则是弊。

第六句自己把毛病找：自己能察觉出自己的毛病而又能闻过则喜，这是利。

第七句自修自悟站得高：通过自学自修、自磨自炼、自剖自悟，才能逐步达到修悟的高水准而获大利。

下面一首经文请行者自解。

《自弊自利》之二：

山有高矮站得牢，

人要有自尊不能随风倒，

这山望着那山高，

什么事情也办不好，

做什么事情都要把困难找，

困难过后悟明了，

自己的问题自己找，

靠别人帮助硕果不高。

如来佛这首《自弊自利》的上下篇非常感人，不仅能触动灵魂，而且很适用，也很管用。经文中，佛陀那自由流畅、明晰简捷的话语，就像一首奇妙警钟之乐章，阵阵回荡在心灵深处，让人恒久不忘。

在家庭中（或幼儿园、学校等）也有悟人还是悟己的问题，教育方式的高明与不高明，其效果是立竿见影的，悟己多，引导儿童的办法就多；悟己少，引导儿童的办法就少，还容易产生简单粗暴。

下面还是以家庭为例，谈谈儿童教育问题。家长教导孩子的水平，大致可分成四个等级：

一等：领着走、交朋友、身教重于言教、爱心当头。

二等：讲道理、把手教、操碎心、喊破喉。

三等：打骂时常有、嗔怪训斥、只抓鸡毛蒜皮之小事、大人原形毕露。

四等：不理不睬、总给脸子看、等于将自身毛病对孩子全面传授等。

孩子就是一面镜子，许多人有了孩子后，爱心大增，心灵互相沟通，学习兴趣大增，与儿童相生相长，能在照镜子中觉悟自己、调整自己，人生越来越快活，思想越来越进步、越纯净。这都是因为悟己多而得到的益处。不悟己就无法教育人。

佛说："凡事莫替古人忧，空无解忧愁。"这是教导我们不可瞎操心，如把注意力都放

在妻子儿女别人身上,说起别人头头是道、振振有词,就会忽视以身教去代言教,忘记了净化自身,忘记了心正悟己的大方向。岂知,喜欢悟别人、擅长修正别人,采用"以其昏昏,使人昭昭"之术,往往是事与愿违帮倒忙。

下面请欣赏一副对联:

上联:怨东怨西怨南怨北怨上怨下怨天尤人,怨来怨去原来是自戕不自强;

下联:悟修悟炼悟磨悟塑悟道悟空悟己生根,悟来悟去方知是自悟不自误。

上联是说,怨字是自己伤害自己。

下联是说,悟字是自己拯救自己。

对联种类很多,这副对联不是字与字的相反相对,也不是字与字的意思相对应,而是注重两个大方面的对应。上联的九个怨字是强调在外界客观上找原因、推卸责任。下联九个悟字是强调在主观的内心世界找原因而抓根本。上下各联的前二十个字,是揭示两种对立修悟方式的不同方法和宗旨。

上下联的后八个字,是显示修行者醒悟的结果。

原来是自戕不自强:是说,人生在苦海中受苦的主要责任,是因为有怨求没走入正道而自己害了自己,否则谁也伤害不了你。

方知是自悟不自误:是说,一旦悟明白了,才能彻底觉醒和明了自强不息的重要与宝贵。否则还会误以为悟不悟都差不多,甚至以为不学无术也蛮不错嘛!悟己就是觉悟自己,按佛学道理的高标准要求自己而醒悟自我、拓宽自我、激励自我、拯救自我、解脱自我、塑造自我、超越自我。

其实学不学、悟不悟、善不善等,从人生真义来看,二者是大相径庭的,不可不察。

下面的一首偈子《参》,请读者按上述意思给予解释:

最狠凡夫心,唯我打倒我;

无毒不丈夫,人佛我非佛。

凡夫有时不但对别人狠毒,对自己自甘放弃地摧残起来更为狠毒,直到把自己打倒,否则谁能打倒你呢?"毒"是以毒攻自毒吧。

一位罗汉尊者曾说:"人人皆佛我非佛。"意思是说:人人都可觉悟成佛,而我没觉悟不能成佛。这句经文教导我们要懂得"笑人如笑己、笑人不如人"的人生原理,教导我们对人要高看一眼而尊重别人。

这位罗汉大德还说:"人过、必过、恕过",大致意思是说:人必有过,我必改过,必恕人

过。这也是罗汉尊者在教我们做人的道理,也可以说是从另一个角度帮助我们修悟佛陀八正道的伟大教法。

总之,要想扎下道根,觉悟自己和修悟自己是人生首要的、关键的、长期不变的方针,所以佛陀在八功德理论中,用了一个生动形象的词语"不疲倦功德"。这一功德意味深长,这是人生自我修炼的尺子、永恒的准则。应该是:要一辈子说好话、做好事、当好人,就像雷锋那样。

释迦牟尼佛又想到,人们还会问,悟己从何处下手呢,关口在哪里呢? 佛陀在八正道中明确指示说:正语。简练准确的两个字抓住了问题的要害,再次体现佛的大智慧,同时告诫咱们众生,开口讲话要讲究善,要运用智慧。俗话说:病从口入,祸从口出。这句话反映出一种哲理,因为语言是心之苗,是思想意识的表露和反映。正像我们常说的,心灵美才能语言美,语言美也可以反过来促进和长养心灵之美。

★最聪明的是无智慧的人

舍利子! 是诸法空相,不生不灭,不垢不净,不增不减。是故空中无色,无受想行识,无眼耳鼻舌身意,无色声香味触法,无眼界,乃至无意识界;无无明,亦无无明尽,乃至无老死,亦无老死尽;无苦集灭道,无智亦无得。以无所得故。

——《心经》

"无智亦无得"是什么意思?

既然《般若心经》就是讲般若智慧的,怎么观音菩萨说着说着,就说"无智"了。为什么呢? 这就是般若不能翻译为智慧的原因了。般若说的是宇宙的本来面目,而宇宙本来面目是空,所以观音菩萨说成佛了并非有得,是无得,在这段话结束后,他又来一个最后总结"以无所得故",一切无所得,又怎么会有智慧可得呢? 无得之得是真得,无智之智,是真智慧,所以说"般若无智"。

"般若无智",用《金刚经》的话表达这种意思就是:佛说般若,即非般若,是名般若。

佛说的般若智慧,你不要认为就要去得到这种般若智慧,你不想得到才叫作般若智慧。佛教用指月为比喻,我说的话,就等于是我的手指,我竖起手指,是指示你看月亮的,月亮是真理的象征，如果你只看到我竖起的手指，却看不到月亮，那我竖起手指，还有什么意义呢？

"无智亦无得"的后面还有一句"亦无不得"，这样就使我们能够更好地理解。意思就是，如果觉悟了一切皆空，一切皆无所得，你就一切都能够得到。所以说"般若无智"，也就是般若具有一切智，一切存在的现象无处不是它的智慧的体现。但是，如果你要是认为智慧是一个具体的东西，就仅仅是看见佛陀指月的手指，而没有看到月亮了。

众生对内执着自己的身体是实在的，所以因为贪爱就会产生烦恼障。对外因为执着外在一切存在的现象都

摆脱智障

是实在的，就会产生所知障。烦恼障又名惑障，即贪嗔痴等烦恼，能使众生流转于三界之生死，因而障碍涅槃之业，故名烦恼障。所知障又名智障，即众生有无明邪见，无明邪见能覆盖慧解，令不聪利，因而障碍菩提之业，故名所知障。

从所知障来看世间的知识，所谓世间的知识，无论是自然知识、社会知识、思维知识，都仅仅对宇宙万事万物某一方面的认识，它不能代表宇宙的真相，它们是零碎的、分割的，就像瞎子摸象，仅仅是认识象的某个部分。可世人以为就是看到事物的真相，错误地执着自己的见解，牢不可破，顽固不化，这就是所知障。

般若智慧就是要离开二障，所以不能用世间一般的知识与它相比。如果一定要给它命名，可以说为"无言之智"。

知识最高处就是"无知"，所以往往最傻的人往往是最聪明的人，当然这其中必须是没有一点鬼聪明。如中国禅宗六祖慧能是一字不识的睁眼瞎，却是中国历史上伟大的祖师。反过来，最聪明的人，也是认为自己什么智慧也没有的人。希腊第一位哲学家苏格拉底，出身贫苦，什么都懂，他说："你们把我看成有学问，真笑话！我什么都不懂。"释迦

牟尼他十九岁放弃了王位而出家修道,到了三十二岁开始传教,八十一岁才死,四十九年之间,他最后自己说:"我这四十九年中,没有讲过一个字,没有说过一句话。"真理是言语文字表达不出来的。

释迦牟尼说他一生都没有说法,可事实上《大藏经》我们一生也看不完,怎么说没有讲法呢? 他是要我们不要执着文字上知识,而是要去看到宇宙的真相。所以释迦牟尼的智慧,可以命名为"无言的智慧"。

孔子说过"知自无知"的话。《论语·子罕》:

"吾有知乎哉? 无知也。有鄙夫问于我,空空如也。我叩其两端而竭焉。"

孔子说:"我有知识吗? 其实我没有知识。即使有一个粗人来问我,我和他也是空对空,我本来就一无所知。我只是探询问题的两端,找到了问题的两个极端就能显示出事物的本质。"

一般人读到孔子这段话时,认为这是孔子谦虚,以为孔子所讲的"无知",是俗语说的"半罐水响叮当,满罐水不响。"这种理解不是没有道理。学问充实了以后,自己就谦虚。如果有个人表现出自己很有学问,不必考虑,这一定是"半罐水"。不过,我认为,孔子在这里不是谦虚,而是说到了出世的智慧。一般人看孔子总是他入世的比较多,其实入世的极致就是出世。孔子认为自己没有知识,空空如也,是他觉悟了世界空的本性。他后面说的"其两端"正是大乘佛教中道的理论,对于真空妙有的辩证看待。

用中道来看智慧,真正的智慧就是什么智慧也没有,什么智慧也没有就是真正的智慧。

谈到儒佛之间的比较,很多人认为儒家是入世的,这是它与佛教截然不同的地方。从上面分析,孔子没有谈到宇宙本体吗? 没有谈到心性吗? 实际上,出世是不离开入世的。孔子还说:"天何言哉? 四时行焉,百物生焉,天何言哉?"天说了什么吗? 天从来没有说什么,可是四季一样流逝,万物一样生长,天要说什么呢? 可是人却喜欢代天说话,而说上帝创造一切,这一点孔子是否定的。佛教般若也是从自性流出,并非从文字而得,所以反对心外觅佛,而主张即心即佛。孔子这里提出"无言之教",与"般若无智"颇为相似。

中国道家思想也有这种观点。《老子》以"无知无欲"教民,早已提出"涤除玄览"的认识原则;《周易》用"无思""无为"释"易",《庄子》为"无知"提出了重要的理论根据:"吾生也有涯而知也无涯,以有涯随无涯,殆已。已而为知者,殆而已矣。"

再说老子的"道可道,非常道;名可名,非常名"也是超越现实进入绝对宇宙本体的哲学理论,可以与般若不可言说的第一义谛相比。他说"为学日益,为道日损",可以与"般若无智",进入涅槃实相,必须超越文字,不是做学问能够做出来的。他说"不敢为天下先"也可与观音菩萨反观内省相比,保持中道,不走极端,才能回归自然。

这就是三教可以和谐共存的哲学基础,不明理的人,不能圆融。自然就有斗争。

《心经》说:

故知般若波罗蜜多,是大神咒,是大明咒,是无上咒,是无等等咒。

般若无智

能除一切苦,真实不虚。故说般若波罗蜜多咒,即说咒曰:揭谛揭谛,波罗揭谛,渡罗僧揭谛,菩提萨婆诃。

上文先说般若,说到最后说"般若无智"。"般若无智"是无言之教,不能用文字来解释,怎么办呢? 为了进一步进入这种"般若无智"的境界,观音菩萨就传授密咒给我们,密咒没有一个人知道是什么意思,只有佛和观音菩萨知道是什么意思。这是让众生通过持咒进入到"般若无智"的最高境界。密咒的文字,仅仅是译音,意义非常丰富,但是众生都不懂,真正的无言的智慧。观音菩萨告诉你:

我们要知道般若波罗蜜多本身就是神妙无穷的咒,是光明无比能破无明的咒,是至高无上的咒,是无法形容不可思议的咒。它能够消灭一切痛苦,真实不虚假。因此,我要说般若波罗蜜多咒,这咒就是:揭谛揭谛,波罗揭谛,波罗僧揭谛,菩提萨婆诃。

《心经》进入密说,密说是没有言语的,是说不出来的,所以观音菩萨说,你进入般若波罗蜜多境界,本身就是最大的密咒,没有任何文字和智慧可以解释的。这种境界,只有诸佛才懂,但是诸佛能懂的语言不是我们众生能懂的。于是观音菩萨就说了密咒,它就

是：

揭谛揭谛,波罗揭谛,波罗僧揭谛,菩提萨婆诃。

本经共有二百六十个字,最后三十一个字是密咒。咒语既然是诸佛的语言,那么众生就无法懂得。虽然,也有人从字面上进行试译,但不能代表咒语无限的意义。所以,唐朝玄奘大师译场立下规矩不翻译,其义有五。(一)咒语是佛的密语,只有佛明了,等觉以下菩萨均不知其义。(二)咒语每字每句均有无量义。研究大乘经时,知道显说的经文亦含无量义,法味无穷,久读不厌,何况如来神咒。(三)咒中有许多鬼神名号,佛呼唤鬼神令其保佑修行人,故咒中并不完全包括世间语言。(四)咒亦为诸佛的密语,如军中口令。诵咒无往不利,一定能得诸佛护念,龙天保佑。(五)诵咒蒙诸佛如来不可思议神力加持。有如此许多意义在其中,故玄奘大师以存其音不翻其义为准则。

密是深奥不可用世间文字来阐释的意思,所以只能让你去诵咒语,诵到一定程度后你就开悟了,然后你就自然明白了。所以,这个"密"不是观音菩萨想要留一手不告诉你,佛没有什么会保密,只要是能够利益众生的他都会给。所以不要理解为师傅教徒弟,最后要留一手不教。佛不是这样,因为无言的智慧,无法用世间语言来说明,他就告诉你去念咒。而且反复告诉你,佛不会欺骗你,不会说假话,你只要按照佛所说的去做,就一定能够成功。

★要口吐莲花,不要口吐毒蛇

鼓打锣响心开放,

有事无事勤上香,

希望你们把佛经从头看,

说话要有理,

办事要准,

小人恶人都要帮。

你们要学习师父心开放,

一切愁事不要心里藏,

遇到问题到佛经里找,

处理问题有方向，

你们说，我说的对不对？

——《望》

解释题目《望》：希望、指望、期望、愿望、丰收在望、殷切盼望等。

第一句鼓打锣响心开放：应大张旗鼓地学佛和修身养性，那是因为这样去做，能利己利人、利国利民，利于人类心灵的净化。

第二句有事无事勤上香：上香有两个含义：1、人与佛菩萨信息的沟通，2、坚定善行的信心，培养无私之美德。

第三句希望你们把佛经从头看：佛经只有反复用、深入学才能常学常新，在心中扎下根。

第四句说话要有理：这是正语的最佳注解，只有不偏激、不任性、不误导、说话负责任，才能达到语正育心正。对一些重要或原则问题，只要把话说到点子上、分寸适度、有理有据，哪怕是"劈头盖脑""一针见血""逆耳忠言"，也会迟早令人心服口服、受益无限、回味无穷。闻过则喜、思过则喜、悟过则喜、改过则喜，对修行者是多么的难能可贵啊，因为她会给人们的悟己根生带来动力。

第五句办事要准：对利于国泰民安、民族团结、工作学习和家庭和美等善事，如能运用智慧去做好，那才算办事准。

第六句小人恶人都要帮：如果自己心中缺乏善念，眼中的小人恶人就会增多，那么觉悟和帮助自己则成为首要；当然，帮助别人的同时，也是帮助和磨炼了自己。

第七句你们要学习师父心开放：老师常常是学生的榜样，菩萨往往是弟子和众生的榜样，他们的共同点是思想纯净没包袱，做任何事情都能拿得起放得下。

第八句一切愁事不要心里藏：向菩萨和师父学习，必定能开朗乐观、远离烦恼。

第九句遇到问题到佛经里找：熟读佛经，深悟佛理，如能活学活用佛经，那才是真正美的享受。

第十句处理问题有方向：佛经道理在心中扎了根时，处理问题必定能有理、有利、有节。

第十一句你们说，我说的对不对：佛的反问即亲切，又充满风趣，令人开窍。

这首经文既大气又生动，既殷切又具体，体现了佛陀一贯的完美风格和雄才伟略，这

国学智慧全书

心经

351

即是独树一帜的大彻大悟之特色。

星云大师说："待人以诚,对小人要礼貌。"这是从另一角度注释正语。讲话柔和委婉和幽默风趣等也属于正语的内容。

证严上人说："要口吐莲花,不要口吐毒蛇。"还教导说:"我们要学习佛陀不舍众生、爱护众生的慈悲心;须用心听法,将法用在日常生活中,化解烦恼,踏实自在地生活;多闻佛法,若无力行,只是空过人生。"以上是菩萨有感而发的,因而才能打动人心。

中国在两千多年前的"春秋"时代,有这样一个故事:住在当时鲁国的一个少年名字叫闵损,从小就过着饥寒辛酸的生活,因为幼时丧母,失去了慈母之爱,童年的生活很孤苦。父亲闵公后来给他找了个继母,生活才算有了改变,刚开始继母待闵损还好,等到她自己生了儿子后,情形却逐渐改变了,她只慈爱自己所生的骨肉,对闵损开始冷落了下来,处处看着都不顺眼。父亲在家时还好些,等父亲出门儿做生意离开家后,母亲对闵损便没有什么温暖,不但让他带看弟弟,而且把家中所有的脏活儿累活儿全叫他干。曾饱受苦难的孩子竟然懂事早,九岁的他不但乐意去干一切脏苦累活从无怨言,而且对待打骂也能逆来顺受,能以德报怨,对人讲话总是彬彬有礼;特别是对五岁的弟弟非常疼爱友好,处处关心而谦让弟弟,兄弟俩心心相印亲密无间。

这年冬天,父亲从远方做完生意归来,全家人欢欢喜喜得以团圆,闵损给父亲送上一碗热水,但因为身上发冷,两个手臂不由自主地哆哆嗦嗦抖个不停,碗中的水竟洒了一多半,母亲瞪了他一眼,赶紧告诉小儿子又奉上一碗。这种情形父亲看在眼里,心里不是滋味,骂闵损不长进、没出息。

饭后,父亲带上兄弟两个赶着马车去拉货,一路上迎着凛冽的寒风,闵损冻得身体缩成团,父亲看他穿着厚厚的棉衣,不觉火从心起,并斥责说:看看弟弟穿的比你少,也没有冻成你那样,看你怎么活像个冻死鬼脱生似的,太没出息啦!说着便顺手抽了闵损一鞭子,弟弟见状心疼哥哥,扑在哥哥身上,这第二鞭子便打在弟弟身上,闵损急忙推开弟弟,动了气的闵公第三鞭子打下去后,闵损的棉衣被打破了,突然从破洞处露出一些芦苇花洒了一车,父亲一看愣住了,刹那间他就已经明白过来:原来后娘竟如此狠心待儿子,气得当下掉了眼泪。

待到拉完货回到家里后,立即写了一纸休书,令其妻快快回返娘家!妻子吓得跪地磕头如捣蒜,盛怒的闵公只说:你心太狠了,是绝不可原谅的。看母亲头已磕破,闵损和弟弟慌忙地跪了下来。那时女人地位很低,一旦被夫家休了,这一生就算是完了,为此走

投无路而轻生寻短见的不在少数。

眼看丈夫不肯饶恕自己,妻子感到绝望了,这时闵损开口道:孩儿请父亲息怒,恳求您就饶了母亲这一回吧,家里是不能没有母亲的,没有母亲的家不像一个家,更何况"母在一子单,母去二子寒"。如果父亲不答应孩儿决不起来!说罢与弟弟叩头不止,这时闵公被儿子一番合乎情理的正语之言打动了,看了看几乎要昏倒的妻子,心肠软了下来,深深地叹了一口气说道:罢了,罢了,你们都下去吧。两个儿子赶紧扶起母亲,这时如梦方醒的母亲,激动地抱着两个儿子痛哭失声,她万万没有想到在这关键的时刻,大儿子竟然救了她一命。从此,被感化过来的母亲对大儿子又敬又爱,处处待他胜过的自己亲生儿子,弟弟对兄长更是敬重有加,从此闵公的家,成为一个和睦美满的家庭。

真是有志不在年高,一个少年闵损竟已具备了说话有理,忍辱负重和能严格修悟自己的美德,充分体现其宝贵的佛性,并给人们留下了深深的感动,难怪他后来竟然成为孔夫子的得意门徒之一。

正语、说话有理、重在悟己,与正思维、悟以性为本、忍辱负重等辩证思维的理论和实践,都是有紧密的内在联系和相反相成作用的。看下去你便会明了,整个八正道就是一个修炼悟道的全方位完美统一体。

★ 修口恶,舍弃口恶

1.修口恶,口恶可以造成一切后果。

2.舍,只有舍才能得。

3.要理解别人、原谅别人,看别人多看优点、少看缺点。

——《帆》

修口恶是正语的重要内容,口恶等于造恶因,迟早必定产生相应的恶果,口恶所引起的危害可以说要多大有多大,是不可忽视的。正语、说话有理、善待他人能积累宝贵的功德。否则心中遇不平就会嗔怪、失去理性。人若一旦失态就会出现口恶,把自身的狭隘、小气、暴躁、执着等毛病都表露出来,这样一来势必要伤人,反过来还要伤己,因为作用力等于反作用力。

舍,只有舍才能得。舍,首先要舍弃口恶,舍弃嗔怪,直到全部舍弃自身之无明。舍也是奉献,识大体、顾大局而胸怀宽广如大海才能实行舍。施舍包括财施,物施,法施、无畏施等。施舍的反义词是索取,施舍可获得佛性,索取可招至怨求。

怎样能舍弃口恶呢? 就是要善解人意,站在对方的角度,设身处地为别人着想,这样自然会发现对方长处,如能常常发现别人长处而能谅解对方的不足,这样做,在人的思维中完全都保存的是良性信息,而形成良性循环,这样做怎么会不进步呢? 人无完人,金无足赤,对任何人都不宜求全责备,包括对普通人和伟人都是一样。这三条做到了就等于在前进的路上扬起了觉悟的风帆,这样就达到了标题《帆》的作用和目的。

有人说,我发过火、骂过人就算完,并不记在心上,难道还有业因吗? 这要看你是否伤害了对方,也要看是否降低了自己,如果占了其中一条,就算有口恶。你能忘掉、不再计较或已做了道歉,这固然好,但所造之业因尚在,自我生命的电脑磁盘上也有记载,若想洗掉记录,就需要多做善事、修悟自己而以德补业才成。所以开口动舌都在正邪、美丑之中,求上进之人怎可不留意?

经文里又强调说:越出现问题时才能激励你修行。这句话的意思是说,要变烦恼为菩提是最理想的结果。能吸取教训,牢记前车之鉴,勇于翻然改进和迎着逆流而上,才是有雄才大略的修行者,自强不息的人往往是"有一失必有一得"的。眼界宽,看问题就容易客观和全面,不论是灾难、战争或"非典",都会有其因果来源,很多事要从全球、甚至整个宇宙的角度去看才成。

佛的经文、佛的理论、佛的指引是真正的人生普遍真理,是千年万代永远不变的宝贵指南。掌握了佛学,增添了智慧,才算有了完备的思想武装。

前印度总理尼赫鲁曾说:"在这个充满冲突与风波、仇恨与暴力的世界中,佛陀的教理就像太阳一样大放光芒。"

中国近代名人章太炎说:"佛教的理论,使上智人不能不信,佛教的戒律,使下愚人不能不信,通彻上下,这是最可贵的。"

章太炎先生还说:"佛法,与其称为宗教,不如称为哲学的实证者。"

看了这些名流、科学家对佛陀和佛教的认识及评语,总是能令人备感亲切和深受触动。因为在他们的心灵中,实在是拥有着足以令人感慨和羡慕的宝贵佛性。有些佛学道理在某种场合也许不宜宣讲,或一时也讲不清楚;但对于宇宙、人生之千古真理却是不可不知的。

第三章 正定：只有万缘放下，才能悟在当下

正定＝禅定功德＝修以心为本

学习体会：心以空静为本

很多人解释八正道时，将正定放在第八位，最后讲正定，并将正定解释为：一心专注，清静无漏，通过入定和住定的功行，达到人生最高境界等。应该说解得还是不错，可做学习参考。

太白金星菩萨认为禅定功德是专门讲修心的，正定是戒、定、慧三学的重要组成部分，所以把定学的"正定"排到八正道的第三位，因而突出了修心的重要性，从中体现了大菩萨的极高悟性和循循善诱的慈悲之心，目的在于引导众生要抓住"心"这个修行中的主要矛盾。这一良苦用心可以帮助我们更生动深入地理解八正道的内涵，使我们的学习和领悟更能准确无误地抓住要点而具有其科学性。

佛陀在《心经》里着重阐述了一个"空"的总理论，因为五蕴皆空，所以人的色身也具有空的性质。凡是有生有灭的事物都具有可变的空态性质，所以我空万事空反映了宇宙的本性特点，空是指空无自性，万事皆空也叫作一切有为法空，任何事物即一切法，都无独立的自性和个体，这就叫作空。正定是专门谈心空原理的，把万事皆空集中在"心"这个具体对象上，这样既抓了主要矛盾，也带动了对于万事万物皆空原理的深化理解。心只有达到空的境界，才能与宇宙之空得以沟通，心才能与客观自然规律的道完全吻合。心与道能吻合一致了就叫做得道，即到达彼岸了，也叫修成了正果。

禅宗六祖慧能修道多年，就是在心性修炼上下了大功夫而打下深厚基础的。师父弘忍发现他达到了一定层次，就单独为他开示讲解《金刚经》，特别详细讲解了"应无所住，而生其心"这句经文。师父的生动讲解正巧与慧能的悟性契机相撞而合，使得慧能顿悟了佛法，弘忍立即决定将衣钵传给他。

弘忍有徒弟数百名,可以说高徒云集,特别是还有久负盛名的首座大徒弟神秀,修炼水平很高。慧能当时地位很普通,也可以说很低,说白了他只是一名厨房后面的磨米工人。为什么他可以得到禅宗祖师的继承权呢? 不为别的,只因为慧能专注炼心并已达到心空的程度。可见心空是多么了不起,正定是多么重要,是多么关键!

什么是"应无所住"? 就是应该保持心内空空,什么也不存留,任何思维意识中的杂念也不留在心内居住。也就是心无挂牵,没有欲求,没有因执着而放不下的事,这种状态最有利于心的生长和平安生存,所以才说"而生其心"。在道家的五行与八卦中,生与克是相对的,生是助长,克是限制;受生为吉祥,受克为凶悔。所以修炼者应该为"心"创造一个空静、吉祥、受生的最佳境地,以利成就道果。因为:肉体是空性的色,心神是实体的我;识神是可以分裂,元神是可得正果。心是真我,体是假我;真我是很宝贵,假我是很重要,缺一不可。假我若是修炼得好,可以一心一意助真我修成佛。

★除傲气,养傲骨

蜡梅花一朵,

人间烦恼多,

你争我夺有何义,

何日才能成佛?

若想过大河,

赶快把桥塑,

心齐拧成一股绳,

才能早日过河。

——《塑》

解释标题《塑》:自己要把自己塑造得像蜡梅花那样顽强而有正气,在炼成一身傲骨的同时,也毫不客气地灭除一身之傲气。

第一句蜡梅花一朵:严寒数九开心花靠的是一身傲骨,"未经一番寒彻骨,怎得梅花扑鼻香?"一朵:1.代表专一,让心来做主,躲避常人的俗气;2.反衬出花一朵多与烦恼多相

國學智慧全書

禪宗智慧

对应;3.显示出蜡梅花独立创意和与严峻现实、恶劣环境挑战的雄姿。

第二句人间烦恼多:人间琐事如麻,如理不清时,必将陷入生活的无情网之中。

第三句你争我夺有何义:争夺的出发点、目的和结果,假如都与真理无关,就无任何意义。然而,争夺的双方竟是心神和肉体;更何况脆弱的心性与佛性之间有时也会出现点距离。

第四句何日才能成佛:对于获得美好的理想和美好的德行来说,争斗就是等于在干着拖延时光,使之遥遥无期的勾当。

第五句若想过大河:度脱一条条大河,就等于超越了苦海。

第六句赶快把桥塑:唯有在河上修桥,自筑起前进的通道(桥等于道)才有出路。

第七句心齐拧成一股绳:元神和识神需要同心合力向佛;修行的人都应团结一心向佛、向善。

第八句才能早日过河:就像蜡梅傲霜雪那样心花长开,才能度脱苦海而得道,不再受苦难的煎熬。

佛陀用生动的比喻借题发挥,真切形象地将心是主导、体是随从的正确关系,做了充分、精微的分析强调,在我们心中打下了一个深深的烙印。

从前民俗中有一种说法叫作"人倒如灯灭",意思是说人生一世,活到老死,一了百了,一无所存留。如果人真的死了如灯灭,一了百了,那的确是修不修都无所谓。人善良一点,人邪恶一点;生命长一点,生命短一点;享福多一点,遭罪多一点。二者之间会有什么根本区别呢?早晚都是一堆黄土,在人生短暂的几十年里,还要千辛万苦地修道磨炼,去追求那难而又难达到的悟空境界,实实在在是犯不上的。

然而,客观自然规律事实并非这样,在佛学和科学研究中也否定了这种人倒灯灭的观点。在人们的思想深处,大多数人都不相信人倒如灯灭之说,特别是阅历深的老年人更是这样认识,身命有生有灭,慧命永久常在。那么问题出在哪呢?问题是人倒如灯灭的说法出自无知和愚昧的迷惑,是当一天和尚撞一天钟,是喜欢蒙上眼睛学着驴推磨式打发日子的一种自我解嘲;人云亦云之迷信,是不动脑、不学习、不研究、不亲近科学、不把实践当作检验真理的标准,而是用主观想象和主观臆断去代替客观事实,是一种用不学无术的理念,去对待客观真理的糊涂人生观。可见"人倒如灯灭"这一不负责任的误导理论是多么的害人。特别是先入为主,已成为历代众多循规蹈矩者的固有习惯,他们往往将迷信误作正信,把坚持讹谬视作天经地义。

在世间常常有这样一种现象：即假的见识往往比真的见识要多得多，而假的见识往往要比真的见识显得还要真，更有甚者，即人们相信假的见识往往胜过相信真的见识而广有其市场。

为什么会有这么一种反常现象呢？那是因为：

1.真正相信科学和拥有科学头脑的人毕竟还是少数。

2.喜欢图省事、思想懒惰、喜欢吃别人嚼过的馍，是人群大多数的久有习惯。特别是先入为主、人云亦云，是历代众多人根深蒂固的习惯，他们往往将迷信误作正信，坚持讹谬一硬到底。

正定

3.掌握辩证思维、勇于追求真理、做到胸怀宽阔眼光远、具有独立见解和独创精神，毕竟是普通人不易做得到的事。

4."练平常心不做常人，做平凡人不当凡夫。"这虽然是做人的高准则，但实在需要用佛学、唯物辩证法和科学全面去武装才成，然而有多少人肯于去实行呢？

5.人的思想意识中存在着两种对抗势力，一是生活之无情网，一是人人所具有的佛性。无情网是名、利、色、情和贪、嗔、痴七妖魔的联合体；佛性是朴素、柔弱的善心。这个善心需要经风雨、见世面和悟佛法才能逐渐壮大。双方常常呈现出一种拔河比赛的局面，应该承认双方是敌强我弱差距悬殊的。佛性一方若想在拔河比赛中达到势均力敌，或战而胜之的目标，必须求助于八正道才有可能战胜七妖魔。然而，胜者又有几何呢？

6.真理难寻、真传难得，这种缘分也是强求不来的。

人们习惯于不动脑、懒惰、迷信、随波逐流等，是因为省事，所以令人比较乐于接受而为之，但这种"乐"，隐含着苦和悲；反之采取走勤奋、自强、正信、逆流而上的合于佛陀教法之路，虽然恩要报、苦要修、自解剖、学忍辱、求真知、悟禅定，需要付出辛劳代价，但是

在艰难痛苦中却隐含着乐和慧。这便是修与不修的根本区别。

★修炼心性,战胜苦海

温室的花含着笑,

经不起风吹雨打有时摇,

遇到挫折心烦恼,

要学那雪山顶上的松柏,

风吹雪地雪儿高。

——《修》

解释标题《修》:修炼心性,使之适应苦海的恶劣环境,进而战胜它而获得解脱。

第一句温室的花含着笑:人在顺利和平静时,如果失去警觉,就会自满或用低标准要求自己而不思进取,思想深处隐含着相当程度的幼稚和肤浅见识。

第二句经不起风吹雨打有时摇:人在不顺心时,因经不起困难和挫折考验,在修行中往往会引发起退转的念头。

第三句遇到挫折心烦恼:只因缺乏智慧而摆脱不了困境,才被怨求所包围而不能自拔。

第四句要学那雪山顶上的松柏:怎么办呢? 要树雄心壮志,向榜样强者学习,主动自觉地涉足于逆境中,用以审视考核自己。

第五句风吹雪地雪儿高:能经受住苦难的打击,悟性和智能才会因能战胜风险而得以提高。

这首经文主要讲如何自我培养承受力、定力、应变力、亲和力,没有这四种能力就只能做那:

温室的花,水中的草,

无奶的孩儿,落水的鸟。

而有了四种能力就可以做那:

高山的松,风雨的燕,

火中的金,钢铁的汉。

佛陀讲的正定和禅定功德都是讲修心的,所以太白菩萨就注解成"修以心为本",应该说解得很精当。在学习中将"修以心为本"再引申一步,那就是"心以空静为本",悟空而达寂静就叫作禅,这样,经过学习理解后,思路、认识又回归到佛陀的正定和禅定功德上来。

佛陀讲解佛法的时候,曾给众徒出了一道思考题:"渴了就喝,饿了就吃,困了就睡。"对于这一禅底众徒议论纷纷,有的说是心静,有的说是专一,还有的说不能"有心采花无心戴"等等,佛陀最后总结时用了四个字:"看空一切。"这个答案既准确生动,又含有引导升华的循循善诱。难怪众徒听了佛的答案,都感到精神为之一振,眼睛一亮,顿觉心胸更加宽敞而修悟决心倍增。

禅坐是佛陀最精通且最重视的一门修心课,佛在人间住世时,从青少年起就每日坐禅,常常凝神寂静而随时随地进入禅境,时常静观大自然而沉思,时常为了自省而深入悟道,养成了一种极其难得的自然而然的、顺应客观规律的、一心不二的、经久不变的和浑身上下内外、包括思维意念、言行举止皆是禅的绝佳习惯。在29岁出家后的职业修行生涯中,更是以禅为伴、须臾不离,待到境界来时,进入禅定后竟然往往是连续几十天不起坐。不仅平时是这样,在关键时刻的开悟、彻悟、大彻大悟中,也必然是由禅定陪伴着度过这美妙的殊胜时光。

如果没有最高水平的禅定,就没有由定而生成的最大智慧和最大能量。佛陀在成为宇宙和三界最高人天导师的同时,又找到和创建了禅定最高功法"九转丹",这也是佛家最高理论成果之一。就是因为在佛陀的亲自示范、带领和倡导下,佛家才能成为宇宙中具有广大禅定功德、且呈现一派生机勃勃的大智慧群体,才能成为人类觉悟得道的神圣摇篮。这也是佛陀所以能成为宇宙一切众生榜样的最大特色。禅定功德在无与伦比的佛学中也占据重要的席位,她不仅仅是佛家的瑰宝,也是全宇宙众生的瑰宝。

★修悟自己解剖自己才能美心美容

人间几度沧桑几度光,

掌握好尺度莫慌张,

敢于自我剖腹与邪恶斗，

哪有拿刀敢于自我伤？

看别人的缺点容易，

自我剖腹心不长。

墙外开花墙内香，

满篮子的鲜花还嫌脏，

手拿陵镜自我看，

高矮漂亮自寻尝。

——《婵》

解释题目《婵》：意思是美好，修悟自己解剖自己能美心、美容，是谓美好。婵在此亦可当禅字讲。

1.人间几度沧桑几度光：人的一生有许多大的转折和苦难，有时就像沧海转化成桑田那样巨变，然而在人生中能获得多少光明和真理呢？

2.掌握好尺度莫慌张：只有能掌握好善恶行为的尺度，才能心安理得而从容不迫。

3.敢于自我剖腹与邪恶斗：获得智慧和不断觉悟的最佳办法是：向自身的毒瘤——贪、嗔、痴开刀，坚持不懈地与邪恶杂念做斗争，直到将其根除净。

4.哪有拿刀敢于自我伤：然而，有自我解剖勇气的人真是太难见到了，有谁肯呢？真是寥寥无几、难能可贵。

5.看别人的缺点容易：俗话说，旁观者清。然而，喜欢挑剔别人的毛病，那是由人的天性弱点所决定。

6.自我剖腹心不长：一旦涉及自身的缺点和错误时，就会采用文过饰非、强词夺理、轻描淡写等高招来自护其短。

7.墙外开花墙内香：客观环境好，不能误认为是我有本事而往自己脸上贴金，更不能把别人的成绩错算在自己的功劳簿上。

8.满蓝的鲜花还嫌脏：因为自视清高，往往抹杀了别人的优点和贡献，而一旦抓住别人一点小辫子就不肯放手。

9.手拿陵镜自我看：镜子不是照别人的，镜子的功能是专门用来照自己的，在照镜子中可以看清自己的真相和毛病。

10.高矮漂亮自寻尝:从镜子里会真实地反映出一个人的缺点和优长,只有能客观地品尝、看待自己,才能建立起自我美德的家园;一个人只有一心不二地悟己,才能形成美好的"婵"。

这首经文深刻、实在,是伟大佛陀思想的生动发挥和表述,堪称学悟佛法的典范,不愧是佛陀的好学生。每个行者不妨把此经挂在墙上,背下来并牢记心中,把她当成我们一言一行的座右铭。诸位觉得这个建议提得还好吗?

有人曾请问佛陀:"人生最大快乐是什么?"

佛说:"我是以最适合于心中的适度为第一。"这个适度是什么? 是否可以理解适度也就是禅。

精通音律的佛陀说:"修道犹如调试琴弦一样,弦太松了就发不出音,弦太紧了会发出噪音或容易断掉,松紧适度才可以演奏音乐。如果松紧适度、音律准确,弦与弦之间才会产生共鸣,这样便可奏出协和美妙动听的音乐。"又说"弦太松了,犹如修道的懒散;弦太紧了,犹如修道的过分用功和执着,容易产生精疲力竭而难以振作"。这也是佛陀通过音乐中的调弦来讲述精妙禅理的。

在一次法会上,如来佛以闲谈回忆方式讲述了一个化缘的故事:

"我在世传道讲法时,提出让众弟子化缘来磨炼六识。化缘时,送施主一句佛家的道理的话,弘扬佛法普度众生。遇到送钱财的施主,要双手合十,口念阿弥陀佛说:钱财是身外之物,施主还是赏把米吧。当时人烟稀少、难见路人、风餐露宿、十分艰苦。化缘一年半载后,回庙里总结收获。从一家走到另一家往往走十几、几十里,车马极少;人们生活十分贫困,有时只能给一只土豆、山芋;狗也十分恶、十分凶,被狗咬后还要自己想办法自治自疗……"

化缘是佛陀给人间留下的宝贵财富和光荣传统,修行者可在化缘中得到比较全面的磨炼和提高。

1.看尽人间各种苦,树立一个慈悲心。人有了善心,看什么都顺眼。

2.以菩萨的心肠去对待恶人和小人,从中可以学到妥善处理人间各种事物、善待他人的道理和本领。

3.进一步看清社会上人的追求名、利、色、情的实质而坚定道心。

4.从吃苦忍辱中懂得人生的艰辛,养成勤劳、知足、无求、无怨的好习惯。

5.培养自己宽阔的胸怀以达随遇而安,进而灭却贪嗔痴。

6.练平常心、做平凡人,能忍辱负重,有柔有刚。

7.弘扬佛法、普度众生、自利利人。

8.望空一切、时时禅、处处禅,谦虚礼让筑禅心。

9.化缘的过程正是学习和实践八功德的最好道场。

《化缘》是为磨炼心性、磨炼六识,也可以说是在进行禅的修炼。

有人会问,在禅座中会不会出现什么偏差呢? 请看下面这样一个枯坐禅的故事:

有一个老太婆专门修建了一所茅庵,供养了一位和尚修行二十年,平时总是打发一个年轻漂亮的少女去送饭,这个和尚一本正经,从不正眼看小姑娘一眼。有一天老婆婆想试试和尚的修行功夫,便告诉送饭少女,看到和尚就抱他,看看他有什么反应,少女照着老婆婆的意思,抱住和尚后问道:"这样子你感到如何?"和尚呆若木鸡似的答道:"就像枯木靠在寒岩上;像寒冷的冬天没有一丝暖意。"婆婆知道后便把和尚撵走了,茅庵也放火烧了,婆婆愤愤地说:"我二十年供养的只是一个俗汉!"

这是一个典型的"枯坐禅"的故事,和尚有了一颗冷漠的心和空洞的坐禅相,哪里修得出来一点觉悟和慈悲心呢! 懂得佛学和辩证思维的修行人,应是温和幽默、懂得善待和欢喜的,不应是机械和无情的。

★ 心静如镜,心坚如岩

若想看天,天外有天,

若想看海,能把海底看穿,

心静如镜,心成如岩,

邪不敢侵,严不敢犯,

只求幸福美满。

——《静》

解释标题《静》:能客观地冷静、安静、寂静,才是真静,既有定力,也有承受力。

第一句若想看天,天外有天:静的功夫已达到高深水平时,能体悟天意而通达宇宙。

第二句若想看海,能把海底看穿:静的程度已达悟空时,对人间苦海内情的认知,就能做到透过现象看本质而成竹在胸、一目了然。

第三句心静如镜：心达真静时，如同镜子照人一样，客观又真实。

第四句心成如岩：内心练达到成熟的时候，道心便如磐石一样坚。

第五句邪不敢侵：邪恶不能得逞，是因无空子可钻。

第六句严不敢犯：因为对邪念从不姑息从不客气，界限分明，所以就连杂念都不敢来干扰。

第七句只求幸福美满：能全身心地静静归于道时，幸运、福泽、和美、圆满便不约而同至了。

经文虽然是出口成章之作，但却是字字落地有声地震撼人心；细细分析其深远含义，方知此乃超高级禅定。充分地体现了"大禅王"的王风。

正确的禅定是很令人向往的，据说，日本永平寺就是一个著名的修习和教授禅定功能的学府。世界各国的亿万僧人、居士和学佛修行者都很看重禅定功德，因为这是每个行者所必修的重要课程。目前许多亚、欧国家都纷纷成立佛学研究机构。日本有三十多个佛教大学。中国内地也有多处佛学院。中国台湾有十几个佛学研究机构，三十多所高等院校设有佛学研究组织。苏联、德国、英国、美国、意大利等国均有佛学研究组织。台湾国际佛光会和慈济功德会的分会更是遍布世界各国，有极其深入人心的广泛影响。在美国居住的中国禅师宣化上人，曾建立了二十七个佛教道场，慈悲遍布各地。一九八六年，上人与禅学大师海灯亲切会晤于金轮圣寺，

佛陀

以叙道友心心相印之深情，他们当初皆曾拜在近代禅门泰斗虚云和尚膝下。庐胜彦大师在美国办的《真佛报》影响广大，且有多处道场，弘扬佛法有声有色、亲切感人。在新加坡由李木源、净空大师主持的道场也搞的庄严而红火等等。另外，在美国和西方各国，到处

国学智慧全书

禅宗智慧

可以找到宏伟的佛教寺庙宝刹。只因这些道场已成为慈悲、善良、平安、康泰和真理的象征，特别是许多人已得知，她还能引来吉祥和佛光普照。佛教目前已成为欧美许多大学、学院及各级学校的正规必修课程，比如：美国哈佛大学，不但设有佛教课，而且还建立了专门修炼佛法的禅定房。英国更是将佛学列为全英国中、小学校的正修课程。中国的北京大学也设立了佛学科班等。这些都是不简单而值得称道的仗义之举，也正是善有善报的远见卓识。

日本京都大学心理学教授佐腾幸治博士则提出坐禅、学佛有十种心理方面的效果：(1)忍耐性的增强；(2)治疗各种过敏性疾患；(3)意志力的坚固；(4)思考力的增进；(5)形成更圆满的人格；(6)迅速地使头脑冷静；(7)情绪的安定；(8)提高行动的兴趣和效率；(9)使肉体上的种种疾病消失；(10)达到开悟的境地。

任何事物都能分出个层次高低和认识深浅，譬如对正定的认识可以分成等次：不知、粗知、已知、熟知和高深知之分。有人说，许多事大家都知道是好是坏，只是做不到。让我说，你那是粗知，并非真知。即使有了真知而不能去实施，那跟不知也没什么分别。若想掌握禅定要领，就要在实践中不断摸索、循序渐进，还要牢记佛陀的教导，将"悟、道、行"三者并用，悟：悟明心与佛相和之意；道：理解经文大道之理；行：把对佛法的领悟化为实际行动。

印度政治家尼赫鲁说："在这个充满冲突与风波、仇恨与暴力的世界中，佛陀教理就像太阳一样大放光芒。在这充斥着原子弹和氢弹的世界里，没有任何时候比现在更需要教理了。人类两千五百年的经历只不过是更进一步证明了这个教理的持久性与真实性。让我们记住这个永恒的教理，努力按照佛陀的教法来改革我们的思想和修正我们的行为。这样，即使是处在令人恐怖的原子弹时代，我们也会镇定自如地面对它，为促成正思、正行尽我们的绵薄之力。"

中国近代著名思想家康有为对于学习佛学感触颇深，他说："佛学之博大精微，至于言语道断，心行处绝，虽有圣哲，无所措手，其所包容，尤为深远。"

科学家阿诺德爵士说："我说过，我还要说，我还要一遍一遍地说，佛教与现代科学之间存在着一条紧密的智力纽带。"

中国有句古话叫隔行如隔山，尽管许多伟人、名人、科学家由于条件所限，不能更多地接触佛学理论，又肩负着繁重的、各自的本职工作，因而不可能对佛学做深入详尽地学习和研究，更无分身术去搞苦修、禅定等职业化生命科学实验。因此，他们对佛学、佛教

国学智慧全书

心经

能有如此敏锐的观察力、准确而又高度的评价,已是非常难能可贵、足以令世人受到极大的鼓舞和启示了。对于哲学、各门科学和一切学问来说,佛学的母亲地位和原动力地位已经确立无疑。这对于发展科学,认识和掌握佛学都将具有极其重大的意义。

　　大家都已知道人体分为两个部分,一个是心,一个是体(即心态和体态)。心(元神)主管思考问题、判断情报、下达意旨,是统领地位。体(识神)主管:收集情报、反映情况、执行命令,是从属地位。元神与识神虽然各有分工,但一个人的思想行为要受心体双方互相依赖和互相影响的牵动;别看心神是主,识神是辅,但却因为识神站在第一线,充分掌握认识外界情况的第一手材料(人们都用眼耳鼻舌身意去接触外界),而有优先发言权;心神虽是司令官,但不能亲自出面代替识神(司令部)的工作。

★ 成功的奥秘就在于专注

此心一处,无事不办。

——《心经》

　　山里有座小庙,住着老禅师与小沙弥师徒二人。有一天,小沙弥问禅师:“师傅,你整天说‘境由心生,一切唯心造,心为人之灵’。那么,人的心到底能有多大呀?”

　　禅师没有直接回答,而是说:“你闭上眼睛,在自己的心里造一座大山吧。”

　　小沙弥真的闭上了眼睛,等了一小会儿,他睁开眼睛对师傅喊道:“师傅,我的大山已经造好了。”

　　老禅师又说:“你再造一根小草吧。”

　　小沙弥同样闭目想了一会儿,然后告诉师傅小草造好了。

　　禅师说:“你心里想着到寺院门口去一下。”

　　小沙弥立刻就说:“师傅,我已经到了。”

　　“那你就再到天边去一次吧。”

　　小沙弥同样立刻就回答:“师傅,我已经到了。”

　　禅师问他:“你在制造大山与小草的时候,是用自己的心造的,还是和别人的心一起造的呢?”

小沙弥想都没想,马上说:"都是用我自己的心。"

"那么,你到寺院门口用的时间长,还是到天边用的时间长啊?"

小沙弥毫不犹豫地说:"都一样长。"

禅师第三次发问:"大山很大,小草很小,大山上还长着无数小草。那么,你造大山时,是不是用全部的心? 而造小草时,是不是就只用一部分心去造啊?"

小沙弥摇摇头,说道:"不管是造长满小草的大山,还是单单造一根小草,我都是用全部的心。"

于是,禅师开示说:"在心中到天边与到门口用的时间一样长,可见我们的心并无快慢之分。制造一座大山,是用一个心;制造一株小草,也得用一个心,可见心亦大亦小,能大能小。"

安详禅的创始人耕云先生在军中任职时,一次,一个预备军官患上了精神病,在他那一刻也不肯安宁的心里,充满了各种各样离奇古怪的妄想。他的主管要将他送往精神病院,让耕云先生批准。作为修行有成的禅者,耕云先生把那个患病的预备军官找来,问他信仰什么宗教。

"基督教,长官。"

耕云又问:"圣经里说,与主同在。那么你说说,什么是与主同在?"

军官一愣,没有回答上来。于是,耕云先生就让他在自己的房间里支上一张行军床,又搬来一张桌子,让他除了写"与主同在"的答案,不准做任何事情。那人就坐在桌子前冥思苦想地琢磨答案,想出来之后,就写给耕云先生看。耕云说不对。他就继续想,继续写,然后继续问,耕云一律回答:"不对! 不对! 不对!"他写了满满一页纸的答案,耕云还是回答说不对。他于是就急了:"长官,你这不是故意折腾人吗? 这么多答案,总应该有一个是对的吧?"

耕云反问:"那你说哪个是对的?"

他想了又想,这些答案似乎都有一定的道理,可是又都不全面,于是理屈词穷了。耕云先生除了一早、一晚带着他跑步、做倒立外,不许他再胡思乱想,只是一个劲儿逼着他思考答案,思考得困了就睡觉,睡不着时就得起来继续想……

一个星期过后,他的心念都集中在了"什么是与主同在"的问题上,排除了一切杂念,自然没有那些莫名其妙的妄想杂念了,精神也就完全恢复了正常。

其实耕云地让他思索"什么是与主同在",也就是参话头———一种参禅的方法,一种

367

以疑情为纽带、将心止在一处静修开悟的方法。

禅宗祖师说:"止心一处,无事不办。"

★淡定自如,生活才更美

开水虽淡,淡有淡的味道

——《心经》

生活中的禅定,实际就是随时保持一颗不受外界干扰的清净心,为了保持这颗清净心,古代的禅师提出了平常心是道,也就是说生活中的禅定就是保持一颗平常心。平常心是什么样的心呢?

江西大寂道一禅师示众云:"道不用修,但莫污染。何为污染? 但有生死心、造作趣向,皆是污染。若欲直会其道,平常心是道。谓平常心,无造作,无是非,无取舍,无断常,无凡,无圣。……只如今行、住、坐、卧,应机接物,尽是道……"(《大正藏》卷51)

这里说明平常心,就是没有攀缘造作分别的心,也就是要恢复众生本有的天真佛性,像赤子之心一样没有受到外界的污染。平常心立于中道,不走两边,不生不灭,不断不常,不一不异,不来不出。

在平常心修禅,日常生活一切事情都是参禅的时候,最著名的公案有"吃茶去"。说的是河北赵州有一禅寺,寺中一高僧名从谂禅师人称"赵州",问新到僧:"曾到此间乎?"答:"曾到。"赵州说:"吃茶去!"又问一僧,答:"不曾到。"赵州又说"吃茶去!"后院主问:"为何到也'吃茶去',不曾到也'吃茶去'?"赵州又说:"吃茶去。"

赵州对三个不同者均以"吃茶去"作答,正是反映茶道与禅心的默契,其意在消除学人的妄想,即所谓"佛法但平常,莫作奇特想",不论来或没来过,或者相不相识,只要真心真意地以平常心在一起"吃茶",就可进入"茶禅一味"的境界。正所谓:"唯是平常心,方能得清静心境;唯是清净心境,方可自悟禅机。"中国佛教协会主席赵朴初又诗云:"七碗爱至味,一壶得真趣。空持千百揭,不如吃茶去。"

与"吃茶去"相似的还有"洗钵去":

有参学禅法的僧人不远千里,来到河北赵州观音院。早饭后,他来到赵州禅师身前,

向他请教："禅师,我刚刚开始寺院生活,请您指导我什么是禅?"

赵州问："你吃粥了吗?"

僧人答："吃粥了。"

赵州说："那就洗钵去吧!"

在赵州禅师话语之中,这位僧人有所省悟。

赵州的"洗钵去",指示参禅者要用心体会禅法的奥妙处,必须不离日常生活。这些日常的喝茶吃饭,与禅宗的精神没有丝毫的背离。

在生活中,于境界不动心,不起爱憎的分别心,也就是保持了一颗平常心。弘一大师就是如此。

1925 年初秋,弘一法师因战事而滞留宁波七塔寺。

一天,他的老友夏丏尊来拜访。他看到弘一法师吃饭时,只有一道咸菜。

夏丏尊不忍地问："难道这咸菜不会太咸吗?"

"咸有咸的味道。"弘一大师回答道。

吃完饭后,弘一大师倒了一杯白开水喝。

夏丏尊又问："没有茶叶吗? 怎么喝这平淡的开水?"

弘一大师笑着说："开水虽淡,淡也有淡的味道。"

从谂禅师吃茶,弘一大师吃咸菜,味不同,禅味却没有两样。在生活中修平常心,于境界不动心,看破,放下,随缘,乃能自在,这就是生活中的禅定。

★安坐禅中,体泰心宽

一生修炼几多难,佛门大开无有边;

雕虫小技无所益,一生难过几道关。

滔滔江水无重渡,心中泛滥难入眠;

人生只有禅中卧,安然体态心中宽。

——《禅》

一生修炼几多难:人的一生从呱呱坠地开始,就已经踏入苦海,八种苦和无数坎坷波折在等待着这个人生。

佛门大开无有边:佛法广大、内容丰富,是获得智慧的源泉,唯有依靠她才能不断觉

悟,将人生之苦修成甜;虽然佛家不拒绝任何人而大开其门,但许多人还是摸不着头绪,不得其门而入。

雕虫小技无所益:有一种重要倾向是人们追求信赖神通,喜欢那些摸得着看得见的小伎俩,往往它能蒙住一些人的双眼将你引入邪路,待到醒悟为时已晚,甚至可能将失去修炼的良好时机。

一生难过几道关:真正有志气的人应该勇敢地闯过名、利、色、情和贪、嗔、痴等难关,这个工作量虽大,但却极有价值。

滔滔江水无重渡:磨炼的良机若是屡屡错过,那就太可惜了;时间空过,年纪渐大而老,大好时光如流水,一去将不复返。

心中泛滥难入眠:最糟糕的是,你若不主动修悟自我心性,那暴躁、狭隘、嫉妒、虚荣、骄傲等性情将会肆虐泛滥、横行无忌,有此,心神哪会得到安宁?

人生只有禅中卧:若想自己拯救自己,最好就是将心性安顿在禅的平静安全港湾;若能达到心空性空时,才算是达到了纯粹禅的最理想境界。

安然体态心中宽:心若宽宏得像大海一样才能在广阔天地中自得其乐,这完全有赖于识神,即肉体我的真诚合作,心体完全统一在佛性之下,人生才会是平安美好的。

标题《禅》:禅心即是净土,一个人得到禅心、达到禅境时,生活的无情网便会自动消失,无情网消失便标志已脱离苦海,脱离了苦海就等于达彼。这就是说:有了禅,此岸即是净土;有了禅,此岸即是彼岸。

据说此首禅宗著名的经文,曾受到伟大佛陀的高度评价和赞扬,因为她生动地展现了佛陀伟大教法的普照光芒。

第四章　正命：知晓人生要素，方得命运亨通

正命=知足功德=人以善为本

学习体会：善以善待为本

从前人们解释八正道，往往将正命放在第五位，有的书上写道：正命，就是保持神圣纯洁的生命，有一个光明的人生。也有将正命解释为：正当合法的生活方式等。这些注解都可以作为学习中的参考。

人生活在苦海中，要承受八苦和数不尽的烦恼痛苦的考验和折磨，社会上的名、利、色、情已经使人感到很难去应对，种种引诱、迷惑假象形成的冲击，令人难以招架防不胜防。然而思想上又有贪、嗔、痴这个专门能腐蚀心灵的'内奸'在作祟，双方'敌人'的里应外合对人的思想意识造成巨大的干扰和压力，这便形成了一种在生活中，能把人束缚住且又无形的一张罗网。人们想脱离这个罗网和跳出这个苦海，应该从何处入手呢？对于此问题，佛陀采取大道直指人心的手段，把自己亲自实践过的秘方照实端了出来，那就是教导我们要"知足"。这是以退为进、抵制污染的良方，这样做可以增长功德，所以叫作知足功德，只有知足才能获得正当的生命和命运。

佛陀对出家和尚与在家居士，都是关怀备至和体贴入微的，并告诉这些行者：菩萨就像父母一样，时时刻刻在关心着弟子们的成长。

★ 抓住人生的关键

生活如深海，

有师父才有今天，

多求师父引路，

多做好事心也宽。

不求名、

不求利、

不求把财添。

只求身体健康万事如意，

才能得硕果，

心中永不烦。

——《注》

解释题目《注》：注重、注意、专注，抓住人生和生活中的主要矛盾。

第一句生活如深海：生活在苦海中，总是难免会有水深火热的感觉。

第二句有师父才有今天：有了菩萨的指教和引导，我才知道了人生真义，才活得明白，才有了生活的盼头。

第三句多求师父引路：我要主动接近真理，亲近佛菩萨，以便能达到"心诚则之灵，孝敬师父心要静"。

第四句多做好事心也宽：如果拓不宽心胸的话，就是失却了方向。然而，只有多做善事才是开阔心胸的第一诀窍。

第五句不求名：名是过眼烟云。

第六句不求利：利是空花水月。

第七句不求把财添：财是身外之物。对以上三者不去强求也罢。

第八句只求身体健康万事如意：身心得康泰才是无价宝；智慧能倍增，万事方如意。

第九句才能得硕果：丰硕的成果来自高瞻远瞩。

國學智慧全書

禪宗智慧

第十句心中永不烦:乐观的德性来自远见卓识。

菩萨呈现的是生命物质的微观形态,人的肉眼受其三维空间功能的限制,认不得菩萨也无法与其交流;但是胜过爹娘的菩萨,却从未舍弃过众生,就像农夫精心培育瓜果那样,成熟一个摘走一个;他们运用慈悲影响,运用佛经领航,只有善良的修行人,在长期自我善行中才能亲身感受到,温馨明媚的缕缕佛光时刻照在我身上。上面佛陀的教导,注重讲了心宽、健康、无求、知足在修行中的意义。

那么具体要知足什么呢?大致有三:

1.知足为人:能以人的身份来到世界上就值得庆贺和满足,佛说:"人身难得。"人是万物之灵,与动物相比,他多了一个聪明的大脑,这个大脑有足够的脑细胞和沟回等,可以充分地去想象、去思考、去立志、去创造。人具有完备的中枢神经等诸种生命系统及科学完美的肌体。通过学习可以获得劳动、学识、工作及服务社会人类的各种技能。只要主观上能掌握勤奋加命运的规律,人是各有前程的。在人生中人人都拥有塑造自我形象的主动权,这些都是十分难得和宝贵的,因而也非常值得自豪和知足。

2.知足有法:佛说:"佛法难闻。"人只要肯学习肯上进,总会有机会学到难闻的佛法。佛陀开创了人间的佛教,也完善了佛家的理论和推动了佛家大业的兴旺,总结了天上天下、古往今来众生和宇宙各种规律的理论,为我们留下了光辉榜样的形象和精美实用可以遵循的佛家经典,我们等于生在了佛和法的摇篮里,应该说这是十分难得的幸福,也非常值得庆幸和知足。

3.知足有功德:懂知足的人本身就具有功德。知足的人守规矩,比较容易持戒;知足的人心不乱,清静的心才能获得能量产生智慧。所以知足是戒定慧俱足的,是修行者获得慧命的一有力法宝。

以上三条足可以证明知足的重要和宝贵。如果人不懂知足,就难免陷入被动局面,思想狭隘就会自己为自己设置障碍,自动捡包袱背,自己画圈自己跳,就会像佛经中所指出的那样:"天下本无事,庸人自扰之。"有个故事名叫《贫与富》:

从前有一个农夫,在山野中挖到一座价值连城的金罗汉,这个金罗汉的分量足有一百多斤重。他的家人和亲友都很为他高兴,家人高兴地说:这一生我们都吃喝不尽了!可是农夫却闷闷不乐,整天愁眉苦脸地坐着沉思,家里人和亲朋都劝他说:你已经成为千万富翁了,还有什么好忧愁的呢?他说:我的愁是有原因的,你想,通常是十八个罗汉在一起的,我现在只挖到一个,剩下那十七个罗汉究竟在什么地方呢?这个《贫与富》的故事典型的勾画了一个贪心不足农夫的形象和其被困扰的内心世界状态。

证严菩萨在其著作《静思语》中记载着佛陀说过的话：

无病是第一利,知足是第一富,信赖是第一亲,涅槃是第一乐。

证严上人说："凡夫追求财物,圣人追求真理。"从某种意义上讲,一心追求真理和专心修悟自己就是大善。然而,怨和求却是实施善的拦路虎。

佛陀说："爱欲难以填满,就像河流难以填满大海一样。世间在燃烧,是什么在燃烧？ 是贪、嗔、痴之火在燃烧,人应迅速从这熊熊烈火的火宅中逃离出来。"

佛陀

证严菩萨说："世间的海可以填平,但人的鼻下横、小小一个嘴巴却永远也填不满。"

人生在世,等于掉进了苦海,无边的苦海决定了人生之苦是绝对的,不苦是相对的,有三种人的苦可以相对减少：

（1）心宽的人比心窄的人苦恼少。《现代汉语词典》上是这样解释的,心宽:心胸宽广,对不如意的事能想得开。心窄:心胸狭窄,对不如意的事想不开。

（2）糊涂的人比认真的人苦恼少。这个糊涂是指对生活中的是是非非采取和稀泥态度的人,只有对小事糊涂才能对大事明白。这个认真是指对生活中的大小事都一丝不苟而执着,还习惯瞎操心,这样的人往往忽略了人生中的主要矛盾。

（3）乐观的人比悲观的人苦恼少。乐观人的生活信条是以苦为乐、助人为乐和知足常乐,乐观可以把苦恼挤跑。

著名的生物学家巴甫洛夫说过一句符合佛法的名言:"乐观是养生的唯一秘诀。"悲观的人喜欢念苦和怨求,不会得到快乐。

國學智慧全書

禅宗智慧

知足者却往往能做到：

把方便让给别人，把困难留给自己，

把春风挂在脸上，把痛苦埋在心底。

知足的益处有多少，不知足的害处就有多少。俗话说"知足不辱"，那么不知足呢，就会受到一定的羞辱。

普希金的童话《渔夫和金鱼的故事》正是对此问题做了精彩的描绘：

有一个老头儿和老太婆，在蔚蓝的大海边，

在一间破旧的泥棚里，整整生活了三十三年，

老头儿打鱼，老太婆纺纱织线。

老头儿有一天打上来一条金鱼，

这个金鱼能说话，她苦苦哀求：

"老大爷，请放我回大海，

为了赎身我给你高昂的代价，

只要放了我，你要什么就给你什么。"

老头儿忙把小鱼放入水中，

并将此事情的原委告诉了老太婆，

老太婆破口大骂：傻瓜，饭桶！

哪怕讨一个木盆也好，

咱们的旧木盆已经破得不行了，

老头儿只好去大海求金鱼，

金鱼答应说，你家会有一个新木盆的，

果然家里有了新木盆。

没想到老太婆骂得更凶，

让老头儿再去找金鱼，

求她给一间木屋。

老头儿找到金鱼说：

"求求你，鱼娘娘请你行行好，

我家老太婆骂得更凶，吵闹的老太婆要间木屋。"

小金鱼听完了马上回复：

國學智慧全書

心经

"别难过回家吧,老天保佑准没错你们会有间木屋。"

有了木屋后,老太婆故伎重演,

要想做一位世袭贵族;

做了世袭贵族后,又要做一个女王;

做了女王后,又要做一个海上女霸王,

贪得无厌的老太婆还要让小金鱼亲自来侍奉,供自己差遣。

听到老太婆的最后要求,小金鱼什么话也没说,

只用尾巴拍了拍水,潜到深深的海底,

老头儿等了半天也没回音,只好回家看老太婆,

他眼前依旧是那间泥屋,门槛上坐着他那老太婆,

她面前还是那只破旧木盆。

这个意味深长的童话故事告诉人们:不懂知足而贪得无厌的后果,往往是被动、难堪、自讨苦吃。

知足才能积累功德,那么若想成就知足功德应从哪入手呢? 太白金星菩萨传授秘诀说:"人以善为本",善是大自然的特点和本性,也同样是人应有的特点和本性,知足的根本就是善。

自然界的山巍然屹立,任凭众生攀登、占有、开矿、使用;自然界的地平坦宽厚,任凭众生开掘、耕种、铺路、建筑;自然界的江河款款流淌,任凭众生舟楫、灌溉、洗涤、饮用;自然界的海辽阔无边,容万物、纳百川、兴渔业,任航行;自然界的天空星辰更是无偿供应阳光、空气、磁场、能量,可以说大自然处处皆是善(当然,大自然内部有时为寻找平衡也会发生狂风、地震、水灾,海啸等,这是大自然的因缘变化性质的另一侧面)。

是大自然母亲养育了众生,为我们树立了榜样,为了学习和报恩大自然,佛教才坚持以善为本、以慈悲为怀。大自然的本质是善,我们的修行,就是修正自己的行为、言语、意念,使之合乎于善。

★善是无条件的且永不改初衷

我佛慈悲不用说,

人间的善事自己摸索，

悟难看清，路难摸索，

做事心要正，帮人要稳妥，

好事不求报，慈悲二字自己掌舵。

——《念慈经之七》

解释第一句我佛慈悲不用说：我佛指自身佛性、元神，以善为本、慈悲为怀是行者的本分，也是天理良心；在这里，首先是强调了要慈悲我心、我佛。

第二句人间的善事自己摸索：将独善其身和善待他人摸索出一个适度的规律。

第三句悟难看清，路难摸索：悟有高低、真假、深浅和粗细等分别。路有坎坷、歧途和大路等之分，正路只在有志和有智人的脚下。

第四句做事心要正，帮人要稳妥：心正悟己多，公平看人无私心；帮助别人就是成全自己，只有善待自己才能善待别人。人：主要是指自己的识神。

第五句好事不求报，慈悲二字自己掌舵：好事求报等于一好一坏相抵消；做了好事而又不求报是两件功劳；无条件地善行才能算作慈悲，而慈悲行为要由心来主宰。

题目《念慈经》即念念不忘的是慈悲为怀，善是无条件而永不改初衷的。树立一个无缘大慈和同体大悲的人生理念，才算是走上了正路，也才能达到光辉的彼岸。

上面是佛祖的《念慈经》第七首，《念慈经》第八首抄录在下面，请读者自己动脑筋解释一下：

人间有苦也有乐，做了好事不要说，

把好事看成是虚，把果看成是我。

你如果能这样做，悟也能看得清，

路也能走得直，师父赞你，

你自己也能站得高看得远，

生活之中有乐趣，你说妥不妥？

独善其身和知足常乐是相辅相成的一体，善在生活中，是人们普遍需要运用的一种品德标准。比如男女搞对象，到一定程度时要到对方家里看看，看什么？

1. 看对方的双亲善良程度，因为看父母可以印证其子女。

2. 看对方待老人是否孝顺。

國學智慧全書

心經

3.看家庭是否和睦等。

"人间善事千千万,看得明白做起来难。"那么善应从何处做起呢？我们的学习体会是：善以善待为本。善待自己才能善待父母、亲人和他人。佛陀说：百善孝为首。如何孝呢？前面有一首观音菩萨的《谈孝道》,那就是我们行孝的座右铭。

下面一个故事的名字是《佛在家中》：

有一个人叫杨辅,他离别双亲到四川去拜访无际菩萨,恰巧菩萨迎面走来问杨辅：你到哪去？杨说：去拜无际菩萨为师。无际说：与其去找菩萨,还不如去找佛。杨问：哪有佛？无际说：你回家时看到有个人披着毯子,反穿着鞋来迎接你,那就是佛。杨辅依

六臂大黑天像

照吩咐回到家里已是深夜了,他母亲听到儿子叫门高兴得来不及穿衣,披着毯子,拖鞋也穿错了脚,冲出来开门,杨辅见了一惊,立刻大悟。其实母亲就是佛,孝顺双亲有功德。父母的恩情比山高、比海深,是一辈子报答不完的。

★ 家庭是人生大考场

家庭是个大舞台,

关系处理不好,

到社会上什么也做不好,

这与身体好坏没关系,

只是认识问题,

不可强调客观。

——《大舞台》

國學智慧全書

禅宗智慧

解释标题《大舞台》：家庭是展示人的思想、素质、技能、品格等状态的人生大考场。

第一句家庭是个大舞台：家庭是整个社会的缩影，对每个人的考验都是全方位的，且必须正视而无法回避。

第二句关系处理不好：如果上下左右关系处理不当，往往会使人平添懊恼。

第三句到社会上什么也做不好：因为没有免疫力，到社会上也必定经不起各种考验。

第四句这与身体好坏没关系：体态虽然能影响心态，但不能把它当作一块遮盖布。这一句的回答是有针对性的，有一些体弱者常会产生这种疑虑。

第五句只是认识问题：关键在于佛性、慈悲心没有当家做主。

第六句不可强调客观：如果强调客观就能得解脱，那么我们在主观上的修悟就会变得没有意义了。

有些居士被家庭琐事烦扰而常常不开心，听了佛陀的教诲后，总算是开了窍；特别是对那些体弱的人更是一剂良方，这回可以放下有病的包袱而以修心带动修体了，身体差再也不能当作影响行善的借口了；大家从学习经文中充分领教了佛陀教法的高明，进而感念佛陀的大恩大德，永世不忘。

有人问：出家好还是在家好！这要看情况，思想境界已具备而又无牵挂，当然出家好；如果思想境界还没达到一定程度，且又有牵挂，在家何妨？出家在家都有修成菩萨的。只要不是逃避责任和异想天开，在家出家都好，唐太宗赞扬出家人是'大丈夫行径'，可理解为：出家人是理应受到倍加崇敬的。

中国古时八仙之一的吕洞宾在拜师时，师父出了一个考题问他：什么比天大？什么比海深？什么比蜜甜？什么比黄连苦？吕洞宾答道：

高堂老母比天大，夫妻恩爱比海深，

全家和美比蜜甜，老人无子比黄连苦。

第四句可能符合古代状况。这个吕菩萨在答案中突出了一个孝字，即孝道。

许多人成家后有了孩子，才更体会到父母养育深恩，并且积极用行动报效双方父母、爷奶、外公、外婆的恩情，并对老人采取：

1.给些关爱、笑脸、温暖。

2.奉献些钱物。

3.帮助解决点困难等。

这些孝顺之举体现了人间的大爱真情，除此之外老人还有什么更大希望没有？这对大多数青年人来说，可能还是个若明若暗的未知数，其实老人更希望自己的子女：

1.心宽体壮平平安安，

2.家庭和睦与人为善，

3.谦虚上进知足常乐，

4.亲八正道心有彼岸。（第四条是有觉悟之老人才想得到的）

在老人心中这些可能是孝顺的关键。特别对于八正道来说，老人学了可当表率，青年学了是对老人的最大温暖。不修习八正道，人总是会遇到形形色色解不开的谜团。

佛经里说："人问善事丁千万，看得明白做起来难。"那么做善事应从何处入手呢？我们的学习体会是：善以善待为本。

在生活中，能原谅、体谅和谅解别人就叫善待，善待别人就是善待自己；只有善解才能更好地实行善待，什么是善解？就是站在对方的立场上，设身处地为对方和大众着想。然而，只有善待自己才能更有效地善待别人，试想，不善待自己的人怎会善待父母、妻子、儿女呢？要想善待自己，最佳的途径就是学悟佛法，就是要懂得《心经》，真正实施八正道，这是学修的根本道理，人人都不例外，任何人能当下学、当下做都不算晚。

综上所述，可以将结论回归到原题上来：正命就是知足功德，善是做人的根本，独善其身和善待别人是相辅相成的统一体。

★以平等心对待众生

众生平等，无有高下。

——《心经》

《佛说菩萨投身饲饿虎经》记载：

释迦如来在因地上（指过去未成佛时候）精进修苦行。有一世，他做乾陀尸利国的王太子，把绝大的荣华富贵，看得平淡无奇，如太空中浮云一般。他只是喜欢游历名山大川，访求得道高人。后来，遇一位圣师，聚集了五百弟子，在深山中谈经说法。因为太子已经历劫苦修，根基深厚，一切妙谛，都能心领神会，毫无疑障。便参拜圣师，随同诸大弟子，依法起修。太子颖悟异常，精进勇猛，虽初入山，成就超卓，不落诸弟子后。

当时深山谷底有一只母虎，刚产了七只小虎。恰逢天降大雪，母虎抱子卧雪地。不敢片时相离。如果母虎一走，七只小虎，一转眼就会冻死。但是，北风越吹越紧，雪花越下越大，接连下了三日。母虎饥困欲死，仍旧下雪不止。母虎饥寒交迫，已经气息微微。它饥极发狂，正欲吞吃小虎。因母子情深，出于天性，无情的食欲，才被天性制止。欲发作，尚未果。圣师与五百弟子，早已修得了神通。所以，不出石室，就能够清清楚楚看见饿虎惨状。甚至连母虎的起心动念，都已知晓。当时圣师与诸大弟子商量，谁能舍身，救济饿虎。

太子欣然答应道："善哉！善哉！今日正好完成我的夙愿。"

太子便独自走出了石室，踏足危崖向下一望。见母虎抱子，被大雪掩埋，使太子生大悲救助心。他站住危崖上面，顿时放下身心世界，做那入定工夫。心境清净没有一点杂念，立即获得清净无生法忍。看见自己在过去无数劫中，做过一切慷慨舍身的快乐事。于是，便出定返身，回到圣师和五百同学前，欢然告别。

太子说道："我今舍身，愿大家随喜（勿阻挠，要助兴）！"

圣师道："太子学道日浅，知见未广，为何马上就要发心舍身？"

太子答言："弟子于无量劫前，发心救济苦恼众生，发愿舍千身。弟子已经舍过九百九十九身，今日舍了此身，可以满足千身夙愿。所以决定舍身，万望圣师随喜！"

圣师道："太子志愿广大，功德很高，必先成佛。成佛以后，还望度我（圣师即弥勒前身）。"

太子就毅然伺虎去了，圣师率领五百弟子，挥泪如雨，送太子到危崖上。

当时有富兰长者（长者系有德望有财产有高年的称谓），带领地方善信五百人，冒雪入山，齐送供养物品，以结善缘。闻太子舍身饲虎之事，亦悲哀痛哭，随太子到危崖。

太子在大众前发大誓愿。他说："我今舍身，救苦恼众生命，愿所有功德，速成菩提，得常乐我净无为法身。未度的得度，未解的得解，未安的得安。我现在这个皮囊，内中储满了烦恼苦趣诸般恶毒。此身久被四大（地、水、火、风）毒蛇所盘踞，常为五欲恶贼所摧残。此身命终后，每下地狱，受无量苦。所以对这虚幻不实的肉身，应使受苦，勿使得乐。"

又发誓道："今把我身所存的血肉，去救饿虎。剩下的舍利白骨，当砌入塔中。使一切众生，为宿业因缘所生百病，一切汤药针灸不能救治的，来我塔处，至心供养，随病轻重，不出百日，必得除愈。我今此言，如果然真实不虚的，马上天降香花，证明此事。"

國學智慧全書

心经

381

此时天空中曼陀罗花(令人适意的白色香花)应声飞坠,密如雨点,大地震动。

太子即解衣缠头,投身虎前。母虎得菩萨肉,母子俱活。时危崖上面千余人,望见太子被饿虎吞食,骨肉狼藉,极声悲号,震动林谷。有的捶胸自扑,宛转卧地;有的立地禅定;有的叩头忏悔。此时诸天圣众,亦受此大感动力,都发出无上菩提心来。一面奏着天乐,异口同声,唱言:"善哉!摩诃萨埵(译为大心众生,即慈悲众生),从此以后,不久当坐道场。"五百同学,都发出了无上道意,那位圣师,马上得了无生法忍。

第二天,母后派遣使者,送食物来山。只见石室中,只有太子的衣裳伞盖钵锡罐瓶几件非常简单的日用东西,不见太子。学道弟子,二二五五,相对哭啼,不发一语。

使者到圣师前,只见圣师涕泪满面,呻吟侧座。

遍问诸人,无一应答。

使者非常震惊害怕,知其中必有变故。便把一切食物,分给诸人,急返王宫,把所见情状,陈诉母后。

母后大惊失色,说道:"不好了,我儿定然遭难了!"捶胸大叫,奔走告王。

国王得到警报,突然昏绝,不省人事,一会才苏醒过来。

群臣劝慰,说:"太子应当没有出事,入山寻觅,也许能再见,愿大王安心!"

父王、母后、妃子、众宫人,与群臣、吏民,蹈雪入山。

中途富兰长者带领五百善信迎面而来,含泪告王。说:"太子昨日投身危崖下,把肉身喂了饿虎,现在只有骨头了,狼藉在地。"

大家一同到太子舍身之处,父王、母后、妃子、宫人与群臣、吏民,放声悲号,震动山谷。父王、母后,伏太子尸上,心肝痛绝,昏不识人。

妃膝行向前,扶头理太子发,泪与声俱出。说:"愿使我身碎如尘粉,不愿我夫突然失去!"

此时,群臣对国王说:"太子发大菩提心,以肉身布施,救济苦恼众生,非无常(即正常死亡)、怨敌侵逼致死可比,应善为供养!"

就收拾骸骨,出山谷口,就平坦处,积旃檀香,加香苏油,行阇维法(即火葬法),收获舍利,起七宝塔。

为亲人献身已难,为老虎献身更难。这个故事实际在说明众生平等的道理,一切众生都有佛性,所以,即可以为父母亲舍身,也要能够为动物舍身,以平等心对待一切众生,是修行的最高境界。

第五章　正业：何为美，何为丑，一目了然

正业＝无求功德＝畜以献为本

学习体会：献以施舍为本

在各种注释八正道的著作中，基本都是将正业排在第四位。有的解释为：住清净之业身。有的将正业解释为正当行业，不可不务正业等，均可作为参考用。

什么是正业？简单说是否可以这样理解，即正当的业行和正当的业报。

正当的业行是指人的职业行为、言语和思想意念，合乎以善为本、慈悲为怀的标准原则；正当的业报就是善恶有报。

一个人的所作所为，有利于家庭的美满，有利于人民的福利，有利于各民族的团结和睦，有利于国家的兴旺发达，有利于世界的和平稳定，有利于人类的真、善、美等，这些就是每个人一生正当生活、正当工作、正当奋斗、正当做人、正当行业的大前提。因为人不是生而知之而是学而知之、悟而知之的，人的思想认识会有许多误区，在思想中常常会出现一些看不清想不通的事，所以人在前进中是要不断学习、反思和纠正自己的，这就需要修行，包括身、口、意三方面。要想取得正当业行，就得把实现一个坦坦荡荡的人生作为自己的目标。比如做小生意，就需要注重市场调查和观测，捕捉有利信息和时机，懂得供销关系。以勤劳、利人利己和运用智慧去获得正当利益，这叫作"财能义取天加护"。否则以假充真、以劣充优和缺斤少两等则都不属于正当业行了。

★脱离善的根本，就容易走上邪路

佛光照，自己绕，

一马当先懦字抛。

人往高处走，

滑坡可不得了，

后浪推前浪，

一代要比一代高。

自修自炼要悟高，

眼光放远别动摇。

遇到困难别低头，

千万别怕虫子咬。

——《序》

解释标题：《序》：次序、首要、重要、领先的问题，是要主动靠近佛光而皈依佛。

第一句佛光照，自己绕：佛光本普照，全在主动靠，不能视而不见，更不能躲闪。

第二句一马当先懦字抛：而应该唯恐落后的冲向前，毅然地摘掉脆弱、懦夫的帽子。懦，是懦弱的心游离了佛性。

第三句人往高处走：人心向善不争自高。人往高处走是靠近菩萨，人往低处走是靠近动物。

坐莲菩萨

第四句滑坡可不得了：行者对自身将要出现的落后和退步应有预见性，还要有挽救自己于危难之中的思想准备。

第五句后浪推前浪：后浪赶前浪是大自然规律；人往高处走也是生命发展的自然规律。

第六句一代要比一代高:高标准要求自己才能站得高。

第七句自修自炼要悟高:在悟性上很下功夫,修行决心才能大。

第八句眼光放远别动摇:只有心中以菩萨为榜样,才能有远见卓识而免除鼠目寸光。

第九句遇到困难别低头:因为懦夫遇到困难才低头,所以大丈夫遇到困难就偏偏不低头,何况遇到困难正是修炼心性的好时机。

第十句千万别怕虫子咬:害怕伤心而逃避,不如百折不挠而炼心。

人的欲望是无止境的,贪欲的花样形式也是层出不穷的;思想阵地如不用佛经去占领就会任妄求杂念去泛滥,那样,无形中就给造孽创造了条件;因此佛陀的谆谆教导就显得十分重要,让我们把老人家的指示记得牢牢。

那么,什么叫作正当业报呢? 应该说,就是善有善报、恶有恶报,种什么因结什么果,正业就是不造业。

2000 年有一天的报纸曾报道过这样一个真实故事:在中国南方某城镇,有一个性格暴躁的年轻小伙子来到屠宰场工作,由于缺乏家庭教育,工作中有些粗心大意,还喜欢显示自己而搞花样翻新。有一段时间他在杀鸡前,先把鸡放在地上,用力踩上一脚,待鸡痛得惨叫后,他再抓起来给它一刀,老师傅教授正确方法他也听不进去,仍是我行我素。一天,他又进入正常作业,照样是采取先踩后杀的方法,不料一只刚刚被踩过的公鸡,疯也似的飞起来,直奔小伙子脸上猛扑过去,刹那间便啄瞎了小青年的一只眼,使他永久成为一个残缺不全的人。对于我们一般普通人来说,做任何一种正当工作都是无可非议的,工作无贵贱之分,但是这位杀鸡小青年不懂得职业道德,所以遭到恶报,这叫作当下报,除了瞎了眼成残外,恐怕将来还要承受另一种业力的报应,这叫欠债还钱,是大自然平衡律,天理天规所决定的。

净空法师说过:菩萨也可以卖酒卖肉做生意。因为菩萨完全以慈悲为怀,做什么行业的工作都不能改变和动摇其善良的初衷。有人说,济公活佛也是菩萨,吃肉喝酒不也很潇洒吗? 其实济公的情况比较特殊,他极善、极顽皮又一身的佛光,这三条学不了怎好只学吃肉喝酒? 济公师父是游戏人生,而常人往往是被人生所游戏,无法相比。

印顺大师确实说过:很多国家的僧人并不素食,难道说人家不是出家修佛人吗?

佛陀在世时,弟子出去化缘,施主给米吃米,给肉吃肉,没有挑选的例外做法。

中国僧人实行素食是一种好习惯,此优良传统大约起自一千四百多年前的梁武帝时代,僧人就依照他的号召开始了素食。在家修行者在科学生活习惯的前提下,自然而然和随缘即可,这是符合佛法的,在小节上,在非原则问题上过于认真挑剔会因小失大的。

有人还会穷追不舍地问,既然菩萨可以卖酒卖肉做任何工作,那么会不会去屠宰场工作呢?对此问题可以肯定地回答:不会。为什么呢?因为菩萨没有此种因缘。

上面讲了正业的大致内容,人们还会问,要想实现和取得正业,应从哪儿入手做起呢?佛陀教导说:无求。因为无所求才能产生功德,所以正业也叫作无求功德。

什么叫无求?就是没有超越现实的追求,正当进取和努力不能叫作有求,灰心丧气和不求上进也不能叫作无求。

比如竞选市长,你如果具备当市长的命运、才能和机遇而又愿意为全市人民谋福利,能够以善为本,甘愿奉献青春。在这个前提下,你能当仁不让的进取是正当的正业。

证严菩萨有两句名言:

能受天磨方铁汉,

不被人妒是庸才。

解释:第一句说,为了培养善的美德,敢于吃尽天下苦,以"炼金哪能只靠烟? 狂风暴雨迎头修"的气概去成全之,将自己炼成刚强铁汉。

第二句说,修悟得清纯无瑕、一身正气、心宽人缘好,才令人羡慕,即使被妒也是光彩的。否则庸庸碌碌无所作为就无法令人高看。鲁迅曾说过,老实有时是无用的别名;然而老实厚道则令人起敬。

假如反过来,为了个人的权柄、面子、虚荣而争权夺利或急于求成等,都叫作有求和索取,因为脱离了善的根本,这样做很容易走向贪欲的邪路。不仅不会受到人民群众的拥戴,反而还要为自己留下无尽的烦恼,甚至造下恶业的后果。

★ 无怨无恨无贪无淫无腐无邪

无怨无恨不结仇,无贪无淫无所求,

无腐无邪无结仇,无官无禄一身修。

——《十二结》

解释:标题中的"结"字是障碍的意思,如一条绳子打了结,要解开它才好用。比喻思

想中的疙瘩解不开,就成了修行路上的拦路虎,如不解除它便无法前进,且时刻存在被虎咬伤的危险。

第一句无怨无恨不结仇:有句话叫恶语伤人,那么什么能伤己呢?怨恨!有怨恨就生气,生气心态便不平衡,心态不平衡就会影响体态的不平衡,这样便会心体同时得病,这不是因为有怨恨而伤自己了吗?怨恨到一定程度便会上升为仇敌,与人结仇对自己便会有更大的伤害和危险性,这是自己为自己前进设置的障碍。

第二句无贪无淫无所求:贪是贪图名利贪图安逸,贪天功为己有等;淫是指非法不正当的异性关系,即外遇或邪念;不该得到的东西想得到叫作求,佛经上说:"有求就有愁,愁坏了身体也难修。"

第三句无腐无邪无结仇:腐是腐败和铺张浪费,不正当的人事和钱财往来及不良恶习行为等;邪是邪念邪恶行为,不光明正大不走正路,与正确的伦理道德相违背等;前面第一句的仇是自己不与别人结仇,这句的仇是指别人没对自己有仇恨。

第四句无官无禄一身修:这一句是修行的高标准,既不图名也不图利,既一无所有又一无所求;全身心地投入到悟己修佛的高尚境界之中,将化缘者和出家和尚当作学习的榜样。

这首佛学经文讲的内容很重要,如果我们所做真正达到了这首经文的要求,就离得道水平很近了,佛陀的经文,菩萨的经文,我们只要能理解并做到了一首,就可能在修行路上大功告成,大家仔细想想,看看是不是这么回事?比如佛经《因果关系》《谈孝道》《观》《彼己》《禅》《四学歌》《静功诀窍》等都是一样,就是把一句经文真正学懂了并能做到,也是很了不起的,比如"应无所住而生其心""看空一切"等,确实能将其理解消化,就达到了高僧大德水平。再如八正道,凡是能真正将一两个正道修习好就十分不简单了,那就已站在修炼人众之上了。当然经文与经文之间的内在联系十分密切,都是相辅相成的。熟读经文、广学经文与深钻经文结合起来,才是悟得高、悟得深、悟得透、悟得真,这样一来,心性的修炼才会产生由量变到质变的飞跃过程。

★懂侠义,通人性

佛光普照万事精,

你学佛经很难通,

前进的路上有阻碍,

就是心胸狭隘看不清。

看问题心胸要宽,

办事情要想到别人难,

静下心来细修炼,

永远想到眼前有盏灯。

——《欠》

解释标题:《欠》:欠什么呢? 欠缺正向思维方式,因而欠缺一种公平眼光而乏智,这是佛祖针对顽徒屡犯的毛病,有感而发的相机讲道说法记录,虽然属于即兴的发挥,但却出口成章、宽严有度。

第一句佛光普照万事精:只有真诚而全面、主动地向佛光靠拢,才能从中捡到便宜而不吃亏,进而诸事精通而精明。

第二句你学佛经很难通:然而你这个劣徒再不悔改就难以醒悟而不可救药了。

第三句前进的路上有阻碍:那是因为你在前进的路上,为自我设置了拦路虎。

第四句就是心胸狭隘看不清:狭隘就是虚荣、自高、自满、嫉妒、小气、忧愁、较真、倔强、钻牛角尖、肤浅、粗暴、急躁等的总代称,然而,这些毛病你几乎都占全了,对许多问题的看法,犹如带上了木头眼镜——看不透。

第五句看问题心胸要宽:为了悬崖勒马,你首先要学着练达宽宏大量。

第六句办事情要想到别人难:第二条你要学会替别人着想,替朋友和领导分忧。

第七句静下心来细修炼:第三条很紧要,那就是想方设法先学经文修炼好自己,占据主动性,才有发言权,否则,说话难免要走板。

第八句永远想到眼前有盏灯:最后一条最关键。那就是牢牢记住把菩萨老师的榜样

力量,当作自己夜航的明灯,如能这样做,你还有救,不至于报废掉。

往往有这样一种情形,那就是"爱之深而责之切",所以我们应该为这位顽徒能受到佛陀的棒喝而高兴庆祝,因为能得佛祖亲自调教也是千载难逢的奇遇,没有点特别缘法是万万不成的。而没有经过高手严格调教过的人是很难有出息的,因为人的很多毛病都是与生俱来的,改掉动物留下来的狭隘习性谈何容易,所以要为那位受训的顽徒喝彩恭贺。

太白金星菩萨为什么提出"畜以献为本"呢? 这里大有学问。因为菩萨深入细致学习研究佛陀经文后,发现在正业的背后还隐含着另一重要内容,即从进化论的观点看,人是由动物演变而来的,菩萨又是由人演化而成的,在畜、人、菩萨三个层次中,基本上畜是属于不觉悟,人是属于半觉悟,菩萨是属于已达到觉悟的。人的半觉悟是有其根源的,那就是在身上还保留了畜的一些特点,如狭隘、野性,贪欲等毛病,而最明显的毛病在于善于索取不肯奉献,这种自顾自己、自私自利的思想根源来自动物的本能和本性。

太白金星菩萨

前面曾讲到《西游记》里的孙悟空,虽然俱有先天灵性和佛性较强的优点及特点,但他学到真本事后,其畜性就又膨胀为野心和索取:

1.搅闹龙宫:强行要走东海龙王的"天河镇底神珍铁"又名叫"玉意金箍棒",还索取盔甲等。

2.大闹地狱:将自己与所属部下的猴类,全部在生死簿中勾销,不受天理天规大自然规律的约束。

3.大闹天宫:不要王法只想随心所欲,强横索讨"齐天大圣"的高官职位,还口口声声要与天上尊贵的统治者,尊贵的玉皇大帝换换位置。

4.被如来佛压在五行山下五百年,野性才有了一定的收敛。

5.跟随唐僧到西天取经时乱杀人命,一次就打死六人(当然书中六个贼人也暗指人的

六识而一语双关），师父批评他几句，便着了恼，撇下师父使性而去。

6.强制教育：孙悟空自打被师父唐僧哄骗戴上金箍帽以后，才不得不接受强制教育而修炼其野性。

小说《西游记》中描写人的修身养性非常有代表性而合情合理，通过对孙悟空野性和索取心的揭示，将人身上具有牲畜的典型本质特点，做了入木三分的生动描述，这不能看成是作者随意杜撰的、专供人们消遣的普通神话故事，而是入情入理的拟人化的真实写照，是我们每个人在修行中借鉴对照的一面镜子。如果能客观对待、冷静审视，从这面镜子中可以观察到我们身上还存在多少，来自祖先动物身上的野性和索取心。

有这样一句话"邪恶本就有，只在一闪念"。一个人如被邪恶所乘，就会自私虚荣，就会野心膨胀，甚至会走火入魔害人害己，这种实例在人类历史上和现实中都是屡见不鲜的，其中严重者可以导致天怒人愤的恶劣果报而遭万人唾弃。因缘果报犹如物理学中的"作用力等于反作用力"，善恶有报是大自然规律所决定的，是绝对性的科学真理；如果善恶没有报，大自然规律也将作废。邪恶迷信的真正克星是科学、真理、佛光普照。

假如我们把生命分为三个层次：畜、人、菩萨，我们人在中间，具备双重特点。人的善良、奉献、知足、悟己、孝道等品德是向菩萨学习靠拢的结果；而人的粗野、急怒、怨恨、贪婪、索取等劣性是由动物遗传而来的。所以大菩萨讲的"畜以献为本"，不只是指畜类应老老实实地献力、献身、献肉；而着重点是针对人的本性来源而言的，菩萨与佛陀是心心相通的。我们只有理解了经文的本意，真正做到活学活用，才能达到真正惊醒咱们这些"世间名利客"之低劣本性的目的。为什么还要说"献以施舍为本"呢？因为行施舍可以使人无私而达圆满。有人把索取和邪恶比成欠债，把奉献和善待比成储蓄，这个比喻也是蛮生动形象的。

好人多得很，到处都可遇得见，但也有少量的邪恶之人，坑害别人之人，甚至还有个别人将父母兄弟竟然视为仇敌，这种人的所作所为，恐怕有时连畜生都不如。然而动物也具有两重性，它也有善良、善解和通人性的一面。

佛陀当太子时，使用过一匹白马名叫"犍陟"，它虽只是一个坐骑，但它温顺、通人性，善于理解太子悉达多的心意，二十多年来的朝夕相处，太子已把它当作朋友知己。

太子出城就要出家时，御者车匿苦苦哀求太子不要独自出家修行，讲出了许多义正情深的道理，这反而更坚定了太子的道心。悉达多对车匿，也对犍陟说："我为了超越度脱生死的大海，为了解救众生的烦恼痛苦，所以到这里来出家学道，等我将来达到目的的

国学智慧全书
禅宗智慧

时候,我必回城。假如不能成就这个愿望的话,我的身体将终老在山林之间。"

太子发出如此惊天动地的宏愿后,白马犍陟忽然一声高嘶,随后朝向太子跪屈双膝,两眼泪水止不住地涌了出来,太子见白马如此悲痛简直不亚于车匿,不觉也动情地落了泪。太子把该说的都与车匿说了,这时抚摸着犍陟的头亲切地与它话别:"请你不要悲伤,我非常感谢你,你已为我竭尽良马的劳苦,将来你必有好的果报。"说完便告别了二位,头也不回地直奔苦行林而去。

犍陟被车匿带回马房后因眷恋主人,不肯接受食物,几天便死了,这就是一个懂侠义、通人性的良驹;为了郑重纪念,车匿经过请示用正规葬礼仪式将白马火葬。正如佛陀所说,一切众生皆有佛性,犍陟种种表现就有力地旁证了佛的这一理论。

★"无所得"才能"无挂碍"

> 心无挂碍,随缘自在。
>
> ——《心经》

世界上有那么多宗教,几乎都离不开对死亡的关切。人类面对死亡的恐惧,是与生俱来的。如何解除死亡的恐惧,各种宗教和哲学都有自己的解释。

佛教于公元前 6 世纪诞生于古印度,在佛教产生之前,印度思想界长期居于主导地位的是婆罗门教的思想体系。婆罗门教是印度的古代宗教,也是印度教的古老形式。婆罗门教提出"梵我一如说"。"梵"和"我"的理论,认为在世间一切事物中最高本体是"梵"和"我",亦称"大我"。"梵"和"我"是恒常不变的,并且主宰这个世界。"梵"是最有力者,与个人本体的"我"被视为同一,从而形成众所周知的"梵我一如说"。这种梵天创世说与《圣经》基督教的创世说有相同之处,就是肯定了世界有一个万能的主宰,人类是由他创造的。这些宗教指示,只要人为善,升入天堂,成为上帝的子民就会获得永生。

《心经》在说到宇宙本体时,用"不生不灭"来说明"诸法空相"(宇宙本体)。在《心经》中,"不生不灭"是什么意思?可以概括为"不生即不死,有生必有死"。"不生不灭"是生命的解脱,是最高的境界,或者叫作"涅槃"。无论"不生不灭""诸法空相"还是"涅槃"等概念,实际都是相通的,都是超越生死的概念。

《心经》所说的"不生不灭"与印度教的"梵天"以及基督教的上帝是不同的。它认为,肉体的我不是真我,死了也没有一个永恒不变的灵魂,也没有一个可以永恒主宰世界的上帝。自性的本体,本来就没有生,没有生当然也就没有灭了。有生就有死,那是众生的世界。佛的世界,无生也就没有死了,所以叫作"不生不灭"。

那么,怎么去实现"不生不灭"呢?

大乘佛教通过菩萨的修行,走向"无我",从而实现生命的永恒(不生不灭)。

我们现在有"永垂不朽"的说法,往往是赞扬革命先烈,为了人民的利益。虽然献出了自己生命,但他的精神是永垂不朽的,他没有死,他永远活在人民心里。这些烈士,可以引申为大乘佛教的菩萨。大乘佛教引导众生走向"不生不灭"的境界,也要提倡这种献身精神,有了这种精神,看破了肉身的生死,那么"不生不灭"的境界也来到了。所以革命烈士,也是大乘佛教的菩萨。

"生命诚可贵,爱情价更高,若为自由故,二者皆可抛弃。"如果为了全人类的自由,甘愿献出自己的生命,那么从大乘佛教来看,他自己也获得了生命解脱的自由,即他也已经进入了"不生不灭"的境界,而不仅仅是我们现在通常所说他的精神将永垂不朽。这种人,像谭嗣同、瞿秋白等等,无不是我们学习的榜样。

为了进一步解释"不生不灭",有必要引进佛教"三法印"的概念。

佛教提出了"诸行无常,诸法无我,涅槃寂静"的观点,也就是佛教通常所说的"三法印"。

"诸行无常"是说一切世间存在的事物都无时无刻不在变化之中,过去有的,现在起了变异,现在有的,将来终归幻灭,一切事物都在发生、发展和灭亡之中。

"诸法无我"是说在一切存在的现象,都是空的,"无我"便是"空"的意思。

"涅槃寂静"是说涅槃的境界,灭除一切生死的痛苦,大解脱、大快乐、大自在,故涅槃是寂静的,涅槃也就是"不生不灭"。

凡符合此三原则的,便是佛的正法,就像世间公文只要盖了公章,就证明是政府的行文,法印,则代表佛所说。

在三法印中,"诸法无我"是佛教特有的宇宙本体论。只要实践了"诸法无我",死亡的恐惧就消灭了,"不生不灭"的涅槃境界就来到了。

如何达到这种"诸法无我"的境界?如何走向这种超越生死的彼岸?《心经》提出了实践之道。《心经》说:

舍利子,是诸法空相,不生不灭,不垢不净,不增不减。是故空中无色,无受想行识,

无眼耳鼻舌身意,无色声香味触法,无眼界,乃至无意识界,无无明,亦无无明尽,乃至无老死,亦无老死尽。无苦集灭道,无智亦无得。以无所得故。

观音菩萨对舍利子说的这段话,前面整个都在阐明什么是"诸法空相"(宇宙本体)?前面那些话我们看不懂也不要紧,最重要的是最后一句总结性的话"以无所得故"。为何"诸法空相"(宇宙本体)是那么一个样子呢?那就是因为你的本性永远不会得到什么。如果你明白了自性的"空"不是有所得,那么你在修行的时候,就不会执着,就不会有自我,所以就很容易超越生死了。因此,"无所得"是超越生死的一条捷径。

我们对"我""我所"(自己与自己的所有物)有所执着,就认为它是固定常存的,又希望它是固定不变的。而所谓"无所得",即没有我执与我所执,就是无我、空。

以上是觉悟"无所得",是超越生死的一条捷径。第二个方面,依照《心经》所说:

菩提萨埵,依般若波罗蜜多故,心无挂碍;无挂碍故,无有恐怖;远离颠倒梦想,究竟涅槃。

《心经》所说的"菩提萨埵"就是菩萨,也就是说,大乘菩萨修行,要依照般若智慧去实践,只要知道了般若智慧"无所得"的意义,那么菩萨在修行的实践上就会做到"无挂碍"。没有一切挂碍了,自然也就没有恐怖了,明白了世间如幻梦,从而进入"不生不灭"的涅槃。

无挂碍,即无碍,也就是无障碍、而能自由自在地活动。这种无挂碍的状态,是因为明白"无所得",就能够看破和放下一切,无执着地去随缘度化一切众生。无挂碍,则能如法而自由自在地活动。孔子所说"从心所欲不逾矩",也就是这种无碍自在的状态。

"无所得"和"无挂碍"实际上是辩证统一的,有了"无所得",便能"无挂碍"。从"无所得"到"无挂碍",便完成了佛教的理想人格,得到日常生活中一切的无碍自在。说佛菩萨游戏神通,在三界度化众生,就是指他虽然在度化众生,却不做度化之相,不像世人执着自己在做功德。这种力量源泉,就是因为佛处于"无所得"而能进入"无挂碍"的境界。

《金刚经》说"应无所住而生其心"说明了这种"无所得"和"无挂碍"的状态。"应无所住而生其心"就是顺应万事万物的本性,不要停住而有所执着和挂碍,让心横遍十方,连贯三世(过去、现在、将来),发

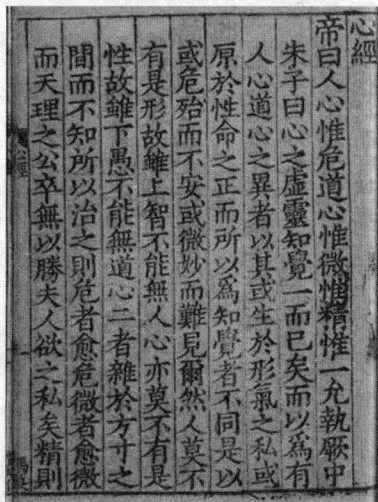

《心经》书影

无限的菩提心去度化一切众生。这种境界实际就是"诸法无我"和"不生不灭"。

理论上,佛教用"缘起性空"与"诸法实相"很多理论来解释"不生不灭"。在实践上,佛教告诉我们"诸法无我",想要超越生死,就要走向"无我",也就是要我们正确地看社会与人生。实践的"无我",是指完成最完美、最充实的人格。

使自己处在无我的"空",就会从以自我为中心转向大慈大悲,不会再有贪欲,也不会对别人发怒,也不会再有愚痴,这就是佛教常说的"贪""嗔""痴"三毒。他会时常会站在他人的立场、全体的立场正确地考虑问题,他首先想到的是整体的利益,而不是个人的利益。这种人在单位是一个好员工,做领导是一个好领导,在家庭是一个好妻子或者好丈夫。没有"我"和"他"的对立,就能扩大自己的心境无限地包容别人。从小我,到大我,到无我,最后也就到达了"不生不灭"的境界。

死亡并不可怕,"不生不灭"亦非高不可攀,反复去思考"无我"的含义,理解《心经》所说的"无所得"和"无挂碍",在生活实践中时时为别人着想,完全彻底地为人民服务,对死亡也就"无有恐怖"了。

★紧紧把握如梦的人生

人生一场梦,

翻来覆去无止境,

有时甜来有时苦,

甜无光,苦是氧,

少甜多苦修日长。

——《梦》

解释题目《梦》:梦有多种解释,在这里指人生虚幻不实,也警示人们不可虚度一生,要紧紧把握这如梦的人生,力图逃离苦海到达彼岸。

第一句,人生一场梦:人生很短,虚幻不实。古人形容说:人生一世,白驹过隙,忽然而已。隙是门缝,在门缝里瞧外面奔跑的白马,就是一眨眼的工夫。

第二句,翻来覆去无止境:我们这些常人往往陷入名利色情和衣食住行之中,常常瞎操心,往往生烦恼,虽然像驴推磨式不停地转圈,但是脚下的路却永无尽头。

第三句有时甜来有时苦：人生之路总是顺逆交替，甜是享受和安逸，苦是烦恼和承受压力。

第四句甜无光苦是氧：人生不能在追求享乐中虚度年华，而应用劳苦去成就意志，用容忍去成就觉悟，用逆流而上和引水上山去成就智慧和能量，这样方能显出修佛人的英雄本色。氧是指人体内高能量物质。

第五句少甜多苦修日长：如果不甘做思想的懒汉，能够心胸宽阔轻松愉快地闯过各种苦关，人生的意义将成倍增长，修炼一年的收获往往胜过常人多少年。

这首经文教导我们思想要悟空，修炼要悟实，只有闯过各种苦关才能实现脱苦而永离苦海之轮回。在经文中深刻地体现了佛陀教法的温馨和伟大，菩萨真不愧是佛陀的得意门生。

下面的一副对联是学习这首经文的感想：

谁若真修，苦便属于谁，苦中有乐，乐积要生慧；

谁若假修，甜便属于谁，甜中有乐，乐极要生悲。

知恩报恩是人的美德，报恩也是一种奉献。人孝顺父母，学生崇敬老师，下级尊重上级和领导关爱众生等都属于美德。不但人是这样，动物也懂得报恩，中国古代有这样两句话：羊羔有跪乳之仁，乌鸦有反哺之义。意思是说小羊羔是跪在地上吃母奶的。小乌鸦懂得为失去觅食能力的老乌鸦去打食，来哺养长辈。

中国辽宁的辽沈晚报刊登了一则动物报恩故事，题目是《黄鼠狼为鸡站岗两年》：

本报哈尔滨消息，每当夕阳西落，黑龙江省五九七农场二分场一队养鸡户钱栋喜的鸡舍房外，便出现一伙黄鼬(俗称黄鼠狼)站岗巡逻的场面。

两年前，老钱在堆柴禾时，发现一只受伤的黄鼠狼，老钱知道这是国家重点保护的动物，于是便给它包扎上药，还将猪肉喂给黄鼠狼吃，黄鼠狼伤好后，老钱将其放归大自然。不久，黄鼠狼每到黄昏又返回钱家，还带来好几只黄鼠狼。过去老钱仓库内堆放的苞米经常被老鼠糟蹋，自从有了这伙黄鼠狼，鸡不丢米不少，老钱高兴地说比猫都好。(2000 年刊)

下面转个话题：你争我斗是畜生的典型表现，为了一点利益往往可以斗它个两败俱伤，人也会有类似的现象发生。不信你看《小偷与一块饼》的故事：

从前有一对夫妇，共有三块大饼，夫妇商量好，两人共分各食一饼。面对剩下的一块，夫妇二人做出一个协议："谁要是先讲了话，就不能吃这块饼。"协议妥当，两人都为了争得这块饼谁也不敢讲话。

正在这时,一个小偷跑到他们家里行窃,把他们家里几乎所有的钱财尽窃在手。但是这夫妇两人因有约在先,谁也不愿大喊捉贼,都眼睁睁一语不发地看着小偷。小偷见他们二人一声不吭胆子越发大了,便在其丈夫面前调戏他的妻子。做丈夫的见了,依然默不作声。可是他妻子心中发急了,就大声喊了起来:"抓贼"——同时骂她丈夫:"你怎么这样呆痴!为了一块饼子,见了小偷也不喊不叫。"她丈夫见她先开口说话,于是拍手大笑,冲着她说:"笨女人,你输了,饼子该归我,不能再给你了。"周围的人知道后,没有一个不讥笑他的。

这个《百喻经》里的故事有力地讽刺了丈夫那愚痴执着、因小失大和索取之心,这些劣根应该说是源于动物低劣愚蠢之本性。

人敢于承认自己的畜性是真正的勇士行径,是爱护自己善待自己的觉醒表现,只有在不间断地学悟中我们才能找到修行和前进的动力。

第六章 正见：这里有一生平安的秘诀

正见＝远离功德＝自然以宇宙为本

学习体会：宇宙以能量为本。

许多人解释八正道都是将正见排在第一位，认为具有正确知见是很重要的，把正见当作八正道的基础，足见其重视程度。太虚大师的徒弟印顺长老，也是证严菩萨在人间的恩师，他在《佛学概论》中说："正见最先是闻慧，即对因果、事理、四谛、三法印等，从听闻正法而得到正确深切的信解，理解佛法，以佛法为自己的见地。"此论可作为理解正见的重要参考。其中讲的三法印是：诸行无常、诸法无我、涅槃寂静。佛教以此为检验印证一切法是否合乎佛法的标准，故名三法印。

什么是正见？可以答：是正当见解或正确见知。那么什么是正当见知，关键在哪里呢？答案是无怨。

《八正道》的第四是知足，第五是无求，这一节八正道的第六是无怨，远离功德就是远离埋怨。前面曾讲过，最伤人的是恶语，最伤己的是怨恨。假如一个人习惯和长于怨恨、埋怨，这个人便很难有长进，因为怨恨是自己打击自己最有效的办法，它对人的心态和体态均可造成巨大伤害。

佛经有云：怨天怨地怨神仙，修性修体修的太远。这句经文的意思是说：凡夫一旦被怨字缠身，他便不管是对父母兄弟、上级还是下级、老师还是恩人、朋友还是孩子、甚至对大自然规律都一律埋怨，本来修性修体是对的，但凡夫却只喜修正别人，不喜修正自己而"自我无言"。

★ 灵活运用经文，必有好的果报

熟读经文有硕果，回首往事心哆嗦；

抬头见佛心宽阔，有事要和师父说；

佛祖教诲如铁砣，实心实意找回我；

重塑我来后有果，慈悲二字心头坐。

——《求果》

第一句熟读经文有硕果：熟记佛学经文又能灵活运用，必能有好的果报。

第二句回首往事心哆嗦：人成熟了以后，才知从前的许多幼稚做法真是不堪回首，甚至感到后怕。以下几句请自解。

从前在文人中流传着一句俗话，说：熟读唐诗三百首，不会吟诗也会吟。熟读经文就是把佛经理解深透后再背下来，背下来是为了便于在工作中灵活运用，这样在反复运用和思索中渐渐达到自如，人的素质也跟着不知不觉地上去了，岂不美哉？这是佛陀传授的修炼绝招。熟读唐诗学会作诗，背熟经文学会获智，这个绝招不妨试试看。

回过头来再说正见，正见就是无怨，怨的表现有很多种，比如一个人：

1.埋怨命不好——生在中国这样的穷国，而没生在美、英、德、日一类的富国。

2.埋怨生在农村而没生在城市。

3.埋怨生在穷苦人家而没生在富贵人家。

4.埋怨生不逢时而无用武之地等。

怨就不能守戒而产生恶语，怨就不能安定而产生心乱，怨就不能正确思维而难生智慧。怨就会不知知足，就会不甘心奉献，反而会念苦和索取等。佛陀深知怨恨的危害，所以郑重警告世人，对于怨恨，要防备它、要远离它，因为远离怨恨才能产生功德，否则功德就会被怨恨给葬送，所以正见才叫作远离功德。这四个字生动形象、发人深省。

那么，应该如何做人呢？下面请看一位菩萨的高妙经文《我是一棵小草》：

人间如同一片草，有的矮来有的高，

高的见风它就倒，矮的下雨都打不着。

有的草长得旺,有的草长得弱,

生活靠活力,智慧靠大脑,

勤劳就是我们宝,贪财爱富连根刨。

解释题目《我是一棵小草》:小草喻平凡和生命顽强,并以小草来拟人。

1.人间如同一片草,有的矮来有的高:生活在同一苦海的人,虽然都像草那样显得有些脆弱,但思想水平和命运差别等,人与人还是不一样的。

2.高的见风它就倒,矮的下雨都打不着:高喻自高,矮喻谦恭。自视清高者是容易被虚荣心所损伤的;谦虚的人知足无求,常常因能脚踏实地而得以平安宁静。

得道高僧

3.有的草长得旺,有的草长得弱:勤劳乐观有作为的人常常是心体康泰、事业有成而兴旺发达的;那懒惰狭隘的人反而处处显得弱不禁风且一事无成。

4.生活靠活力,智慧靠大脑:善事做得多的人显得充实,生活有滋有味而充满情趣;只有心花能常常开放的人,智慧才能提高得快。

5.勤劳就是我们的宝,贪财爱富连根刨:人的立身之本在于勤奋劳动和勤学勤修,看空自我就能积累智慧财富;看重人生的贪求虚荣,就等于出卖了自己的灵魂,那可不得了。

这首经文体现了菩萨对佛陀思想主张的深透领悟和一片拳拳孝佛之心,字里行间渗透出对众生的亲切关爱情意。

佛陀对理解这首经文做了如下引导:

"这首经文看起来简单,但做起来很难,是告诉我们怎样做人的。"

太白金星菩萨的《菩提咒》根据佛陀经文的本意,进一步告诉我们远离功德的理论根据是什么,这个理论根据就是"自然以宇宙为本",即自然界的一切现象和法,都是服从于宇宙规律的,万事万物的来历、变化、生灭等都是有规律的,是讲科学的,是有真理可以遵循的。人的生命旅程主要是由命运决定的。命运就是由因果关系和业力等所导致的。据上所述,是否可做如下归纳:

命运是不可抗拒的,

命运是可以改变的，

改变命运是有条件的，

条件是靠自身去创建的，

创建是很不简单的，

是需要用八正道来做指南的。

道观里有这样一幅精彩对联：

事在人为，莫道万般皆由命，

境由心造，退后一步自然宽。

第一句是说，有些事需要勤奋努力去获得成功而不是靠等待。

第二句是说，人只有懂知足而无怨求，才能心平气和、心安理得。命运往往是指天、地、人一体的生命综合信息——因果而言。

科学家、几何力学之父的威勒博士也认识到这个问题，他说："宇宙的一切事态发生，都是循着因果关系而发生的。"他又说："既造了业因，必将受到其果报，业力高于一切。"

这就是说，宇宙中的科学定律是不容置疑的。因此，我们可以得出以下结论：人生就是命运加努力。命运就是客观存在的必然，同时，命运也是可以通过主观努力去改变的，改变命运是需要创造条件的，且每个人皆可获取这种努力改变自身命运的机会和权力。

佛陀为众生讲八正道，就是具体传授通过自度的努力，去改变命运的方式和方法，也是现身说法式的传授天机，因为佛陀自己就是按照八功德（即八正道）标准一步一步走过来的，所以这种所传所教都是极其珍奇和宝贵的。

★天不变，道亦不变，自然规律

宝塔高用目瞧，遇到琐事佛经找，

不贪不占心宽体壮，有时还得把火消。

——《自修自炼》

对于真理，不同的人会具有不同的态度，那些被狭见捆绑的人，是无法将真理之门打开的，为此，佛陀为弟子们讲述了这样一个故事：

"让我告诉你一个故事，它是关于一个年轻鳏夫和他五岁儿子的故事。这男子爱他的儿子胜过自己的生命。一天,他因要出外办事,留下儿子一人在屋里。他出去之后,一群土匪入村,把全村劫杀掳掠,他们把他的儿子掳走。当他从外面归来,发现全屋已被烧毁,而附近又伏着一具烧焦了的童尸、他便以为自己的儿子已惨遭杀害。他在那里呼天抢地,然后把剩余的尸体火化。因为爱子心切,他便将骨灰放入一个袋里,时常携带在身边。数月后,他的儿子摆脱了土匪的监视,偷走回家。那时正当深夜,他大力敲门,但因他的父亲当时正抱着骨灰忆念啼哭,便没有理会门响。这时他儿子大声呼叫,告诉他是他的儿子,他已不予理会。他深信自己的儿子已死去,还以为那是附近的顽童戏弄他而已。最后他的儿子只好流浪他乡。这样一来,他们父子将永远诀别。"

佛陀又接着说:"你们看到吧,如果我们对一些信念执着为绝对的真理,也许有一天会落得像这个鳏夫的下场。如果我们以为自己尽得真义,当真理真的来临时,我们便无法把心扉的大门打开来接纳它了。"

人们在思想意念中保留着许多固执己见的东西不肯轻易放下,有时想放也放不下,对于自然界的一些基本规律,既没有客观的正确认识,也激发不起来"一切事还得从头学"的主观能动性。为了战胜这个旧的我,建立起一个追求真理全新的我,就需要彻底地变革自我。这种打碎旧我创建新我的举措,用中国的俗话说就是"旧的不去新的不来"。什么是旧的? 主要指那些先入为主而又违反科学规律的一些陈腐东西。什么是新的? 佛经常用常新,科学佛学是永世不变的最高真理。你听说过这样一句话吗? 那就是:"天不变道亦不变。"因为我们的祖祖辈辈、世世代代本来就是生活在科学的大道之中。什么是道? 自然规律和佛经就是道。

★ 仰止唯佛陀,完成在人格

思想深处把根扎,迷迷糊糊找不到家,
问君何日来掌舵,有朝一日心中垮。
水中的草儿长不大,孝子哪能不回家?
海阔天空无你处,一步一摇快把根扎下。

——《放》

解释题目《放》:放开思想、放下包袱、放下执着、放开手脚修悟自己。

第一句思想深处把根扎：是说我们的思想入世太深，被名、利、色、情所绊住了手脚；被贪、嗔、痴所统治的太深太久了，多少世代都摆脱不了这七种邪恶的愚弄和伤害。在思想理论上，人们常常不自觉地喜欢先入为主而背离科学真理。

第二句迷迷糊糊找不到家：人虽有佛性，但早已被埋没；虽然有原来的面貌，但因已忘了本，早就面目全非了，所以连自己的家都找不到了。就好像无家可归而可怜巴巴的流浪儿。

第三句问君何日来掌舵：君指心、元神，佛性。一个人放荡不羁惯了，就像认贼作父似的，甘愿深陷苦海，哪知回头是岸？况且想要学着做好人的决心迟迟下不了，明日复明日，明日何其多？

第四句有朝一日心中垮：不见棺材不落泪、不见阎王不信有，这是人们常常抱持的思想习惯，它已超越了科学允许限度。心不当家，人必败落。

第五句水中的草儿长不大：没有科学的高标准如何长进？跟武大郎学徒卖烧饼能有多大出息和油水？水中不是草生长的好环境，水也借喻苦海。

第六句孝子哪能不回家：人归根结底是由道所生，孝道是人的天职，比方说一个人，就算是对天下的所有父母都能孝敬，唯独对生养自己的亲生父母忘却了孝敬而不闻不问，任凭慈母天天倚门盼归也没有良知感应，这难道不是天大的滑稽事吗？

第七句海阔天空无你处：人间有一张无形的天罗地网，苦海便恰恰包在这个网之内，这个苦海再广大，再显得明亮宽敞而迷人，这个万花筒似的美景，却万万不是久留之地。

第八句一步一摇快把根扎下：只有在逆流而上的艰难困苦中扎下了道根，才能从生活之无情的天罗地网中解放出来，这叫作君子求道不让贤。

经文的前四句是严重警告，后四句是循循善诱。可见菩萨大德对佛陀的科学思想是极其崇敬的，菩萨与佛之间也是心心相通的。

佛陀说："正见"就是远离功德，太白金星菩萨又提示说：正见也可以从另一侧面理解成"自然以宇宙为本"，宇宙在此代表自然规律和自然法则。在经文学习中，我们按照菩萨那具良苦用心的教导，"自然以宇宙为本"还可引申为"宇宙以能量为本"。

在宇宙中，星球与星球之间，星系与星系之间的相互依附关系，都是以能量大小为标准的，能量小的围绕能量大的而旋转，这是自然法则，天经地义。有大有小、有主有次，宇宙间的星球星系才能井井有条的运转，否则只有产生混乱。

世间的道理与宇宙间的道理是相通的，不会出现违反程序的现象。你看，全球有联

合国，各个国家都有自上而下的层层管理机制，否则的话便可想而知，那将呈现出无政府主义的混乱状态，那种无大小没秩序的状态才是真正令人不可思议的。

世间的道理和宇宙的道理是这样，佛家的道理也是这样。星球离开法就会脱离轨道；人们离开国法王法，就会受到法律制裁和命运的制约；佛家的大业也不例外，她的级别分明、管理严密、以法为令、执法如山。体现了佛家依照佛法规矩行事的科学性和严肃性。佛祖的职务决定了佛的地位至高无上；佛祖的能量决定了佛的法力无边；佛陀的慈悲和威望保证了佛家的高度统一和欣欣向荣而强大无比。这是佛家科学性的根

佛祖

本显著标志，只有无与伦比的佛学，才能将宝贵的科学涵盖其下；反过来说，佛家的理论若是离开了科学性，也会犹如盲人，令人不可思议。所以太虚大师特别强调"佛教必须是科学的"其道理的深意就在于此，意在拨乱反正。

为了突出重点和强调关键，太虚大师还创建了一句千古名言："仰止唯佛陀，完成在人格。"

仰是敬仰崇拜，止也当只字讲，唯是唯一，没有第二个，是至高无上的至尊。因为佛陀老人家不仅智慧最大，而且人格最高尚，所以是众生的最高榜样。太虚菩萨的话讲得实在是太明白了，意思是要实事求是地树立佛家一把手如来佛的绝对权威，郑重要求人们，不要再执着佛无大小的糊涂理论，以免造成混乱和迷惑而被邪恶所乘。"佛陀只管娑婆世界"等脱离事实的人为说法，是以讹传讹和先入为主所造成的错误，纠正这种误传误导是太虚大师的本意。太虚大师与当年达摩祖师标新立异的苦心是同样伟大而发人深思的，他们提倡求真知、讲实际、信科学、动脑筋。不希望某些学佛人，只是紧紧地抱着一些以讹传讹、先入为主的东西而不肯放手，这样岂不是自误且误人？这就是求真近佛法，不求真远佛法的浅显道理。"仰止唯佛陀"是太虚大师的肺腑之言，真正的学佛人对此深意怎能视而不见、听而不闻、无动于衷呢？

著名的济群法师赞叹佛祖时这样写道："天上天下无如佛，十方世界亦无比；世间所有我尽见，一切无有如佛者。"可见法师和许多大德一样都是有真知灼见的。

因而，每逢农历四月初八，佛家便会天上天下一体地举行盛大聚会，为如来佛诞辰祝

寿庆贺,祝他老人家寿比南山、福如东海、万寿无疆。整个佛家在原始佛祖毗卢遮那佛的亲自带领下,连同弥勒佛、阿弥陀佛、药师佛共同率领众佛菩萨、罗汉及众弟子,向释迦牟尼佛祖跪拜、祝寿,体现了全佛家的高度谐和统一。

为什么全都要参拜佛祖?因为佛祖的慈悲最大、恩德最大、智慧最大、威望最高。佛祖的水平和能量已与大道完全相吻合,所以孝佛就是孝道。孝道是佛法的中心,孝道也是《心经》的中心。应该说每年的农历四月初八,是宇宙间规格最高、规模最大、意义最深远的祝寿日和最伟大的纪念节。在全宇宙,随着佛教盛法时期的到来,其规模会越来越大,范围会越来越广,形式和内涵会越来越丰富多彩、活泼统一。

然而,在一部书中却这样写道:"美国声名显赫的大学者麦克哈特,是当代著名的应用物理学家、数学家、法学家兼文学家,他最著名的一部畅销书叫《人类百位名人排座次》,作者在书中把佛教创始人释迦牟尼排在第四位……。"

美国人有长处我们要认可,美国人有短处我们应正视。众生是平等的,真理只能有一个,盲目崇拜却是为哪般?盲目崇拜不是正见、正信,而邪见是有害的,是人性弱点的表露。

这一次麦克哈特先生就走了眼,他虽然是科学家,但是在《排座次》的著作里,显然只是缺乏科学眼光和科学见解。为什么麦克哈特出现了这种令人不敢相信的、显而易见的失误呢?大概原因有五:

1.世界上有些理论和观点本来就是五花八门,作者却没能从云云的假相中逃离出来。

2.隔行如隔山,作者所接触到的科学和真理还是有一定局限性,写书前对那些关键有用的真实资料掌握得还是太少了些。

3.缺乏一种诸如爱因斯坦、马克思、罗素、孙中山、鲁迅等人那种睿智恢宏的透视能力而显得肤浅。

4.人无完人,金无足赤,千里马也有失足之时,因为他毕竟还不是个觉者。

5.假如麦克哈特先生抛开了真理和科学态度而是感情用事则另当别论。

我对科学家麦克哈特先生也不大了解,在此只是就事论事、与诸位作一讨论而已。我倒是希望麦克哈特先生通过深入学习和研究,再重新写一本关于这方面观点更接近科学真理的书,以解自己先前那败笔之恨。

任何觉者、菩萨、佛都是由人从人间修上去的,只不过有些觉者不见经传罢了,但是,人类的最高神圣大哲必有经传记载,而佛陀真实的经传记载,无论是质量和数量,在全人

类中都是首屈一指的,怎会视而不见呢? 比如说,你要讲述太阳系的科学知识,假如你说或在著作中写道:"地球是太阳系的中心,太阳系的众多大小星球都是在围绕着地球旋转的。"若是在哥白尼那个时代这样讲问题也许不太大,如果今天这样讲,大概中学生都会笑掉牙。

假如你再进一步说下去:"即使是将银河系的中心,或用黑洞拿来与地球相比,其能量也比不上地球。"

听到你这样说下去的结果,恐怕就不只是笑掉牙的问题了,而是会诚心地请你去看医生了,因为真理不是杜撰出来的。

证严上人讲过一段出自《庄子》这本书里的一个小故事:

泰清问道于无穷:"人曰你道行高深,上知天文,下知地理,那么何谓天之大道?"曰:"不知。"泰清失望地转去问无为:"何谓天之大道?"无为答曰:"可贵可贱,可大可小谓之道。"泰清听了并不满意,于是找无始曰:"前二者一说<不知>一说<知>,哪个对?"无始曰:"知即不知。知是浅显的道,不知是深远的道,真道不是言语能宣说,天地宇宙真理实在无法说尽,能说的只是其中一点点而已。"

证严菩萨接着说:"可见有道者对听和说并不刻意去表现,他无所求,因为并不是靠声音言说就能道断一切。平时讲话若无法表达透彻的道理,不如不讲的好。"

又说:"人与人之间的言谈交流,必定要格外小心,注意自己对人是否有平等心,对人的看法要很公平。日常生活中最好多用心,不要以为开口动舌很简单。"以上话题皆因谈论麦克哈特的书而引起,就此打住吧。

佛说:"人间是个大家庭,你说我说无止境"。有话不能不让人说,因为嘴巴长在人家发声器官的外面,又不好劝人把嘴缝上;所以,让人讲话天塌不下来。有人能听顺耳之言,也有人顺、逆之言都能听。古话说:兼听则明、偏听则暗。那么,怎样才能达到佛经所讲的"耳无量"呢? 那就要看一个人的修悟程度了。

★修身正气无所惧

悟己青山在,

不怕海浪拍;

小鬼绕身走，

鲜花心中开；

事业如苦海，

烦恼心中埋；

若想得正果，

求师把门开。

——《谜》

解释标题《谜》：在修悟中还没解开的疑团，就像谜语一样。

第一句悟己青山在：因为觉悟自己是持善的行为，所以才能与大自然的规律合拍；青山在：比喻生命的本体"心"已得苗壮成长。

第二句不怕海浪拍：能注意修悟自己的人，承受压力的能力和免疫力得到了增添，苦海中的坎坷、挫折和打击已经奈何不了他啦。

第三句小鬼绕身走：外界的邪风和思维中的邪念，都因近不得正气而夹着尾巴逃掉了。

第四句鲜花心中开：任凭妖魔来干扰，心花怒放依旧艳。

第五句事业如苦海：为个人名利执着追求的事业，是自己拉自己入苦海。事业在此是指离开了善和献的自私行为。

第六句烦恼心中埋：在为人民做善事时，反而有人瞧不起你或认为你是假正经，我却能容忍地一笑了之。

第七句若想得正果：啊！最美妙的目标可不是那些看得见、摸得着的眼前利益，而是智慧的圆满。

第八句求师把门开：没有菩萨老师的指教和引导，我是难进善门的；师父也是根据我平生积累的善念善行之数量和质量给我打分的。第一句悟己二字就是谜底，前四句阐述了悟己的好处，后四句传授了悟己的妙诀。

这首经文写得质朴流畅，充分体现了与佛陀教法的相通和心心相印，体现了佛家大业的兴旺和高度统一。

中国文化大革命是一种社会倒退的范例，许多领导人和老师都死于癌症，然而董必武、朱德、邓小平、叶剑英、陈云等都活到九十多岁，那主要是因为他们能比较客观地看问题,心胸宽阔如海之故。所以说埋怨哪个领导,报怨一个时代,认倒霉和一门儿心思地从外界找原因都是不够科学的,应跳得出来,客观冷静地分析研究,这里有看得见的原因,有看不见的原因;有早期生命的原因,有现实作为的原因等。因果律就是主要因素,不这样看就无法理解那个时代;局部要服从全局,地球要服从太阳系,太阳系要服从宇宙;微观世界和宏观世界也会有一些错综复杂的相互牵连关系等。不学佛法,许多事都会因纳闷儿而想不通。

在日常生活中,一切事情如能从缘法理论和因果关系的角度去认识和思考就比较妥当;如养成这种思维习惯,生活就能平静许多。有这样一句话叫作:现存的就是合理的(这句话应辩证地看)。这是从某种角度来说的:事实已摆在面前,必有其存在的因由;既不能否认它,也不能执着地想不通它。人与人的交往和各类矛盾的发生,都应该看成是形形色色的因果关系和缘起法规;只有客观看待此类问题,才能正确认识掌握它的内在规律,占据主动权,而做到不怨、一切不怨、永远不怨;也才能妥善处理问题、冷静解决矛盾而除恶向善。在这其中,一个智者便会特别注重调

证严上人

整、战胜、突破、超越和拓宽自我;做事有理、有利、有节,站得高看得远,就能减少损失和消耗。佛经里有句话叫:“缘分难舍莫狂言”,意思是说,缘分推不掉也逃不脱,应把缘分当作自我磨炼的好机会(缘分包括夫妻、父子、亲友、邻里、同事、上下级和各种工作环境等)。应该说有的时候,我们也只有把缘分变革成思想营养的权利,遇事想不通也不行。(这里不排斥人间法律,法律更讲因果关系)。是否可以这样说,在人间某一些事物中,本来就应该是:没有可怨,没有可气,只有可怜,只有可笑。对自己对别人都能一律如此平等看待,你说好不好呢? 佛经里说:功法无量、或佛法无边,这是因为一切事物和人的思维意念,都是变化无穷的,所以应该辩证地看待一切。

二次大战时,一只美国潜艇遭遇到日本大舰队的围攻,万般无奈只得沉到海底以隐藏不动,任凭对方连续投放了五十分钟的深水炸弹,潜艇里官兵心惊肉跳,他们意识到,只要有一颗炸弹离潜艇二十米左右爆炸,就会将人艇完全彻底报销掉。后来侥幸逃离,其中有个士官回忆说:“经过那次生死考验后自己思想才得以成熟,什么样的大事小事再

也扰乱不了我的心,我变得比从前大方宽厚、无求无怨、宠辱不惊了。"

一个人有病也是这样,如能从自身心志体态找原因,自强不息地与疾病搏斗,纵然是癌症也会有转机而大难不死,反过来怨天怨地怨神仙,怨气冲天,即使是小病也会发展成重病而不治。学好佛法就能减少或免除一些人生苦难。

斯里兰卡前总理班达拉奈克说:"只要日月继续存在,只要人类还继续生活在这个星球上,佛法就会一直延续,因为佛教是人的宗教,是整个人类的宗教。"

阿尔伯特.施维泽是西方主要哲学家之一,他说:"在这个地球上,佛表达了具有永久真实性的真理,提高了不仅是印度的而是人类的伦理水平。佛,是这个世界所知道的最伟大的伦理天才之一。"

凡是一个有良知的科学家和智者,他的肺腑之言总是会因为符合科学真理而感人至深的。因为科学家和智者所讲的真理就是正见,她能经得住长期历史的考验。

第七章 正精进:盖楼先筑基, 人生必修课

正精进=毕竟功德=生活以勤劳为本

学习体会:勤劳以不念苦为本

许多解释八正道的书将正精进排在八正道的第六位,并解释为:离恶向善,勇猛精进。认为参禅行善如逆水行舟不进则退,如果放逸不修,得过且过,苟且偷安则难达彼岸等。此解可作为参考。

《菩提咒》中说:"生活以勤劳为本",这就是明确告诉我们:种豆得豆、种瓜得瓜就是正精进。

千里之行始于足下,脚下的路要靠自己一步一步地去走完。勤劳是一门人生必修的主课,可以说除了极少数的非正常者以外,几乎没有任何人在一生中能逃脱掉这门勤劳主修课的考验。人类的一切物质来源和各种成果,都是由付出辛勤劳动的汗水换得来的。勤劳是付出、是奉献、是创造,因此也是人生最美的品德;相反,懒惰者就失去了获取这种美德的基础和来源。

在学习体会中,为什么进一步还要说,勤劳要以不念苦为本呢? 那是为了培养勤劳的自觉性和纯洁性。你想,如果在勤劳的背后还隐藏着不自觉和念苦,那将使勤劳的意义变了味道,而将勤劳二字画上了引号。

行僧

因为勤劳的出发点不应是做给别人看的,也不是被谁强迫才去做的,而是为了走正路、养成一个劳动好习惯才四体而勤的。是为孝敬长辈、抚育晚辈,为了营建好一个和美家庭而甘愿去做的。长辈的勤劳美德往往可以感染遗传给晚辈,这种美德美就美在自觉奉献而不知念苦,这种美德不仅利于自我优良品格的形成,同时利于家庭、社会、大众和各种事业。

勤劳涉及的面很广,由于社会分工和职业不同,所以,除了四体之勤外,还有许多各式各样的勤劳形态。如科学家要勤学习、勤研究;教师需要勤动脑、勤教导;艺术家要勤构思、勤创作;运动员要勤训练争第一等,都应该算作是"生活以勤劳为本"的内容。

★心田需要勤劳耕耘

学经文有体验,

亲身体验还不算,

多发挥多实践,

多帮他人共向前。

——《告》

解释题目《告》:告诉、告知、告示、告秘(小秘方)。

第一句学经文有体验:经文理论真管用,我已初步尝到甜头了。

第二句亲身体验还不算:但别满足,无穷的益处才刚刚开始。

第三句多发挥多实践:进一步去领悟进一步去运用,具有创造性的实践应多多益善。

第四句多帮他人共向前:在帮助别人的过程中正是检验心神是否还软弱的好机会,特别要注重帮助自身的识神,要与元神团结一致共同向前。

经文虽短,自然精炼,包罗广大,意义深远,为了求得进步,让咱们忠贞地按照佛陀他老人家的指示去办。

佛陀对那些自觉奉献、不念苦的勤劳人总是非常称道且对其高看一眼。下面讲述佛陀在世时的事迹:有位年轻的妇人身为奴隶,每日一成不变地为人打扫、捡拾路上的牛马粪便,可是她很守本分,无欲无求。

当佛陀来到此地，人人欢喜踊跃，纷纷聚集听佛说法。年轻妇人虽渴望闻佛法，但自觉身份低贱，踌躇不前。一位比丘见她满脸忧愁，知道原委后，鼓励她说："佛陀爱一切众生，不分贫富贵贱，你也是众生之一，自然受佛怜爱。"比丘告诉她换上净服，便可如愿听法，妇人谨遵指示，浴身着净衣，坐在人群角落，恭敬听法。

忽然佛陀开口说："最高贵的妇人，来我面前！"佛陀慈悲召唤这名妇人。妇人以为佛陀看错了，便左右顾盼，待确定就是自己后，才走上前。

佛陀说："今日盛会多的是地位高、财物富裕的人，然而在我心中最高贵的是这位妇人！"众人心中疑惑，佛陀继续说道："这位妇人守本分，无求无欲，唯以清净之心追求佛法，所以她具有最高贵的品格。而一般人不离贪、嗔、痴，不守本分，不认识自己，这是迷失的人生。"大众闻言，心生恭敬，向妇人合十祝福。佛陀这样明察秋毫足以令人感激涕零了；一个有平常心的平凡人，才能视勤劳为最高美德。

劳动的种类和形式多种多样，有的偏重于劳力，如工人、农民、技术工种、运动员、舞蹈家等。有的偏重于劳心，如：音乐、美术创作，教育家、科学家，各级官员及政府首脑等。不论劳力和劳心，都同样离不开勤奋劳作，由此而成就的善良心，才构成人生的积极意义，心的田园尤其需要勤劳耕耘。

★勤劳和行善是净化心灵的最佳途径

春去秋来一眨眼，若想防饿多种田，

周游四方无我地，展望未来把家乡看。

——《田》

解释：第一句春去秋来一眨眼：人生苦短，如梦如幻，光阴如箭，日月如穿，一寸光阴一寸金，怎可虚度？

第二句若想防饿多种田：这是一种比喻，意思是说，智慧之食粮是不可短缺的，若想解除愚昧，必须多耕耘，犁心田，多种田就是勤劳，同时勤奋修心修体，心性修得空，智慧才倍增。

第三句周游四方无我地：访道也好，游历也好，都是为了内修而不能注重外求，心胸

拓宽后才能建立起我的修佛家园。

第四句展望未来把家乡看：只顾此生，只看眼前利益还是脱离不了无边苦海；应懂得落叶归根的道理，真正的家乡在彼岸，那里才是真正的归宿，人人都不例外。

这首经文透露出菩萨大德关爱众生的一片苦心，同时显现出一颗孝佛之赤心；孝敬佛祖和关爱弟子正是菩萨的本色。

佛陀在正精进中教导我们，勤劳和行善是净化心灵的最佳途径。若想获得好的果报，若想获得正当精进，毕竟要付出辛勤劳动，因此正精进又叫毕竟功德。

下面讲一个故事：从前有个姓李的县官，对母至孝，母亲学佛程度很高，对县官儿子从小到大一直要求很严，就是儿子当上了县官，也是对其严格有加。母亲主要要求儿子做到两条：一是勤政、二是勤修，二者不得出现差错，一旦出现明显问题，母亲就用家法惩罚儿子，古时候至孝的人很多，别看经过十年寒窗苦熬上了县太爷的官职，但对母亲的家法，以藤棍责打，还是心甘情愿去接受的。这位因为犯了错误被母亲常常痛打的李县官，不但不哭也不叫苦，反而深刻检讨，更加陪母亲以笑脸。多年以来李县官越来越成熟起来，犯的错少了，挨的打也就明显减少，并成了一个各方看重、人众欢迎的清官老爷。

关爱众生

有一次李县官由于疏忽又犯了一个不大不小的错误，请求母亲责罚，母亲用藤棍刚打了两下，李县官忍不住哭了起来。母亲责问他是否感到委屈？县官哭着说："孩儿不敢，只是从前挨打感到很痛，而这次挨打一点也不痛，孩儿感到母亲已年老力衰，所以才忍不住落泪，还求母亲原谅。"

这个故事一方面讲了修佛的母亲懂得勤劳的重要，要求儿子勤政和勤修；另一方面表现了这个李县官能主动接受家法和佛法的教育而达至孝，这样学佛便大有希望。

★心善是人生第一宝

心空望无一切,炼体难成正果,贪欲反复成泡影。

谦虚使人诚实,勤劳使人坚硬,望小人不要指责。

欺骗他人如毁自己,自大一无是处,善良能容天子。

邪恶有损自己,孝道本是万人称,元神识神一起悟来一起行。

——《佛家十二咒》

解释题目:咒字在此可解为准则、道理。

第一句心空望无一切:当悟性达万事皆空境界时,对一切事情都会感到是顺理成章的,没有不顺眼和不顺心。

第二句炼体难成正果:假如只炼心不炼体,就可能失去保障或早夭;假如只炼体不炼心,将来体又带不走,心却没炼好怎成正果?应该是以炼心带动炼体。

第三句贪欲反复成泡影:如果不能正当对待名利色情而苦苦追求,一旦求到了,也要将像肥皂泡一样虚幻而破灭。

第四句谦虚使人诚实:谦虚便好学,有了真才实学就会诚心向善向道,避免了浮躁和肤浅。

第五句勤劳使人坚硬:勤劳的人讲实际,幻想少,承受能力强。在劳动中,心体都将经受最有益的磨炼。

第六句望小人不要指责:指责小人等于和小人一般见识,包容别人反而互惠互利。

第七句欺骗他人如毁自己:欺骗他人要违背良心,这与以智慧待人处事是截然不同的,这叫作损人害己。

第八句自大一无是处:自大会降低自身能量,又,自大必自满,智能因而无从增长,岂不吃亏!

第九句善良能容天子:心善便能包容天下万事,有善便无烦恼,可见善良是人生第一宝啊!(天子:喻万事万物)

第十句邪恶有损自己:自身有邪恶必然降低自身能量,而有了邪恶还是将会去整治

别人,因为作用力等于反作用力,最终受损害的还是自己,这也叫作果报,恶有恶报。

第十一句孝道本是万人称:真正孝顺父母、师长的人即是至善,说话有理办事有准,谦虚礼让,必定有口皆碑。

第十二句元神识神一起悟来一起行:心坚定、体听命(六识)共同增长佛性,这叫作心齐如一,能心齐就是觉悟得道了。

这首经文《佛家十二咒》基本上是从另一个角度解释佛陀的八正道。经文中体现了大菩萨与佛陀心心相印的高水准。

正精进虽然非常重要,但对我们学佛的人来说有时也是不易做到的,其原因会很多,但其中有一个常见的毛病叫作自满。有了这种不良习惯,就听不进不同意见和逆耳之言,常常会将真理拒之于门外而安居于陈旧的己见之中。

弥勒佛就讲过一个这样的故事叫《茶杯禅理》:

一位饱学的学者迈着四方步来向南隐禅师问禅,南隐禅师以茶相待,并将茶水倒入杯中,茶满了,但他还是继续倒,学者忍不住地说:"师父,茶已经漫出来了,不要再倒了。"南隐禅师借此契机向这位大学者说道:"你就像这只茶杯一样,里面装满了你自己的看法、想法。你先不把你自己的杯子空掉,叫我如何对你说禅?"

南隐禅师这一课上得好,使学者受震动,大开窍,永远忘不了。许多人心中只有自己的成见,听不进别人的真言。两人对谈,多数人急着表达自己的意见,结果除了自己的执着观点外,什么也听不见。这样修心,欲达正精进,确实是难! 其中,先入为主的危害不可小看。

观自在菩萨的正精进和毕竟功德,不但意义深远,包括内容也很宽广;太白菩萨因为对其领会得深,从中提炼出一个精华而又通俗的语句"生活以勤劳为本",正好抓住了重点,以便于理解领会。勤劳也包括勤学、勤修、勤练、勤悟等;而勤中又深含着一个"苦"字,所以佛祖教导说:要想得真功,苦练苦练还得苦练。这就是说吃大苦、耐大劳、千磨万历,是修正道的一大特征,也是以吃苦求得脱苦的最佳良方;勤劳,正是能吃一切苦的基础,是获取承受力的可靠保障;而离勤居惰则一无是处,因此佛陀巧妙地运用了毕竟二字,将勤劳的毋庸置疑之价值予以锁定。如果把人比成一座楼,勤劳就是楼的地基。所以可以说,勤劳也就是人生第一必修课,舍此则难以成人。

國學智慧全書

禅宗智慧

★忍常人之所不能忍

观自在菩萨,行深般若波罗蜜多时,照见五蕴皆空,度一切苦厄。

——《心经》

这是描述观音菩萨修禅定,修到了无生法忍的地步。无生法忍又称无生忍,指对无生之法理的认知,即彻底认知空、实相之真理而安住之。在这个时候的观音菩萨,因为以无我之心,觉悟"五蕴皆空",于一切境界都能够如如不动,即对待一切苦乐境界都能够不动心,所以就没有了一切痛苦。到这种境界,就是观音菩萨在无数劫修行忍辱波罗蜜多而出现的结果。不仅观音菩萨如此,过去、现在、未来一切佛,都是如此修忍辱而成佛的。

《心经》说:

三世诸佛,依般若波罗蜜多故,得阿耨多罗三藐三菩提。

如何依照般若波罗蜜多故修忍辱呢? 也就是《心经》所说的:

空中无色,无受想行识,无眼耳鼻舌身意,无色声香味触法,无眼界,乃至无意识界;无无明,亦无无明尽,乃至无老死,亦无老死尽;无苦集灭道,无智亦无得。以无所得故。

既然一切皆空,我们修忍辱时,就要把一切逆境视为虚幻不实的东西,都是自己有史以来的"无明"愚痴执着而出现的。现在有人打我、骂我、辱我、欺我、吓我、骗我、谤我等等,正好为我消业,我就视而不见,听而不闻,"无眼耳鼻舌身意,无色声香味触法",不和恼我的人计较,渐渐就会修行到无我境界。所以忍辱是一条重要修行的途径。

寒山问拾得曰:"世间有人,打我、骂我、辱我、欺我、吓我、骗我、谤我、轻我、欺凌我、非笑我以及不堪我,如何处置乎?"

拾得对曰:"只是忍他、教他、畏他、避他、让他、谦逊他、莫睬他、一味由他、不要理他,再过几年,你且看他。"

这就是大乘菩萨修忍辱的过程。

忍辱波罗蜜又称羼提波罗蜜或安忍波罗蜜、忍辱度无极。亦可译为绝对的、完全的安忍,或忍的完成。指忍受各种侮辱而不起嗔恚恼恨。

忍辱,是对自己的无端横逆能不以愤怒心迎之,但对于别人若是有人正在被坏人危

害时则忍辱修行者又要见义勇为。因此,能忍的人并不是懦夫,是勇敢的,有力量的。忍是一种禅定、责任、承担、牺牲、无我,忍是一种大勇、大无畏、大智慧。

《优婆塞戒经》说:

忍有二种:一者世忍,二者出世忍。能忍饥、渴、寒、热、苦、乐,是名世忍。能忍信、戒、施、闻、智慧、正见无谬,忍佛、法、僧、骂詈、挝打、恶口、恶事、贪、嗔、痴等,悉能忍之;能忍难忍,难作能作,名出世忍。

"忍"的表现可从如下现象看出:

一、忍受别人对自己侮辱的语言,别人骂我不计较,反而内心为他忏悔。

二、忍受别人对自己侮辱的行为,别人施以侮辱动作,或者要自己完成侮辱动作,不予计较,反而内心为他忏悔。

三、忍受别人对自己的冤枉,甚至为了不损害这种人的名声,可以含冤不申,反而内心为他忏悔。

四、忍受别人对自己的打击,以因果来分析,受他打击,必是前世欠他,应当还债,自己在内心发起真诚的忏悔。

五、忍受别人对自己的嫉妒,受嫉恨时以慈对待,反而内心为他忏悔。

六、忍受别人对自己的流言蜚语,虽然有冤情也不申诉,反而内心为他忏悔。

以上仅仅是将部分现象列出,生活中还有多种意想不到的情况发生,反正只要是对自己不好的都要能忍受。据《瑜伽师地论》载,忍辱含不愤怒、不结怨、心不怀恶意等三种行相。在佛法中的忍,是很高的菩萨道。

"先忍之于口",不在语言上和人计较;"再忍之于面",脸上没有不悦的表情;"后忍之于心",以慈悲心、平等心包容怨恨。所以,忍辱者能增长其定力,养成平等互融的心境。

忍僧

忍的功夫在"心"上,忍是心上一把刀。任何人都有脾气,可一有脾气就坏事。一把嗔心火,烧尽功德林。说到底,这个脾气和嗔心,都是执着有我的结果,若无我了,这脾气和嗔心还从哪里来?苏东坡以为自己禅定境界不错了,就写了"稽首天中天,毫光照大千,八风吹不动,端坐紫金莲"这首偈给对江的佛印禅师看,有点自诩的味道,禅师阅后在原纸上批"放屁"。仆人把信带回给主人,苏东坡一见禅师批了"放屁"两个字,立刻过江去质问。佛印禅师已先在岸边等候,见苏东坡过来,哈哈大笑说:"八风吹不动,一屁过江来!"苏东坡之所以急匆匆过江去找禅师算账,说明他当时很生气,所以虽然自以为八风吹不动了,还是被一屁打过江去,这就是因为有我相。

《佛遗教经》云:"当知嗔心甚于猛火,常当防护,无令得入。劫功德贼,无过嗔恚。"故佛强调要修忍辱波罗蜜。"若有人来节节肢解,当自摄心,无令嗔恨;亦当护口,勿出恶言"能够让自己的身体任人宰割,这就是更高的境界了,若是没有无我之心何能如此?

《金刚经》中佛陀对他的大弟子须菩提说:

我昔为歌利王割截身体,我于尔时,无我相、无人相、无众生相、无寿者相。何以故?我于往昔节节支解时,若有我相、人相、众生相、寿者相,应生嗔恨。

人因为执着有自己,无不爱惜自己的身体,为了滋补自己的身体可以去杀尽一切水陆众生以满足自己的口腹之欲。因此,若有人残害自己的身体,没有人不会切齿痛恨的。然而,释迦牟尼在往昔被歌利王割截身体时,不但没有痛恨之意,反而发愿今后成佛第一个就要度这个残害自己的人。这是什么力量使然呢? 这就是"无我"的力量。因为一旦达到了"无我"的境界,则肉体的我已经成为假象,而永恒不变的"真我"就出现了。一旦"真我"出现,菩提心也就来了。

因此,真正觉悟了《心经》所说空的境界,就能够真正做到无我,真正能够做到无我,就能够真正忍受一切。

佛陀盛赞"忍辱"功德无量,认为世间最大的力量是"忍",忍的力量胜过一切刀枪棍棒。任何力量在忍者的面前,都要甘拜下风。所以,《罗云忍辱经》说:

忍之为明,愈于日月。龙象之力,可谓盛猛,比之于忍,万万不如一。七宝之耀,凡俗所贵,然其招忧,以致灾患;忍之为宝,终始获安。布施十方,虽有大福,福不如忍。

《法句经》说:

舍恚行道,忍辱最强。

《四十二章经》说:

何者多力? 忍辱最健。忍者无怨,必为人尊。

《佛遗教经》说：

能行忍者，乃可名为有力大人。若其不能欢喜忍受恶骂之毒如饮甘露者，不名入道智慧人也。

《入菩萨行》第六品"安忍"说：

一嗔能摧毁，千劫所积聚，施供善逝等，一切诸福善。

罪恶莫过嗔，难行莫胜忍；故应以众理，努力修安忍。

具体来说忍辱的功德有：

一、忍辱能息怨：《出曜经》说："不可怨以怨，终已得休息；行忍得息怨，此名如来法。"

二、惟忍辱可怙：《罗云忍辱经》说："世无所怙，惟忍可恃。忍为安宅，灾怪不生；忍为神铠，众兵不加；忍为大舟，可以渡难；忍为良药，能济众命；忍者之志，何愿不获！"

三、忍辱得众善：《大集经·月藏分》载，忍为世间最，忍是安乐道，忍为离孤独，贤圣所欣乐，忍能显众生，忍能做亲友，忍增美名誉，忍为世所爱，忍得富自在，忍能具端正，忍能得威力，忍照于世间，忍得诸欲乐，忍能成工巧，忍力降伏怨，及以除忧恼，忍得好容色，忍能具眷属，忍招诸胜报，忍能趣善道，忍得人乐观，忍能得妙好，忍能息诸苦，忍得寿命长，忍能息诸怨，不害于众生，忍能离偷盗，忍能舍淫欲，忍能止妄语，两舌绮恶言，忍能除贪嗔及离邪见意，忍力成施戒，精进及禅那，般若波罗蜜，能满此六度。

四、忍是菩提因：《罗云忍辱经》说："吾今得佛，诸天所宗，独步三界，忍力所致。"又《优婆塞戒经》说："我身若被截斫分离，不应生嗔，应当深观往业因缘，当修慈悲，怜悯一切，如是小事不能忍者，我当云何能调众生？忍辱即是菩提正因，阿耨多罗三藐三菩提即是忍辱果。我若不种如是种子，云何获得如是正果？"

再摘录唐朝玄觉撰《永嘉证道歌》以共勉：

行亦禅，坐亦禅，语默动静体安然。纵遇锋刀常坦坦，假饶毒药也闲闲。我师得见燃灯佛，多劫曾为忍辱仙。几回生，几回死，生死悠悠无定止。自从顿悟了无生，于诸荣辱何忧喜。

國學智慧全書 禅宗智慧

★只有不懈怠，才能到达顶点

无眼耳鼻舌身意，无色声香味触法，无眼界，乃至无意识界。

——《心经》

《心经》说的这句话，实际就是要我们管住自己的身心，一旦身心能够自主，即无时无刻不在精进之中。如果你每天都这样保持六根清净，不为世间无色声香味触法所引诱，那么你就时时在精进。

旧译《华严经》卷二十四说十种精进，即不转、不舍、不染、不坏、不厌倦、广大、无边、猛利、无等等、救一切众生等十种精进，并说菩萨修习如是精进，直心清净，不失深心，信解明利，善根增长，远离世间，垢浊不信皆已灭尽。

不管有多少种精进，反正就是勤奋地断恶修善，转迷为悟，最后彻底解脱世间的痛苦，走向涅槃彼岸，成就《心经》所说的"阿耨多罗三藐三菩提"。

修行的精进就是指修行过程中从来没有一丝懈怠，例如坚持夜不倒单（晚上禅坐不睡觉），永远让自己处于禅定，让六根不懈怠，常常保持一颗清净心，这就是精进。

再如，《法华经》卷六"常不轻菩萨品"载，在过去世，威音王佛既灭度，过正法入像法之时，增上慢比丘有大势力。时有常不轻菩萨出现。他天天礼拜赞叹所见到的一切人，说："我深敬汝等，不敢轻慢。所以者何？汝等皆行菩萨道，当得作佛。"此菩萨不专读诵经典，只专行礼拜。甚至很远的四众，还没有看见他，他也作礼，口中作言："我不敢轻汝等，汝等皆当作佛故。"

当时四众中有人生瞋恚心，心不清净，就恶口骂詈。甚至还有人用以杖木、瓦石打他。但菩萨不为所屈，仍高唱前面的话。因此，那些傲慢的比丘、比丘尼、优婆塞、优婆夷乃号其为"常不轻"。此菩萨临终时，见威音王佛现于虚空，说《法华经》。菩萨闻之，悉能受持，故得六根清净，更增寿命为二百万亿那由他岁（很长的时间），而广为人说《法华经》。

此菩萨之行持，对我国佛教亦有影响。《历代三宝纪》卷十二记载，隋僧信行，于道路中，不问男女皆加以礼拜，信徒颇多。

再如，依《佛本行集经》卷五十九所载，阿那律出家之初，曾经在佛陀面前打瞌睡。受佛呵责之后，痛加悔悟，立誓彻夜不眠，精勤修道，终使肉眼败坏而失明。然而也由于他禅修精进，心眼渐开，最后乃得到天眼通，能见十方世界，达到"见阎浮提（地球），如视掌中庵摩罗果"的境界。因此，他在佛弟子中，有"天眼第一"的雅号。

阿那律就是"夜不倒单"（晚上禅坐不睡觉）的精进修行者，由于他过分的用功，竟然让他变成了瞎子，但传说他开了天眼，这个天眼比我们任何天文望远镜都厉害，能够看见太阳系、银河系以及所有的十方世界，他看地球，就好像掌中一颗圆圆的庵摩罗果，庵摩罗果形似槟榔，说明他已经认识地球是圆的了。

我们不是苦行僧，但是精进这个概念运用到我们的生活、学习和工作之中就是勤劳不懒惰。不管你取得了多大成绩，永远不要骄傲，欲穷千里目，更上一层楼。

精进就是要我们把所做的工作做好、做深、做透，一切科学家和成功人士，他们所取得的成就，都是他们精进的结果。

精进就是要我们不要等条件，等时间，要做一件事情，就不要犹豫，从零做起，从我做起，从脚下做起，从现在做起。

四川的边远地区有两个和尚，一个穷，一个富。有一天，穷和尚对富和尚说："我想到佛教圣地南海去朝拜，你说行不行？"富和尚问："来回好几千里地，你靠什么去呢？"

穷和尚说："我只要一个喝水的瓶，一个吃饭的钵就行了。"

富和尚听了哈哈大笑，说："几年以前，我就下决心要租条船到南海去朝圣，但是，凭我的条件，到现在还没能办到。你靠一只破瓶，一个瓦钵就要到南海去？真是白日做梦！"

一年以后，富和尚还在为租赁船只筹钱，穷和尚却已经从南海朝圣回来了。

这个故事就说明等待时间的人，时间不会等待

穷和尚

他，条件是靠自己去创造，没有精进创业的艰苦精神，就不能成就大事。

世间的事业是如此，对于一个学佛的人，他修出世法更是如此。要不断勤修六度万

國學智慧全書

禅宗智慧

行,精进的布施,精进的持戒,精进地忍辱,精进地修定,精进地学法,从不退缩,才有成功的希望。

有话道:"学佛一年,佛在跟前;学佛三年,佛在天边。"这是批判那些带着不同目的来到佛门的人,由于他们以有所求的目的来学佛,一旦没有达到目的,就放弃这种智慧的修行。他们不知道《心经》所说"无所得"才是正确的学佛目的。若能够以"无所得"来学佛,就能够生起精进之心。

据《大智度论》卷十六将菩萨之精进分为身精进与心精进二种:精进虽为心数法,然由身力而出,故称身精进,如行布施、持戒是为身精进,而修忍辱、禅定、智慧是为心精进;勤修外事为身精进,内自专精为心精进;粗之精进为身精进,细之精进为心精进;为福德之精进为身精进,为智慧之精进为心精进等。

《成唯识论》卷九举出披甲(披甲则勇)、摄善(修行善法)、利乐(利益众生)等三种精进。

披甲精进是一种形象的比喻,如一个士兵上战场时穿上铠甲,不容易被刀枪伤害,他就会勇敢地冲上前杀敌。不管是干自己的事业,还是修行佛法,有了全副武装的准备,就会不顾一切去冲锋陷阵,故称为披甲精进。

菩萨修行者对一切善法都要努力地去修学,称为摄善法精进。

饶益有情精进是努力给予众生种种快乐,做种种利益他们的事业,精进不懈怠。

"精进"是时刻鞭策我们前进的思想武器,从古到近,无数成就大事业者就是这样精进而走过了艰难的道路,从而成就了他们事业的辉煌,他们都是我们学习的榜样。高僧大德宁舍生命,也要西行取法,战胜了多少艰难困苦! 佛陀的精进,更是无懈可击的精进,更是一切众生学习的榜样。

鲁迅说:"我们从古以来,就有埋头苦干的人,有拼命硬干的人,有为民请命的人,有舍身求法的人……虽是等于为帝王将相作家谱的所谓正史,也往往掩不住他们的光辉,这就是中国的脊梁。"

这些中国的脊梁就是走在精进道路上的大乘菩萨的修行者。

第八章　正念：得失只在一念间

正念＝不妄念功德＝万物以正为本

学习体会：正以压邪为本

通常一些书中将正念排在八正道的第七位，这种排列顺序大概是由从前哪一个有名望的大师予以认定，又代代流传下来的，多少代的后来者无从更改，而形成规矩模式，是可以理解的。对于正念，有的书中解释为：一切思维意念都围绕着正见、不离正见的范围等，可作为参考用。

什么是正？善是正、道是正、真理是正、科学是正、佛学是正。

什么是正念？合乎科学态度的真、善、美、法的意念都叫正念。以勤奋创新为乐、以苦为乐、助人为乐、知足常乐等，这些乐的意念属于正念。

什么叫妄念呢？它与正念相反，与真理相违，与道相悖，与科学态度相脱离，与佛经不相符等的念头。而其根源在于邪恶，包括贪图名利、损人利己、害人害己等与天理天规自然法则相对立，或与客观事实不相符合的思维念头都属于妄、邪、杂念。

对于修行者，要求应更高些，凡是离开善道的思想、行为、言语、意念都在修正之列，这个邪念不外乎贪嗔痴和对名利色情的执着，还包括斤斤计较、小肚鸡肠、三心二意、患得患失、虚荣嫉妒、文过饰非、口是心非、狂傲自满，以及介入是是非非、恩恩怨怨、你争我斗等意念。有了妄念就减少或没有功德，没有了妄念就会增长功德，所以佛陀称它为"不妄念功德"。

★要由正念做心灵的首领

蓝蓝的大海一片天，

回首往事心胆寒，

我说千句为一首，

人要正来无邪念。

修行多看经文篇，

邪念只是一闪念，

苦了自己修行难，

前进的路上多用泥填。

——《首》

解释标题:《首》:首要、首先是心正,要由正念来做心灵的首领。

第一句蓝蓝的大海一片天:当朗朗乾坤,光明大道已摆在我面前时。

第二句回首往事心胆寒:我猛然想起那不堪回首的往事,那时认识不到邪恶是多么丑陋,想起来真令人后怕。

第三句我说千句为一首:在千头万绪中,我已找到自己应该遵循的要点。

第四句人要正来无邪念:那就是心正多悟己和以善为本,如是,久而久之,邪念便会被迫夹着尾巴逃走。

第五句修行多看经文篇:若想修行得法,必须让佛学真理在思想意识中占有绝对领先地位。

第六句邪念只是一闪念:每当邪念欲露头,就将其灭除。

第七句苦了自己修行难:免得被邪念造成的恶果给坑害了。

第八句前进的路上多用泥填:那么只能抓住一个又简单又实用的法宝,那就是学会和稀泥,在非原则问题上不叫真,不钻牛角尖,别小看了这一招,她可是拓宽心胸的重要措施呦!

为什么如来佛要呕心沥血、不厌其烦地开动脑筋,以千万次苦口婆心的相机说法来启发和普度咱们众生呢? 就因为佛祖大慈大悲的心中始终有一个大愿望,那就是言行并用地带领众生进入佛家大道,使大家都能彻底脱离苦海而走向光明。

下面有一首佛陀的美妙经文,是讲大道之理的,请读者自解,名字就叫《经》:

功是本,悟得空,

往前走,照灯行;

高山看得远,

隔海也能看得清;

有师来引路，

高山火海也能行。

《菩提咒》中讲："万物以正为本"，是强调了邪不侵正的真理，邪和正的因果是不一样的，正就是正义、正当、正确、正大、正理、正气、正道等，正道由自己来走，正义由大家来维护。有人会问：为什么一些邪恶坏人能逍遥法外呢？回答此问只能说：不是不报，时候不到，时候一到，一切都报。每个人的生命电脑磁盘上都记录着自己千古以来的一切行为。但有人还会说："看不见的事我无法相信。"那么我就要告诉你，这叫作不可见之迷惑。

在一些科学问题上人们不能执着于眼见为实，比如重力、磁场、引力、能量场等虽然看不见，但它们依然存在。有些自然规律和天理天规的事，不是普通人轻易能弄明白的，如果你真想弄明白只有一个办法：搞科研、实修和为追求真理而学习。

正念

为什么在学习中，要把"万物以正为本"引申为"正以压邪为本"呢？这个压字含有强制的意思，这就等于孙悟空的那顶紧箍帽，这是对自我妄念必要的强行压制和认真整治的有力措施。因为只有自己能对自己的毛病不讲客气地予以铲除，方能称得上勇敢。对自身之病能自洗澡、自褪毛、自掌刀、自解剖的人，方能显示出其英雄本色。不肯改正自身毛病，只想着如何整治别人而保留怨气，这是典型的懦夫行为，也是妄念的典型表现。

对于一个善良的人来说，懂得正念比较容易，而坚持正念、保护正念、不受客观干扰的坚守正念就比较难得。中国古代有个著名故事叫《将相和》：说的就是以正念压制邪念的故事典型。据中国古代司马迁所著《史记》中的记载：

在战国时期，赵国有一个文武双全的大将名叫廉颇，他屡次出奇兵打胜仗，为赵国立了大功，被赵王封为上卿，担任统领兵马的大将军。

后来赵国又出现了一个名叫蔺相如的小人物，因为替赵王办了两件很体面的大事，在与强大秦国的政治交往中，斗智斗勇取胜秦王而能不辱君命。因他为国家、为君王立

國學智慧全書

禪宗智慧

下了奇功,也被赵王封为上卿,任国家之宰相,排位在大将军之上。

廉颇心中很不服气,便与左右说:"我做赵国的大将军,有攻城野战之大功劳,蔺相如只不过是凭那三寸不烂之舌立下的功,官位却在我之上,况且相如本是出身卑贱的人,在他下面我感到羞耻,咽不下这口气。"并扬言:"等我遇见相如一定要羞辱他。"相如听了这话后,不肯与他见面,每逢上朝,常常称病,不想与廉颇争个位次高下。过些时候相如出门,远远看见廉颇,即转车躲避。

为此手下的人很是不平,并劝谏相如说:"我们离开家人亲族来侍奉您的原因,只不过是仰慕您高尚的品德,现在您与廉颇位次相同,廉君尽说些侮辱您的话,而您却害怕他躲避他,恐惧得非常厉害。就是一个普通人尚且把这种事情看成是羞耻,何况对于将和相呢! 我们没有能耐,请允许我们辞别离开您。"蔺相如坚决劝止他们说:"诸位看廉将军和秦王比哪一个厉害?"回答说:"不如秦王厉害。"相如说:"凭着秦王那样的威势,可是我却在朝廷上呵斥他,使他的群臣受到耻辱。我虽然愚笨无能,唯独惧怕廉将军吗? 但是我考虑的是,强大的秦国不敢发兵攻打赵国的原因,只不过是因为有我们两个人在赵国的缘故。现在两虎相互争斗,争下去必不能并存。我躲避他的原因,就是在于把国家的危急放在前头,而把个人的怨仇放在后头啊!"

廉颇后来听到了蔺相如的这番话,心中大受震动,十分悔恨自己,便赤着膀子背着荆条到相如家流着眼泪长跪于院中叩头请罪,说:"我一个卑贱的人,哪知将军(对相如的尊称)宽宏大量到这种程度啊!"

蔺相如也被廉颇的诚恳态度深深感动得泪水长流跪地还礼,对廉颇更是敬重有加,二人互相拥抱和好,并结成了誓同生死的至交。

为了大局能忍辱负重便合于佛法,能坚守正念,不被邪妄之念而侵,就是顶天立地的大丈夫;若能将妄念改为正念而改邪归正,有此勇气,也是顶天立地的大丈夫。

在家庭中,夫妻关系之道也是一个样,谁能坚持以善为本,不论发生任何情况,都能坚持不改自我内心善的初衷本意,谁就能取得主动,并带动对方去创建和美之家庭。人在家庭中思想最放得开,不同于谈恋爱,各自的优缺点无法掩盖,夫妻俩若都能以悟为本,互相取长补短、善待对方,而且是不讲任何条件地去善待,必会有好的果报,且一对夫妻双双修成两个菩萨都是可能的。假如不能善待自己和对方,便会轻易产生无端争执,甚至轻率闹离婚,把爱子女、孝老人等也排在"泄私愤"之后,且执意行下策,造成得不偿失或吃后悔药等不良后果,这都是由妄念所造成的。许多不是因为缘分尽,而是人为闹离婚者,都是不愿修己而持有较多妄念之故。

这个不妄念功德就是指在人家诽谤你时,在不理解你时,在自己心中感到委屈和受到侮辱时,你还能坚持正念、善念而不生妄念,这就是以科学态度去坚持佛法的真功夫,不妄念就会获取功德。这个不妄念功德是佛陀最重视的正道之一,那么为什么把它放在最后呢? 俗话说:"编筐编篓,重在收口。"没有正念,八正道的收尾就会感到缺乏完美。

你想想看,八正道中的哪一条能离得开正念呢?

正精进如夹杂了妄念,勤劳的背后有企求、念苦或虚荣心,那将如何精进?

在正见里夹杂了妄念,就会怨气丛生。

在正业里夹杂了妄念,就会不知不觉地因索取而造因造业。

在正命里夹杂了妄念,就会因不知足的苦恼泛滥而无法持善。

在正定里夹杂了妄念,就会在禅心中,失去宁静。

在正语中夹杂了妄念,就会心口不一和有口恶,甚至口蜜腹剑。

正思维如夹杂了妄念,就会因心胸狭隘和有性而降低智慧,正向思维将会变为邪向思维。

以上各项足以显示正念在八正道中的地位和其重要性。将正念放在八正道的尾部,起到了一个统筹的作用,也体现出观自在菩萨的良苦用心。太白金星老师对八正道的理解和对其顺序的排列,都恰恰符合了佛陀的本意。《菩萨咒》对我们的引导真是太宝贵了,我们对佛学大菩萨真是要衷心地感恩戴德了。菩萨为八正道所做的确切正解,是千载难逢、千金难买的人生至宝。

一个人在思想中如何觉察、导向自我之正、邪等意念,在修炼中是至关重要的。

一位佛菩萨大德曾深情地教导说:

"人无邪念方是本,人有杂念一场空。"

意思是让我们注重培养正念而"望空一切",这是至真至理之金玉良言。

有句俗话这样说:"爱美之心人皆有之"这句话对不对呢? 我们应如何对待它比较妥当呢?

下面这一故事,是弟子舍利弗向佛陀的发问:"师父,一个僧人应如何对待美色? 美,尤其是女人的美,会障碍修行吗?"

佛陀微笑,他知道舍利弗的这个问题不是为自己,而是为其他比丘而问的。佛答道:"比丘们,一切法的真性,是超越美和丑陋的。美和丑都只是我们心中创造的观念,它们

与五蕴是难解难分的。在一个艺术家的眼中,什么都可以被认为是美的,什么也可以被视为丑陋。一条河、一片云、一片叶、一朵花、一线阳光或一个金黄色的下午,全都具备不同的美,我们身边的金竹也非常美丽。但也许没有任何美丽,会比一个女人的美更容易使一个男人动心。如果他是被美色迷倒的话,他便会失去道业……唯一不会褪灭和产生苦恼的美,就是慈悲和已解脱的心。慈悲就是无条件、无希求的爱心。已得解脱的心是不受环境和外来因素影响的,慈悲和已得解脱的心才是最真的美啊!"

佛陀的教化生动感人,令众徒刻骨铭心。真实的美和虚渺的美,永久的美和一时的美,是截然不同的人生美学理念。

★灵魂深处要无杂念

抬头举目星无数,若问人间几时愁,
悟来悟去悟白头,自身难解自身修。
意要坚、心要正、体要宽、眼要尖,
灵魂深处无杂念。

——《意念经》

解释题目《意念经》:应该如何用佛法的原则来把握自我的思维意念呢,请看以下道理。

第一句抬头举目星无数:看得高远看得深邃,便可体悟到朗朗宇宙一片宽敞,星星高洁奉献光明,那是象征和显示佛光普照的。

第二句若问人间几时愁:什么时候能用朗朗天道化开心中的忧愁呢?

第三句悟来悟去悟白头:时光紧迫悟性缓慢,这一对矛盾应如何有效地解决呢? 很多人悟了一辈子,也没悟出个头绪。

第四句自身难解自身修:只要是能跳出来,客观地认识自我,才能在艰难卓绝地苦修领悟中达到不断地突破和超越自我。

第五句意要坚、心要正:修心强,不间断也不动摇;心正多悟己,心邪才多悟别人。

第六句体要宽、眼要尖:心胸拓宽得像大海一样;说话准、办事稳,待人处事能运用佛

法之智慧。

第七句灵魂深处无杂念:熟读佛经,扎深道根,心性真达空静了,杂念妄念便根除了。

经文前四句是第一段,大意是:佛光虽普照,拯救靠自己。

后三句是第二段,大意是:经文有秘诀,悟字要当头。

从经文的内涵中透露出,菩萨对佛陀思想理论的理解已达高层次,从而生动地为我们讲述了如何把握自我思维意念的方法和原则。

有的时候,意念是随境遇所转的,一不当心便难以把握住,所以佛陀将思维意念形容为心猿意马,并教给我们一个对付心猿意马的好办法,那就是:不怕念起,只怕觉迟,随念随觉,当下清静。这四句佛语是修持的方式和方法,同时这也是修行达到的一种境界。

对于一件事情的发生,是喜? 是忧? 是正念? 是邪念? 有时全在于你是站在哪一个角度去看它。正如下面要讲的这个故事,名字叫《成佛成魔一念间》:

从前,有一个绰号叫"哭婆"的老妇人,每逢雨天便哭,每逢晴天也哭。有位修行人看哭婆哭得怪可怜的,就问她:"老婆婆,你为什么哭呢?"哭婆说:"因为我有两个女儿,大女儿嫁给卖鞋的,小女儿嫁给卖伞的。天气好的日子,我就想到小女儿的雨伞一定卖不出去,身不由己地就替她着急难过而止不住要哭"修行人问:"那么天气若是不好呢?"哭婆接着说:"天气不好下雨的日子,我就想到大女儿,雨天一定不会有买鞋的顾客上门啊,我能不为她忧愁伤心吗?"

修行人说:"我有一个好办法,你应晴天时想到大女儿的店里生意会很好;雨天时想到小女儿的伞定会卖得好! 谁好你就替谁高兴,你说对吧?"哭婆心念一转说:"对啊,亏你想得出这好办法。"从此,好哭的婆婆再也不哭了,不管是晴天或雨天总是笑嘻嘻的。

可见,多想高兴事而乐观是最好的养身之道。能把持正念,便受益无穷。以上佛理是采用故事的形式来表达的,佛法的表达方式是多种多样而丰富多彩的,人人离不开佛法,行行都可以在佛法指导下获得大成。

德国著名的哲学家尼采说:"佛教是历史上唯一真正证实的宗教,他视善良和慈悲促进健康,不可以仇止仇。"

尼采讲的是正向思维,也可以把他当作是正念的一个注脚,人若能以正念、善念为本,就必定能有一个光明康泰的一生。

印度前总理尼赫鲁曾说:"要商谈任何问题,都必须在和平及民主的气氛中进行,就如佛教所做的教导。"

國學智慧全書

禅宗智慧

有深厚人生阅历的科学家,皆在生活和工作实践中深深体悟到,佛陀教法就是真理的化身,非常可靠非常管用,因此他们崇敬佛陀和佛法的心情溢于言表而发自肺腑。

★学会看开看透奔前程

凡事莫让小人咒,心胸宽阔把性修,

人间的事情如初步走,进进缩缩走白头。

一切事情从头做,先修自己后悟佛,

有些事情悟得清,要想做好还不行,

得学会看开看透奔前程。

——《一解化十秋》

解释第一句凡事莫让小人咒:不树敌小人无咒,如小人难交则以和为贵,自己的怨求心也是小人,并是自悟自修的重点。

第二句心胸宽阔把性修:性能柔顺,谦恭礼让,又懂善待,是心宽的标志,对修行十分有利。

第三句人间的事情如初步走:修炼者犹如儿童学迈步,深一脚浅一脚,充满盲目性,修了很长时间往往还是走不上正路。

第四句进进缩缩走白头:人都老了修炼却还没有什么头绪,怎能会不令人全身心的悔恨和懊恼呢?

第五句一切事情从头做:莫不如重打鼓另开张,丢掉头脑中的陈规旧习,从零起步,采取以佛经为准则的科学态度,再不能让虚荣和自满挡住前进路了。从头:从善开始。

第六句先修自己后悟佛:不全力自修,而幻想得正果那是次序颠倒、意念差错,不能

顿悟僧

國學智慧全書

心经

先认识自己,怎么能认识佛?

第七句有些事情悟得清:理论上学懂了,只是成功的一半,何况还要防止纸上谈兵。

第八句要想做好还不行:理论与实践的统一需要下苦功,否则将事与愿违,在学习佛经中,学、解、行、证是需要同步共进而不可脱离的。

第九句得学会看开看透奔前程:修到心无挂碍,心花开放,主客观协调一致了,才能大步向前,而勇猛精进、心想事成。

题解《一解化十秋》:解决思维中的狭隘而达心胸宽阔,这种收获可不一般,相当于完成了十年的修炼功夫。

只因菩萨能以佛陀为榜样而认真效仿,才能创作出这样生动感人的篇章。

中国近代著名思想家谭嗣同说:"佛教能治无数无边不可说之微尘世界,尽虚空界,何况此区区之一地球。"

科学家哈尔坦因说:"有智慧的人将宗教和科学理论并用。"

有人会问,为什么科学家们对佛学这么青睐而似乎皆有先见之明和独特见解呢?我想那是由于科学家长期形成的人格美德和职业特点所决定,这个特点就是他崇尚追求真理和具有独立见解的创造精神。

★人生要有大目标,眼前利益不会长久

荣华富贵路有止,

淡淡一笑白了头,

可怜天下贫穷人,

行善有根莫误迟。

——《心经·悟》

解释:标题《悟》:觉悟、醒悟。

第一句荣华富贵路有止:荣耀、华美、富足、显贵,不应成为人生的追求大目标,因为这些眼前利益不会天长地久。

第二句淡淡一笑白了头:因为人生很短暂,所以对那些名利和是是非非等,应该看得很淡才好,如果太认真了岂不可笑?

第三句可怜天下贫穷人：最贫穷的人应该属于那些心胸狭隘而没有智慧财富者。

第四句行善有根莫误迟：抓紧在有生之年多施善、行善，这才是自渡自悟、自我拯救的最佳选择。

菩萨在经文《悟》中的教诲情深意切、语重心长，生动体现了菩萨与佛陀心心相印的真挚情感。

★冤冤相报不如一笑泯恩仇

斩断了杀心，则杀而无杀。

——《心经》

南泉和尚（748年~834年），就是普愿禅师，唐代中期禅僧。郑州（河南）新郑人，俗姓王。自称"王老师"，世称南泉和尚，为马祖道一的弟子。贞元十一年（795），于池阳（安徽省）南泉山建禅院，自耕自足，宣扬禅道，三十余年不出山。太和（827年~835年）初年，应请下山，此后，学徒云集，弘化一方。

"南泉斩猫"是中国禅宗里面一个脍炙人口的故事。

寺庙里面来了一只漂亮的猫，引起东西两堂僧人争夺，想得到这只猫。

南泉看见后，就用一把刀架在猫身上，冲大家喊："你们想得到什么，有人说得出来，猫就可以活命，无人说得出来，猫就当死。"

大家都没有反应过来，一时没有人回答。南泉就挥手一刀，把猫斩为两段。

赵州从谂（shěn）和尚从外面回来，南泉告知此事，赵州便将脚上草鞋脱下，顶在头上而出。

南泉感叹地说："如果他白天在的话，那只猫就不会死了。"

对于这个故事，有人赞叹，有人反对，有人怀疑，众说纷纭，莫衷一是。有人说南泉斩猫乃虚晃一刀，实未真斩。有人说南泉有神通，斩了也等于没有斩。有人说南泉斩猫是寓言，历史上没有真正发生这件事情。还有人说，南泉斩猫不管他是什么目的，反正已经杀死了一只猫，就是杀生，就是错的。

我认为，《心经》说"五蕴皆空"，一切存在的现象，都是自心的幻想，一切众生的本性

是"不生不灭"的,它的本性是空的。因此,哪里有一个什么"我"能够得到猫呢? 不仅没有猫可得,"猫"的本身也是不存在的,它也是四大(物质)合成的假象,其本性也是空的。因此,南泉斩猫,即斩了众人的自私占有之心,也斩了猫的四大假象。斩猫是真的,没有斩也是真的。南泉和尚的境界与上面洞山和尚的境界相似,本无生灭和来去,又有谁在斩猫呢?

赵州回来后,把鞋子脱下放到头上去,南泉禅师夸奖他。这本来是违背常规的荒唐之举,鞋子是穿在脚上,才能走路,怎么能够穿到头上去呢? 可从空的本性来看,众生的一切行为都是《心经》所说的"颠倒梦想",因为众生执着一切现象是实的,才有我执和分别心,所以生起了"颠倒梦想"。从空的本性来看,若能够反过来,就可以明心见性。鞋子为何要穿在脚上才能走路? 那是因为众生执着有一个"我"的存在。如果脱下了鞋子,去掉了我执,还有谁在穿鞋走路呢? 因此,赵州把鞋子穿到头上去,实际就是说自性本空,没有谁在穿鞋子,之所以有人穿鞋子,那么因为我们的"颠倒梦想"在作怪。没有人穿鞋子,说明本性"不生不灭",既然不生不灭,又有"谁"杀死了猫呢? 猫又怎么会死了呢?

本性是不生不灭的,猫杀了也等于没有杀。所以,南泉说赵州若在可以救猫,也并非真的救猫,而是救了猫的本性和一切众生的本性。

把鞋子穿在头上,与南朝傅大士的诗"空手把锄头,步行骑水牛,人在桥上走,桥流水不流"相似。

与"南泉斩猫"故事相似的,还有一个"归宗斩蛇"的故事,《五灯会元》记载:

师铲草次,有讲僧来参。忽有一蛇过,师以锄断之。僧曰:"久向归宗,原来是个粗行沙门。"师曰:"你粗? 我粗?"曰:"如何是粗?"师竖起锄头。曰:"如何是细?"师作斩蛇势。曰:"与么,则依而行之?"师曰:"依而行之且置,你甚处见我斩蛇?"僧无对。

师,是指归宗智常禅师。禅宗丛林是农禅并举,自耕自食、自悟自证。归宗给庄稼锄草的时候,有个讲经的僧人来参学。正好有一条蛇爬过他们面前,归宗将那蛇一锄斩断。

这位讲经的僧人看不过去,以为归宗和尚太残忍,便说:"早就向往、仰慕着你归宗,今日见面,才知道你原来是个粗行沙门。"

沙门就是出家的修行人,粗行沙门,就是行为很不检点、很粗犷的出家人。

归宗就反问他:"是你粗呢,还是我粗?"

讲僧说:"你说的粗,是指的什么?"

归宗竖起锄头作答。

这僧又问："怎么才是细呢？"

归宗做出斩蛇的架势。

讲僧说："要是这样的话，就照你这样办，可以吗？"

归宗说："先别说照不照这样办，你什么地方看见我斩蛇呢？"

无论是"南泉斩猫"，还是"归宗斩蛇"，只要悟到了"不生不灭"的本性，又何有杀生之举呢？但是若没有悟，则就是佛教所说的杀业。《证道歌》云："了则业障本来空，未了应须还宿债。"也就是说杀生必得被杀的报应。《楞严经》说，人死了因为曾经杀羊，就投生为羊，羊死了为了报仇就投生为人，冤冤相报，没有终了。

斩断了杀心，则杀而无杀。

★ 视色为空，无我为乐

色即是空，空即是色。

——《心经》

《心经》说"色即是空，空即是色"，这个"色"我们现在的人理解为女色或美色，实际上"色"是指一切物质存在的总称，并非单单指女色或者美色。但是，对于生命来说，色欲实际上又是生命之根，若是面对美色而不动心，也就很容易达到"无我"的境界了。所谓"英雄难过美人关"，自古以来，多少才子佳人、英雄豪杰，虽然名扬一时，可是最后栽倒在这里的又有多少呢？《楞严经》说："汝爱我心，我怜汝色，以是因缘，常在缠缚。"

看破色的假象，获得无我法身，释迦牟尼提出两个修行下手的地方，第一是觉悟"人生无常"，就是觉悟此身虽然暂时可爱，可终究要老，要病，要死的，没有任何长久的色身存在。第二就是"观身不净"，也就是让人透过美色的外表去观察身体的实质，里面全是肮脏的东西，没有一处是干净的。

在《楞严经》中，摩登伽女一见佛陀的大弟子阿难相貌堂堂，即生爱心，求母成就婚姻。母爱其女，即以邪咒迷惑阿难，摄入淫室，淫躬抚摸，将毁戒体。当佛敕文殊以神咒救护阿难持归，摩登伽女尾追而来。

佛问摩女："你要什么？"

摩女答："我爱阿难！"

佛问:"你爱阿难何处?"

答:"我爱阿难一切,他的眼,他的耳,他的鼻,他的口,他的身。"

佛说:"阿难眼中有泪,耳中有垢,口中有涎,身中有屎尿,成夫妻便有浊漏,有浊漏便生子女,有子女便有死亡,有死亡便有痛苦,有何可爱呢?"

摩女闻佛所说,恍然大悟,爱念顿消,证三果阿罗汉。

可见色相本无可爱,转瞬即逝,可世人执着不放,被其迷惑。流转生死,不能解脱,此色淫之咎也!

阿难虽为佛之宠弟,但他未出家之前,也迷于色爱,与娇妻相伴,终日不离。佛陀为度阿难,去其家乞食,饭钵交与阿难即跑向尼拘陀森林,阿难送出供养食物即追赶,至林中,佛即请舍利弗为阿难剃度出家,阿难大惊失色,但佛陀威严,不敢拒绝。阿难就这样糊里糊涂地出了家,心中却挂念爱妻。

佛陀乞天

有一天散步,佛对阿难说:"你说你的妻子美如天仙,我就让你看看天仙的样子吧!"

随即以神力使阿难升上天宫,顿见仙女美丽非凡,非其妻可比。

阿难问:"你们这里的天子是谁?"

仙女答:"人间有位阿难,因随佛出家修道,以其功德死后将升于我们天宫,我们都是他的妃子。"

阿难听后非常高兴,回人间后,立志修行,求生天上。

佛知阿难仍为贪爱所迷,又以神力带他去地狱,场景恐怖,惨不忍睹,其中有一口油锅还空着,阿难问狱卒:"谁来受刑?"

答:"人间有位阿难,随佛出家,修行生天,在天沉迷声色,天福享尽后,即入地狱,受此油锅煎熬。"

阿难听后魂飞魄散,从此安心随佛修道,寻找解脱轮回之道。

可见沉沦六道，色为根本，生因识有，灭从色除，这就是《楞严经》的奥义大旨，也是世尊再三强调的一个大问题。《佛说四十二章经》："爱欲甚于色，色之为欲，其大无外。"佛陀成道时，"天神献玉女于佛，欲坏佛意。佛言：革囊草秽，尔来何为？去。吾不用！"色身不净，臭秽不堪。如果放不下这具臭皮囊，还要修饰打扮，则永无解脱之日。

《楞严经》无处不提到色、淫的危害性，并指定为第一清净明诲。世尊对阿难说："若诸世界六道众生，其心不淫，则不随其生死相续。汝修三昧，本出尘劳，淫心不除，尘不可出。纵有多智，禅定现前，如不断淫，必落魔道。上品魔王，中品魔民，下品魔女。彼等诸魔，亦有徒众，各各自谓，成无上道。我灭度后，末法之中，多此魔民，炽盛世间，广行贪淫，为善知识，令诸众生，落爱见坑，失菩提路。汝教世人，修三摩地，先断心淫，是名如来第一清净明诲。是故阿难，若不断淫，修禅定者，如蒸沙石，欲其成饭，经百千劫，只名热沙。何以故？此非饭本，沙石成故。汝以淫身，求佛妙果，纵得妙悟，皆是淫根，根本成淫，轮回三涂，必不能出。如来涅槃，何路修证？必使淫机，身心俱断，断性亦无，于佛菩提，斯可希冀。如我此说，名为佛说，不如此说即波旬说。"世尊又谆谆告诫："当观淫欲，犹如毒蛇，如见怨贼。"并举例说："如宝莲香比丘尼，持菩萨戒，私行淫欲，妄言淫非杀非偷，无有业报。发是语已，先于女根，生大猛火，后于节节，猛火燃烧，堕无间狱。"欲火烧身，苦海无边。世尊说："淫习交接，发于相磨，研磨不休，如是有大猛火光，于中发动。如人以手，自相摩触，暖相现前。二习相然，故有铁床铜柱诸事。是故十方一切如来，色目行淫，同名欲火，菩萨见欲，如避火坑。"因此，断淫之戒，世尊放在第一，可见其苦心之旨，《楞严经》从阿难入淫室说起也就一目了然了。

在现实修行实践中，要面对美色达到色空的"无我"境界，实在不是一件容易的事情。出家人虽然不娶妻，全部断除一切淫欲，可是要真正过了这一关却是不容易的。心中稍有一丝杂念产生，则前功尽弃，多少有功夫的修行人最后栽倒在这里的也不少。离开现实生活，走入深山老林修行，可能比较容易做到不犯色欲，可是若是在现实生活中，境界一来，美色缠身，还能做到不动心吗？这就很难说了。